Zu einer Kritischen Gesellschaftstheorie der Kommunikation

Markus Baum

Zu einer Kritischen Gesellschaftstheorie der Kommunikation

Erfahrungsarmut und der Ausschluss von Ästhetik und Hermeneutik im Werke Habermas'

Springer VS

Markus Baum
Aachen, Deutschland

Dissertation, RWTH Aachen University, 2016

ISBN 978-3-658-20693-2 ISBN 978-3-658-20694-9 (eBook)
https://doi.org/10.1007/978-3-658-20694-9

Die Deutsche Nationalbibliothek verzeichnet diese Publikation in der Deutschen Nationalbibliografie; detaillierte bibliografische Daten sind im Internet über http://dnb.d-nb.de abrufbar.

Springer VS

Gedruckt auf säurefreiem und chlorfrei gebleichtem Papier

Springer VS ist Teil von Springer Nature
Die eingetragene Gesellschaft ist Springer Fachmedien Wiesbaden GmbH
Die Anschrift der Gesellschaft ist: Abraham-Lincoln-Str. 46, 65189 Wiesbaden, Germany

Für meine Mutter und meinen Vater
in Dankbarkeit, dass sie geholfen haben
zu entkommen
in Trauer, dass einer es nicht mehr
versteht

Vorwort

„Bücher halten nicht still. Sie sind auch nie ‚beendet'", so Kluge in den Nachbemerkungen zu seinen 1986 erneut und erweitert erschienenen „Lebensläufen". Gerade die Regungen der eigenen Bücher erschweren es, eine Art des Resultates zu fixieren, nimmt man die vermeintlich abgeschlossenen Ausführungen mit etwas Abstand erneut zur Hand. Denn hinzugewonnene Erfahrungen und veränderte Perspektiven führen nicht zu einem klarer benennbaren Ergebnis, sondern zur Reflexion des eigenen Weges.

Die hier von mir vorgelegten Überlegungen nehmen ihren Ausgang von einem Unbehagen, das in zweifacher Hinsicht mit der Kritischen Theorie, ihren frühen und späteren Formen zusammenhängt. Obwohl mich Habermas' Kritik an Adorno und Horkheimer, an den Aporien ihres Denkens nach Jahren der Auseinandersetzung letztendlich überzeugt, empfinde ich die von Habermas vollzogene kommunikationstheoretische Wende weiterhin als einen gewaltigen und gewaltförmigen Abstraktionsschritt von realgeschichtlichen Erfahrungen. Da sich gerade die ältere Kritische Theorie diesen Erfahrungen verschrieben hat, scheint sie mir trotz meiner Distanzierung von einigen ihrer grundlegenden Annahmen einen Gehalt zu wahren, den die Theorie des kommunikativen Handelns vermissen lässt. Diese beiden zunächst noch sehr allgemein gehaltenen Gedanken motivieren mich zu dem Vorhaben, die Differenzen zwischen diesen verschiedenen Formen der Kritik zu entfalten und einen Ort zu suchen, an dem sich die beiden Wege: Habermas' Gesellschaftstheorie und die ältere Kritische Theorie kreuzen, an dem sie sich erneut begegnen können, ohne in einen fundamentalen Widerspruch zu geraten. Ob meine Suche erfolgreich ist, können Lesende nun selbst entscheiden.

Auf meiner Suche war ich selten allein. So manche Unwägbarkeiten, viele Unklarheiten, Fragen und sich neu ergebende Gesichtspunkte konnte ich mit

Gefährten/innen in Diskussionen umreißen und bedenken. Eine bessere Form des Gesprächs als das von Helmut König geleitete Theorie-Kolloquium am Aachener Institut für Politische Wissenschaft hätte ich mir nicht wünschen können. Ohne diese Form des Austauschs gebe es weder diese Arbeit, noch „mich". Nenja Ziesen, Martin Seeliger, Maike Weißpflug und Jürgen Förster haben mir sehr geholfen, viele Fehler zu beseitigen. Wie meine Mutter, so hat auch mein Vater über Jahre hinweg meine Bestrebungen in vielerlei Hinsicht unterstützt – bis er es nicht mehr konnte. Hana schulde ich nicht allein für die Lektüre jeder einzelnen Seite unermesslichen Dank, sondern auch für so vieles andere.

Aachen
Herbst 2017

Inhaltsverzeichnis

Abbildungsverzeichnis

Jedes Ding ist ein Wort in jener Sprache,
in der, Tag und Nacht, Jemand oder Etwas
dies unendliche Wirrwarr Weltgeschichte
verfasst.

Jorge Luis Borges[1]

Unser Wort, zur Inselgruppe geordnet,
schenkt euch, nach Schmerz und
Versagen, Erdbeeren,
dies es mitbringt von der Heide des
Todes, aber auch Finger,
die vom Suchen noch warm sind.

René Char[2]

---

[1] „Der Andere, der Selbe" aus Jorge Luis Borges: Gesammelte Werke in zwölf Bänden. Band 8: Der Gedichte zweiter Teil. Aus dem Spanischen von Gisberth Haefs u.a. © Carl Hanser Verlag München 2007.

[2] René Char, Quitter / Scheiden. Aus: ders., Poésies. / Dichtungen II. © S. Fischer Verlag GmbH, Frankfurt am Main 1968.

Einleitung 1

Habermas und die Kritische Theorie der Gesellschaft

Die Theorie des kommunikativen Handelns stellt den bisher umfassendsten Versuch einer kritischen Theorie der Gesellschaft dar. Habermas' Opus magnum enthält eine kritische Zeitdiagnose, die zugleich den Anspruch erhebt, nicht allein einzelne Bereiche, sondern Gesellschaft als Ganzes in ihren grundlegenden Strukturen und Praktiken zu verstehen. Die Analyse der Gesellschaft basiert auf einer Rekonstruktion der Genese jener Institutionen und Praktiken, die zur Kritik stehen. Der normative Boden, von dem aus die Kritik formuliert wird, wird durch eine breit angelegte Auseinandersetzung mit der Theorie- und Ideengeschichte begründet. In offener Diskussion begegnet Habermas verschiedenen Klassikern der Soziologie, der Politischen Theorie und der Philosophie sowie den in den neunzehnhundertsechziger, -siebziger und -achtziger Jahren des zwanzigsten Jahrhunderts relevanten Positionen der philosophischen Sprachakttheorie und der soziologischen Systemtheorie. Deren Potential, gesellschaftliche Prozesse zu erklären, sowie deren normative Ansprüche und, inwiefern sie argumentativ eingelöst werden, prüft Habermas stets mit dem Ziel, sich die überzeugenden Momente anderer Theorien für seine eigene Konzeption anzueignen.

In diesem groß angelegten Vorhaben geht Habermas grundlegend der Frage nach, welche sozialen Prozesse, Mechanismen oder Interaktionsformen Gesellschaft konstituieren und wie sich innerhalb der Konstitutionszusammenhänge ein Vernunftpotential rekonstruieren lässt, das als gesellschaftsimmanenter Maßstab der Kritik gelten kann. Dabei verortet er sich selbst in der Tradition der älteren Kritischen Theorie, die jedoch Habermas zufolge aufgrund begrifflich-theoretischer Mängel daran scheitert, ihren eigenen normativen Standpunk sinnvoll zu benennen. Deren Intentionen beabsichtigt Habermas daher in ein vollends gewandeltes theoretisches Gerüst zu überführen, dessen intersubjektives Fundament die Form kommunikativer Verständigung darstellt (vgl. Habermas 1981b: 516 f.).

M. Baum, *Zu einer Kritischen Gesellschaftstheorie der Kommunikation,* https://doi.org/10.1007/978-3-658-20694-9_1

Der 1981 erscheinenden, über 1100 Seiten umfassenden „Theorie des kommunikativen Handelns" wird jedoch eine eigentümlich verhaltene Rezeption zuteil. Zwar erscheint kurze Zeit später der Sammelband „Kommunikatives Handeln" (Honneth/Joas 1986) mit Beiträgen international renommierter Theoretiker, in dem unterschiedliche Aspekte der Theorie Habermas' kritisch beleuchtet werden. Jedoch wird die Theorie des kommunikativen Handelns danach nur spärlich fortführend aufgegriffen (vgl. Strecker 2009: 230–233). Überschaubar sind die Versuche, die Gesellschaftstheorie Habermas' kritisch anzueignen (Iser 2008, McCarthy 1980). Auch Habermas selbst verlässt nach dem Erscheinen der Theorie des kommunikativen Handelns den Pfad der Gesellschaftstheorie, um sich zunehmend den moralphilosophischen und politiktheoretischen Implikationen seiner Theorie im Rahmen der Diskursethik sowie der Theorie des demokratischen Rechtsstaats zu widmen (Habermas 1991, Habermas 1992a, Habermas 1999). Dass Habermas' Überlegungen innerhalb dieser beiden Themenfelder weitreichender rezipiert werden, bildet der Band „Die Öffentlichkeit der Vernunft und die Vernunft der Öffentlichkeit" (Wingert/Günther 2001) ab. Auffällig ist dort, dass die Einteilung der Beiträge zu bestimmten Themenfeldern des Werkes von Habermas einen direkten Bezug zu seiner Gesellschaftstheorie vermissen lassen.

Nah liegt die Annahme, die wissenschaftliche Community greift die (dennoch überaus bekannte) Theorie des kommunikativen Handelns wegen ihrer enormen, sich für eine Diskussion als sperrig erweisenden Komplexität nicht weiterführend auf. Mehr noch als der vielschichtige Charakter der Theorie wirkt sich jedoch der Zeitgeist der Jahrzehnte um die Jahrtausendwende auf die Rezeption aus. Denn bis in die neunzehnhundertachtziger Jahre dominieren gesellschaftstheoretische Ansätze das Feld kritischen Denkens, weil, so die geteilte Annahme, nur eine Theorie der Gesellschaft die Verbindung von Kritik und praktischer Veränderung gewährleisten kann (vgl. Iser 2008: 10). In den folgenden neunzehnhundertneunziger Jahren hat sich das gesellschaftstheoretische Paradigma erschöpft. Sukzessive wird es von theoretischen Ansätzen abgelöst, die primär an begründungstheoretischen Fragen interessiert sind – Habermas' eigene Orientierung fällt in diese Entwicklung –, jedoch gesellschaftstheoretische Aspekte weitestgehend ausblenden oder implizit und unreflektiert mitführen (vgl. Honneth 2010: 51–77). Gegenwärtig gewinnen Positionen an Einfluss, die der normativistischen Verengung mit einer gesellschaftstheoretischen Reflexion von Normen (Möllers 2015) oder moralisch relevanten sozialen Beziehungen und Praktiken (Honneth 2011) zu begegnen versuchen.

Die grundlegende Haltung der vorliegenden Arbeit ist, dass die verhaltene Rezeption der Gesellschaftstheorie Habermas' nicht allein in deren Komplexität oder im Zeitgeist eines Jahrzehnts gründet, sondern darin, dass Habermas in seiner theoretischen Entwicklung die für die ältere Kritische Theorie zentralen Intentionen zunehmend aufgibt. Denn obwohl Habermas die Theorie des kommunikativen Handelns als Fortführung der Kritischen Theorie bezeichnet, ist sie als Kulminationspunkt einer Werksentwicklung zu verstehen, die eine Abkehr von der älteren Kritischen Theorie – der das Frühwerk Habermas' noch zugerechnet werden kann – darstellt. Das Ziel dieser Arbeit ist es, die von Habermas aufgegebenen Intentionen erneut aufzugreifen und zu prüfen, inwiefern die Theorie des kommunikativen Handelns darauf angewiesen ist, diesen Intentionen zu folgen: Die immanente Kritik der Gesellschaftstheorie Habermas' soll diese am eigenen Anspruch messen und nachweisen, dass der Anspruch nur zu erfüllen ist, wenn Intentionen der älteren Kritischen Theorie in den Rahmen der Theorie des kommunikativen Handelns überführt werden.

Die in der Arbeit entfaltete, hier nur sehr schematisch und vorausblickend skizzierte Argumentation setzt an den von Habermas (in seinem früheren Werk) reflektierten Zielen einer Kritischen Theorie an. In seiner Frankfurter Antrittsvorlesung im Jahre 1965 (Habermas 1968: 146–168), die den Titel „Erkenntnis und Interesse" trägt, sowie in der folgenden gleichnamigen Schrift (Habermas 1973a) charakterisiert er die Kritische Theorie als Unterfangen, unterdrückte oder verdrängte kommunikative Gehalte in den gesellschaftlichen Kontext zu überführen. Normative Ansprüche von Individuen[1], die aufgrund von Herrschaftsstrukturen aus dem Raum öffentlicher Kommunikation ausgeschlossen werden, sollen von der Theorie derart wahrnehmbar gemacht werden, dass die Individuen sie als ihre eigenen Ansprüche erkennen und sich deswegen mit dem normativen Maßstab der Theorie identifizieren können. Zugleich strebt die Kritische Theorie einen Wandel derjenigen gesellschaftlichen Verhältnisse an, die die Verdrängung und Unterdrückung normativer Ansprüche bedingen. Diese Brücke zwischen Theorie und Praxis lässt sich Habermas zufolge nur schlagen, wenn die theoretischen Überlegungen in einer Sprache formuliert werden, die gesellschaftliche Leiderfahrungen ausdrückt.

Die vorliegende Arbeit wird zeigen, dass die Theorie des kommunikativen Handelns den von Habermas reformulierten Intentionen Kritischer Theorie nicht gerecht wird: Weil Habermas' Opus magnum daran scheitert, den Adressierten ein erfahrungsgesättigtes normatives Identifikationspotential bereitzustellen, spannt es ebenso wenig eine begehbare Brücke zwischen Theorie und Praxis. Dieses Problem gründet zum einen in der Methode Habermas', zum anderen in

---

[1]Entgegen der Begrifflichkeiten Habermas' bezeichnet die vorliegende Arbeit die Mitglieder einer Gesellschaft als Individuen. Individuen, die an einer spezifischen, die Gesellschaft transformierenden Praxis teilnehmen, bezeichnet sie als Akteure/innen.

dem Abstraktionsniveau seiner Theorie. Die Theorie sozialer Evolution bildet die Genese moderner Gesellschaften im Rahmen logischer Entwicklungslinien ab, abstrahiert jedoch derart von konkreter Geschichte, dass sich die Adressierten nicht als sozial agierende Akteure/innen wiedererkennen können. Die Methode der rationalen Rekonstruktion erschließt das intuitive Wissen von Individuen über kommunikatives Handeln, das im Kontext der Formalpragmatik als grundlegender Modus sozialen Handelns dargestellt wird. Die Verknüpfung von rationaler Rekonstruktion und Formalpragmatik mündet in einer enorm formalisierten Theoriesprache, die normative Gehalte nicht erfahrungsgesättigt darstellen kann, sodass den Adressierten der normative Bezugspunkt der Theorie eigentümlich und fremd gegenübertritt.

Um die Brücke zwischen Theorie und Praxis zu sichern sowie die Identifikation der Adressierten mit dem normativen Maßstab zu gewährleisten, werden die von Habermas charakterisierten Intentionen älterer Kritischer Theorie in dieser Arbeit auf drei Wegen in die Theorie des kommunikativen Handelns überführt. 1) Der Methode der rationalen Rekonstruktion wird die hermeneutische Interpretation zur Seite gestellt. Die von Habermas in „Erkenntnis und Interesse“ als konservativ bezeichnete Methode der Hermeneutik wird hier als kritisches, interpretierendes Vorgehen rekonstruiert, das in der Lage ist, historisch formulierte normative Ansprüche sowie gesellschaftliche Erfahrungen gehaltvoll in den Rahmen einer Gesellschaftstheorie zu überführen. Während die rationale Rekonstruktion das Rationalitätsniveau kommunikativen Handelns bestimmt, spürt die hermeneutische Interpretation Artikulationen auf, die aufgrund von inhaltlich bestimmbaren Missachtungserfahrungen rational-kommunikative Situationen einfordern. 2) Insbesondere für die Erschließung des normativen Gehalts ästhetischer Artefakte eignet sich die hermeneutische Interpretation. Da Habermas das Ästhetische jedoch als einen Bereich minderer Rationalität charakterisiert, auf den seine Kritik nicht rekurrieren kann, wird die Arbeit diesen Bereich für die kommunikative Gesellschaftstheorie rehabilitieren: Gerade das Ästhetische kann als unerlässlicher Orientierungspunkt für eine Kritische Theorie gelten. Denn es lässt sich als Medium charakterisieren, in dem sich gesellschaftliche Erfahrungen und normative Ansprüche in einer spezifisch negativen Form artikulieren. 3) Neben der Theorie sozialer Evolution, die die Strukturen der Genese moderner Gesellschaften schematisch darstellt, bedarf es einer Theorie, die diejenigen gesellschaftlichen Akteure/innen und deren normative Ansprüche, die zur Etablierung moderner Institutionen und Praktiken geführt haben, begrifflich gehaltvoll abbildet. Das leistet Honneths Theorie des sozialen Kampfes um Anerkennung, die diese Arbeit als sinnvolle begriffliche Ergänzung in den Kontext der Theorie des kommunikativen Handelns einführen wird.

Auf diesem dreigliedrigen Weg ist es möglich, eine immanente Kritik der Theorie des kommunikativen Handelns zu vollziehen und die für eine Kritische Theorie der Gesellschaft notwendigen, von Habermas liegen gelassenen Intentionen erneut aufzugreifen. Die Rückgewinnung der hermeneutischen Interpretation und des Ästhetischen ist daher als Versuch zu verstehen, Motive der älteren Kritischen Theorie auch nach der kommunikationstheoretischen Wende zu bewahren und so den Weg zu einer *Kritischen Gesellschaftstheorie der Kommunikation* zu bahnen. Mag Habermas' Kritik an der älteren Kritischen Theorie in vielen Punkten überzeugen, so zeigt sie sich unsensibel gegenüber Adornos und Benjamins Gespür für die sich in ästhetischen Erzeugnissen ausdrückenden sublimen Verletzungen, die Individuen aufgrund gesellschaftlicher Missstände erfahren. Im Sinne einer gelungenen Kritischen Theorie des kommunikativen Handelns werden hier Elemente der älteren Kritischen Theorie erneut aufgegriffen und verteidigt, gegenüber denen sich die Kritik Habermas' als zu umfassend erweist. Da die Verteidigung des Ästhetischen in der Diskussion mit Theoretikern wie Wellmer, Menke oder Seel – die zur zweiten oder (wie auch Honneth) zur dritten Generation der Kritischen Theorie gezählt werden – vollzogen wird, kann die vorliegende Arbeit auch als eine Geschichte der Kritischen Theorie gelesen werden, in der ihre verschiedenen Vertreter zu Wort kommen.

Dem hier skizzierten Vorhaben korrespondiert ein spezifischer Zugang zur Theorie Habermas'. Die Theorie des kommunikativen Handelns ist das Resultat einer intensiven Diskussion, die Habermas mit unterschiedlichen, teils konkurrierenden Theorien führt. Die vorliegende Arbeit wird diese Diskussion zwar aufgreifen, wenn sie der Schärfung der Begriffe oder der Plausibilisierung theoretischer Annahmen dient. Grundlegend jedoch wird die Arbeit die Theorie des kommunikativen Handelns als das Resultat einer begründeten Weiterentwicklung der Kritischen Theorie rekonstruieren. Daher werden der Begriff der Kritik sowie unterschiedliche Formen der Kritik den primären Schlüssel zur Theorie Habermas' darstellen. Jene Momente der Theorie werden in den Blick gerückt, die einen kritischen Anspruch erheben, um das gesamte theoretische Konzept daraufhin zu prüfen, inwiefern der Anspruch eingelöst werden kann – diese Darstellung zielt auf die Vereinigung von Analyse und Kritik. Nicht verzichtet wird darauf, die Theoriearchitektur umfassend erkenntlich zu machen. An Stellen, an denen Habermas' Ausführungen selbst begriffliche Defizite beim Verständnis sozialer Phänomen aufweisen, werden weitere Theorien zu Hilfe genommen, um die deskriptiven Lücken zu schließen. Das Ziel ist es, die Theorie des kommunikativen Handelns dort, wo es notwendig ist, derart zu erweitern, dass ihr erklärendes und kritisches Potential gesteigert, der kategoriale Rahmen jedoch nicht verlassen wird: Die Methode der hermeneutischen Interpretation, die Begriffe der

Anerkennung und des sozialen Kampfes und der Bereich des Ästhetischen werden behutsam in das Paradigma der Intersubjektivität eingeführt, sodass sie nicht in Widerspruch zu dessen axiomatischen Annahmen und den darauf aufbauenden Konzeptionen geraten.

Die Struktur dieser Arbeit ist als eine Bewegung zu verstehen, in der zunächst Habermas' Abkehr von der älteren Kritischen Theorie plausibilisiert wird. Danach werden sukzessive die Probleme seiner Theorie: die Delegitimierung der hermeneutischen Methode, der Ausschluss des Ästhetischen und die Erfahrungsarmut seiner historischen Darstellung diskutiert. Während sich die Distanzierung von Hermeneutik und Ästhetik genau rekonstruieren lässt, kann die Erfahrungsarmut der Theorie lediglich nachvollzogen werden. Sie ist nichts, was sich in begrifflichen Unterscheidungen identifizieren, sondern nur anhand der Ausführungen Habermas' zeigen lässt. In den letzten Schritten der Arbeit wird dann zum einen versucht, die Hermeneutik und die ästhetische Rationalität für die kritische Theorie der Gesellschaft zurückzugewinnen. Zum anderen soll durch den Begriff des sozialen Kampfes der Erfahrungsgehalt der Theorie gesteigert werden.

Die vorliegende Arbeit ist in dieses Einleitungskapitel, weitere sechs Kapitel und einen Schluss gegliedert. *Kapitel* 2 rekonstruiert die zentralen Begriffe und Kategorien Horkheimers und Adornos, um zu verstehen, wieso Habermas die ältere Kritische Theorie als gescheitert begreift. Das Konzept der instrumentellen Vernunft und der Verdinglichung dienen Horkheimer und Adorno zur Deutung des Zivilisationsprozesses und zur Beantwortung der Frage, wieso die Entwicklung moderner Gesellschaften trotz der Aufklärung in der von ihnen so bezeichneten Barbarei mündet. Mittels des Begriffs der Kulturindustrie wollen beide erklären, wieso auch die US-amerikanische Gesellschaft kurz davor steht, sich dem deutschen NS-Faschismus anzugleichen. Die Ausweglosigkeit, in der die Analysen Horkheimers und Adornos münden, führt Habermas auf eine doppelte begrifflich-konzeptionelle Verengung zurück. Zum einen identifizieren die beiden die instrumentelle Rationalität mit Rationalität an sich. Dadurch verliert der Rationalitätsbegriff an Konturen und Trennschärfte. Alle sozialen Beziehungen werden als verdinglicht gedeutet, sodass der normative Bezugspunkt der älteren Kritischen Theorie unklar bleibt, weil das emanzipative Potential sozialer Interaktionen nicht abgebildet werden kann. Das Ganze sozialer Bezugsformen wird an monologisches Denken, alle Formen sozialer Beziehungen an Subjekt-Objekt-Relationen angeglichen. Verloren geht damit die Möglichkeit, Individuen als solche wahrzunehmen und in deren Perspektive ihre Artikulation als argumentative Stellungnahmen zu begreifen.

Kapitel 3 geht nicht, wie vielleicht zu erwarten ist, unmittelbar dazu über, die Theorie des kommunikativen Handelns, mit der Habermas auf das Scheitern der älteren Kritischen Theorie reagiert, ausführlich darzustellen. Während das zweite Kapitel die Abkehr Habermas' von der älteren Kritischen begründet, rekonstruiert das dritte Kapitel in einer werksgenetischen Perspektive die Entwicklung der zentralen Motive und Intentionen der kritischen Gesellschaftstheorie Habermas'. Es beleuchtet die Abgrenzung der Theorie des kommunikativen Handelns gegenüber anderen sozialwissenschaftlichen Ansätzen ebenso wie ihre gesellschaftskritischen Ambitionen. Um den Kritikbegriff Habermas' detailliert darstellen zu können, wird die von Habermas getroffene Unterscheidung des technischen, praktischen und emanzipativen Erkenntnisinteresses nachvollzogen. Der sich abzeichnende Kritikbegriff wird durch die Differenzierung von bewusstmachender und rettender Kritik – die Habermas in seiner Interpretation Benjamins entwickelt – genauer bestimmbar. Durch dieses Vorgehen werden die vom Habermas für eine kritische Gesellschaftstheorie formulierten Motive und Intentionen klar benennbar: Die Kritische Theorie muss Herrschaftsstrukturen bewusstmachen, verdrängte normative Ansprüche retten und eine Verbindung zur Praxis ermöglichen. Zugleich lässt sich die Theorie des kommunikativen Handels befragen, ob sie diesen Ansprüchen umfassend gerecht wird und als kritisch gelten kann. Dass sie daran aufgrund ihres theoretischen wie methodischen Zuschnitts scheitert, wird das dritte Kapitel zeigen. Obwohl Habermas selbst der Hermeneutik skeptisch gegenübersteht, wird sie als Methode diskutiert, die einen Ausweg aus dem Scheitern ermöglicht.

Während das dritte Kapitel sich auf der grundlegenden, konzeptionellen Ebene der Theorie Habermas' bewegt und reflektiert, inwiefern sich die Methodik der Theorie des kommunikativen Handelns hinsichtlich der Intentionen und Motive einer kritischen Gesellschaftstheorie als problematisch erweist, geht *Kapitel* 4 dazu über, die sprachtheoretische Grundlegung der Handlungs- und Gesellschaftstheorie Habermas' detailliert zu rekonstruieren. Den Versuch, durch die Differenzierung verschiedener, verständigungsorientierter Geltungsansprüche und Wertsphären ein Konzept der diskursiven Vernunft zu entwickeln, das den Grad der Rationalität der Moderne umfassend reflektieren kann, beleuchtet das Kapitel als ein Vorhaben, das zugleich den Ausschluss des Ästhetischen aus der kritischen Gesellschaftstheorie vollzieht. Gezeigt wird zum einen, dass Habermas' dem Ästhetischen in unterschiedlichen Variationen und innerhalb verschiedener Kontexte jegliche Rationalität abspricht. Zum anderen lässt sich durch die Auseinandersetzung mit der philosophischen Ästhetik begründen, dass das Ästhetische eine Reflexionsform der Heteronomie spezifischer sozialer Praktiken darstellt, auf die eine kritische Gesellschaftstheorie rekurrieren muss, will sie nicht selbst unkritisch gegenüber dieser Heteronomie werden.

Kapitel 5 diskutiert Habermas' Darstellung der Genese moderner Gesellschaften entlang der begrifflichen Unterscheidung von System und Lebenswelt. Die Kolonialisierung der Lebenswelt durch Systemimperative wird als Prozess dargestellt, auf den sich die Theorie des kommunikativen Handelns kritisch bezieht. Problematisiert wird die Erfahrungsarmut der Darstellung, weil sich die Adressierten der Theorie in dieser Darstellung nicht wiederfinden. Ihre Leiderfahrungen sowie ihre Formen des Protests gegen die Kolonialisierung der Lebenswelt, gegen Kommerzialisierung und Verrechtlichung haben in der Theorie des kommunikativen Handelns keinen Raum. Das methodische Vorgehen, im Rahmen einer Theorie sozialer Evolution von Geschichte und ihrer Dynamik zu abstrahieren und einzig Entwicklungsstufen und -logiken zu rekonstruieren, wird als Grund des Problems identifiziert. Die Einführung der Theorie des sozialen Kampfes um Anerkennung eröffnet den Raum, emanzipativ handelnde Akteure/innen der Geschichte zu benennen und zugleich die Ebene der Normativität innerhalb der Theorie des kommunikativen Handelns zu erweitern, um das kapitalistische System von innen heraus kritisieren zu können.

Da das vierte und fünfte Kapitel nah am Material der Theorie des kommunikativen Handelns argumentieren, weisen sie stärkere rekonstruierende Züge auf als *Kapitel* 6. Dort wird in größerer Distanz zu Habermas' Theorie eine Methode der hermeneutischen Interpretation entwickelt, die die Mängel der Theorie des kommunikativen Handelns beheben kann. Die Diskussion mit Adornos Verständnis einer deutenden Philosophie, mit Benjamins Skizze der rettenden Kritik sowie mit Walzers Methode der öffentlichen Interpretation ermöglicht, ein Modell hermeneutischer Interpretation zu entfalten, das in Abgrenzung zu Gadamer und in kritischer Absicht gesellschaftliche Leiderfahrungen erschließt. Zudem rekonstruiert das sechste Kapitel unterschiedliche Formen des Leidens und stellt dar, inwiefern die hermeneutische Interpretation hinsichtlich dieser Formen auf eine gesellschaftstheoretische Rahmung angewiesen ist. Zugleich kann die Theorie des kommunikativen Handelns durch diese Methode sensibel auf soziale Erosionsprozesse, die durch die Kolonialisierung der Lebenswelt hervorgerufen werden, reagieren. Somit ermöglicht die hermeneutische Interpretation, Krisen und Pathologien als solche zu erkennen und innerhalb sozialer Zusammenhänge ein normatives Fundament darzustellen, das den Adressierten überzeugend vermittelt werden kann.

Kapitel 7 widmet sich der Rückgewinnung des Ästhetischen für die Theorie des kommunikativen Handelns. In der Auseinandersetzung mit der Geschichte der philosophischen Ästhetik sowie zeitgenössischen Ästhetischen Theorien wird ein Begriff des Ästhetischen entwickelt, der zum einen nicht mit Kunst oder Kunstwerken identifiziert wird. Vielmehr wird das Ästhetische als Raum der spezifischen Erfahrung von Besonderheiten begriffen. Zum anderen wird das Ästhetische in Beziehung zur Theorie des kommunikativen Handelns und zu den von Habermas beschriebenen moralisch-praktischen Diskursen gesetzt. Ohne die (in der modernen Differenzierung gründende) Autonomie des Ästhetischen infrage zu stellen, wird das Ästhetische als öffentlicher Raum bestimmt, in dem sich die Krisen und Pathologien der Moderne artikulieren. In diesem Raum kommen die Theorie des kommunikativen Handelns sowie die moralisch-praktischen Diskurse in Kontakt mit denjenigen Erfahrungen, auf die sich Theorie und Diskurse kritisch beziehen müssen. Ästhetische Artefakte lassen sich auf diesem Wege als empirisches Material der Gesellschaftsanalyse begreifen, für deren Verständnis es eines hermeneutisch geschulten, interpretierenden Zugangs bedarf. Das siebte Kapitel endet mit exemplarischen Durchführungen der kritischen hermeneutischen Interpretation ästhetischer Artefakte.

Kapitel 8 führt die Ergebnisse der einzelnen Kapitel im Rahmen einer rekapitulierenden Skizze der Kritischen Gesellschaftstheorie der Kommunikation zusammen und diskutiert den Wert der Arbeit für eine solche Gesellschaftstheorie. Deutlich wird, dass diese Arbeit nicht identisch mit der skizzierten Theorie ist. Die Arbeit befindet sich vielmehr auf dem Weg dorthin – ein Weg, der sich mit anderen Wegen von Gleichgesinnten kreuzt, ein Weg, auf dem die etablierte Unterscheidung von Transzendenz und Immanenz, von Wissenschaft und Ästhetik unterwandert wird.

Die vorliegende Arbeit ist bemüht, die Ausführungen der hier vorgestellten Kapitel derart schlüssig zu gestalten, dass jedes Kapitel für sich allein stehen kann und zugleich unverzichtbar für die Argumentation der gesamten Arbeit ist. Aufgrund dieser Absicht werden zentrale Gedanken und Argumente in verschiedenen Kapiteln ausgeführt. Um Redundanzen zu vermeiden, werden die jeweiligen Ausführungen ihrem Kontext entsprechend akzentuiert, sodass die gesamte Arbeit als eine teils lockere, teils engmaschige Vernetzung der einzelnen Kapitel, in denen die hier verfolgten Motive variiert werden, gelten kann.

2 Das Scheitern der älteren Kritischen Theorie

Mit der Theorie des kommunikativen Handelns unternimmt Habermas den Versuch, eine kritische Theorie der Gesellschaft zu formulieren, die den Intentionen der älteren Kritischen Theorie verpflichtet ist, jedoch deren begriffliche und methodische Mängel überwindet. In der dialektischen Darstellung des Zivilisationsprozesses verstricken sich Horkheimer und Adorno Habermas zufolge in den Widerspruch, mit den Mitteln der Vernunft eine totalisierende Vernunftkritik zu betreiben. Indem die Autoren der „Dialektik der Aufklärung" den Boden, von dem aus sie Kritik üben, untergraben, können sie ihren normativen Maßstab nicht sinnvoll ausweisen. Das folgende Kapitel dient der Rekonstruktion zentraler Begriffe und grundlegender Annahmen der älteren Kritischen Theorie. Deren Auseinandersetzung mit der instrumentellen Vernunft und Verdinglichungsprozessen, mit begrifflichem Denken sowie dem Freiheitsverlust des Einzelnen und dem Versiegen utopischer Potentiale innerhalb der Kulturindustrie wird ebenso dargestellt wie Habermas' überzeugende, von dieser Arbeit geteilte Replik, sodass die Theorie des kommunikativen Handelns als begründete Weiterentwicklung der Kritischen Theorie verständlich wird.[1]

[1] Auch Wellmer deutet die Theorie des kommunikativen Handelns als konsequente Fortführung der Kritischen Theorie (vgl. Wellmer 1986: 175-221).

M. Baum, *Zu einer Kritischen Gesellschaftstheorie der Kommunikation,* https://doi.org/10.1007/978-3-658-20694-9_2

2.1 Die Grundintentionen und -erfahrungen der älteren Kritischen Theorie

Ursprünglich sind die Vertreter Kritischer Theorie am 1923 in Frankfurt am Main gegründeten Institut für Sozialforschung angesiedelt, dessen Leitung Horkheimer 1931 übernimmt. Aus dessen Antrittsvorlesung „Die gegenwärtige Lage der Sozialphilosophie und die Aufgabe des Instituts für Sozialforschung" (Horkheimer 1988: 20-35) sowie seiner Schrift „Traditionelle und kritische Theorie" (Horkheimer 1968: 137-191) aus dem Jahre 1937 lässt sich das Programm der sogenannten Frankfurter Schule rekonstruieren.

Horkheimer grenzt die Kritische von der traditionellen Theorie ab, die ihm zufolge ausgehend von unbezweifelbaren Grundannahmen ein einheitliches theoretisches System zur Klassifikation unhinterfragter sozialer Tatsachen zu bilden versucht. Sich selbst beschreibt die traditionelle Theorie als wertneutral und unabhängig von gesellschaftlichen Interessen. Hingegen reflektiert die stark von Marx beeinflusste Kritische Theorie laut Horkheimer, dass sie in den gesellschaftlichen Reproduktionsprozess eingebunden ist und, inwiefern ihre Grundfragen ein spezifisches Interesse ausdrücken. Als Grundinteresse der Kritischen Theorie nennt Horkheimer die Emanzipation der Menschen von Herrschaft. Die an den Herrschaftsverhältnissen formulierte Kritik charakterisiert er als immanent, da sie ihren Maßstab der gesellschaftlichen Realität selbst entnimmt. An dem Widerspruch zwischen dem normativen Selbstbild, das die Gesellschaft von sich entwirft, und der Realität setzt die Kritische Theorie an,

> „indem sie das, was gesellschaftlich ‚der Fall' ist […], an dem misst, was sie selbst zu sein beansprucht, um in diesem Widerspruch zugleich die Potentiale, die Möglichkeiten einer Veränderung der gesellschaftlichen Gesamtverfassung aufzuspüren" (Adorno 2003c: 31).

Aus zwei Gründen stellt die ältere Kritische Theorie diesem emanzipativen Interesse eine Theorie geschichtlicher Entwicklung zur Seite. Zum einen sollen in der Betrachtung der Geschichte diejenigen Momente identifiziert werden, die konstitutiv für die Dynamik der zu kritisierenden gesellschaftlichen Entwicklung sind. Zum anderen dient die Theorie der Geschichte dazu, innerhalb dieser Entwicklung ebenfalls fortschrittliche Momente und die Möglichkeit einer emanzipativen Praxis zu benennen (vgl. Forst 2015: 9f., Honneth 2007: 57-69).

Das Institut für Sozialforschung soll dem Anspruch der Kritischen Theorie durch seine für die damalige Zeit einzigartige interdisziplinäre Ausrichtung nachkommen. Die Perspektiven der Philosophie, Soziologie, Ökonomie,

Sozialpsychologie und Psychoanalyse werden zu einer Theorie integriert, die neben der Begriffsbildung auf die damals neuen Methoden der empirischen Sozialforschung (wie qualitative Analysen, projektive Befragung, detaillierte Tiefeninterviews oder Gruppendiskussionsverfahren) zurückgreift. In seiner Antrittsvorlesung bezeichnet Horkheimer diese Forschungspraxis als den Kern der Institutsarbeit.

> „Vielmehr kommt es heute darauf an [...] auf Grund aktueller philosophischer Fragestellungen Untersuchungen zu organisieren, zu denen Philosophen, Soziologen, Nationalökonomen, Historiker, Psychologen in dauernder Arbeitsgemeinschaft sich vereinigen und das gemeinsam tun, was auf anderen Gebieten im Laboratorium einer allein tun kann, was alle echten Forscher immer getan haben: nämlich ihre aufs Große-zielenden philosophischen Fragen an Hand der feinsten wissenschaftliche Methoden zu verfolgen, die Fragen im Verlaufe der Arbeit am Gegenstand umzuformen, zu präzisieren, neue Methoden zu ersinnen und doch das Allgemeine nicht aus den Augen zu verlieren“ (Horkheimer 1988: 20-35: 29f.).

Marx folgend nimmt die ältere Kritische Theorie an, dass die Dynamik gesellschaftlicher Entwicklung und die verschiedenen historischen Formen von Herrschaft in der Auseinandersetzung des Menschen mit der äußeren Natur, die der Mensch zum Überleben bearbeitet, gründen. Modifiziert wird die Theorie Marx' jedoch in einer zweifachen Hinsicht. Zum einen wird die kultivierende Tätigkeit des Menschen nicht allein auf die äußere, sondern ebenfalls auf die innere Natur bezogen. Das Verhältnis des Menschen zu innerer und äußerer Natur stellt die begrifflich als Totalität gefasste Grundstruktur dar, hinsichtlich der alle gesellschaftlichen Phänomene zu reflektieren sind. Zum anderen wird das Spektrum der interdisziplinären Untersuchungen gegenüber Marx über die kapitalistische Ökonomie hinaus auf die Bereiche der Psyche und Kultur erweitert. Während für die Betrachtung der Ökonomie die Produktionsverhältnisse und die Produktivkräfte, für die der Psyche der Sozialcharakter und die Triebdynamik zentral sind, wird innerhalb der Kultur ein heterogenes Ensemble aus künstlerisch-literarischen Erzeugnissen zum Gegenstand der theoretischen Reflexion.

Zu Beginn ihrer Arbeit sind die am Institut für Sozialforschung versammelten Theoretiker noch von der Annahme des frühen Marx' geprägt, die arbeitende Klasse werde die gesellschaftlichen Verhältnisse revolutionieren. Die grundlegend optimistische Haltung wandelt sich jedoch aufgrund drei einschneidender historischer Erfahrungen (vgl. Habermas 1981b: 490). Die sich durch Bezugnahme auf den Sozialismus legitimierende sowjetische Herrschaft kulminiert im Terror des Gulags. Als politische Strömung, auf die sich die ältere Kritische Theorie positiv beziehen kann, dankt der Sozialismus damit ab. Die Rebellion der Arbeiter/innenbewegung gegen den nationalsozialistischen Faschismus bleibt aus.

Das vermeintlich revolutionäre Subjekt reagiert apathisch bis hörig auf die sich in der Phase der ökonomischen Krise etablierende diktatorische Herrschaft. Insbesondere die Studie Fromms „Arbeiter und Angestellte am Vorabend des dritten Reiches" (Fromm 1980) aus den Jahren 1929 und 1930 sensibilisiert die ältere Kritische Theorie für den negativen Effekt, den der Zusammenhang von ökonomischer Krisenzeit und autoritärer Staatspolitik auf die politisch-sozialen Einstellungen und Psychen der Individuen hat.[2] Nicht zuletzt wird insbesondere Adorno im US-amerikanischen Exil die integrative Leistung des Kapitalismus vorgeführt, der die kritischen Potentiale der Kunst im Kontext einer affirmativen Kulturindustrie versiegen lässt.

Diese drei Erfahrungen führen zu einer veränderten Grundhaltung der älteren Kritischen Theorie, die nun nicht mehr nach möglichen emanzipativen Veränderungspotentialen sucht, sondern der Frage nachgeht, wieso Shoa und Nationalsozialismus sowie die vollends integrierte, kapitalistische Gesellschaft überhaupt möglich sind. Die Theoretiker des Instituts

> „entwickeln eine Theorie des Faschismus und der Massenkultur, die die sozialpsychologischen Aspekte einer bis in die innersten Bezirke der Subjektivität vordringenden, die motivationalen Grundlagen der Persönlichkeit erfassenden Deformation behandelt und die kulturelle Reproduktion unter Gesichtspunkten der Verdinglichung erklärt" (Habermas 1981b: 492f.).[3]

Insbesondere Horkheimer und Adorno nehmen mit der „Dialektik der Aufklärung" die Abkehr von einer interdisziplinär orientierten kritischen Wissenschaft vor und widmen sich primär der philosophischen Reflexion der Zivilisation.

> „Hatten wir auch seit vielen Jahren bemerkt, daß im modernen Wissenschaftsbetrieb die großen Erfindungen mit wachsendem Zerfall theoretischer Bildung

---

[2]Dass ökonomische Verelendung nicht zu einer revolutionären Praxis führt, wie im Marxismus der damaligen Zeit oftmals angenommen (vgl. Michels 1928), zeigt ebenfalls die 1933 erhobene Studie „Die Arbeitslosen von Marienthal" (Jahoda et al. 1975) deutlich auf.

[3]Die Theorie des Faschismus, die eine Herrschaft der Eliten beschreibt, die die individuellen Widerstände gegen deren Herrschaft in Zustimmung umzuwandeln vermag (vgl. Habermas 1981b: 492), steht nicht im Fokus dieses Kapitels. Für die Diskussion zum Scheitern der älteren Kritischen Theorie sind andere Themenfelder wie das Identitätsdenken, die Kulturindustrie und die instrumentelle Vernunft zentraler. Vgl. für die Diskussion der Faschismustheorie die gesammelten Aufsätze in Dubiel/Söllner 1981. König 2016 hingegen rückt die Diskussion des Antisemitismus ins Zentrum der Frage, wieso die ältere Kritische Theorie scheitert.

bezahlt werden, so glaubten wir immerhin dem Betrieb so weit folgen zu dürfen, daß sich unsere Leistung vornehmlich auf Kritik oder Fortführung fachlicher Lehren beschränkte. Sie sollte sich wenigstens thematisch an die traditionellen Disziplinen halten, an Soziologie, Psychologie und Erkenntnistheorie. Die Fragmente, die wir hier vereinigt haben, zeigen jedoch, daß wir jenes Vertrauen aufgeben mußten" (Horkheimer/Adorno 2004: 5).[4]

2.2 Die Dialektik der Aufklärung

In der 1947 erschienenen „Dialektik der Aufklärung" verarbeiten Horkheimer und Adorno ihre Erfahrungen des Antisemitismus, des NS-Faschismus und des US-amerikanischen Exils, in das sie aus Deutschland fliehen. Ihre zentrale Frage ist, „warum die Menschheit, anstatt in einen wahrhaft menschlichen Zustand einzutreten, in eine neue Art von Barbarei versinkt" (Horkheimer/Adorno 2004: 1). Zur Beantwortung dieser Frage widmen sich die beiden Autoren nicht allein den Widersprüchen innerhalb der (dem nationalsozialistischen Terror historisch vorausgehenden) bürgerlichen Gesellschaft, sondern reflektieren den Zivilisationsprozess als Ganzes. Ihr begrifflich-kategorialer Bezugsrahmen ist geprägt von der Beschäftigung mit Webers Theorie der Rationalisierung und Lukács' Konzept der Verdinglichung.[5]

2.2.1 Verdinglichung und Rationalisierung

Lukács bestimmt Verdinglichung als die kognitive Fehlleistung, Menschen mit Dingen zu verwechseln, sowie als moralisches Problem, Menschen (entsprechend der kognitiven Fehlleistung) wie Dinge zu behandeln. In der Egoperspektive

[4]Vgl. auch Dubiel 1978: 125ff. Der Grund für diese Abkehr von sozialwissenschaftlichen Methoden wird im Folgenden ausführlicher dargestellt. Knapp formuliert, erkennen Horkheimer und Adorno in diesen Methoden dieselbe Erkenntnisstruktur, der der Zivilisationsprozess insgesamt seine unheilvolle Prägung verdankt: das identifizierende Denken.

[5]So auch Habermas in Habermas 1981c: 555-575 und ausführlich in Habermas 1981b: 455-534. Sicherlich sind Horkheimer und Adorno ebenfalls von anderen Einflüssen stark geprägt. Hegel, Freud und Nietzsche können als Gewährsmänner des begrifflichen Rahmens der älteren Kritischen Theorie gelten. Um zu verstehen, wieso die ältere Kritische Theorie scheitert, beschränkt sich diese Arbeit auf die Einflüsse Webers und Lukács', weil die Ausweglosigkeit, in die sich Horkheimer und Adorno begeben, von deren Theorien her sehr deutlich überblickt werden kann.

werden die eigenen gesellschaftlichen Beziehungen zu anderen als Beziehungen zu manipulierbaren Objekten gedeutet (vgl. Habermas 1981b: 475). Jedoch kann Verdinglichung nicht nur als Kategorienfehler verstanden werden, sondern ebenfalls als eine Klasse sozialer Phänomene, die den Menschen als objektive, naturwüchsige Tatsachen, die sich den Zugriffen des menschlichen Willens entziehen, gegenübertreten (vgl. Celikates/Jaeggi 2009: 155f.). Der Warenfetischismus wird von Marx als ein solches Verdinglichungsphänomen charakterisiert, auch wenn er den Begriff der Verdinglichung nur sparsam verwendet (vgl. Marx 2007: 85-98). Im Bann des Warenfetischismus treten den Individuen die gesellschaftlichen Verhältnisse zwischen zwei Klassen als ein natürliches, seinen gesellschaftlichen Grund verbergendes Verhältnis von Waren gegenüber.

Wie Marx so benennt auch Lukács als Ursache der Verdinglichung den kapitalistischen Warentausch. Im Zuge des Tausches von Waren wird von den Besonderheiten des jeweils zu tauschenden Gegenstandes abstrahiert, damit jenes Moment der Ware, das den Dingen gemeinsam ist, in den Blick gerät. Diese Abstraktionsleistung wird ebenfalls an den Individuen selbst vollzogen, wenn die menschliche Arbeitskraft als Ware – die die arbeitende Klasse den Eigentümern/innen an Produktionsmitteln anbietet – gehandelt wird. Da Lukács Gesellschaft insgesamt als bürgerliche, das heißt marktförmige Gesellschaft versteht, deren einzigen Modus der Vergesellschaftung der Warentausch darstellt, deutet er jegliche Form gesellschaftlicher Interaktion als Verdinglichung, die durch die Etablierung des Kapitalismus initiiert wird (vgl. Lukács 1970: 268). Dass der Kapitalismus für die gesamte Gesellschaft strukturbildend ist, fasst er mit dem Begriff der Totalität. Den von Hegel aus der Begriffslogik übernommenen Begriff der Totalität – der bei Hegel noch für die begrifflich rekonstruierte Wahrheit des Ganzen steht – wendet Lukács gesellschaftstheoretisch und negativ: Die Totalität gesellschaftlicher Verhältnisse deutet Lukács als umfassend verdinglicht (vgl. Habermas 1981b: 475f., 481).[6]

Weber, dessen Überlegungen ebenfalls in die Tiefenstruktur der Argumentation Horkheimers und Adornos einfließen, entwickelt eine Theorie der Rationalisierung, die ihren Ausgang von unhinterfragten religiösen Dogmen nimmt (vgl. insgesamt Habermas 1981b: Kapitel II). Die einst dominanten Religionen – die er ebenfalls entlang ihres rationalen Gehalts hierarchisch ordnet – versteht Weber als sinnstiftende und moralisch urteilende Aussagesysteme zu gesellschaftlichen

[6]Wie bereits dargestellt, verwendet auch die ältere Kritische Theorie den Totalitätsbegriff, um auszurücken, dass jedes Teil des Ganzen – jedes einzeln betrachtete Phänomen – Ausdruck einer ihm zugrundeliegenden, die gesamte Gesellschaft bestimmenden Struktur ist.

Problemen und Fragestellungen.[7] Deren Autorität basiert auf dem Glauben an allmächtige Götter beziehungsweise einen allmächtigen Gott. Die ganzheitlich organisierten Religionen rekurrieren auf eine Gesellschaft, deren Bereiche noch nicht in Politik, Moral, Recht, Wissenschaft oder Kunst geschieden sind. Die Einheit der Gesellschaft korrespondiert mit universalistischen Weltbildern.

Im Zuge seiner weitreichenden, historisch orientierten Argumentation zeichnet Weber eine Entwicklung nach, die den Zerfall des universalistischen Gehalts metaphysischer Weltbilder mit der sukzessiven Ausbreitung einer rationalen Einstellung und zugleich der Etablierung des Kapitalismus in Verbindung bringt (vgl. Habermas 1981b: 299-331). Das Resultat dieser Entwicklung ist Weber zufolge die rationalisierte Gesellschaft, in der sich die kapitalistische Wirtschaft und die staatliche Bürokratie als das viel zitierte „stahlharte Gehäuse der Hörigkeit" um die einzelnen Individuen legen.

> „Die heutige kapitalistische Wirtschaftsordnung ist ein ungeheurer Kosmos, in den der einzelne hineingeboren wird und der für ihn, wenigstens als einzelnen, als faktisch unabänderliches Gehäuse, in dem er zu leben hat, gegeben ist. Er zwingt dem einzelnen, soweit er in den Zusammenhang des Marktes verflochten ist, die Normen seines wirtschaftlichen Handelns auf. Der Fabrikant, welcher diesen Normen dauernd entgegenhandelt, wird ökonomisch ebenso unfehlbar eliminiert, wie der Arbeiter, der sich ihnen nicht anpassen kann oder will, als Arbeitsloser auf die Straße gesetzt wird" (Weber 1991: 45).

Diese Form der anonymen Herrschaft stellt für Weber die Wiederkehr der in den Religionen wirkmächtigen, nun jedoch entpersonalisierten Gottheiten dar, denen die Menschen weiterhin, jedoch hilflos zu entrinnen trachten.

> „Die alten vielen Götter, entzaubert und daher in Gestalt unpersönlicher Mächte, entsteigen ihren Gräbern, streben nach Gewalt über unser Leben und beginnen untereinander wieder ihren ewigen Kampf" (Weber 1988: 604).

[7]Weber geht in seiner Schrift „Die protestantische Ethik und der Geist des Kapitalismus" (Weber 2006) der Frage nach, wieso die moderne Form der Rationalität ausschließlich im Okzident entstanden ist und beantwortet sie mit einer Analyse der territorial praktizierten Religionen und deren Lebensführungen. Eine „Wahlverwandtschaft" erkennt er zwischen der asketischen Ethik des Protestantismus und des kapitalistischen Geistes. Webers Ausgangsfrage wird jedoch selbst zum Gegenstand kritischer Auseinandersetzungen. So wird in Diskussionen zu den *multiple modernities* darauf hingewiesen, dass es nicht sinnvoll ist von nur einer Form der Modernität auszugehen und damit nur eine Gesellschaft als rational zu bestimmen (vgl. grundlegend Eisenstadt 2000).

Die Argumentationslogik – dass überwundene Erfahrungen gesellschaftlicher Ohnmacht auf einem höheren Zivilisationsniveau strukturell wiederkehren – greifen Adorno und Horkheimer in der Dialektik der Aufklärung ebenso auf wie Webers Rationalitätsbegriff. Die gesellschaftlich dominante Einstellung bezeichnet Weber als zweckrational. Diese Form der Rationalität reflektiert die (in Wirtschaft und Bürokratie) gesetzten Zwecke nicht kritisch, wie es noch in den destruierten metaphysischen Weltbildern hinsichtlich der Frage nach dem guten und richtigen Leben geschieht. Vielmehr werden lediglich zu vorgegebenen Zwecken die entsprechenden Mittel ausgewählt. Diese Form der Rationalität ist rein instrumentell (vgl. Habermas 1981b: 256f.).

2.2.2 Horkheimer und Adorno in der Tradition Webers und Lukács'

In den Grundstrukturen ist das Narrativ der älteren Kritischen Theorie über die Dialektik der Aufklärung geprägt von Webers Theorie der Differenzierung mythischer Weltbilder. In der Destruierung dieser holistischen Sinnsysteme erkennen Horkheimer und Adorno den Zerfall einer umfassenden Vernunft, deren verkümmerte Reste die von Weber charakterisierte instrumentell operierende Rationalität darstellt. Die Durchsetzung zweckrationaler Einstellungen verstehen die beiden Autoren als den Verlust einer umfassenden Rationalität, da die Zwecke des Handelns selbst nicht mehr reflektiert werden (vgl. Horkheimer 1967: 21). Von der instrumentellen grenzt Horkheimer eine objektive, noch in den mythischen Weltbildern wirkende Rationalität ab, die zwar historisch versiegt ist, jedoch zwischen verschiedenen Zwecken wertend zu unterscheiden vermag (vgl. Horkheimer 1967: 18). Eine „allgemeine objektive Wahrheit", so Horkheimers Diagnose, wird durch eine „zuinnerst relativistische Vernunft ersetzt" (Horkheimer 1967: 28). Diese relativistische Vernunft ist zu keiner inhaltlichen Bestimmung des Guten und Richtigen fähig, da sie rein formal operiert. Mit ihr wird zugleich „der ganze Anspruch der Erkenntnis […] preisgegeben" (Horkheimer/Adorno 2004: 39). Auf der Ebene der Wissenschaft zeigt sich diese Anspruchslosigkeit im logischen Positivismus, der Horkheimer und Adorno zufolge lediglich Fakten sammelt, ohne diese selbst zu hinterfragen, und mittelos ist, zwischen Macht und Legitimität zu unterscheiden. In dem Kapitel „Juliette oder Aufklärung und Moral" der „Dialektik der Aufklärung" vollziehen beide auf der Ebene der Moral nach, dass diese formale Vernunft nicht mehr in der Lage ist, einen Einspruch gegen die Tötung anderer zu formulieren.

> „Die Unmöglichkeit, aus der Vernunft ein grundsätzliches Argument gegen den Mord vorzubringen, nicht vertuscht, sondern in alle Welt geschrieen zu haben, hat den Haß entzündet, mit dem gerade die Progressiven Sade und Nietzsche heute noch verfolgen" (Horkheimer/Adorno 2004: 139f.).

Momente der von Lukács analysierten Verdinglichung spüren Horkheimer und Adorno in der Wissenschaft und Philosophie sowie in den Formen moderner Warenproduktion von Kulturgütern auf. Auch sie identifizieren das Tauschprinzip der warenproduzierenden Industriegesellschaft als den über die Individuen herrschenden Kern der kapitalistischen Vergesellschaftung. Wie Lukács beschreiben beide die Effekte dieser Herrschaft als Nivellierung qualitativer Unterschiede. „Im universalen Tauschverhältnis werden alle qualitativen Momente plattgewalzt, deren Inbegriff etwas wie Struktur sein könnte" (Adorno 2003g: 95). Nivellierung von besonderen Qualitäten ist jedoch nicht allein ein Moment des Warentausches. Die Abstraktion vom Besonderen im Warentausch hat ihre Entsprechung in den entfremdeten Verhältnissen der Gesellschaft und dem Bewusstsein der in ihnen interagierenden Individuen, die in anderen nur qualitätslose Objekte erkennen (vgl. Adorno 2003g: 308). Die Odyssee und „Robinson Crusoe" verstehen Horkheimer und Adorno als literarischen Ausdruck dieser Verhältnisse:

> „Radikale Vergesellschaftung heißt radikale Entfremdung. Odysseus und Robinson haben es beide mit der Totalität zu tun: jener durchmißt, dieser erschafft sie. Beide vollbringen es nur vollkommen abgetrennt von allen anderen Menschen. Diese begegnen beiden bloß in entfremdeter Gestalt, als Feinde oder als Stützpunkte, stets als Instrumente, Dinge" (Horkheimer/Adorno 2004: 69).

Den beiden Autoren zufolge entsteht das verdinglichte und verdinglichende Bewusstsein jedoch nicht erst durch die historische Etablierung des kapitalistischen Warentauschs: Lukács versteht Verdinglichung als die aus dem kapitalistischen System folgende Einstellung der Individuen zueinander. Horkheimer und Adorno erkennen die ihm Tausch vorgenommene Abstraktion von Besonderheiten als die historische Gestalt des im Zivilisationsprozess von Beginn an wirkenden identifizierenden Denkens, das der Dialektik der Aufklärung zugrunde liegt (vgl. Habermas 1981b: 506).

2.2.3 Zivilisation, Identität und begriffliches Denken

Die „Dialektik der Aufklärung" blickt von den historischen Punkten des Nationalsozialismus, der Shoa und der modernen kapitalistischen Gesellschaft aus auf die zivilisationsgeschichtliche Entwicklung als Ganzes zurück und geht der Frage nach, warum die Erde trotz der emanzipativen Ziele der Aufklärung im Zeichen „triumphalen Unheils" (Horkheimer/Adorno 2004: 9) strahlt. Entgegen der offensichtlichen Fakten gewöhnlicher Geschichtsschreibung versuchen Horkheimer und Adorno die Einheit von geschichtlicher Entwicklung und dialektischer Logik hinter dem Offensichtlichen darzustellen. Dazu verknüpfen sie zwei sich tendenziell widersprechende Perspektiven, in der sie Geschichte betrachten. Der messianischen Haltung Benjamins, dass ein Ausbruch aus der geschichtlichen Entwicklungslogik jeder Zeit möglich sei, steht ein marxistisches Verständnis einer Herrschaftsgeschichte gegenüber, indem sich der Zivilisationsprozess zum einen notwendig und zum anderen entsprechend dialektischer Operationen in realen Widersprüchen vollzieht. Die Fakten der Geschichtswissenschaft spielen für die beiden Autoren insofern eine Rolle, als dass sie narrativ in eine Konstellation gebracht werden, in der die dynamische Verstrickung von Fortschrittlichem und Regressivem deutlich werden soll. Diese Darstellung ist der Genealogie Nietzsches verpflichtet, weil sie im Gegensatz zu gewohnten, optimistischen Geschichtsschreibungen über den Siegeszug der Aufklärung – als Gewährsmann für eine solche Darstellung der Geschichte dient Adorno zumeist Hegel – diejenigen Momente und Strukturen der Geschichte hervorhebt, denen ein gewaltvoller, repressiver Charakter eigen ist.[8]

In der Auseinandersetzung mit der Zivilisationsgeschichte verorten Horkheimer und Adorno den Beginn der Aufklärung nun nicht wie gewöhnlich im siebzehnten Jahrhundert, sondern im Anfang der Menschheit. Einem gewaltvollen Gründungsakt der Subjektivität folgt der Zivilisationsprozess, in dem sich sukzessive ein undurchdringlicher Herrschaftszusammenhang ausbildet. Die Herauslösung des Menschen aus einer organischen Beziehung zur Natur bringt das Ich, die Subjektivität hervor, deren Ziele die materielle und geistige Selbsterhaltung sowie die Befreiung von der Heteronomie durch Natur und Mythen sind. In diesem Sinne deuten beide Zivilisation an sich bereits als Aufklärung. Den Schlüssel zur Selbsterhaltung erkennen die beiden Autoren im Einsatz der Vernunft, mittels der sich das Ich durch Abgrenzung von und in Unterwerfung der äußeren Natur,

[8]Genealogie ist Adorno zufolge die „Denunziation des Schlechten gerade im Guten und damit auch die Kritik der Verkörperung des Schlechten in der gesellschaftlichen Positivität" (Adorno 2010: 255). Er bekennt selbst: „[W]enn ich aufrichtig sein soll, am meisten von allen sogenannten großen Philosophen verdanke [ich Nietzsche, M.B] – in Wahrheit vielleicht mehr noch als Hegel" (ebd.). Vgl. weiterführend zum Begriff der Genealogie Schaub 2001.

mit der es zuvor mimetisch verbunden ist, erhält (vgl. Habermas 1987: 167ff.). Zu dieser Unterwerfung bedarf es ebenso der Zügelung eigner Regungen und Impulse, die Horkheimer und Adorno als innere Natur fassen. Selbsterhaltung bedeutet den beiden zufolge die Unterdrückung der äußeren wie der inneren, nun ebenfalls objektivierten Natur. Die Geburt des autonomen Ichs identifizieren sie daher mit der Einsetzung der Herrschaft über die Natur.[9]

Innerhalb dieses Zusammenhangs von Subjektivierung und Naturunterwerfung weisen beide das begriffliche Denken – das sie zugleich als die einzige Form des Denkens benennen – als zentrales Werkzeug der Selberhaltung und Herrschaft aus (vgl. Kager 1988: 36-41). Begriffe und Denken dienen dazu, die sich dem Individuum gegenüberstellende Natur erkenn- und somit bearbeitbar zu machen:

> „Die Menschen distanzieren denkend sich von Natur, um sie so vor sich hinzustellen, wie sie zu beherrschen ist. Gleich dem Ding, dem materiellen Werkzeug, das in verschiedenen Situationen als dasselbe festgehalten wird und so die Welt als das Chaotische, Vielseitige, Disparate vom Bekannten, Einen, Identischen scheidet, ist der Begriff das ideelle Werkzeug, das in die Stelle an allen Dingen paßt, wo man sie packen kann“ (Horkheimer/Adorno 2004: 46).

Begriffe nehmen eine Abstraktion vom Besonderen des Bezeichneten vor. Gerade aufgrund ihres allgemeinen Charakters halten Begriffe an der Natur genau jene Charakteristika fest, anhand derer in spezifischen Situationen Handlungsszenarien evoziert werden können. So ermöglichen beispielsweise die Begriffe „Wolken“ und „Dunkelheit“ die Beschreibung eines gefährlichen, heraufziehenden Unterwetters, vor dem ein fester Unterschlupf den besten Schutz bietet. Durch die begriffliche Unterscheidung zwischen einem „Fliegenpilz“ und einem „Pfifferling“ ist es möglich, die Selbsterhaltung durch Nahrung zu sichern, ohne sich zu vergiften.

---

[9] Neben dem narrativen Verfahren der Genealogie orientieren sich Horkheimer und Adorno auch inhaltlich an Nietzsche: „Alle Instinkte, welche sich nicht nach Aussen entladen, wenden sich nach Innen — dies ist das, was ich die Verinnerlichung des Menschen nenne: damit wächst erst das an den Menschen heran, was man später seine „Seele“ nennt. Die ganze innere Welt, ursprünglich dünn wie zwischen zwei Häute eingespannt, ist in dem Maasse aus einander- und aufgegangen, hat Tiefe, Breite, Höhe bekommen, als die Entladung des Menschen nach Aussen gehemmt worden ist. Jene furchtbaren Bollwerke, mit denen sich die staatliche Organisation gegen die alten Instinkte der Freiheit schützte — die Strafen gehören vor Allem zu diesen Bollwerken — brachten zu Wege, dass alle jene Instinkte des wilden freien schweifenden Menschen sich rückwärts, sich gegen den Menschen“ (Nietzsche 1999a: 322).

Die begriffliche Sprache stellt Horkheimer und Adorno zufolge ebenfalls die Bedingung der Möglichkeit von Wissenschaft und Technik dar, deren einzigen Sinn sie in der Beherrschung der Natur sehen. Gerade Adorno rechnet bis zu seinem Lebensende jegliche Methoden wissenschaftlicher Forschung – die er oftmals ungemein undifferenziert mit der auf Descartes zurückgehenden Methode der Deduktion identifiziert – der Naturbeherrschung zu und weist einzig den Essay als Darstellungsform und sprachliches Reflexionsmedium aus, das sich diesem Herrschaftsverhältnis zu entziehen vermag (vgl. Adorno 2003h: 9-33, Honneth 1979a: 656-659). In der „Dialektik der Aufklärung zeichnen er und Horkheimer eine Entwicklung technologisch-wissenschaftlicher Möglichkeiten nach – von der „Steinschleuder zur Megabombe" (Adorno 2003g: 314), wie Adorno gewohnt pointiert und zugespitzt formuliert –, die den Menschen sukzessive von der Naturverfallenheit löst und zugleich das Herrschaftsverhältnis gegenüber der Natur forciert.

Der Zwang zur Selbsterhaltung richtet sich Horkheimer und Adorno zufolge jedoch nicht allein gegen die innere und äußere Natur, sondern gegen die Gesellschaft als Ganzes: „Naturbeherrschung schließt Menschenbeherrschung ein" (Horkheimer 1967: 94). Beide nehmen an, dass die Auseinandersetzung der Menschheit mit der Natur, die dem Ziel der materiellen Reproduktion folgt, die Gestaltung gesellschaftlicher Institutionen und Praktiken bestimmt (vgl. Honneth 2009a). Dem permanenten, die eigene Naturhaftigkeit vergessenden Zwang, die äußere und innere Natur zu unterdrücken, korrespondiert ein System gesellschaftlicher Herrschaft, das blind diesem Zwang entsprechend eingerichtet ist. Der Weg aus der Herrschaft einer übermächtigen Natur, der Gründungsakt der Subjektivität, zeigt sich in der Perspektive beider Autoren als Pfad in die Herrschaft einer zweiten Natur.[10] Die technologischen Möglichkeiten werden einzig dem Zweck der verabsolutierten Selbsterhaltung untergeordnet. Fragen, die die Selbsterhaltung transzendieren, die Themenfelder des guten und richtigen Lebens finden keine Beachtung (vgl. Habermas 1988: 134f.). Statt Muse, Kontemplation und Reflexion dominieren Arbeit und Abrichtung die Gesellschaft. Das Individuum ist lediglich fungibles Teil eines sich selbst erhaltenden Systems und

[10]Dieses Grundmotiv der „Dialektik der Aufklärung" greift die hier bereits von Weber zitierte Figur der Rückkehr der alten Gottheiten auf.

als einzelnes ersetzbar und überflüssig, so die düstere Zeitdiagnose der beiden Autoren. Die von der Aufklärung angestrebte Autonomie endet mit der Unterdrückung von Natur und Mensch (vgl. Habermas 1987: 168).[11]

Nun kann die Dialektik der Aufklärung Horkheimers und Adornos nicht allein so verstanden werden, dass das vermeintlich Fortschrittliche in diesem Prozess in der gesteigerten Möglichkeit zur instrumentellen Organisation besteht, die der Absicherung gegen die Gefahren der ersten Natur und einem sozialen Herrschaftssystem dient. Auch stellt die Aufklärung selbst die Mittel der Vernunft bereit, um sich reflexiv auf sich selbst als unheilvollen Prozess zu wenden. Gerade künstlerisch-literarische und theoretische Erzeugnissen, wie die Odyssee oder die „Dialektik der Aufklärung" selbst, vermögen es, die eigene Verstrickung in diesen verhängnisvollen Zusammenhang zu reflektieren.[12]

Um die Frage zu beantworten, ob Horkheimer und Adorno ihren eigenen normativen Standpunkt und den Ort ihrer Erkenntnis, von dem aus sie den verhängnisvollen Zivilisationsprozess aus durchschauen, überzeugend ausweisen können, ist zunächst daran zu erinnern, dass die Kritik der Dialektik der Aufklärung tiefer ansetzt als die Lukács'. Abstraktion und Verdinglichung werden von Horkheimer und Adorno zu Grundkategorien des gesamten Zivilisationsprozesses erklärt. Sie problematisieren jedoch nicht allein, dass die begrifflich operierende Vernunft die „Beherrschung der Natur drinnen und draußen zum absoluten Lebenszweck" (Horkheimer/Adorno 2004: 38) erhebt, sondern zudem dass das Besondere vom Bezeichneten *ausschließlich* in allgemeinen Begriffen bestimmbar ist. Da das Besondere begrifflich nie wirklich bezeichnet werden kann, dienen Begriffe nicht allein der Beherrschung der Natur, sondern nehmen zugleich eine Nivellierung des Besonderen vor (vgl. Adorno 2003g: 21). – In diesem Sinne ist die Verdinglichung der kapitalistischen Gesellschaft eine historische Form des identifizierenden Denkens: Der Warentausch wie, grundlegender, Denken allgemein abstrahieren vom Besonderen und beziehen sich nur auf das Allgemeine. Gerade Adorno reflektiert diese Form der von ihm so bezeichneten Gewalt an den (bezeichneten) Dingen in unzähligen Variationen und vollzieht nach, wie ein verwendeter allgemeiner Begriff für den individuellen Gegenstand, die einzelne

---

[11]In den Worten Habermas': Der „Zerfall der in der Religion und Metaphysik noch verkörperten substantiellen Vernunft entmächtigt die isolierten, ihres Zusammenhalts beraubten Vernunftmomente so sehr, daß diese zu Rationalität im Dienste wildgewordener Selbsterhaltung regredieren" (Habermas 1988: 137).

[12]Die Intention, Ästhetisches als ernstzunehmende Quelle der Kritik zu begreifen, versucht die vorliegenden Arbeit – entgegen der Skepsis Habermas' gegenüber der Rationalität des Ästhetischen – aufzugreifen (vgl. hier Kapitel 7).

Sache oder das besondere Phänomen gehalten wird, welches der Begriff eigentlich bezeichnen soll.

> „Der Schein von Identität wohnt jedoch dem Denken selber seiner puren Form nach inne. Denken heißt identifizieren. Befriedigt schiebt begriffliche Ordnung sich vor das, was Denken begreifen will" (Adorno 2003g: 17).[13]

Dass die Kategorie der Verdinglichung nicht lediglich auf eine spezifisch-historische Gesellschaftsformation, sondern grundlegend auf Sprache bezogen wird, hebt Habermas in seiner Kritik der älteren Kritischen Theorie hervor. Der Vorstellung Horkheimers und Adornos, der zufolge Sprache und Denken generell identifizierend sind, entspricht laut Habermas ein spezifisches Verständnis davon, wie Individuen sich auf ihre Umwelt beziehen. Mit den Begriffen und Kategorien der „Dialektik der Aufklärung" lassen sich Habermas zufolge lediglich gesellschaftliche Strukturen abbilden, in denen sich Individuen einem Objekt, der Natur, zuwenden, um ihr Überleben zu sichern. Beide Autoren

> „geben [...] den Strukturen des verdinglichten Bewußtseins eine so abstrakte Fassung, daß sich diese nicht nur auf die theoretische Form des identifizierenden Denkens, sondern auf die Auseinandersetzung des zielgerichtet handelnden Subjekts mit der äußeren Natur überhaupt erstreckt. Diese Auseinandersetzung steht unter der Idee der Selbsterhaltung des Subjekts; Denken dient der technischen Verfügung über und der informierten Anpassung an die äußere, im Funktionskreis instrumentellen Handelns objektivierte Natur. Es ist ‚instrumentelle Vernunft', die den Strukturen des verdinglichten Bewußtseins zugrunde liegt. Auf diese Weise verankern Horkheimer und Adorno den Mechanismus, der die Verdinglichung des Bewußtseins erzeugt, in den anthropologischen Grundlagen der Gattungsgeschichte, in der Existenzform einer Gattung, die sich durch Arbeit reproduzieren muß" (Habermas 1981b: 507).

Horkheimer und Adorno nehmen eine doppelte Generalisierung vor, da sie die instrumentelle Rationalität zum einen aus ihrem sozialen Kontext lösen und zum Ganzen der Rationalität erklären, sodass sie die vielschichtigen Konturen moderner Rationalität nicht erfassen können. Zum anderen deuten sie mittels dieses

[13]Die „Negative Dialektik" widmet sich dem Identitätsdenken ausführlich durch die intensive Auseinandersetzung mit der Ontologie Heideggers und dem Positivismus des kritischen Rationalismus. In unterschiedlichen Wiederholungen und Verschiebungen reflektiert Adorno Abstraktion und Rationalität sowie Herrschaft und Unterdrückung als nicht durchschaute Momente des Denkens.

einseitigen Rationalitätsbegriffs alle zwischenmenschlichen Beziehungen einzig als instrumentelle Bezugnahmen (vgl. Habermas 1981b: 489f.). „[I]nteressant im Grundsätzlichen, bleiben sie undifferenziert in den Ergebnissen“ (Habermas 1988: 392). Problematisch ist diese ausschließlich instrumentellen Selbsterhalt abbildende Vernunftkonzeption für Habermas, weil interpersonelle, nicht verdinglichte Beziehungen zwischen Subjekten in ihr keine Berücksichtigung finden können.[14] Wie später in dieser Arbeit genauer dargestellt, verortet Habermas innerhalb der interpersonellen Beziehungen das emanzipative Potential der Vernunft, sich durch intersubjektive Verständigung kritisch auf die Gesellschaft zu beziehen.

Gerade anhand der Kritik der Kulturindustrie lässt sich zeigen, dass der älteren Kritischen Theorie jegliches Vernunftpotential abhandenkommt. Denn Kulturindustrie bezeichnet Habermas' Interpretation der Kritischen Theorie zufolge einen gesellschaftlichen Zustand, in dem das Vernunftpotential der Rede versiegt ist, da an die Stelle sprachlicher Kommunikation Formen der Schein-Kommunikation treten. In die Netze öffentlich-politischer und privat-alltäglicher diskursiver Verständigung schieben sich Massenmedien, die den Imperativen der kapitalistischen Verwertungslogik verschrieben sind (vgl. Habermas 1981c: 571f.). Weil sich anhand der Überlegungen Horkheimers und Adornos zur Kulturindustrie die Ausweglosigkeit, in die sie führen, besonders anschaulich und anhand einer konkreten Gesellschaftsanalyse darstellen lässt, wird der Begriff der Kulturindustrie im Folgenden ausführlicher rekonstruiert. Das ermöglicht es, Habermas' Kritik Plausibilität zu verleihen.

2.3 Kulturindustrie als Moment der total integrierten Gesellschaft

Der Begriff der Kulturindustrie dient als Instrumentarium der Analyse gesellschaftlicher Verhältnisse, die Horkheimer und Adorno als Formierung einer totalen Herrschaft verstehen. Dass die liberale bürgerliche Gesellschaft nicht ein Gegenmodel zum NS-Faschismus ist, sondern aufgrund immanenter Entwicklungsgesetze in diesem mündet, ist eine der grundlegenden Annahmen der beiden. In ökonomietheoretischer Perspektive skizzieren sie einen Wandel des liberalen

[14] Habermas' Kritik an Marx folgt derselben Argumentationslogik (vgl. Habermas 1976: 35).

Kapitalismus zum Spätkapitalismus. Die Grundlage dieser Analyse bildet die von Horkheimer und Pollock formulierte Rackettheorie, der zufolge der Markt im Prozess der Kapitalakkumulation zunehmend monopolisiert und von einzelnen großen Konglomeraten bestimmt wird. Dem Diktat des Kapitals folgend, diktieren diese auch das massenmediale Angebot.[15] In einer kulturtheoretischen Perspektive analysieren Horkheimer und Adorno Kultur als Sphäre, in der Kunst und Zerstreuung zur Ware verschmolzen werden. Insbesondere Adorno spricht der sogenannten avancierten Kunst ein utopisches Potential und das Versprechen der Versöhnung mit der äußeren und inneren Natur zu.

> „Vor Schuberts Musik stürzt die Träne aus dem Auge, ohne erst die Seele zu befragen: so unbildlich und real fällt sie in uns ein. Wir weinen, ohne zu wissen warum; weil wir so noch nicht sind, wie jene Musik es verspricht, und im unbenannten Glück, daß sie nur so zu sein braucht, dessen uns zu versichern, daß wir einmal so sein werden. Wir können sie nicht lesen; aber dem schwindenden, überfluteten Auge hält sie vor die Chiffren der endlichen Versöhnung“ (Adorno 2003f: 33).

Festliche Rituale wie Karneval verstehen beide als Formen der Zerstreuung und als Raum, in den sich Individuen vor der rationalen Selbstbeherrschung zurückziehen können. Die Kulturindustrie bringt nun beiden zufolge Elemente der Kunst und Zerstreuung mittels rationaler Organisation in Warenform zusammen. Kunst, vom Prinzip des Tauschwerts in Beschlag genommen, verliert ihren utopischen Gehalt und wird affirmativ. Der Zerstreuung gibt die Kulturindustrie einen sinnstiftenden, oberflächlichen Zusammenhang und nimmt ihr die freie, entspannte Assoziation und somit das Moment des Glücks. Kultur – einst Ort des Widerstands, der Bildung und Kritik – wird auf diesem Wege generell mit der Sphäre der Produktion gleichgeschaltet (vgl. Habermas 1981b: 461-474). In technologie- und bürokratietheoretischer Perspektive weisen Horkheimer und Adorno dem technologischen und verwaltungstechnischen Fortschritt die Rolle zu, die Produktion der kulturindustriellen Waren effizient und massenhaft zu gewährleisten. In den Dienst ökonomischer Interessen genommen, ermöglicht Technologie im Sinne des Kapitals profitmaximierend zu produzieren. Rational durchgeplant erzeugt die arbeitsteilige Gesellschaft in Massenproduktion kulturelle, dem Stand der Technik angepasste Güter.

---

[15]Die Rackettheorie geht zurück auf Pollocks und Horkheimers Studien zum Staatskapitalismus des NS-Faschismus (vgl. Horkheimer 1981, Pollock 1981b und Pollock 1981a).

Horkheimers und Adornos Analyse oszilliert zwischen zwei unterschiedlichen Auffassungen von Herrschaft innerhalb der Kulturindustrie. Zum einen führen sie in der Tradition Marx' die Kulturindustrie nicht auf einen bösen Willen Einzelner, sondern auf die Zwänge der kapitalistischen Wirtschaft, alles zur Ware zu machen, zurück. Die Produzierenden verstehen sie wie Marx als Agenten/innen des Kapitals, als Charaktermasken, die eine strukturelle Position besetzen und die die Anforderungen des Kapitals erfühlen. Die Rezipierenden hingegen erfahren die Kulturwaren nicht als diktierte Kost, sondern als Antwort auf ihr Bedürfnis nach Amüsement, das einem eintönigen, mechanischen Arbeitstag entspringt. Das Bedürfnis nach Amüsement und die kulturindustriellen Waren sind somit nur im Kontext kapitalistischer Produktionsweisen zu verstehen. Um in der Freizeit seine physische Arbeitskraft zu reproduzieren, bedarf es sich der Rezeption nicht sperrender Produkte. Massenhaft produzierend liefert die Kulturindustrie für den in der Arbeitswelt erzeugten Geschmack die passende Ware (vgl. Horkheimer/Adorno 2004: 144ff.). Zum anderen beschreiben Horkheimer und Adorno Kulturindustrie als Resultat des bereits genannten gesellschaftlichen Transformationsprozesses: Im Kontext des Monopolkapitalismus, der die liberal-bürgerliche Gesellschaft ablöst, existiert den beiden Autoren zufolge lediglich ein Pseudomarkt, auf dem nicht mehr einzelne Individuen in einer Situation freier Konkurrenz ihre Interessen aufeinander abstimmen können, sondern Großkonzerne das Geschehen bestimmen. An der Schnittstelle von Wirtschaft und politischer Administration operieren Eliten, die die Freizeitgestaltung der Massen autoritär organisieren (vgl. Horkheimer/Adorno 2004: 131f.).[16] In einer schwindelerregenden Zuspitzung identifizieren Horkheimer und Adorno das monopolkapitalistische System der Kulturindustrie mit dem totalitären Staatskapitalismus des NS-Faschismus (vgl. Jaeggi 2006: 249). Denn, so beide, in beiden Systemen verbreite sich das Oktroyierte ständig wiederholend in der Bevölkerung: „Das blinde und rapid sich ausbreitende Wiederholen designierter Worte verbindet die Reklame mit der totalitären Parole" (Horkheimer/Adorno 2004: 129, vgl. ferner Horkheimer/Adorno 2004: 139ff., 162f., 170-176). Reklame, generell Werbetechniken werden von Horkheimer und Adorno hier als Mittel der psychischen Manipulation gedeutet, die tief in die Individuen hineinwirken und

---

[16]Horkheimer und Adorno legen durch diese Gedanken ihren diskutablen normativen Bezugspunkt klar offen. Im frühen Liberalismus und dessen Wirtschaftssystem erkennen sie die Möglichkeit des je einzelnen Individuums, frei seinen Interessen nachzugehen. Es ist fraglich, ob Horkheimers und Adornos idealisiertes Bild des Frühliberalismus einer empirischen Prüfung standhält. Zudem reduzieren sie (zumindest an dieser Stelle) Freiheit auf das Verfolgen von Interessen.

deren kognitive Einstellungen entsprechend den autoritär geäußerten Weisungen zu konsumieren prägen.[17]

In den Ausführungen Horkheimers und Adornos lassen sich zwei weitere Prozesse benennen, die die hier diagnostizierte Erosion eines selbstständigen, mündigen Individuums ebenfalls bedingen. 1) Beide beschreiben die Gesellschaft als arbeitsteiliges eingerichtetes, technokratisch verwaltetes System industrieller Massenproduktion, in dem das einzelne Individuum bedeutungslos ist, weil es innerhalb des Systems nur eine allgemeine Funktion übernimmt, für die seine jeweils ihm eigenen Besonderheiten obsolet sind. Da das einzelne Individuum jeder Zeit ersetzt werden kann, ist es den kapitalistischen Institutionen vollends ausgeliefert und internalisiert deren Anforderungen, um zu überleben. Die Kulturindustrie liefert durch ihre Produkte die Einsicht in die Ohnmacht des einzelnen Individuums. Sie zeigt die Abhängigkeit aller, die Beliebigkeit des Erfolgs, die Tragik des Lebens als unausweichliche Gegebenheiten und wirbt auf diesem Wege für die totale Anpassung an das System. Alarmiert skizzieren Horkheimer und Adorno einen Prozess der „Selbstentäußerung der Individuen, die sich an Leib und Seele nach der technischen Apparatur zu formen haben (Horkheimer/Adorno 2004: 36, vgl. ferner Horkheimer/Adorno 2004: 154f., 158f.) 2) Wie bereits dargestellt, verstehen die beiden Autoren die Waren der Kulturindustrie als Reaktion auf das in der Arbeitswelt generierte Bedürfnis nach einfachem, sich der Rezeption nicht sperrenden Amüsement. Um leicht konsumierbar zu sein, müssen die Waren den monotonen Erfahrungen des Arbeitstages entsprechen. Daher folgen der monotonen, arbeitsteiligen Massenproduktion formal einheitliche, jede sinnliche Mannigfaltigkeit vermissende Produkte und eine Entdifferenzierung kultureller Formen. Das in der Freizeit Konsumierte liefert die bekannte Welt des Arbeitsplatzes nach Hause und lässt sie als Natur erscheinen (vgl. Horkheimer/Adorno 2004: 129, 132f.).[18] Kulturindustrie verstehen beide daher als Kitt, der

[17]In dem siebten Element des Antisemitismus, das erst in der Ausgabe der „Dialektik der Aufklärung“ von 1947 abgedruckt wird, beziehen Horkheimer und Adorno die Reklame ebenfalls auf den Antisemitismus der Nachkriegsgesellschaft. In einem 1962 gehaltenen Vortrag „Zur Bekämpfung des Antisemitismus heute“ urteilt Adorno: „Der Antisemitismus, könnte man sagen, ist so etwas wie die Ontologie der Reklame“ (Adorno 2003j: 367, vgl. dazu König 2016: 175-195).

[18]Horkheimer und Adorno greifen hier Kracauers Analyse der sogenannten Tiller Girls auf, einer Tanzgruppe, deren gleichartige Bewegungen Kracauer auf identische maschinelle Bewegungsabläufe innerhalb der Massenproduktion bezieht (vgl. Kracauer 1977: 50-63).

eine eigentlich irrational eingerichtete Gesellschaft zusammenhält. Sie passt die Individuen in ein System ein, das ihnen feindlich gegenübersteht.

Pseudomarkt, Werbetechniken, Abhängigkeitsstrukturen und kulturindustrielle Produkte führen Horkheimer und Adorno zufolge zur Vereinheitlichung der Individuen sowie zu deren Anpassung an die gesellschaftlichen Bedingungen. Statt in kritischer Distanz zur Gesellschaft zu stehen, werden die Individuen funktionierend und bruchlos in diese integriert. Die für die beiden Autoren zentralen Merkmale einer freien Gesellschaft, die Spontanität der Individuen sowie deren Verschiedenheit, lassen sich in einer kulturindustriell produzierenden Gesellschaft nirgends ausfindig machen.

> „Durch die Vermittlung der totalen, alle Beziehungen und Regungen erfassenden Gesellschaft hindurch werden die Menschen zu eben dem wieder gemacht, wogegen sich das Entwicklungsgesetz der Gesellschaft, das Prinzip des Selbst gekehrt hatte: zu bloßen Gattungswesen, einander gleich durch Isolierung in der zwangshaft gelenkten Kollektivität" (Horkheimer/Adorno 2004: 43).

Da die Kulturindustrie Horkheimer und Adorno zufolge die Negation des Individuums vorantreibt, verstehen beide sie als Element einer sich totalitär entwickelnden Gesellschaft. „Die rücksichtlose Einheit der Kulturindustrie bezeugt die heraufziehende Politik" (Horkheimer/Adorno 2004: 131).[19]

Auch Adornos Schriften der fünfziger und sechziger Jahre des zwanzigsten Jahrhunderts, die weiterhin der Geschichtserfahrung der Shoa und des Nationalsozialismus sowie der des US-amerikanischen Exils verpflichtet sind (vgl. Honneth 1979a: 648) weichen von der Annahme einer total integrierten Gesellschaft nicht ab. Gerade der „Negativen Dialektik" fehlt es fast vollständig an emanzipativen, von Adorno benannten Potentialen. Seine gesellschaftstheoretische Grundhaltung ist, dass in der „total vergesellschafteten Gesellschaft" (Adorno 2003g: 209), in

---

[19]Seit jeher hängt das Individuum laut Horkheimer und Adorno von gesellschaftlichen Prozessen und Tendenzen ab, die das Individuum – verstanden als gesellschaftstheoretische Kategorie und Begriff der Selbstbeschreibung einer Gesellschaft – erst in der Neuzeit hervorbringen: Durch den Wegfall der Beschränkungen feudaler Ordnung wird das Individuum zu einer historischen Entität (vgl. Schweppenhäuser 2003: 81f.). Die Mentalität des bürgerlichen Zeitalters proklamiert es als selbstständig und frei, obwohl es doch Resultat gesellschaftlicher Dynamiken ist. Daher muss es als sich selbst setzend und gesetzt werdend verstanden werden. Weil sich das Individuum also nie ganz von seiner gesellschaftlichen Umgebung lösen kann, gelingt die vollständige Integration in die Gesellschaft (vgl. Horkheimer/Adorno 2004: 164).

der das Individuum nivelliert wird, alle menschlichen Beziehungen, sozialen Praktiken und Lebensweisen sowie individuelle Einstellungen vom ökonomischen Kalkül korrumpiert sind. Adornos „Vermutung einer irrationalen Katastrophe in den Anfängen" (Adorno 2003g: 315) folgt die Darstellung einer geschichtlichen Logik, die „destruktiv [ist] wie die Menschen, die sie zeitigt: wo immer ihre Schwerkraft hintendiert, reproduziert sie das Äquivalent des vergangenen Unheils. Normal ist der Tod" (Adorno 2003e: 62). Sein Narrativ der Geschichte ist eine Skizze der zunehmenden Intensivierung von Herrschaft und Ökonomisierung. Alles Gewesene steht ihm zufolge im Bann des Immergleichen, sodass er konstatiert, bisher habe es weder Geschichte, noch Fortschritt gegeben: „Kein Fortschritt ist derart zu unterstellen, als wäre die Menschheit überhaupt schon und könne deshalb fortschreiten" (Adorno 2003d: 619). Gewohnt aporetisch folgert er: „Insofern ließe sich sagen, der Fortschritt ereigne sich dort, wo er endet" (Adorno 2003d: 625) – erst mit dem Ende der bisherigen Geschichte kann Fortschritt stattfinden. Daher müssen die Stufen der zivilisationsgeschichtlichen Entwicklung in Hinblick auf ihre Fortschrittlichkeit nicht unterschieden werden.[20]

2.4 Kritik der älteren Kritischen Theorie

Die erste sich unmittelbar aufdrängende Replik auf die Ausführungen Horkheimers und Adornos zur Kulturindustrie ist, dass sich die Bundesrepublik der Adenauerzeit kaum als faschistisches Regime beschreiben lässt und sich die USA nicht zu einem totalitär-faschistischen Staat gewandelt haben. Dass sich die Beschreibungen und Prognosen Horkheimers und Adornos als falsch erweisen, gründet in verschiedenen Auslassungen ihrer Forschung und Weichenstellungen der Begriffsbildung und Methode. Das letztendlich eindimensionale Geschichtsbild der Schriften Adornos, die der „Dialektik der Aufklärung" folgen, gründet in der geschichtsphilosophisch geprägten Methodik, mittels derer Adorno den Zivilisationsprozess deutet. Da Adorno Geschichte im Sinne Benjamins als Urgeschichte versteht, muss er lediglich die Momente des Zivilisationsprozesses in den Blick nehmen, die im Lichte der total verwalteten Gesellschaft

[20]So auch Schnädelbach in seinem Aufsatz „Adorno und die Geschichte" (Schnädelbach 2004: 150-178). García Düttmann deutete Adornos Konstruktion einer Universalgeschichte als Reaktion auf das Ereignis, das Adorno als Auschwitz bezeichnet – die Menschheitsverbrechen der Shoa und des Nationalsozialismus. In deren Licht verdichtet sich Geschichte für Adorno zur totalen Herrschaft (vgl. García Düttmann 1991: 120-124).

wesentlich erscheinen. Von seiner gegenwärtigen Gesellschaft aus, der spätkapitalistischen Adenauer-Demokratie, spürt Adorno in der Geschichte konstante Momente der Zurichtung, Beherrschung und Ökonomisierung auf. Daher kann seine Darstellung weder einen normativen Maßstab, noch emanzipative Entwicklungen benennen. Da aber die geschichtliche Dynamik in Adornos dialektischem Denken gerade in der Verstrickung aus regressiven und emanzipativen Momenten gründet, kommt Geschichte vor seinen Augen zum Stillstand: Die Extreme berühren sich, die Widersprüche der Zivilisation werden eingeebnet, die Bewegung schlägt um in Erstarrung.

In Bezug auf die Kulturindustrie wird es unterlassen, die eigentlich für den deutschen Staatsfaschismus entwickelte Rackettheorie innerhalb der USA zu überprüfen. Es ist daher fraglich, ob der Einfluss der Konglomerate auf die kulturellen Erzeugnisse tatsächlich derart immens ist, wie ihn Horkheimer und Adorno diagnostizieren (vgl. Schweppenhäuser 2003: 84, Wiggershaus 2001: 357). Analysen, die unter dem Label der Cultural Studies gruppiert werden, kritisieren, dass die beiden Autoren das Rezeptionsverhältnis zu einseitig konzipieren. Im Gegensatz zu Horkheimer und Adorno verweisen sie darauf, dass es zum einen schichtspezifische Unterschiede gibt, wie kulturelle Erzeugnisse wahrgenommen werden, und diese Erzeugnisse zum anderen kreativ gedeutet und angeeignet werden. Die Ästhetik der Ware ist somit nicht das einzige, entscheidenden Kriterium für deren Wirkung.[21]

Habermas' Kritik des Begriffs der Kulturindustrie setzt nicht an dem Fehlen einer empirischen Überprüfung oder dem einer rezeptionsästhetischen Sensibilität an, sondern daran, dass Horkheimer und Adorno nicht zwischen kulturellen Erzeugnissen und einer Sphäre der Öffentlichkeit differenzieren – sie identifizieren schlicht Öffentlichkeit mit Kulturindustrie. Beiden ermangelt es an einem Gespür für die kritischen Potentiale einer öffentlichen, massenmedialen Kommunikation, die sich vermeintlich autoritären, kulturindustriellen Vorgabe zu widersetzten weiß. Zwar ist sich Habermas bewusst, dass Massenmedien Kommunikation unter soziale Kontrolle stellen können, gerade dann, wenn sie Teil eines zentral organisierten Mediennetzwerks sind, in dem Informationen von oben nach unten sowie vom Zentrum zur Peripherie gestreut werden (vgl. Habermas 1981c: 573). Jedoch betont Habermas zugleich den ambivalenten Charakter massenmedialer Öffentlichkeit, wenn er der Möglichkeit zur

[21]Barthes Studien zu den Mythen des Alltags können als Grundlegung der Cultural Studies gelten, in der selbst Werbespots als unterschiedlich zu interpretierende Texte verstanden werden (Barthes 2003).

Hierarchisierung des Informationsflusses kritische Potentiale zur Seite stellt. Man denke hier an die mittlerweile selbstverständlich genutzten, zu Zeiten des Erscheinens der „Theorie des kommunikativen Handelns" noch nicht absehbaren Möglichkeiten sozialer Netzwerke, über Status- und regionale Grenzen hinaus Interessenskonflikte, Willensbekundungen oder kritische Einsprüche abzubilden. Sicherlich ist diskutabel, inwiefern jeglicher Inhalt sozialer Netzwerke einen relevanten Einfluss ausübt oder als qualitativ hochwertig betrachtet werden kann, gerade weil oftmals die Moderation innerhalb solcher Netzwerke fehlt. Dass im Kontext der iranischen, sogenannten Grünen Revolution im Jahre 2009 soziale Medien der Vernetzung zum Protest und der Information über repressive Maßnahmen der Exekutive dienen, kann ebenso wenig bestritten werden wie die Tatsache der China-kritischen Interventionen des Künstlers Ai Weiwei über Wege des Internets.[22] Selbst staatliche Versuche, ganze Online-Portale für die gesamte Bevölkerung zu sperren, lassen sich mit informationstechnologischen Mitteln wie anonymisierten Proxys oder dem Programm Tor unterwandern (vgl. Knoll 2011). In diesem Sinne ist sich Habermas bereits 1981 gewiss,

> „die Ausschöpfung dieses autoritären Potentials [massenmedialer Kommunikation, M.B.] bleibt aber stets prekär, weil in die Kommunikationsstrukturen selber das Gegengewicht eines emanzipatorischen Potentials eingebaut ist" (Habermas 1981c: 573), da die Widerspruchsmöglichkeiten reflektierender Individuen nicht vollends unterbunden werden können.

Zudem wendet Habermas ein, dass Horkheimer und Adorno im Rahmen der Kritik der Kulturindustrie massenmediale Kommunikationsformen an das Medium des Geldes assimilieren, da sie jegliche Kommunikationsform als Ausdruck des kapitalistischen Zwanges, Profite zu steigern, deuten (vgl. im Folgende Habermas 1981b: 497). Geld, so Habermas, kann zwar sprachliche Verständigung als Medium der Handlungskoordination ersetzen. Jedoch lassen sich die Massenkommunikationsmittel nicht auf das Medium des Geldes reduzieren, nur weil sie in einem kapitalistischen Rahmen produziert werden. Vielmehr bleiben sie an sprachliche Kommunikation gebunden.

[22]„I think those technology platform constantly put the government on trial. And every event, every policy they make, people will laugh about it or make fun about it. This is amazing for younger generation" (Ai Weiwei zitiert nach Khazan 2012).

> „[Massenmedien, M.B.] bilden technische Verstärker der sprachlichen Kommunikation, die räumliche und zeitliche Distanzen überbrücken und die Kommunikationsmöglichkeiten multiplizieren, das Netz kommunikativen Handelns verdichten, ohne aber die Handlungsorientierungen von lebensweltlichen Kontexten überhaupt abzukoppeln" (ebd.).

Ausschlaggebend für die Beurteilung der Massenkommunikation ist Habermas zufolge nicht deren Einbettung in eine kapitalistische Gesellschaft, sondern die Art der Kommunikation selbst. Er verwehrt sich gegen die Annahme, die Logik des Kapitals durchdringe alle gesellschaftlichen Bereiche und Medien. Sicherlich verfällt Habermas bei seiner Analyse der Massenkommunikation keinem grenzenlosen Optimismus.

> „Gewiß, das eminent erweiterte Kommunikationspotential wird vorerst durch Organisationsformen neutralisiert, die einbahnige, also nicht umkehrbare Kommunikationsflüsse sicherstellen. Ob eine auf die Massenmedien zugeschnittene Massenkultur Kräfte zur regressiven Integration des Bewußtseins entfaltet, hängt aber in erster Linie davon ab, ob ‚die Kommunikation die Angleichung der Menschen durch ihre Vereinzelung (besorgt)', und keineswegs davon, ob die Gesetze des Marktes immer tiefer in die Kulturproduktion selbst eingreife" (ebd.).[23]

---

[23]In seiner früheren Schrift zum „Strukturwandeln der Öffentlichkeit" (Habermas 1990) gibt sich Habermas pessimistischer. Dort konstatiert er, dass die bürgerliche Idee der Öffentlichkeit die strikte Trennung von Staat und privaten Interessen voraussetzt. Durch die politische Formierung der Arbeiter/innenschaft drängt jedoch die soziale Frage in die Öffentlichkeit. Die Folge davon ist laut Habermas eine Zersplitterung der Öffentlichkeit in Interessengruppen (vgl. Fraser 2009: 149). An die Stelle rationaler Debatten über das Gemeinwohl treten Hinterzimmer-Kompromisse und mediale Inszenierungen sozialstaatlicher Wirtschaftspolitik, so Habermas.

Der von Habermas skizzierte Prozess kulminiert in der Privatisierung der gesamten Öffentlichkeit. „Von einer Refeudalisierung der Öffentlichkeit muss noch in einem anderen, genaueren Sinne die Rede sein. Jene Integration von Massenunterhaltung und Werbung, die in Gestalt der public relations bereits ‚politischen' Charakter annimmt, unterwirft ihrem Kodex nämlich auch noch den Staat selber. Weil die privaten Unternehmen ihren Kunden bei Verbraucherentscheidungen das Bewußtsein von Staatsbürgern suggerieren, muss der Staat seine Bürger wie Verbraucher ‚ansprechen'. So wirbt auch die öffentliche Gewalt um publicity" (Habermas 1990: 292). Der Begriff der Refeudalisierung betont hier die Entdifferenzierung von privater und öffentlicher Sphäre. Habermas' Analysen zum problematischen Charakter öffentlicher, massenmedialer Kommunikation fallen einst dahingehend pessimistischer aus, dass die Form und Inhalte sehr wohl reklamespezifisch strukturiert sind, weil sie laut Habermas in einer eigenen, mittlerweile jedoch überwundenen kulturpessimistischen Perspektive gründen, in der er die Entwicklung der Öffentlichkeit als einen Verfallsprozess darstellt (vgl. Habermas 1990: 20f.).

Eine weitere, über den Begriff der Kulturindustrie hinausweisende und auf die Grundbegriffe und -kategorien Horkheimers und Adornos zielende Kritik Habermas' setzt an der Frage an, inwiefern Horkheimer und Adorno in einer vollends integrierten Gesellschaft überhaupt von sich selbst behaupten können, dieser Gesellschaft kritisch gegenüberzutreten. Wieso sind die beiden nicht ebenfalls derart von der kulturindustriellen Warenwelt betroffen, dass sie sich unkritisch in die Gesellschaft einfügen? Und auf welchen Wegen vermitteln sie ihre Kritik, wenn sie zugleich die Sphäre der Öffentlichkeit mit der der Kulturindustrie identifizieren? Habermas stellt die Frage, wie die beiden Autoren ihren normativen Bezugspunkt in Anbracht einer total verwalten Gesellschaft und einer von kapitalistischen Interessen in Beschlag genommenen öffentlichen Kommunikation ausweisen können (vgl. Habermas 1981b: 500). Er selbst benennt zwei mögliche Wege, den eigenen normativen Maßstab auszuweisen. Entweder der Maßstab wird als eine der Sprache zugrundliegende, durch den Zivilisationsprozess nicht verschüttete Dimension sprachlicher Rationalität rekonstruiert, oder der Maßstab wird durch eine kritische Rekonstruktion der Möglichkeit rationaler wissenschaftlicher Erkenntnis zu Tage gefördert (vgl. Habermas 1981b: 502f.). Die ältere Kritische Theorie beschreitet Habermas zufolge nicht den zweiten Weg, stellt die Möglichkeit des ersten grundlegend infrage und wiederholt permanent, dass es „*keinen Ausweg* gibt“ (Habermas 1988: 155).

Dennoch halten Adorno und Horkheimer an dem Ziel einer emanzipierten Gesellschaft und der Idee der Versöhnung mit der Natur fest. Dabei bleiben sie laut Habermas derselben philosophischen Tradition verhaftet, die sie im Rahmen ideengeschichtlicher Studien kritisieren, der Bewusstseinsphilosophie. Die Grenzen ihres Denkens sind somit die Grenzen der idealistischen Philosophie schlechthin. Diese bestimmt das Subjekt in zweifacher Weise: denkend und handelnd. Die begrifflichen Systeme der Bewusstseinsphilosophie bilden lediglich Individuen ab, die sich erkennend auf Objekte beziehen oder diese zu manipulieren versuchen. Alle sozialen Relationen werden in Subjekt-Objekt-Beziehungen aufgelöst.

Negt und Kluge erwidern Habermas mit ihrer Schrift „Öffentlichkeit und Erfahrung“ (Negt/Kluge 1976), dass die Artikulationen der arbeitenden Klasse nicht als ein Eindringen in eine neutrale Öffentlichkeit, die dadurch privatisiert wird, zu verstehen ist. Vielmehr existieren verschiedenen Formen der Öffentlichkeit nebeneinander, in denen unterschiedliche Vorstellungen des Gemeinwohls in Hinblick auf klassenspezifische Erfahrungen thematisiert werden.

> „Unter ‚Objekt' versteht die Subjektphilosophie alles, was als seiend vorgestellt werden kann; unter Subjekt zunächst die Fähigkeiten, sich in objektivierender Einstellung auf solche Entitäten in der Welt zu beziehen und sich der Gegenstände, sei es theoretisch oder praktisch, zu bemächtigen. Die beiden Attribute des Geistes sind Vorstellen und Handeln. Das Subjekt bezieht sich auf Objekte entweder, um sie so, wie sie sind, vorzustellen, oder so, wie sie sein sollen, hervorzubringen. Diese beiden Funktionen des Geistes sind ineinander verschränkt: die Erkenntnis von Sachverhalten ist strukturell auf die Möglichkeit von Eingriffen in die Welt als der Gesamtheit von Sachverhalten bezogen; und erfolgreiches Handeln verlangt wiederum Kenntnis des Wirkungszusammenhangs, in den es interveniert" (Habermas 1981b: 519).

In Habermas' Beschreibung des bewusstseinsphilosophischen Paradigmas sind die gattungsgeschichtlichen und Wissenschaftsbestimmungen der „Dialektik der Aufklärung" erkennbar: Um sich zu erhalten, beziehen sich Individuen rein objektivierend auf die äußere und innere Natur sowie auf andere. Die elaboriertesten Formen dieses Zugriffs stellen die Wissenschaften und die bürokratische Verwaltung dar. Ebenso lässt sich die einseitig konzipierte Form der kulturindustriellen Kommunikation auf die dem Paradigma eigenen Beziehungsformen zurückführen: Ein passives Objekt empfängt manipulierende, warenförmige Inhalte eines aktiven Subjekts.

Der zentrale Einwand Habermas' besteht nun darin, dass die Konzeption von Gesellschaft als Gebilde aus Subjekt-Objekt-Relationen keine Mittel bereitstellt, das Leiden der Natur oder, zeitgemäßer formuliert, Missachtungserfahrungen und Zumutungen aus der Perspektive der Betroffenen zu formulieren. Die unterdrückte Natur und die leidenden Individuen bleiben für die ältere Kritische Theorie stumm, da sie nur als Objekte wahrnehmbar sind.

> „Die Kritik der instrumentellen Vernunft, die den Bedingungen der Subjektphilosophie verhaftet bleibt, denunziert als Makel, was sie in seiner Makelhaftigkeit nicht erklären kann, weil ihr für die Integrität dessen, was durch instrumentelle Vernunft zerstört wird, eine hinreichend geschmeidige Begrifflichkeit fehlt" (Habermas 1981b: 522).

Horkheimers und Adornos einziger normativer Bezugspunkts stellt der „mimetische Impuls" (Horkheimer/Adorno 2004: 192), die „organische Anschmiegung ans andere" (Horkheimer/Adorno 2004: 189) dar. Den Mimesis-Begriff entnehmen beide (in voneinander abweichenden Interpretationen) der Biologie und den soziobiologischen Schriften Caillos, denen insbesondere Adorno ambivalent, fasziniert und kritisch zugleich gegenübersteht (vgl. ausführlich König 2016: Kapitel IV). Der Mimesis-Begriff ist jedoch nicht als normatives Konzept zu verstehen. Da jeder sprachliche Zugriff auf das, was mimetisches Vermögen ist, selbst im Bann begrifflicher Identifikation bleibt, ist „Mimesis" primär als eine Chiffre zu verstehen, die bei den Lesenden Assoziationen hervorrufen soll, ohne das Benannte zu verdinglichen – Habermas nennt Mimesis daher den „Statthalter" (Habermas 1981b: 512) der Versöhnung. An denjenigen Stellen, an denen Horkheimer und Adorno Formulierungen anbieten, die die Emanzipation von Herrschaft anschaulicher darstellen, sprechen sie vom „Eingedenken der Natur im Subjekt" (Horkheimer/Adorno 2004: 47), die als somatischer Reflex verstanden werden kann, der die Individuen an ihre Naturhaftigkeit und den Herrschaftscharakter aller bisherigen Zivilisation erinnert.

Adorno zieht aus der von ihm und Horkheimer entworfenen Sprach- und Zivilisationstheorie die Konsequenz, das Erkennen des Leidens der äußeren und inneren Natur sowie die Entfaltung nicht-instrumenteller Bewusstseinsformen an Kunst(werke) abzutreten (vgl. Honneth 1979a: 649). Adornos Ästhetische Theorie dient dem Nachweis, dass sich das „Eingedenken der Natur im Subjekt" in die avanciertesten Werke der Kunst zurückgezogen hat (vgl. Habermas 1981b: 514f.).[24] Die Aufgabe, das Leiden der inneren und äußeren Natur allgemein festzuhalten, obliegt nicht mehr der Philosophie – die in negativ dialektischen Wendungen nur ihr eigenes Scheitern darzustellen vermag –, sondern der Kunst. Im Rahmen der Ästhetischen Theorie Adornos stellt der mimetische Impuls das initiierende Moment der künstlerischen Darstellung dar (vgl. Adorno 2003a: 148, 503). Statt es von außen einem begrifflichen Schema zu subsumieren, schmiegt sich das mimetische Vermögen ästhetischer Rationalität dem Dargestellten an, vollzieht seine Formen und inneren Strukturen nach (vgl. Honneth 1979a: 657). Da die Kunst jedoch nicht mit Begriffen operiert, entzieht sich die Wahrheit ästhetischer Darstellung wiederum dem Denken – sie ist dem Denken nicht umfassend zugänglich.

Für Habermas stellt der wechselseitige Verweis von Negativer Dialektik und Ästhetischer Theorie die Abdankung Kritischer Theorie schlechthin dar:

> „Wenn man vom Spätwerk Adornos auf die Intentionen zurückschaut, denen die Kritische Theorie anfänglich gefolgt ist, kann man den Preis ermessen, den die Kritik der instrumentellen Vernunft für ihre konsequent eingestandenen Aporien entrichten muß. Die Philosophie, die sich hinter die Linien des diskursiven Denkens aufs ‚Eingedenken der Natur' zurückzieht, bezahlt für die erweckende Kraft ihres Exerzitiums mit der Abkehr vom Ziel theoretischer Erkenntnis – und damit

---

[24] Adornos Verständnis des Ästhetischen wird hier in Kapitel 7 erneut aufgriffen, um es für eine zeitgemäße Form der Gesellschaftskritik zu aktualisieren.

> von jenem Programm des ‚interdisziplinären Materialismus', in dessen Namen die Kritische Gesellschaftstheorie Anfang der dreißiger Jahre einmal angetreten war" (Habermas 1981b: 516f.).

Die Theorie des kommunikativen Handelns stellt Habermas' Wiederaufnahme des Programms des Instituts für Sozialforschung und zugleich den Versuch dar, die der Moderne eigene Form der Rationalität in all ihrer Vielschichtigkeit auszuweisen. Erste Ansatzpunkte dafür, den normativen Gehalt angemessener zu charakterisieren und damit den eigenen Ort der Kritik auszuweisen, findet Habermas in denjenigen Gedanken zum mimetischen Impuls, die bestimmte Verhaltensweisen andeuten oder gar benennen. Das „Berühren, Anschmiegen" (Horkheimer/ Adorno 2004: 191, vgl. 154f.) an etwas ruft Assoziationen eines zärtlichen Umgangs hervor, bei dem sich das Individuum den Bedürfnissen des Gegenübers anpasst. Habermas selbst spricht von der „Nachahmung, Imitation" (Habermas 1981b: 522), die jedoch kein Aufgeben eigener Bedürfnisse bedeutet.

> „Der versöhnte Zustand annektierte nicht mit philosophischem Imperialismus das Fremde, sondern hätte sein Glück daran, daß es in der gewährten Nähe das Ferne und Verschiedene bleibt, jenseits des Heterogenen wie des Eigenen" (Adorno 2003g: 192).

Die sich einstellenden Assoziationen bringt Habermas auf den Begriff der „unversehrten Intersubjektivität" (Habermas 1981b: 523), die sich allein unter Bedingungen freier, reziproker Anerkennung und unverzerrter Kommunikation einstellt. Jedoch lässt sich diese Kommunikation ihm zufolge nicht im Paradigma der Bewusstseinsphilosophie rekonstruieren.

> „Aber an den mimetischen Leistungen läßt sich der vernünftige Kern erst freilegen, wenn man das Paradigma der Bewußtseinsphilosophie, nämlich ein die Objekte vorstellendes und an ihnen sich abarbeitendes Subjekt, zugunsten des Paradigmas der Sprachphilosophie, der intersubjektiven Verständigung oder Kommunikation aufgibt und den kognitiv-instrumentellen Teilaspekt einer umfassenderen kommunikativen Rationalität einordnet" (ebd.).

Bevor hier dazu übergegangen wird, Habermas' Theorie des kommunikativen Handelns, sein Konzept der Rollenübernahme und der kommunikativen Rationalität sowie die Differenzierung kultureller Wertsphären und die Theorie sozialer Evolution ausführlich und *en détail* darzustellen (vgl. hier Kapitel 4 und Kapitel 5), wird das folgende Kapitel zunächst den Begriff der Kritik im Werke Habermas' reflektieren. Das ermöglicht zum einen, die Theorie des kommunikativen Handelns auch über deren kritischen Anspruch als Fortführung der älteren Kritischen Theorie zu verstehen. Zum anderen werden verschiedene Kritikbegriffe Habermas' erkennbar, deren unterschiedliche Nuancen auf eine Perspektivenverschiebung innerhalb seines Werks zurückgeführt werden können. Die in der vorliegenden Arbeit durchgeführte immanente Kritik setzt genau an dieser Perspektivenverschiebung an und rekonstruiert von Habermas fallen gelassene kritische Motive und Intentionen, derer seine Theorie des kommunikativen Handelns jedoch bedarf, um ihrem eigenen Anspruch gerecht zu werden.

Intentionen und Motive Kritischer Theorie

3

Zum methodischen Problem der Theorie kommunikativen Handelns

Habermas' Kritik an Horkheimer und Adorno führt die Perspektivlosigkeit, in die sich beide begeben, auf begrifflich-konzeptionelle Probleme zurück, die in dem bewusstseinsphilosophischen Paradigma gründen, dem die ältere Kritische Theorie zuzurechnen ist. Dem unterkomplexen Bild sozialer Beziehungen, das einzig den erkennenden und manipulierenden Zugriff eines Individuums auf ein Objekt abbildet, entspricht ein eindimensionaler Begriff der Rationalität, unter dem ausschließlich instrumentelle Zugänge zur Welt gefasst werden. Um den Kerngehalt Kritischer Theorie, die Form immanenter Gesellschaftskritik und eine interdisziplinär orientierte, empirisch prüfbare Begriffsbildung zu retten, überführt Habermas diese grundlegenden Intentionen vom bewusstseinsphilosophischen in das intersubjektivistische Paradigma. Mit seinem Opus magnum will er

> „eine Theorie des kommunikativen Handelns einführen, die die normativen Grundlagen einer kritischen Gesellschaftstheorie aufklärt [...]; sie empfiehlt sich als Rahmen, innerhalb dessen die interdisziplinär angelegte Erforschung des selektiven Musters der kapitalistischen Modernisierung wieder aufgenommen werden kann" (Habermas 1981c: 583).

Die Theorie des kommunikativen Handelns stellt einen grundbegrifflichen Rahmen bereit, der es ermöglichen soll, an die marxistische Tradition anzuknüpfen und die Pathologien und Krisen der Moderne so zu kritisieren, dass eine Ausweg nicht grundlegend verstellt ist das ist Habermas zufolge die Aufgabe einer kritischen Gesellschaftstheorie (vgl. Habermas 1981c: 548-593).

Dieses Kapitel der vorliegenden Arbeit prüft die kritischen Motive und Intentionen, denen Habermas' theoretisches Schaffen folgt und legt den Grundstein für den Nachweis, dass er mit der Theorie des kommunikativen Handelns seinen eigenen Ansprüchen nicht gerecht wird. Aufgrund der spezifischen Methode der

M. Baum, *Zu einer Kritischen Gesellschaftstheorie der Kommunikation*, https://doi.org/10.1007/978-3-658-20694-9_3

rationalen Rekonstruktion sowie der Theorie sozialer Evolution gerät die Sprache seiner Theorie zu abstrakt, um die Erfahrungen der Adressierten abbilden zu können. Daher kann die Theorie des kommunikativen Handelns zum einen ihren eigenen normativen Maßstab nicht überzeugend ausweisen und zum anderen keine Brücke zwischen Theorie und Praxis spannen.

Um diese These plausibel zu begründen, rekonstruiert das folgende Kapitel 3 zunächst den innerhalb der Theorie des kommunikativen Handelns formulierten kritischen Anspruch der Theorie Habermas' gegenüber anderen sozialwissenschaftlichen Ansätzen und der Gesellschaft. Damit der Begriff der Kritik schärfere Konturen erhält und Habermas präziser mit seinen eigenen Ansprüchen konfrontiert werden kann, wird anschließend zum einen seine Bestimmung der kritischen Wissenschaft in Abgrenzung zur empirisch-analytischen und zur historisch-hermeneutischen Wissenschaft dargestellt; zum anderen wird seine Unterscheidung von bewusstmachender und rettender Kritik auf die Bestimmung der kritischen Wissenschaft bezogen. Deutlich wird durch die Rekonstruktion des Kritikbegriffs, dass das Problem der Theorie des kommunikativen Handelns in Habermas' methodologischer Abgrenzung der kritischen Wissenschaft von der Hermeneutik gründet. Letztere legt Habermas *ad acta*, weil er ihren Nutzen für die Kritik bezweifelt. Dass er der Hermeneutik bedarf, um einen Weg zwischen Theorie und Praxis zu bahnen, auf dem zugleich der normative Maßstab der Kritischen Theorie gegenüber den Adressierten ausgewiesen werden kann, zeigt dieses Kapitel. Zu beachten ist, dass hier zunächst theoretische und methodische Weichenstellungen im Werke Habermas' und die Frage im Fokus stehen, inwiefern auf dieser grundlegenden Ebene bereits konzeptionelle Probleme ersichtlich werden.[1]

Die kritische Positionierung der Theorie des kommunikativen Handelns

Habermas zufolge nimmt die Theorie des kommunikativen Handelns eine kritische Position in doppelter Hinsicht ein. Die Theorie ist nicht allein kritisch gegenüber der gesellschaftlichen Realität, sondern ebenfalls gegenüber Sozialwissenschaften, die gesellschaftliche Tendenzen und Entwicklungen nur unzureichend reflektieren können (vgl. Habermas 1981c: 549f.). Den Anspruch der von ihm diskutierten Theorien nimmt Habermas enorm ernst, weist jedoch die diesen Anspruch konterkarierenden begrifflichen Beschränkungen klar aus, ohne sich in eine allzu große Konkurrenz zu den jeweiligen Theorien zu setzen. Denn

[1]Erst in Kapitel 4 und Kapitel 5 wird gezeigt, wie die hier identifizierten konzeptionellen Schwachstellen die am Material vollzogenen theoretischen Erklärungen und die Kritik Habermas' konkret beeinträchtigen.

weil sich die jeweiligen Objektbereiche der einzelnen von ihm fokussierten sozialwissenschaftlichen Theorie nicht berühren, versteht er sie als sich wechselseitig ergänzende Perspektiven, derer auch seine Theorie bedarf. Daher ist Habermas' Kritik der Sozialwissenschaften zugleich als Austausch mit diesen zu verstehen, der seine Theoriearchitektur und Begriffsbildung prägt.

Grundlegend versucht Habermas nachzuweisen, dass die drei von ihm diskutierten Theorieparadigmen die Paradoxien der kapitalistischen Rationalisierung nicht entschlüsseln können, weil sie jeweils nur einen Aspekt moderner Gesellschaften betonen, dadurch jedoch die Komplexität sozialer Evolution nicht hinreichend abbilden können (vgl. Habermas 1981c: 551-554).[2] Während die Systemtheorie ausschließlich die systemspezifischen Imperative und Steuerungsmedien, die hermeneutische Alltagstheorie hingegen die individuellen Handlungen fokussieren, unterscheiden Weberianische Differenzierungstheorien nicht hinreichend zwischen Systemimperativen und -medien und den individuellen Handlungen. Die Theorie des kommunikativen Handelns soll diese Schwächen überwinden, in dem sie die Perspektiven und Begriffe der jeweiligen Theorien stimmig in ein eigenes Konzept überführt.

Die Kritik Habermas' gegenüber gesellschaftlichen Prozessen richtet sich auf die Paradoxien der rationalisierten Moderne. Zu Begründung der Kritik setzt Habermas jedoch weder transzendental an, indem er mit der Theorie des kommunikativen Handelns ein Fundament letzter, nicht hinterfragbarer Gründe rekonstruiert. Noch formuliert er eine Geschichtsphilosophie, derer ein Maßstab der universellen Vernunft zu entnehmen ist, in dessen Licht gesellschaftliche Krisen erst erscheinen. Die Theorie des kommunikativen Handelns nimmt die innerweltliche Perspektive der Individuen ein, in der lebensweltliche Erosionsprozesse erfahrbar sind (vgl. Habermas 1981c: 590). Nur in der Perspektive der Betroffenen ist es Habermas zufolge legitim, Paradoxien der Moderne als solche zu identifizieren und zugleich die normativen Strukturen, auf die die Kritik rekurrieren kann, zu benennen.

> „[D]ie gesellschaftliche Entwicklung selbst muß Problemlagen entstehen lassen, die den Zeitgenossen einen privilegierten Zugang zu den allgemeinen Strukturen ihrer Lebenswelt objektiv öffnen" (Habermas 1981c: 593).

---

[2]Die Kritik Habermas' an drei verschiedenen sozialwissenschaftlichen Theorieparadigmen wird hier sehr knapp, später jedoch ausführlicher dargestellt (vgl. hier Kapitel 5). Zunächst soll lediglich der kritische Anspruch der Theorie des kommunikativen Handelns nachvollziehbar werden.

Die Krisenerfahrungen der Individuen rückt die Theorie des kommunikativen Handelns in das Licht gesellschaftlicher, historisch entwickelter, jedoch nicht ausgeschöpfter Lernpotentiale (vgl. Habermas 1981c: 562). Die in Moral- und Rechtsvorstellungen bereits kognitiv ausgebildeten Möglichkeiten der Krisenbewältigung, die eine gelingende soziale Integration ermöglichen können, hält Habermas der modernen Rationalisierung, die sich lediglich einer Komplexitätssteigerung überlässt, entgegen.

Die Theorie des kommunikativen Handelns bleibt somit dem von Horkheimer formulierten Anspruch verpflichtet, ihren Entstehungskontext reflexiv in sich aufzunehmen. In diesem Sinne widerspricht Habermas dem Anspruch einer ahistorischen Gültigkeit der eigenen Theorie und gibt zu verstehen, dass seine Theorie selbst in lebensweltliche Vollzüge eingelassen ist und damit eine Reflexionsform gesellschaftlicher Bedingungen und Möglichkeiten darstellt (vgl. Habermas 1981c: 588-593). Wenn er den historischen und gesellschaftlich gebundenen Charakter seiner Theorie expliziert, bedeutet das zugleich, dass er nicht lediglich ein grundbegriffliches Schema entwickelt, das dann in einem zweiten Schritt zur Anwendung kommt, um gesellschaftliche Prozesse zu analysieren. Die Begriffe und Kategorien der Theorie bilden vielmehr einen historischen Entwicklungsstand der modernen Gesellschaft ab, sodass in die Begriffe und Kategorien gesellschaftliche Erfahrungen eingegangen sein müssen. Denn die Theorie, deren Sensorium aus Begriffen und Kategorien besteht, wüsste sonst überhaupt nicht, auf welche Erosionsprozesse sie reagiert und von welchem Ort aus sie diese als Krisen identifiziert. Kann sie gesellschaftliche Erfahrungen nicht aufnehmen und widerspiegeln, stellen ihre Begriffe und Kategorien keine Segel dar, die sensibel den Sturm einer Krise aufnehmen und die Theorie durch ihn hindurch leiten.[3] Im Folgenden soll gezeigt werden, dass sich die Theorie des kommunikativen Handelns gegen die Aufnahme gesellschaftlicher Erfahrungen allzu sehr sperrt. Um dieses Problem genauer zu skizzieren, wird zunächst auf Überlegungen Habermas' zum Begriff der Kritik Bezug genommen.

---

[3]Sicherlich bedarf es nicht nur der Segel allein. „Die Segel sind die Begriffe. Es genügt aber nicht, über die Segel zu verfügen. Die Kunst, sie setzen zu können, ist das Entscheidende" (Benjamin 1991e: 592). Gibt es jedoch keine dem Wetter angemessenen Segel, ist jeder Versuch sie auszurichten, zum Scheitern verurteilt.

Ebenso argumentiert Matthes 1993 in seinem Symposiumsbeitrag für eine stärkere Rückbindung sozialwissenschaftlicher Kategorien an gesellschaftliche Erfahrungen, da die Soziologie sonst zum Glasperlenspiel ohne gesellschaftlichen Bezug mutiert.

3.1 Erkenntnis und Interesse

In seiner 1965 gehaltenen Frankfurter Antrittsvorlesung „Erkenntnis und Interesse" (Habermas 1968) und dem dieser folgenden, gleichnamigen Schrift (Habermas 1973a) greift Habermas Horkheimers Differenzierung zwischen der traditionellen und der Kritischen Theorie auf. Vorlesung und Schrift sind aus einer kritischen Auseinandersetzung mit dem Positivismus, der die Rolle des Forschungsstandpunktes für die Erkenntnis verleugnet, hervorgegangen. Sie nehmen eine wissenschaftstheoretische Analyse der wissenschaftlichen Forschungspraxis vor, um zu belegen, dass nicht allein die Kritische Theorie, sondern jede wissenschaftliche Theorie einem spezifischen gesellschaftlichen Interesse folgt. Zugleich soll es auf diesem Wege möglich sein, die Legitimität des emanzipativen Anspruchs Kritischer Theorie gegenüber dem Postulat wissenschaftlicher Wertneutralität zu behaupten (vgl. Honneth 1979a: 654, Rehg 2009: 165ff.). Die Begründung der Kritischen Theorie erfolgt über eine Kritik der wissenschaftlichen Erkenntnisformen und dem Nachweis, dass die Unterscheidung zwischen wertend und wertneutral durch eine zwischen verschiedenen Wertsetzungen abzulösen ist.

Zentral für Habermas' Ausführungen ist die These des Zusammenhangs von wissenschaftlicher Forschung und vorwissenschaftlichen Interessen sowie der erkenntnisleitenden Methodik und gesellschaftlich situierten Interaktionsformen. Dieser Zusammenhang wird von Habermas als Bedingung der Möglichkeit wissenschaftlicher Erkenntnis charakterisiert, weil die spezifischen Interaktionsformen und vorwissenschaftlichen Interessen erst die Gesichtspunkte und Weltzugänge bereitstellen, unter denen Realität erfahren und erfasst werden kann (vgl. Habermas 1968: 155, 160). Drei Erkenntnisinteressen werden von ihm unterschieden: das technische, das praktische und das emanzipatorische. Fundamental sind diese Erkenntnisinteressen Habermas zufolge deswegen, weil die Reproduktion der Gesellschaft von der wissenschaftlichen Verfolgung aller drei abhängt – keines der drei Interessen kann vernachlässigt werden, ohne die Reproduktion der Gesellschaft zu gefährden. Daher sind sie nicht analog zu politischen oder ökonomischen Interessen zu verstehen, von denen die Wissenschaft ihrem Selbstverständnis folgend unabhängig ist oder von denen sie okkupiert werden kann. Jedoch reflektiert laut Habermas lediglich die dem emanzipatorischem Erkenntnisinteresse verpflichtete Wissenschaft ihre gesellschaftliche Situierung.

3.1.1 Die empirisch-analytische Wissenschaft

Das technische Erkenntnisinteresse weist Habermas der empirisch-analytischen Wissenschaft zu, die er über ihren instrumentellen Zugang zur Realität, den sie als natürlichen Bereich manipulierbarer Objekte begreift, bestimmt.[4] Die von dieser Wissenschaft abgebildete Welt ist somit kein umfassendes Abbild der Realität, sondern eine Darstellung der Wirklichkeit unter dem Gesichtspunkt ihrer technischen Verfügung. Erschlossen werden diejenigen Aspekte der Wirklichkeit, die sich als kausale Zusammenhänge abbilden lassen. Durch das Verfolgen des Ziels, die Kontrolle über die Natur zu erweitern, sichert sie, so Habermas, das materielle Überleben der menschlichen Gattung. Die Theorie der empirisch-analytischen Wissenschaft versteht er als Gebilde aus Axiomen und deduktiv abgeleiteten Zusammenhängen, die es ermöglichen, empirisch überprüfbare Hypothesen über kausale Mechanismen aufzustellen. Ihr methodisches Vorgehen wird durch ein System von Regeln bestimmt, die den Aufbau von Versuchen und deren Durchführung leiten. Das daraus entstehende experimentelle Setting dient der Überprüfung der theoretisch formulierten Wirkungszusammenhänge zwischen verschiedenen Objekten. Die Ergebnisse der Überprüfung sind Habermas zufolge jedoch keine gesellschaftsunabhängigen, ahistorischen Wahrheiten. Entsprechend der pragmatistischen Interpretation der Naturwissenschaften, wie sie Charles S. Peirce formuliert[5], versteht Habermas die Erkenntnisse der empirisch-analytischen Wissenschaften als Resultat permanenter Prozesse der Interpretation und Diskussion einer wissenschaftlichen Gemeinschaft, in denen Ergebnisse gerechtfertigt oder revidiert werden können (vgl. Habermas 1973a: 116-142, Preglau 2001: 243, Rehg 2009: 168).

3.1.2 Die historisch-hermeneutische Wissenschaft

Insbesondere Wilhelm Diltheys Schrift „Der Aufbau der geschichtlichen Welt in den Geisteswissenschaften" (Dilthey 1970) dient Habermas zur Charakterisierung der historisch-hermeneutischen Wissenschaft. Diese versteht im Gegensatz zur empirisch-analytischen Wissenschaft nicht natürliche, manipulierbare Objekte als ihren Gegenstandsbereich, sondern symbolisch strukturierte, kulturelle Artefakte.

---

[4]Für die Charakterisierung der drei den Erkenntnisinteressen entsprechenden Wissenschaften vgl. hier und im Folgenden Habermas 1968: 155-159.

[5]Maßgeblich ist hier Peirces Schrift „The Logic Of 1873" in Peirce 1958: Kapitel 5.

Statt kausale Zusammenhänge abzubilden, interpretiert sie symbolische Zusammenhänge nach den Regeln der Hermeneutik. Die historisch-hermeneutische Wissenschaft widmet sich Habermas zufolge jedoch nicht jeder beliebigen Lektüre, sondern primär Texten, deren Bedeutung nicht immer offen zu Tage liegt. An die Stelle des Erklärens kausaler Zusammenhänge tritt in dieser Wissenschaft die Schwierigkeit des Verstehens klassischer Dichtung oder bildender Kunst (also von Ästhetischem), von Gesetzestexten oder religiösen Überlieferungen. In diesen Texten, so eine zentrale Annahme der Hermeneutik, lässt sich objektivierter Sinn rekonstruieren (vgl. Habermas 1973a: 264) – die Darstellung objektiven, kollektiv geteilten Sinns qualifiziert die historische Hermeneutik in ihrem Selbstverständnis als Wissenschaft und unterscheidet sie von alltäglichen Interpretationsleistungen einzelner Individuen.

Das praktische Erkenntnisinteresse der historisch-hermeneutischen Wissenschaft bestimmt Habermas in der Verständigung sowie der Aufrechterhaltung sozialer und kulturell-historischer Beziehungen. Durch die synchrone und diachrone Tradierung symbolischer Zusammenhänge sichert sie den intersubjektiv geteilten soziokulturellen Rahmen, den Habermas als die Voraussetzung kommunikativen Handelns begreift. Jedoch weist er erneut darauf hin, dass diese Wissenschaft kein umfassendes Abbild der Realität darstellt, nicht einmal der sozialen. Denn die Objektivität ihres erschlossenen Sinns gilt nur im Kontext eines spezifischen, mit anderen geteilten Vorverständnisses, das in einem gemeinsamen soziokulturellen Milieu, einer gemeinsamen Epoche oder einer gemeinsamen Kultur gründet.

Trotz der immensen Relevanz, die Habermas der empirisch-analytischen und der historisch-hermeneutischen Wissenschaft zuspricht, darf sich ihm zufolge keine der beiden als hegemonialer wissenschaftlicher Zugang zur Realität durchsetzen (vgl. Habermas 1968: 166). Werden soziale Zusammenhänge in der Perspektive der empirisch-analytischen Wissenschaft betrachtet, erscheinen sie entsprechend der Grundannahmen und Methoden dieser Wissenschaft als Gegenstand der Manipulation, Lenkung und Kontrolle, beispielsweise durch politische Steuerung oder autoritäre Regeldurchsetzung mittels Gewalt (vgl. Preglau 2001: 243f.). Werden soziale Zusammenhänge hingegen ausschließlich in der Perspektive der historisch-hermeneutischen Wissenschaft betrachtet, geraten sie zu sterilen Ausstellungsstücken. Denn laut Habermas interpretiert diese Wissenschaft geschichtliche Erfahrungen und Wissensinhalte einzig als einzelne historische Episoden, ohne jedoch Strukturgesetze der Genese moderner Gesellschaften zu formulieren, in deren Rahmen den jeweils interpretativ erschlossenen Gehalten ein erkenntnisfördernder Stellenwert für die gesellschaftliche Praxis zuteilwird (vgl. Habermas 1973a: 316f.).

Insbesondere der hermeneutischen Geschichtswissenschaft Diltheys und dem Historizismus fehlt es, so Habermas, an einer Reflexion auf die gesellschaftliche Bedeutung ihrer Erkenntnis, die über das bloße Erschließen von Sinn hinausreicht (vgl. Rehg 2009: 165, 169).[6]

3.1.3 Die kritische Wissenschaft

Diese Reflexionsperspektive nimmt hingegen die kritische Wissenschaft ein, der Habermas sich selbst zurechnet. Auch sie setzt sich mit der Realität als symbolisch strukturierte Wirklichkeit auseinander, verfolgt jedoch ein anderes Erkenntnisinteresse und diesem entsprechende Fragen. Ihr emanzipatives Erkenntnisinteresse zielt nicht auf die Interpretation historisch-kulturellen Sinns, sondern auf die Lösung von unreflektierten Blockaden, die die Kommunikation von Sinn stören, verzerren oder verhindern – Habermas nennt hier sowohl individuelle psychische Störungen, als auch Formen gesellschaftlicher Herrschaft als mögliche Ursachen. Sie vertritt das Interesse von Beherrschten, unreflektierte Handlungs- und Kommunikationsblockaden der Öffentlichkeit zugänglich zu machen. Im Gegensatz zur historisch-hermeneutischen habe die kritische Wissenschaft eine direkte Relevanz für die gesellschaftliche Praxis, da ihre Auseinandersetzung mit symbolischen Zusammenhängen auf die Befreiung von Herrschaftsformen, die die Reproduktion der normativ-symbolischen Infrastruktur einer Gesellschaft gefährden, zielt (vgl. Habermas 1973a: 279, 332ff.).

Zur genaueren Bestimmung der kritischen Wissenschaft rekonstruiert Habermas die zentralen Ansprüche der Psychoanalyse Freuds, die sich ebenfalls gestörten Kommunikationsbedingungen widmet. Wie Freud in seiner Schrift „Erinnern, Wiederholen, Durcharbeiten“ (Freud 1974a: 127-136) erläutert, zielt die psychoanalytische Kur auf das Lösen von psychischen Widerständen und das Erinnern verdrängter Motive, die unreflektiert im Unbewussten des Individuums eingeschlossen sind und dieses hinterrücks in seinen Handlungen – die eigentlich nur Reaktionen auf eine Verdrängung darstellen – beeinflussen (vgl. Habermas 1973a: 262ff., 283f.). Die kritische Wissenschaft geht laut Habermas ähnlich vor. Während jedoch die Kommunikation

[6] Mag Habermas' Kritik an einem technischen Verständnis des Sozialen plausibel sein, so überzeugt seine Kritik der hermeneutischen Schule nicht. Wieso soll eine Interpretation von geschichtlichen Sinngehalten nicht dazu befähigen, diese Gehalte zugleich gegenwartsrelevant darzustellen? Kapitel 6 dieser Arbeit wird zeigen, dass die Methode der hermeneutischen Interpretation durchaus mehr als nur museale Gehalte zutage fördern kann.

eines Individuums mit sich selbst den Analysebereich der Psychoanalyse darstellt, fokussiert die kritische Wissenschaft die öffentliche Kommunikation zwischen Individuen. Letztere bezieht sich primär auf gesellschaftlich unreflektierte Unterdrückungsverhältnisse, um diese im Rahmen einer öffentlichen Diskussion zu kritisieren – die Psychoanalyse zielt auf individuelle, die kritische Wissenschaft auf kollektive Befreiung (vgl. Allen 2016, Honneth/Joas 1980: 144f.). Weil beide Disziplinen Befreiung an die Lösung von Kommunikationsblockaden koppeln, entwickelt Habermas in der Diskussion der Psychoanalyse ein sprachtheoretisches Modell, das zum einen den Zusammenhang von Sprache, gesellschaftlicher Interaktion und öffentlicher Kommunikation sowie Formen der Herrschaft und Unterdrückung abbilden soll. Zum anderen sollen innerhalb dieses Modells die Folgen einer verzerrten öffentlichen Kommunikation für die Psyche der Individuen ersichtlich werden (vgl. Habermas 1973a: 310-314). Bei der Verfolgung dieses emanzipativen Erkenntnisinteresses greift die kritische Wissenschaft laut Habermas auf theoretische Aussagen darüber zurück, welche Regeln Kommunikation und sozialem Handeln zugrunde liegen und wann deren Potentiale blockiert sind. Im Rahmen eines von der Theorie skizzierten gattungsgeschichtlichen Bildungsprozesses sollen Unterdrückungsverhältnisse innerhalb von Interaktionsverhältnissen ebenso sichtbar werden wie die kollektiven Potentiale, diese zu überwinden. Zugleich liefert die theoretische Rahmung die Möglichkeit zu erklären, welche gesellschaftlichen Voraussetzungen bedingen, dass sich zum einen Herrschaftsformen etablieren und diese zum anderen unerkannt bleiben.

Dieses Vorgehen der kritischen Wissenschaft ist der Methode der psychoanalytischen Tiefenhermeneutik verpflichtet, steht Habermas zufolge jedoch im Gegensatz zur historischen Hermeneutik. Gerade in „Erkenntnis und Interesse“, in der Vorlesung wie in der ausführlichen Studie, zeigt sich die distanzierte Haltung Habermas' zur Hermeneutik. Zwar stellt er die Hermeneutik nicht grundlegend in Frage, erachtet sie sogar als Ausdruck eines fundamentalen Erkenntnisinteresses. Dennoch lässt die ausführlich dargelegte und konsequente Distanzierung der kritischen Wissenschaft und der Tiefenhermeneutik von der historischen Hermeneutik darauf schließen, dass letztere über keine adäquaten Mittel für das Vorhaben einer kritische Gesellschaftstheorie verfügt.[7] Denn

[7]Honneth hingegen deutet Habermas' Intentionen in „Erkenntnis und Interesse“, unterdrückte Sinngehalte zu erschließen, als klassisch hermeneutisches Vorhaben (vgl. Honneth 1979a: 650). Honneths Formulierungen sind jedoch zu unpräzise und bilden die von Habermas selbst getroffene Unterscheidung von geistes- und geschichtswissenschaftlicher Hermeneutik und psychoanalytischer Tiefenhermeneutik nicht ab. Habermas' Vorhaben ist zuzeiten von „Erkenntnis und Interesse“ primär der Psychoanalyse und damit der Tiefenhermeneutik, nicht aber der Hermeneutik verpflichtet.

Vgl. zur Tiefenhermeneutik ebenfalls Lorenzer 1986. Die Diskussionen, die Habermas mit diesem führt, gehen in die Schrift „Erkenntnis und Interesse“ ein.

die historischen Hermeneutik verbleibt Habermas zufolge an der Oberfläche kommunizierten Sinns, während die Tiefenhermeneutik gerade nach Spuren verdrängter Erfahrungen im Gesagten und nach gesellschaftlich unterdrückten Handlungsmotiven sucht und so den nicht-kommunizierte Sinn des Gesagten erschließt (vgl. Habermas 1973a: 263-268; 272f.). Zudem verfügt die historische Hermeneutik (wie bereits hier dargestellt) über keine theoretischen Mittel, die interpretativ erschlossenen Sinngehalte als Moment einer gesellschaftlichen Entwicklung zu deuten. Die kritische Wissenschaft hingegen folgt der Tiefenhermeneutik, da beide Disziplinen bemüht sind, die unterdrückten und verdrängten Gehalte in einen allgemeinen Rahmen zu überführen, in dem die Gehalte als Momente einer Entwicklung begriffen werden können. Während die Tiefenhermeneutik dafür auf ein psychoanalytisches Model der Sozialisation zurückgreift, verwendet die kritische Wissenschaft ein Model der gattungsgeschichtlichen Entwicklung (vgl. Habermas 1973a: 315-322).

Für Habermas' Überlegungen zur Befreiung von Herrschaft ist die Figur der Selbstreflexion, die er ebenfalls von der Psychoanalyse aufgreift, zentral. Zum einen bildet er einen Prozess der kollektiven Selbstaufklärung einer Gesellschaft dem Modell der Psychoanalyse nach. Während die Individuen im Rahmen der psychoanalytischen Kur sich über sich selbst und die eigenen Motive aufklären, so reflektiert eine Gesellschaft ihren Zwangs- und Unterdrückungscharakter im Raum der öffentlichen Kommunikation, die durch die Intervention der kritischen Wissenschaft initiiert wird. Zum anderen erkennt Habermas eine methodologische Verwandtschaft der beiden Disziplinen darin, dass sich beide im Medium der Selbstreflexion bewegen. Die historische Etablierung von kritischer Wissenschaft und Psychoanalyse ist konstitutiv, so Habermas, an die Selbstreflexion der eigenen gesellschaftlichen Voraussetzungen geknüpft (vgl. Habermas 1973a: 262f.). Beide reflektieren nicht allein einen sogenannten Gegenstandsbereich, der von gesellschaftlichen Bedingungen geprägt ist, sondern begreifen sich zugleich als Teil der von ihnen analysierten spezifischen, historischen gesellschaftlichen Kräfteverhältnisse. Daher verstehen sich kritische Wissenschaft und Psychoanalyse nicht als objektiv urteilende, externe Beobachterinnen. Vielmehr stellen sie ihrem Selbstverständnis nach teilnehmende Dialogpartnerinnen dar. Statt Gegenstände und Objekte begreifen beide Wissenschaften kommunizierende Entitäten als ihren Reflexionsbereich, zu dem sie sich selbst zählen. Als am Dialog Teilnehmende nehmen Psychoanalyse und kritische Wissenschaft die Perspektive der Individuen ein. Deren Unterdrückungserfahrungen, von denen die jeweils Forschenden und Analysierenden selbst betroffen sind, sowie deren Motive, die sie bis in die hintersten Winkel von Psyche und Gesellschaft verfolgen, beanspruchen beide Disziplinen zu reflektieren (vgl. Habermas 1973a: 290). Deswegen sind ihrer Aussagen nicht in erster Linie wahr, weil sie von einer wissenschaftlichen Gemeinschaft anerkannt werden, sondern weil sie die Gesamtheit der Individuen einer Gesellschaft überzeugen (vgl. Habermas 1973a: 318-322). Trotz eines elaborierten, theoretisch erschlossenen, empirisch fundierten Wissens müssen Psychoanalyse wie kritische Wissenschaft in einen öffentlichen Diskurs mit allen Betroffenen treten, um die Adressierten der Theorie von ihren Aussagen zu überzeugen. In „Begründungsdiskursen [gibt es, M.B.] grundsätzlich nur Beteiligte" (Habermas 1992a: 212), wie Habermas in einer Schrift zum demokratischen Rechtsstaat betont. Seine Theorie versteht er als Beitrag eines Teilnehmenden am öffentlichen Diskurs über die Angemessenheit seiner eigenen Gesellschaftskritik. Weil ihm bewusst ist, andere überzeugen zu müssen, gibt er implizit den noch von der älteren Kritischen Theorie gehegten Anspruch auf, als einziger den Verblendungszusammenhang zu durchschauen und über einen privilegierten Zugang zur Erkenntnis zu verfügen.[8,9]

Die hier bisher rekonstruieren Bestimmungen der kritischen Wissenschaft – die eine Selbstbeschreibung der Theorie Habermas' sowie seiner eigenen Motive und Intentionen darstellen – lassen sich durch eine Unterscheidung von Kritikformen schärfer fassen, auf die Habermas' Ausführungen selbst verweisen. Dass die kritische Wissenschaft „aus den geschichtlichen Spuren des unterdrückten Dialogs

---

[8]Die methodologische Unterscheidung zwischen Beobachtenden und Beobachteten kritisieren ebenfalls Boltanski und Thévenot im Rahmen ihrer Soziologie der Kritik, jedoch anders akzentuiert. Durch die Rekonstruktion der von Individuen (in spezifischen Rechtfertigungsordnungen) formulierten Kritiken weisen die beiden Autoren nach, das eine grundlegende „Symmetrie zwischen ‚gewöhnlichen' Akteuren und ‚professionellen' Soziologen'" (Celikates 2008: 120) besteht. Denn Beobachtende wie Beobachtete verwenden zur Beschreibung der sozialen Realität ein ähnliches, hochgradig reflektiertes Vokabular (vgl. Boltanski/Thévenot 2007: 21-28). Die Analyse Boltanskis und Thévenots nimmt eine Aufwertung des Begriffs der Akteure/innen vor. Denn die spezifischen Fähigkeiten des Urteilens und Begründens werden nicht allein der wissenschaftlichen Gemeinschaft, sondern ebenfalls den Beobachteten zugeschrieben. Vgl. zur Frage nach den unscharfen Grenzen zwischen Forschenden und Objektbereich ebenfalls Baum/Dumke 2012.

[9]Diese Haltung unterscheidet Habermas nicht allein scharf von der älteren Kritischen Theorie, sondern ebenfalls von Marx (und dem historischen Materialismus). Marx nimmt ebenfalls an, Ursachen gesellschaftlicher Herrschaft und verzerrter Wahrnehmungen, die die Individuen selbst nicht durchschauen, zu Bewusstsein zu bringen. Im Gegensatz zu Habermas muss Marx jedoch niemanden von der Wahrheit der Geschichte – entweder dem Sieg der arbeitenden Klasse in früheren Schriften wie dem „Manifest der kommunistischen Partei" (Marx/Engels 1972), oder der Selbstzerstörung des Kapitals in späteren Schriften wie „Das Kapital" (Marx 2007) – überzeugen. Denn das von Marx Erkannte beruht ihm zufolge auf Gesetzmäßigkeit und trifft deswegen notwendig ein, ganz unabhängig davon, ob er andere von seinen Aussagen überzeugen kann.

das Unterdrückte rekonstruiert“ (Habermas 1968: 164), setzt sie in Bezug zur von Habermas so bezeichneten rettenden Kritik, die er in seiner Interpretation Benjamins mit dem Titel „Bewusstmachende oder rettende Kritik – die Aktualität Walter Benjamins“ (Habermas 1972) charakterisiert und mit der bewusstmachenden Kritik kontrastiert.[10]

3.1.4 Bewusstmachende und rettende Kritik

Die bewusstmachende Kritik wird von Habermas knapp in dicht gedrängten Bestimmungen charakterisiert (vgl. Habermas 1972: 212f.). In ihrer Haltung und Vollzugsform ist sie laut Habermas der Aufklärung verpflichtet. Von dieser erbt die bewusstmachenden Kritik die Annahme, dass die öffentliche Darstellung illegitimer Herrschaft oder struktureller Gewalt einen Vorgang des Erkenntnisgewinns darstellt, der im Bewusstsein der Adressierten die Motivation auslöst, unterdrückende Praktiken und Institutionen zu verändern. Der Zusammenhang von Theorie und Praxis wird im Selbstverständnis der bewusstmachenden Kritik durch die Vermittlung von Erkenntnis gesichert.[11] Die Erkenntnis bezieht sich primär auf gegenwärtige Verhältnisse und setzt an deren konkreten Institutionen und Praktiken an.

Habermas unterscheidet von dieser Form der Kritik eine, deren Bezugspunkt in der Vergangenheit liegt: die rettende Kritik. Diese Kritik, die Habermas mit Benjamins Haltung identifiziert, sucht in der Geschichte nach Spuren von Leiderfahrungen und unterdrückten Hoffnungen auf ein gutes und gerechtes Leben. In den Überlegungen Benjamins stellen diese historischen Artikulationen von Leid und Hoffnung einen „Anspruch“ (Benjamin 1991a: 694) der Vergangenheit an die Gegenwart dar, die in der Geschichte vorzufindenden normativen Artikulationen in die Gegenwart zu überführen. Den Hintergrund dieser Kritikform bildet Benjamins Verständnis der Geschichte, das sich gegen einen dominanten Fortschrittsglauben richtet.[12] Habermas begreift Benjamins Zugang zur Geschichte

[10]Vgl. hier ebenfalls Kapitel 6 und 7 für weitere Überlegungen zu Benjamins Verständnis von Geschichte, Tradition und Kritik.

[11]Als Beispiel für bewusstmachende Kritik nennt Habermas die Ideologiekritik, die den partikularen Kern scheinbar allgemeiner Interessen aufdeckt.

[12]Exemplarisch für einen solchen Fortschrittsglauben können hier Hegel (Hegel 1970c) oder der Marquis de Condorcet (Condorcet 1973) stehen, die in ihren jeweiligen Abhandlungen versuchen, Geschichte am Leitfaden des Fortschritts zu rekonstruieren.

nun nicht allein deswegen als kritisch, weil er generell einen Einspruch gegen den geschichtsphilosophischen Optimismus formuliert, sondern weil sich für Benjamin Geschichte als ein Prozess darstellt, in dem fortwährend einige wenige ihre normativen Ansprüche gegenüber anderen in gesellschaftlichen Kämpfen durchsetzen – die rettenden Kritik lässt konkrete Institutionen und Praktiken als Resultat gesellschaftlicher Kämpfe erkenntlich werden. Dementsprechend sind die etablierten gesellschaftlichen Institutionen, Praktiken und Kulturgüter Ausdruck einer gruppenspezifischen Hegemonie und gefärbt von Verlust- und Leiderfahrungen (vgl. Baum et al. 2016: 322-329).

Habermas scheint in seiner Interpretation Benjamins die bewusstmachende der rettenden Kritik so gegenüberzustellen, dass sie sich wechselseitig ausschließen. Allein im Titel des Textes „Bewußtmachende oder rettende Kritik" wird das Verhältnis beider Kritikformen durch ein „oder" bestimmt. Jedoch oszillieren Habermas' eigene Motive und Intentionen zwischen beiden. Die hier bereits dargestellte Selbstreflexion der kritischen Wissenschaft setzt auf ein Bewusstmachen bisher nicht wahrgenommener Herrschaftsstrukturen. Die Rekonstruktion unterdrückter und historisch verdrängter kommunikativer Gehalte erschließt hingegen Artikulationen, die in der Geschichte verloren gehen oder nicht anerkannt werden. Dieses rettende Vorgehen hat Habermas vor Augen, wenn er, wie bereits zitiert, „aus den geschichtlichen Spuren des unterdrückten Dialogs das Unterdrückte rekonstruier[en]" (Habermas 1968: 164) will. Ebenso spricht Habermas' Hinweis, es gebe geschichtliche Prozesse des Verlernens, dafür, dass er mit seiner Kritikform die Bewusstmachung von Herrschaftsstrukturen und die Rettung von kommunikativen Gehalten vereint (vgl. Habermas 1981c: 588). Denn das Verlernen bezieht sich auf kulturelles Wissen zur Lösung kollektiver Probleme und, wie oben dargestellt, auf Potentiale der Selbstreflexion. Diese „verschütteten Rationalitäts- und Verständigungspotential[e]" (Habermas 1981c: 589) sind gerade Gegenstand einer rettenden Kritik.

3.2 Der *linguistic turn* Habermas'

Durch die Unterscheidung von bewusstmachender und rettender Kritik lässt sich die von Habermas in „Erkenntnis und Interesse" vorgenommene Bestimmung einer kritischen Wissenschaft differenzierter darstellen. Ihr emanzipatives Erkenntnisinteresse zielt auf die Befreiung von Kommunikationsblockaden. Dabei rückt sie unreflektierte Formen der Herrschaft ins Bewusstsein und rettet vergessene kulturelle Potentiale und verdrängte normative Ansprüche. Ein theoretischer Rahmen der gattungsgeschichtlichen Entwicklung stellt Erklärungsmöglichkeiten bereit, wie sich

Herrschaftsformen etablieren und wieso sie zunächst unerkannt bleiben. Erklärungen und Kritik sollen ihre Überzeugungskraft im Vollzug der Selbstreflexion einer Gesellschaft auf ihre eigenen Strukturen entfalten. Zugleich reflektiert sich die kritische Wissenschaft selbst als Teil der Gesellschaft und versteht daher ihre Theorie als Beitrag in einem öffentlichen Diskurs, an dem sie als eine von vielen teilnimmt.

Im Fortgang seines theoretischen Schaffens gibt Habermas nun einige für die kritische Wissenschaft zentrale Intentionen und Motive auf. Offensichtlich ist zunächst der Abbruch der Diskussion mit der Psychoanalyse, die Habermas nach der Schrift „Erkenntnis und Interesse" aufgibt (vgl. Pollmann 2006: 178). Er begründet diesen Schritt damit, dass die Analogie von individuellem Subjekt, dem sich die Psychoanalyse widmet, und Gattungssubjekt, auf dessen Selbstreflexion die kritische Wissenschaft zielt, nicht überzeugt. Gesellschaft kann Habermas zufolge nicht als ein Subjekt vorgestellt werden, weil sie aus unterschiedlichen, pluralistisch verfassten Kommunikationsströmen und systematisch geregelten Arbeitsabläufen konstituiert wird, die sich nicht in einem einzelnen Selbstbewusstsein integrieren lassen. Weil die Gesellschaft sich selbst nicht in einem einheitlichen Bewusstsein wahrnimmt, kann sie nicht durch die kritische Wissenschaft und therapeutische Mittel zur Selbstreflexion über gesellschaftsimmanente Herrschaftsformen gebracht werden.

Aufgrund der Annahme eines Gattungssubjekts steht „Erkenntnis und Interesse" noch im Rahmen der Subjekt- und Bewusstseinsphilosophie, die Habermas gerade überwinden will (vgl. Habermas 2000: 13). Nach „Erkenntnis und Interesse" vollzieht er daher den *linguistic turn*. Statt einer wissenschaftstheoretischen Erkenntniskritik widmet er sich direkter der Formulierung einer sprachpragmatisch informierten, kritischen Gesellschaftstheorie.[13] An dem Ziel, verzerrte Kommunikationsverhältnisse aufzudecken, hält er jedoch ebenso fest wie daran, dass er die Emanzipation von Herrschaft und somit eines der drei fundamentalen Erkenntnisinteressen verfolgt (vgl. Pollmann 2006: 179). In das Zentrum seiner Überlegungen rückt Habermas die begründete Offenlegung des eigenen normativen Bezugspunkts. Da er der von Horkheimer und Adorno vollzogenen Infragestellung des emanzipativen Potentials sprachlicher Kommunikation ihre eigene Ausweglosigkeit, in der die Infragestellung aufgrund ihrer Grundbegriffe mündet, vor Augen führt, kann er sich in eine interdisziplinäre und -paradigmatische Diskussion mit anderen

[13]Zugespitzt formuliert, verschiebt Habermas die Perspektive von der wissenschaftstheoretischen zur gesellschaftstheoretisch Betrachtung. Konzeptionell und sprachlich zeigt sich diese Perspektivverschiebung darin, dass nun statt der kritischen Wissenschaft die Kritische Theorie der Gesellschaft im Fokus seiner Überlegungen steht.

Theorie begeben. Nach einer dem geschichtlichen Entwicklungsstand angemessen Darstellungsform philosophischer Reflexion, die Adorno im Essayistischen zu finden glaubt, muss Habermas nicht suchen. Auch wenn er mit der Theorie des kommunikativen Handelns die methodische Ausrichtung seiner kritischen Gesellschaftstheorie an der Psychoanalyse aufgegeben hat, so ist dennoch die Intention, sein eigenes methodisches Vorgehen durch die Rationalität des Dialogs zu prägen, erhalten geblieben (vgl. Honneth 1979a: 658f.). Daher sind seine Herleitungen und Begründungen, seine Darstellungsform überhaupt dem Anspruch der kommunikativen Verständigung gegenüber der Forschungsgemeinschaft verpflichtet (vgl. ebd.). Dieser Anspruch drückt sich in der Theorie des kommunikativen Handelns in der Vielzahl an Zusammenfassungen aus, mit denen Habermas versucht, einen konzentrierten und rekapitulierenden Überblick über sein Vorhaben zu geben. Dass der Anspruch jedoch hauptsächlich an eine Forschungsgemeinschaft gerichtet ist, wird zum einen daran ersichtlich, dass nicht die Sozialgeschichte, sondern die Soziologie und Philosophie als Grundlage seiner Diskussion dient. Zum anderen erweisen sich die zahlreichen komplexen Differenzierungen als enorm voraussetzungsreich.

Habermas vertraut der sprachlichen Kommunikation als Medium der Begründung ebenso wie wissenschaftlichen Methoden. Zugleich hat er die Haltlosigkeit der generellen Infragestellung der Wissenschaft durch die ältere Kritische Theorie darlegt (vgl. ebd.). Wie bereits in „Erkenntnis und Interesse" geht er jedoch weiterhin davon aus, dass sich die unterschiedlichen wissenschaftlichen Haltungen und Methoden entlang vorwissenschaftlicher, gesellschaftlicher Handlungsformen und -rationalitäten rekonstruieren lassen. Die von der Theorie des kommunikativen Handelns verwendete Methode der formalpragmatischen, rationalen Rekonstruktion bezieht sich auf die vorwissenschaftliche Praxis sprachlicher Kommunikation, in der die diskursive Haltung Habermas' gründet.[14] Gegenstand der Formalpragmatik ist Habermas zufolge die Grammatik der Verwendung von sprachlichen Sätzen. Statt der Grammatik von Sätzen, widmet sich die Formalpragmatik derjenigen Interaktionsregeln, die bestimmen, wie sprachliche Artikulationen entsprechend einer spezifischen Situation derart getätigt werden, dass sie zur Verständigung verschiedener Interaktionsteilnehmender führen. Die Frage, denen die Formalpragmatik nachgeht, ist nicht was, sondern wie etwas sprachlich artikuliert wird, damit eine Situation der Verständigung entsteht (vgl. Habermas 2009f: 108f.). Die Regeln, die Verständigungssituationen erzeugen, werden zum

[14]Ausführlicher werden die konkreten Ausführungen der Theorie des kommunikativen Handelns hier in Kapitel 4 und Kapitel 5 behandelt. Die Diskussion in diesem Kapitel dient lediglich der Grundlegung einer immanenten Kritik der Theorie Habermas'.

Gegenstand einer Nachrekonstruktion, deren zentrales begriffliches Instrumentarium Sprechakte und Geltungsansprüche darstellen. Habermas charakterisiert die Rekonstruktion in einer doppelten Hinsicht als rational. Zum einen überführt sie das vortheoretische, intuitive Regelwissen der im Alltag agierenden Individuen in eine systematische, analytisch trennscharfe Darstellung. Zum anderen bildet sie die implizite Rationalität des kommunikativen Handelns ab: dessen Potential, zur Verständigung unter Teilnehmenden einer Interaktion zu führen. Die theoretisch explizierten rationalen Maßstäbe begreift Habermas jedoch als falsifizierbar. Sie stehen nicht im luftleeren Raum, sondern müssen sich in empirischen Überprüfungen bewähren (vgl. Pedersen 2008: 458f., 461ff.).

Ohne einen Verlust an begrifflicher Schärfe und Erklärungskompetenz vollzieht Habermas den Paradigmenwechseln von der Subjekt- und Bewusstseinsphilosophie zur Philosophie der Intersubjektivität. Denn als Grund sozialer Zusammenhängen wird nun kein Subjekt identifiziert, sondern die zwischen Subjekten vollzogene Kommunikation. Der Formalpragmatik, die die Regeln der situativen Kommunikation abbildet, stellt Habermas eine an der Systemtheorie Luhmanns orientierte Theorie sozialer Evolution zur Seite, die in historischer Perspektive die Genese moderner Gesellschaften als Differenzierungsprozess von Lebenswelt und Systemen rekonstruiert. Mittels dieser Theorie will Habermas zeigen, dass die Rationalität kommunikativer Verständigung nicht zufällig in modernen Gesellschaften umfassend ausgeprägt vorliegt. Im Rahmen einer sozialen Evolution wird sie als Resultat einer logischen, stringent dargestellten Entwicklung von Rationalitätsstrukturen erkennbar. Im Werke Habermas' löst diese abstrakt gehaltene Evolutionstheorie die in „Erkenntnis und Interesse" formulierte, noch mit geschichtsphilosophischen Facetten versehene marxistische Theorie der Geschichte ab, in deren Rahmen die Menschheit als Gattungssubjekt vorgestellt wird (vgl. Honneth 2009b: 16.).[15]

In Habermas' Perspektive unterscheidet sich die kritische Theorie der Gesellschaft auch nach dem *linguistic turn* grundlegend von der Hermeneutik. Letztere fragt, so Habermas, lediglich nach der Bedeutung von kommunikativen Artikulationen, während sich erstgenannte für die tieferliegenden Strukturen interessiert, die Bedeutungen erst hervorbringen. Nur die rationale Rekonstruktion gibt Habermas

[15]Die Logik sozialer Evolution ist nicht zu verwechseln mit der Hegelschen Logik der Phänomenologie des Geistes. Habermas' Darstellung nimmt eine Abstraktion von konkreter Geschichte mit dem Ziel vor, die Strukturen einer sukzessiven Entwicklung erkenntlich werden zu lassen. Hegel bildet die Erfahrungen des Bewusstseins mit sich selbst zwar ebenfalls im Rahmen logischer Notwendigkeiten ab (vgl. Hegel 1970a: 593). Jedoch bleibt innerhalb seiner Darstellung offen, inwiefern sich die einzelnen Episoden einer historischen Chronologie fügen – die Hegelforschung gibt hier keine eindeutige Antwort.

zufolge Aufschluss über die allgemeinen Strukturen einer kommunikativen Lebensform. In den jüngeren Aufsätzen „Wege der Dezentralisierung" (Habermas 2004b: 186-229) und „Hermeneutische und analytische Philosophie" (Habermas 2009e: 29-69), die erstmals um die Jahrtausendwende erscheinen, weist Habermas der Hermeneutik die Aufgabe zu, sich aus den symbolischen Ausdrucksformen des objektiven Geistes derjenigen kulturellen Standards zu vergewissern, die für die moderne Identität von Subjekten konstitutiv sind (vgl. Habermas 2004b: 215). Dafür beschäftigt sie sich mit der „einer natürliche Sprache im ganzen eingeschriebenen grundbegriffliche Artikulation der Welt" (Habermas 2009e: 43). Die interpretierende, „hermeneutischen Aneignungen klassischer Überlieferungen, in denen wir uns selbst wiedererkennen, [stellen jedoch, M.B.] kein zureichendes Modell für eine anspruchsvolle genetische Rechtfertigung geltender Rationalitätsstandards" (Habermas 2004b: 215) dar. Denn Habermas zufolge drücken sich in den symbolischen Formen, die die hermeneutische Methode fokussiert, ethische Selbstverständnisse darüber aus, was ein gutes und gelingendes Leben ausmacht. Ethische Fragen sind laut Habermas nicht Gegenstand einer Kritischen Theorie der Gesellschaft, weil die Beantwortung dieser Fragen an konkrete, partikulare Lebensformen und deren jeweilige Werte gebunden ist. Zudem stellt die Hermeneutik durch ihre Interpretationen der Werte keinen Maßstab bereit, diese Werte kritisch zu reflektieren. Sie kann sie lediglich benennen (vgl. Habermas 2009f: 24, Habermas 2009b: 374f.). Im Gegensatz zur Hermeneutik widmet sich einzig die rationale Rekonstruktion allgemeinen Rationalitätsstandards, die partikulare Lebensform transzendieren und allgemein anerkannt werden können, und damit den moralischen Fragen des richtigen Lebens. Sie expliziert die Regeln, die sinnhaften Aussagen (und Handlungen) konstitutiv zugrunde liegen, und die Maßstäbe, anhand derer Aussagen wie Handlungen bemessen werden können (vgl. Habermas 2009f: 24).

Habermas traut der Hermeneutik nicht zu, einen Maßstab für eine Kritische Theorie der Gesellschaft rekonstruieren können.[16] Durch den Vergleich dieser

[16]Habermas' ablehnende Haltung gegenüber der Hermeneutik ist irritierend. Denn Erich Rothacker, der die Dissertation Habermas' betreut, prägt dessen Denken durch die Vermittlung zentraler hermeneutischer Texte (vgl. Wiggershaus 2001: 598ff.). Im Vorwort zur zweiten Auflage von „Zur Logik der Sozialwissenschaften" bezeichnet Habermas die Hermeneutik sogar als einen Einfluss, der seine Vorhaben, die Kritische Theorie in eine Kommunikationstheorie zu überführen, entscheidend prägt (vgl. Lafont 2009a: 29ff.). Spuren der hermeneutischen Tradition zeigen sich in den Schriften Habermas jedoch nicht im methodischen Zuschnitt der Theorie des kommunikativen Handelns, sondern vielmehr in der Anstrengung der Interpretation derjenigen Texte, mit denen er sich kritisch auseinandersetzt. Die zentralen Motive des Systemfunktionalismus Parsons oder Luhmanns arbeitet er ebenso sorgfältig heraus die wie Intentionen Horkheimers und Adornos.

Haltung Habermas' mit seinen frühen Überlegungen zum Potential der Hermeneutik, gesellschaftliche Erfahrungsgehalte in theoretische Darstellungen zu überführen, lässt sich jedoch zeigen, dass gerade hermeneutischen Interpretationen die entscheidende Rolle zukommt, eine zentrales Anliegen Kritischer Theorie zu erfühlen: zwischen Theorie und Praxis zu vermitteln und den eigenen normativen Standpunkt überzeugend auszuweisen.

3.2.1 Zum Verhältnis von Begründung, Praxis und Erfahrung innerhalb Kritischer Theorie

Das Abbilden von gesellschaftlichen Erfahrungsgehalten in der kritischen Gesellschaftstheorie ist nicht allein notwendig, weil sich ihre Begriffe und Kategorien – wie in diesem Kapitel oben bereits dargelegt – sensibel gegenüber den jeweils historischen Krisen und Pathologien erweisen müssen. Der Erfahrungsgehalt der Theorie kann zudem als Voraussetzung dafür verstanden werden, dass die Adressierten beginnen, das theoretisch Dargestellte auf sich und die Gesellschaft, in der sie leben, zu beziehen. Ist es den Adressierten nicht möglich, in der theoretischen Darstellung Erfahrungen wiederzuerkennen, mit denen sie sich identifizieren, bleibt eine Reflexion auf die eigenen gesellschaftlichen Umstände mit den Mitteln der Theorie aus. Denn ohne einen abgebildeten Gehalt an Erfahrungen wirkt die Theorie für die Adressierten abstrakt und fremd, das Dargestellte unvertraut. Die in der Abstraktheit ihrer Begriffe und Kategorien gründende Erfahrungsarmut einer Theorie ist als Ursache dafür zu verstehen, dass die Adressierten das von der Theorie Dargestellte nicht als etwas verstehen, gegenüber dem sie sich kritisch positionieren müssen (vgl. Honneth 2010: 50ff.). Jedoch gründet gerade in den Potentialen einer Theorie, kritische Reflexionen anzustoßen, ihre Kraft, Individuen zu motivieren, aktiv gegen Missstände vorzugehen. Eine kritische Gesellschaftstheorie, die den Anspruch auf Veränderung der Gesellschaft hegt, muss daher ihre Adressierten, die diese Veränderung praktisch vollziehen sollen, erreichen. Nur in einer Theorie, der das gelingt, sind „Kritik als Erkenntnis und Kritik als Veränderung zusammengenommen" (Habermas 1973a: 331). Habermas selbst begreift die erfahrungsgebundene Identifikation mit der theoretischen Beschreibung der Gesellschaft nicht allein als die Bedingung der Möglichkeit, Kritik und Praxis zu vermitteln. In begründungstheoretischer Perspektive konstatiert er, die Anerkennung des normativen Maßstabs der Theorien setzte voraus, dass sich die Adressierten „darin [– in den Beschreibungen der Theorie –, M.B.] selbst erkennen" (Habermas 1973a: 319). Die Zustimmung zu einer Kritik ist darauf angewiesen, dass der Gegenstand der Kritik in der Wahrnehmung der Individuen eine Nähe zu deren Situation aufweist. Nur wenn die Beschreibungen der Gesellschaft, auf die sich der normative Maßstab der Theorie kritisch bezieht, den Adressierten eine ihnen vertraute Welt darstellt, können sie die formulierte Kritik überhaupt für gerechtfertigt erachten und den normativen Maßstab als eigenen Anspruch verstehen. Dass die Darstellung einer vertrauten Situation ein notwendiges Kriterium dafür darstellt, die Perspektive der Kritik an dieser Situation einzunehmen, lässt sich mit Martin Hartmanns Ausführungen zu Vorstellungskraft, Emotionen und Perspektivübernahmen begründen. Eine Empörung stellt sich Hartmann zufolge dann ein, wenn der Gegenstand der Empörung Gemeinsamkeiten mit vertrauten ethischen und moralischen Einstellungen und der eigenen Lebenswelt aufweist. In Anschluss an Arendt, Nussbaum und Adam Smith argumentiert er, dass die kritisch urteilende Übernahme der Perspektive anderer – in der diese ihre Situation beurteilen – die Annahme voraussetzt, gemeinsame Lebensbedingungen mit diesen anderen zu teilen (vgl. Hartmann 2009: 514f.). In diesem Sinne muss ebenfalls die Kritische Theorie das Bild einer Gesellschaft zeichnen, die ihren Adressierten vertraut ist, sodass diese die Perspektive der Kritik überhaupt erst einnehmen, um die Perspektive dann zu befragen, ob sie begründet ist.

Vor diesem Hintergrund – demzufolge sich in der kritischen Gesellschaftstheorie, die ihren Bezug zur Praxis wahren und als legitim anerkannt werden will, Erfahrungen niederschlagen müssen – reflektiert Habermas die sprachliche Darstellung der Theorie. Die Sprache der Theorie, so Habermas, muss Ähnlichkeiten mit der Umgangssprache der Adressierten aufweisen. In Anbetracht der ablehnenden Haltung Habermas' gegenüber der Hermeneutik überrascht nun, dass er der Hermeneutik attestiert, konstitutiv auf die Umgangssprache bezogen zu sein (vgl. Habermas 1973c: 253). Hermeneutische Interpretationen überführen umgangssprachlich ausgedrückte Erfahrungsgehalte in theoretische Darstellungen, ohne das für die Wiedererkennung wesentliche Element des Umgangssprachlichen vollständig zu tilgen. Ihre Begriffe bleiben auf den Alltag der Individuen bezogen, ihre Darstellung weist narrative Elemente auf. Daher gelingt es der Hermeneutik laut Habermas, komplexe theoretische Erklärungen gegenüber den Adressierten als verstehbaren Sinnzusammenhang, den sie mit ihrer Lebenswelt in Beziehung setzen können, darzustellen (vgl. Habermas 1973a: 331).

Die Sprache kritischer Gesellschaftstheorie muss, so Habermas weiter, zugleich wissenschaftlichen Ansprüchen genügen. Daher darf der Bezug zur Umgangssprache und zu den Erfahrungsgehalten nicht dazu führen, lediglich eine einzelne, nicht vergleichbare Situation abzubilden. Die Theorie

„hat die Form einer Erzählung, weil sie Subjekten dazu dienen soll, die eigene Lebensgeschichte in narrativer Form zu rekonstruieren; aber sie kann nur Folie für *viele* solcher Erzählungen sein, weil sie nicht nur für einen individuellen Fall gelten soll" (Habermas 1973a: 321).

Der Theorie gelingt der Spagat zwischen der Darstellung einer individuellen Lebensgeschichte sowie der allgemeiner gesellschaftlicher Verhältnisse, indem sie von den jeweils individuellen Aspekten der Lebensgeschichten soweit abstrahiert, dass sich ein typisches, allen gemeinsames Schema kristallisiert. Das Typische stellt Habermas zufolge die Qualität der Darstellung dar, individuelle Lebensgeschichten in eine allgemeine Form der Beschreibung gesellschaftlicher Verhältnisse zu überführen, damit die Adressierten die spezifische gesellschaftliche Formation, in der sie leben, mit der Theorie in Verbindung bringen können. Statt über einzelne Namen spricht die Theorie über Rollen, statt kontingenter Umstände stellt sie Handlungsmuster und wiederkehrende Konstellationen dar. Die Theorie zielt zwar auf systematische Verallgemeinerung der jeweiligen Erfahrungen, bleibt aber in ihrer Darstellung an konkreten Phänomenen orientiert (vgl. Habermas 1973a: 320ff.). Daher entwickelt die Hermeneutik ihre Kategorien und Begriffe – wie die gerade angesprochene Kategorie der Rolle – erst in der Analyse des Materials, wenn sich zeigt, dass sie als sinnvolle Momente der Interpretation eines gesamten Sinnzusammenhangs zu verstehen sind. „Rolle" begreift die Hermeneutik nicht als metatheoretische Kategorien, die sie von außen an das zu erklärende Material heranträgt, ohne deren Sinn im Rahmen der materialen Analyse infrage zu stellen. Für die Hermeneutik stellt die „Rolle" keine unbedingt zu verwendende Kategorie dar. Sie kann für den Fall, dass sie sich in anderen Kontext nicht bewährt, ersetzt werden.

Bezieht man diese Überlegungen Habermas' zu Umgangssprache, Erfahrung und dem Verhältnis von Theorie und Praxis auf die Theorie des kommunikativen Handelns, wird ein fundamentales Problem deutlich: Wie dargestellt, weist die Formalpragmatik Kommunikation als grundlegenden und rationalen Modus sozialen Handelns aus. Die von der Formalpragmatik theoretisch abgebildeten Fähigkeiten der Individuen, kommunikativ und rational zu handeln, werden durch die Methode der rationalen Rekonstruktion als intuitiv bereits vorhandenes, vortheoretisches *Wissen der Individuen* erschlossen. Es ist jedoch irritierend, dass Habermas dieses Wissen der philosophischen Theorie und nicht Zeugnissen alltäglicher Praktiken entnimmt. Die Theorie sozialer Evolution bildet die Genese moderner Gesellschaften in Formen einer logischen Entwicklung ab und benennt historische Lernprozesse, auf die sich die Kritik positiv beziehen kann. Dass die Theorie sozialer Evolution gerade nicht an narrativer Qualität, umgangssprachlichen

Formulierungen und einer erfahrungsnahen Darstellung orientiert ist, konstatiert Habermas selbst. Die im Rahmen dieser Theorie erschlossenen geschichtlichen Momente „können nicht [...] in Erzählform gebracht werden. Im Rahmen einer Entwicklungstheorie müssen die Übergänge als abstrakte Übergänge zu neuen Lernniveaus gedacht werden" (Habermas 1976: 244f.). Dem wissenschaftlichen Anspruch der Theorie des kommunikativen Handelns entspricht somit eine ebenso hochgradig wissenschaftliche, abstrakte Theoriesprache – die arm an Erfahrungen ist. Dass die aus dem *linguistic turn* Habermas' hervorgehende Theorie des kommunikativen Handelns daran scheitert, gesellschaftliche Erfahrungsgehalte theoretisch abzubilden und daher ihre Adressierten nicht erreicht, ist die zentrale Einsicht der vorliegenden Arbeit. Diese erkennen in den zu abstrakten Begriffen und Kategorien der Theorie ihre eigene lebensweltliche Situation nicht wieder. Das Sprechen von Rationalitätsniveaus, Sprechakten und Geltungsansprüchen, von Systemen und deren Differenzierung ist den alltäglichen Individuen unvertraut.[17] Von konkreter Geschichte, von deren verästelten Windungen und Richtungen, wird zugunsten einer (durch begriffliche Exaktheit bestechenden) Theorie sozialer Evolution, die einzig eine gradlinige Entwicklungslinie darstellt, abstrahiert. Auf diese Weise zerschlägt Habermas die Brücke zwischen Theorie und Praxis, deren Fundament er als erfahrungsgesättigte, narrative Theoriesprache bestimmt. Von der Theorie führt kein Weg zur Praxis.

Die Unterscheidung von bewusstmachender und rettender Kritik lässt zudem weitere Probleme der Theorie des kommunikativen Handelns hervortreten. Die bewusstmachende Kritik zielt auf die Offenlegung bisher nicht reflektierter Herrschaftsstrukturen. Damit die Adressierten die kritische Gesellschaftstheorie als plausible Darstellung ihres gesellschaftlichen Umfelds begreifen, sind die theoretischen Ausführungen darauf angewiesen, gesellschaftliche Erfahrungen abzubilden. Da die Begriffe und Kategorien der Theorie des kommunikativen Handelns zu abstrakt geraten, verfehlt Habermas die Intention der bewusstmachenden Kritik.

---

[17]Dass die genannten Begriffe Habermas' nicht teil des normativen Alltagsvokabular der Individuen sind und ebenso schlecht als Abstraktion von diesem Vokabular verstanden werden können, lässt sich in David Millers Studie „Grundsätze sozialer Gerechtigkeit" (Miller 2008) nachvollziehen. Miller unternimmt eine empirische Analyse der normativen Vorstellungen von Individuen und überführt sie in einen theoretischen Rahmen, der durch die Begriffe Gleichheit, Verdienst und Bedarf aufgespannt wird. Sicherlich stellt Millers Schrift eine inhaltlich bestimmte Konzeption der Gerechtigkeit dar und somit ein anderes Vorhaben als die Theorie des kommunikativen Handelns. Jedoch zeigen seine der empirischen Sozialforschung entnommenen Begriffe ihren Abstand zu Habermas' Begriffen und Konzepten deutlich an.

Die Erfahrungsarmut bedingt zudem, dass sich der normative Maßstab der Theorie gegenüber den Adressierten nicht rechtfertigen lässt, weil sie die gesellschaftliche Formation, auf die sich der Maßstab kritisch bezieht, nicht als die ihre identifizieren. Der Formalismus der Theorie sozialer Evolution hindert Habermas zudem daran, eine rettende Kritik an verzerrten Kommunikationsverhältnissen zu formulieren. Da die Theorie des kommunikativen Handelns lediglich formal-rationale, evolutionäre Strukturen abbildet, widmet sie sich statt bestimmter Inhalte anonymen Strukturen. Aufgrund dieser Abstraktion vom geschichtlichen Material ist es Habermas nicht möglich, verdrängte Ansprüche gehaltvoll darzustellen und sie in die Gegenwart zu überführen. Das Interesse an verdrängten Ansprüchen weicht der Fokussierung etablierter Rationalitätsniveaus.

Die von ihm selbst formulierten Ansprüche einer kritischen Gesellschaftstheorie, zugleich rettend und bewusstmachend zu agieren, erfühlt Habermas somit nicht – obwohl ihm das gelingen muss, um die Adressierten zu erreichen. Zudem laufen seine Kategorien und Begriffe Gefahr, nicht als das zu Beginn dieses Kapitels angesprochene Segel zu fungieren, das auf den Sturm gesellschaftlicher Erosionsprozesse navigierend reagiert. Dieses Problem gründet nicht allein in den Begriffen und Kategorien, der Sprache der Theorie, sondern ebenfalls in deren Methode. Die rationale Rekonstruktion bezieht sich auf formale Regeln, die kommunikatives Handeln strukturieren. Aufgrund methodologischer Entscheidungen fehlen Habermas jedoch die Mittel, inhaltliche Aspekte sinnvoll zu erschließen. Wie hier dargestellt, benennt er allerdings selbst die geeignete Methode, mittels derer es möglich ist, historische normative Ansprüche zu retten und gesellschaftliche Erfahrungen derart in der Theorie abzubilden, dass sie Herrschaftsstrukturen bewusst machen kann. Hermeneutische Interpretationen sind narrativ gestrickt, bleiben kontextsensibel in der Anwendung ihrer Kategorien und Begriffe und auf die Umgangssprache bezogen. Sie bieten theoretische Erklärungen an, deren Gegenstand den Adressierten als ein vertrauter, verstehbarer Sinnzusammenhang dargestellt wird. Da Habermas im Widerspruch zu diesen Überlegungen die Hermeneutik an anderen Stellen seiner Ausführungen als eine ausschließlich Sinn konservierende Methode beschreibt, die aufgrund eines Erklärungsdefizits keine Aussagekraft für die gegenwärtige Gesellschaft habe und zugleich keinen Maßstab der Kritik ausweisen könne, nimmt er sie nicht in sein methodisches Arsenal auf.

Um die von Habermas für eine kritische Gesellschaftstheorie formulierten Intentionen und Motive aufzugreifen, um bewusstmachend wie rettend kritisieren zu können und die Adressieren zu erreichen, wird die vorliegende Arbeit daher argumentieren, die Methode der hermeneutischen Interpretation in den konzeptionellen Rahmen der Theorie des kommunikativen Handelns zu integrieren. Entgegen Habermas' Skepsis wird die Arbeit ein Modell kritischer hermeneutischer

Interpretation skizzieren, das gesellschaftliche Erfahrungen und normative Ansprüche derart erschließen kann, dass ihnen eine Relevanz für eine kritische Gesellschaftstheorie zukommt. Die formalpragmatisch rekonstruierten Regeln kommunikativer Verständigung und die Etablierung formaler Rationalitätsniveaus werden durch dieses Model der hermeneutischen Interpretation in erfahrungsgesättigte Narrative über die Genese moderner Gesellschaften sowie deren Krisen und Pathologien überführt.

Bevor das Model kritischer hermeneutischer Interpretation in Kapitel 6 entwickelt wird, widmen sich die beiden folgenden Kapitel 4 und 5 der detaillierten Diskussion der Theorie des kommunikativen Handelns. Die Leitfrage der Darstellung im Folgenden ist, wie sich der hier kritisch erörterte, konzeptionelle (theoretische und methodische) Zuschnitt der Theorie Habermas' in der konkreten Gesellschaftsanalyse als problematisch erweist.

Sprache und Gesellschaft

4

Zum Ausschluss ästhetischer Reflexionsformen

Über zwei Jahrzehnte hinweg erarbeitet Habermas sukzessive ein theoretisches Konzept, das die geschichts- und subjektphilosophischen Grundannahmen der älteren Kritischen Theorie überwinden soll. In der Theorie des kommunikativen Handelns kulminieren seine Anstrengungen, die Kritische Theorie vor ihren eigenen Fallstricken zu bewahren und auf den sicheren Boden des intersubjektivistischen Paradigmas zu führen. Gleichwohl hält seine Theorie in den Grundzügen an den Intentionen und Motiven der älteren Kritischen Theorie fest. Habermas möchte

> „darauf beharren, daß das Programm der frühen Kritischen Theorie nicht an diesem oder jenem Zufall, sondern an der Erschöpfung des Paradigmas der Bewußtseinsphilosophie gescheitert ist. Ich werde zeigen, daß ein Paradigmenwechsel zur Kommunikationstheorie die Rückkehr zu einem Unternehmen gestattet, das seinerzeit mit der Kritik der instrumentellen Vernunft abgebrochen worden ist; dieser erlaubt ein Wiederaufnehmen der liegengebliebenen Aufgaben einer kritischen Gesellschaftstheorie" (Habermas 1981b: 516f.).

Gesellschaftliche Interaktionsformen werden in der Theorie des kommunikativen Handelns nicht aus einem transzendentalen Bewusstsein hergeleitet. Statt über die Auseinandersetzung eines Gattungssubjekts oder einzelnen Subjekts mit der Natur rekonstruiert Habermas Prozesse der Vergesellschaftung über Akte der Kommunikation. In bewusster Abgrenzung zum methodologischen Individualismus begreift er intersubjektive Beziehungen als Basiseinheit der Gesellschaft.

> „Nicht mehr Erkenntnis und Verfügbarmachung einer objektivierten Natur sind, für sich genommen, das explikationsbedürftige Phänomen, sondern die Intersubjektivität möglicher Verständigung- sowohl auf interpersonaler wie auf intrapsychischer Ebene. Der Fokus der Untersuchung verschiebt sich damit von der kognitiv-instrumentellen

M. Baum, *Zu einer Kritischen Gesellschaftstheorie der Kommunikation,* https://doi.org/10.1007/978-3-658-20694-9_4

zur kommunikativen Rationalität. Für diese ist nicht die Beziehung des einsamen Subjekts zu etwas in der objektiven Welt, das vorgestellt und manipuliert werden kann, paradigmatisch, sondern die intersubjektive Beziehung, die sprach- und handlungsfähige Subjekte aufnehmen, wenn sie sich miteinander über etwas verständigen" (Habermas 1981b: 525).

Im Zentrum seiner Theorie steht der Begriff des kommunikativen Handelns, der die konstitutive Rolle der Verständigung für die Koordinierung von Handlungen betont und soziologische Handlungstheorie mit einer Theorie sozialer Ordnung verknüpft. Die historisch etablierten Rationalitätsstandards der Kommunikation sollen durch sprachphilosophische Mittel derart expliziert und begrifflich differenziert werden, dass sie als kritischer Maßstab der Gesellschaftstheorie dienen können.

Bisher reflektiert die vorliegende Arbeit hauptsächlich die Grundkonzeption der Theorie des kommunikativen Handelns. Der abstrakte, erfahrungsarme Charakter ihrer Begriffe und Kategorien wird auf die methodologische Weichenstellung zurückgeführt, die Hermeneutik umfassend zu delegitimieren, und als das Problem benannt, den Maßstab der Kritik zu begründen und zwischen Theorie und Praxis zu vermitteln. Diese Kritik bleibt selbst abstrakt, wenn sie nicht an den gesellschaftstheoretischen und zeitdiagnostischen Ausführungen der Theorie Habermas' vollzogen wird. Das folgende Kapitel rekonstruiert detailliert die sprachphilosophischen und rationalitätstheoretischen Elemente der Theorie des kommunikativen Handelns. Diskutiert werden die von Habermas vollzogene sprachtheoretische Grundlegung der Gesellschaftstheorie sowie sein mehrdimensionales Konzept der Differenzierung, das zwischen Form der Rationalität und Geltungsansprüchen und zwischen kulturellen Wertsphären unterscheidet. Konkretisiert werden die konzeptionellen und methodischen Probleme primär hinsichtlich des Ausschlusses ästhetischer Reflexionsformen aus dem Rahmen der kritischen Gesellschaftstheorie.[1] Die inhaltliche Auseinandersetzung mit der Ästhetik, einem spezifischen Darstellungsbereich, in dem sich gesellschaftliche Erfahrungen und soziale Konflikte besonders reflektiert äußern[2], lehnt Habermas

[1]Erst Kapitel 5 dieser Arbeit diskutiert die Erfahrungsarmut der historischen Darstellung der Theorie des kommunikativen Handelns. Die von dieser Arbeit vorgenommene begriffliche und methodische Erweiterung der Theorie des kommunikativen Handelns, die auf deren Mängel reagiert, wird in den darauf folgenden Kapiteln vorgenommen.

[2]In Kapitel 7 der vorliegenden Arbeit wird dargelegt, inwiefern das Ästhetische als Bereich normativer Artikulationsformen gelten kann, auf die insbesondere eine kritische Gesellschafstheorie rekurrieren muss. In diesem Kapitel wird zunächst rekonstruiert, aufgrund welcher hinterfragbaren Motive Habermas die Inhalte ästhetischer Arte Reflexionen nicht als Gegenstand einer kritischen Gesellschaftstheorie versteht.

grundlegend ab. Durch die grundbegrifflichen Bestimmungen der Theorie des kommunikativen Handelns werden die im Medium des Ästhetischen vollzogen Artikulationen als minder-rationale Reflektionsformen ausgewiesen. Die Integration der Hermeneutik in das methodische Setting der Theorie des kommunikativen Handelns ermöglicht, die Rationalität des Ästhetischen zu erschließen und ästhetische Artikulationsformen auf deren Augenhöhe zu reflektieren, anstatt sie von der Warte einer vermeintlich einzig legitimen Form der Rationalität aus abzuurteilen.

4.1 Sprache und Interaktion

Habermas' gesellschaftstheoretische Konzeption basiert auf der kategorialen Entscheidung, den Gegenstandsbereich seiner Theorie als symbolisch strukturierten Sinnzusammenhang zu verstehen (vgl. Habermas 2009f: 29f.). Aus dieser vor-theoretischen Entscheidung – deren Angemessenheit sich erst in der Analyse erweist – folgen ein spezifisches methodisches Vorgehen und weitere Grundannahmen, die sich von anderen sozialwissenschaftlichen Ansätzen abgrenzen lassen. Objektivistische Theorie betrachten Gesellschaften von außen. Die empirisch nachweisebaren Regelmäßigkeiten von Prozessen und Strukturen beschreiben sie analog zu physikalischen Naturvorgängen.[3] Die Theorie des kommunikativen Handelns hingegen begreift Gesellschaft als sinnhaft strukturieren Lebenszusammenhang von symbolischen Äußerungen (vgl. Habermas 2009f: 38). Habermas versteht „Sinn" nicht lediglich als ein Moment der Gesellschaft. Gesellschaft ist insgesamt sinnhaft strukturiert, so Habermas. Daher bildet die Theorie des kommunikativen Handelns nicht bloß regelmäßig beobachtbares Verhalten von Individuen, das gemessen und operationalisiert werden kann, ab. Vielmehr versucht sie das Agieren von Individuen als intentionales Handeln zu begreifen, das auf einen geteilten Sinnzusammenhang bezogen ist. Habermas' Status als Forschender ähnelt dem der Individuen, deren Handlungen er verstehen will, da er die Rolle eines virtuell Teilnehmenden einnimmt. Denn einzig in dieser Perspektive lässt sich die sinnhafte Dimension des Handelns rekonstruieren. Möglich ist dies nur in der teilnehmenden Perspektive. Eingeebnet wird auf diese Weise der Unterschied zwischen Theoretiker und Forschungsgegenstand (vgl. Habermas 2009f: 14). Analog zur Differenzierung von beobachtenden und verstehenden Ansätzen unterscheidet

[3] Sicherlich unterscheidet sich die Theorie des kommunikativen Handelns ebenso von den Naturwissenschaften, die physikalische, nicht sozial konstituierte Gesetze abzubilden versuchen (vgl. Pedersen 2008: 461).

Habermas zwischen einem beschreibenden und einem explizierenden Vorgehen. Verhalten findet ihm zufolge in der wahrnehmbaren Realität statt und kann beschrieben werden. Sinn wird in der symbolisch strukturierten Wirklichkeit generiert und theoretisch expliziert (vgl. Habermas 1984: 365).

Nun widmet sich die Theorie des kommunikativen Handelns nicht allen Sinnartikulationen, die innerhalb symbolischer Zusammenhängen vollzogen werden, sondern lediglich sprachlicher Interaktion.[4] In einem über zwei Jahrzehnte fortdauernden Schaffensprozess reflektiert Habermas den Begriff des kommunikativen Handelns, um den Zusammenhang von Sprache und Interaktion innerhalb einer kritischen Gesellschaftstheorie transparent zu skizzieren.

4.1.1 Kommunikatives Handeln

Habermas' Handlungstheorie basiert auf der Unterscheidung von Arbeit und Interaktion, die er in der Auseinandersetzung mit Hegels Jenaer Philosophie des Geistes (aus den Jahren von 1801 bis 1807) einführt (Habermas 1968: 9-47). Mit dem Begriff der Arbeit bezeichnet Habermas die instrumentellen Einstellungen und Handlungen, die Individuen einnehmen, wenn sie versuchen, Gegenstände ihrer Umwelt aufgrund empirischen Wissens zu manipulieren und dabei die Wirksamkeit der ihnen zur Verfügung stehenden Mittel abwägen. In dieser Einstellung beziehen sich Individuen ausschließlich erkennend und verfügend auf ihre Umgebung. Arbeit bedeutet in Habermas' Sinne, das Gemüse im Garten aufgrund des Wissens um den Zusammenhang von Bewässerung und Pflanzenwachstum zu gießen, statt es mit Kohle zu bedecken. Mit der älteren Kritischen Theorie teilt Habermas somit die Annahme, dass der Begriff der Arbeit ausschließlich instrumentelle Einstellungen abbildet, die einzig der Beherrschung der Natur und der materiellen Reproduktion der Gesellschaft dienen. Gerade deswegen kann der Begriff der Arbeit laut Habermas nicht die Grundlage einer normativ gehaltvollen Gesellschaftstheorie, die unterschiedliche gesellschaftliche Kooperationsprozesse abbilden will, darstellen.[5] Neben dem instrumentellen fasst Habermas ebenfalls

[4]Kapitel 7 dieser Arbeit versucht, die Perspektive der Theorie des kommunikativen Handelns für weitere Artikulationsforme zu öffnen.

[5]Ingo Elbe kritisiert, Habermas deute den von Marx stammenden Arbeitsbegriff unterkomplex und übersehe, dass Arbeit innerhalb der Theorie Marx' ein gesellschaftliches Verhältnis ausdrückt: das der Waren tauschenden Individuen (vgl. Elbe 2014). Dies ist jedoch kein Argument dafür, die Theorie des kommunikativen Handelns ad acta zu legen und zu Marx'

das strategische Handeln unter den Begriff der Arbeit. Strategisch handeln Individuen Habermas zufolge, wenn sie ihre Ziele entsprechend eigener Präferenzen und gegebener Mittel an die Bedingungen, in denen sie sich für eine Präferenz entscheiden müssen, anpassen. In Anbetracht knapper ökonomischer Ressourcen Nahrungsmittel statt Luxusgüter zu erwerben, um das eigene Überlegen zu sichern, stellt einen Fall strategischen Handelns dar. Während instrumentelles Handeln ausschließlich auf starre Objekte gerichtet ist, bezieht strategisches Handeln die Reaktionen anderen mit ein, ohne andere jedoch als tatsächliche Interaktionspartner/innen zu verstehen.

Instrumentelles Handeln und strategisches Handeln werden von Habermas in der „Theorie des kommunikativen Handelns" unter dem Begriff des teleologischen Handelns zusammengefasst. Da teleologisches Handeln Habermas zufolge primär als ein monologischer Prozess zu verstehen ist, grenzt er die unter dem Begriff des teleologischen Handelns subsumierten Einstellungen und Handlungen von Interaktionen ab, in denen Individuen ihre Handlungen dialogisch mit anderen koordinieren und – im eigentlichen Sinne – sozial handeln.[6] Die Formen des Handelns, in denen andere als gleichberechtigte Interaktionspartner/innen einbezogen werden, bestimmt Habermas als konstatives, normreguliertes und dramaturgisches Handeln (vgl. Habermas 1981b: 126-129, Habermas 1981b: 447ff.). Im konstativen Handeln unterrichten sich Individuen wechselseitig über Dinge in der objektiven Welt. Eine Diskussion über den Fortschritt des Wachstums des Gemüses im gemeinsamen Garten kann als Fall konstativen Handelns gelten. Im normregulierten Handeln orientieren sich Individuen an gegebenen, intersubjektiv anerkannten Rollen. Wenn Fußballspielende über die Frage diskutieren, ob eine

Kritik der politischen Ökonomie zurückzukehren, wie es Elbe intendiert. Denn Habermas' Suche gilt nicht lediglich gesellschaftlichen, sondern normativ gehaltvollen gesellschaftlichen Interaktionenformen. In diesem Sinne würde Habermas Marx' frühe anthropologische Überlegungen in den Ökonomisch-philosophischen Manuskripten (Marx/Engels 1985: 465-588) zurückweisen. Denn sie sind von der Vorstellung des Menschen bestimmt, der sich durch Arbeit im Gegenstand entäußert, und bilden die Vorstellung einer Gesellschaft ab, in der alle sozialen Beziehungen als Subjekt-Objekt-Relationen gedeutet werden. Das Klassenkampfmodell des Manifests der kommunistischen Partei und die späten politökonomischen Analysen des Kapitals (Marx/Engels 1972, Marx 2007) sind hingegen in einen geschichtsphilosophischen Rahmen eingebettet, dessen metaphysischen Charakter Habermas strikt ablehnt.

[6]Nicht in jedem Teil seines Werkes hält Habermas diese Grenzziehung aufrecht. So beschreibt er strategisches Handelns anderorts als Grenzfall einer immer noch sozialen Interaktion, der vorliegt, wenn Individuen in einer objektivierenden Einstellung zueinander und ohne zu kommunizieren interagieren (vgl. Habermas 2009f: 42).

Aktion als Foul gilt, handeln sie normreguliert. Im dramaturgischen Handeln drücken Individuen subjektive Gefühle aus, so im Falle der expressiven Geste öffentlichen Weinens aufgrund eines familiären Trauerfalls. Somit findet das soziale Handeln innerhalb von drei Weltbezügen statt: der objektiven Welt der Gesamtheit der Entitäten; der sozialen Welt legitimer interpersoneller Beziehungen; der subjektiven Welt der Emotionen der Sprechenden (vgl. Habermas 1981c: 183f.).

In der Debatte zur Theorie des kommunikativen Handelns werden verschiedene Auffassungen darüber vertreten, in welchem Zusammenhang konstatives, normreguliertes und dramaturgisches Handeln sowie das kommunikative Handelns stehen. Eine Position deutet die erst genannten Formen als Grenzfälle des kommunikativen Handelns, sodass der Begriff des kommunikativen Handelns alle Handlungsformen abbildet (vgl. Strecker 2009: 223). Einer anderen Interpretation zufolge stellt das kommunikative Handeln eine andere als die drei zuerst genannten Handlungsformen dar, weil nur das kommunikative Handeln primär an der Verständigung über Situationsdefinitionen orientiert ist. „Eine Situation ist ein durch Themen herausgehobener, durch Handlungsziele und -pläne artikulierter Ausschnitt aus lebensweltlichen Verweisungszusammenhängen" (Habermas 1981c: 187). Um das Handeln zu koordinieren, muss die Situation im kommunikativen Handeln definiert werden. Die drei anderen Formen setzen hingegen eine bereits definierte, nicht zu hinterfragende Situation voraus, in der der relevante Bezugspunkt des Handelns intersubjektiv anerkannt ist: die objektive Realität, die sozialen Normen, das subjektive Erleben (vgl. Lafont 2009c: 332f.). Die vorliegende Arbeit teilt die Interpretation, dass nur das kommunikative Handeln primär an dem Ziel der Verständigung über Situationsdefinitionen orientiert ist. Kommunikatives Handeln stellt einen Vorgang zwischen mindestens zwei Individuen dar, eine „Verständigung über die Handlungssituation [zu erzielen, M.B.], um ihre Handlungspläne und damit ihre Handlungen einvernehmlich zu koordinieren" (Habermas 1981b: 128, vgl. Honneth/Joas 1980: 145). Dabei setzt „[a]llein das kommunikative Handlungsmodell [...] Sprache als ein Medium unverkürzter Verständigung voraus" (Habermas 1981b: 142). Weil Verständigung als Modus der Handlungskoordination ausgewiesen wird, verbindet die Theorie Habermas' Kommunikation und Handlung, ohne das eine auf das andere zu reduzieren (vgl. Habermas 1981b: 150f.). Der Begriff des kommunikativen Handelns bezieht sich auf „diejenigen sprachlich vermittelten Interaktionen, für die der verständigungsorientierte Gebrauch der Sprache eine handlungskoordinierende Rolle übernimmt" (Lafont 2009c: 333). Das bedeutet nicht, dass Individuen im kommunikativen Handeln keine anderen Ziele als das der Verständigung verfolgen. Sie gehen ihren Zielen jedoch auf dem Wege einer gemeinsamen Definitionsfindung für die Situation, in der sie die Ziele verfolgen können, nach. Auch beziehen sich Individuen im kommunikativen Handeln auf Objekte in der Welt, auf soziale Normen oder ihre Gefühle. Doch dienen diese Bezüge dem grundlegenderen Ziel der Handlungskoordination durch Verständigung.

Durch die Unterscheidung des kommunikativen Handelns vom konstativen, normregulierten und dramaturgischen sowie vom teleologischen Handeln gelingt es Habermas nicht nur, soziale Interaktionen von bloßer Arbeit abzugrenzen. Innerhalb sozialer Interaktionen legt er zugleich eine Ebene der Normativität frei, die die Kritische Theorie fortan als eigenen Maßstab ausweisen kann. Innerhalb alltäglicher, sprachlich geregelter Interaktionen rekonstruiert Habermas einen Handlungsbegriff, der konstitutiv auf Verständigung zielt. Zu einem besseren Verständnis der Theorie des kommunikativen Handelns lassen sich zwei hier zunächst noch verschmolzene Aspekte getrennt betrachten. Bevor die vorliegende Arbeit den normativen Zusammenhang von Sprache und Verständigung genauer beleuchtet, vertieft sie die Darstellung des Verhältnisses von Sprache und Handlung.

4.1.2 Sprache und Handlung: Sprechakttheorie

Um den Handlungscharakter von Sprache genauer skizzieren zu können, greift Habermas auf die Sprechakttheorie John Langshaw Austins zurück. Austins Ausführungen unterscheiden sich laut Habermas von anderen sprachphilosophischen Überlegungen durch einen weiteren Fokus und der Hinwendung zur konkreten Verwendungen von Sätzen. Statt ausschließlich propositionale Aussagen über die objektive Welt in einem theoretischen System zu reflektieren, versucht Austin das gesamte Spektrum menschlicher Kommunikation alltagsnah zu erschließen.

In der Diskussion Austins hebt Habermas die Doppelstruktur sprachlicher Äußerungen hervor. Sie bestehen, so Habermas, nicht allein aus assertorischen Sätzen, mit denen etwas behauptet, beschrieben und dargestellt wird. Jeder kommunikative Gebrauch der Sprache setzt sich aus dem propositionalen Gehalt p und dem Modus M der angestrebten Verständigung über p zusammen (vgl. Habermas 2009f: 105f.). Die Verknüpfung eines performativen Satzes, der eine interpersonelle Beziehung erzeugt, und einem propositionalen Satz, der Gegenstände oder Sachverhalte thematisiert, nennt Habermas Sprechakt. Die kommunikative Kompetenz von Individuen beschreibt Habermas als Fähigkeit, gleichzeitig miteinander und über Dinge sprechen zu können (vgl. Habermas 2009f: 117). Bereits diese erste sprechakttheoretische Unterscheidung Habermas' ermöglicht es, die Verständigungsleistung kommunikativen Handelns genauer darzustellen. Verständigung bedeutet nicht allein den propositionalen Gehalt eines Sprechaktes – das, was er aussagt – anzuerkennen. Es bedeutet zudem, die interpersonellen Beziehungen, die mit dem Sprechakt angeboten werden, ebenfalls positiv zu beurteilen (vgl. Lafont 2009c: 333). Die Aussage, „Ich werde morgen zu dir kommen, um dein Rechner zu formatieren, weil dessen Betriebssystem defekt ist.“, wird erst umfassend verstanden, wenn ebenfalls das Angebot der Hilfestellung als normativ richtig anerkannt wird, wie es im Rahmen der Freundschaft üblich ist. Wird diese Aussage jedoch von einer/m völlig Fremden geäußert, würde die aus dem Problem des zu formatierenden Rechners folgende Handlungskoordination normativ infrage gestellt werden, weil „man Fremde nicht ins sein Haus lässt“, obwohl der propositionale Teil der Rede, dass das System defekt ist, akzeptiert werden würde.

Ebenfalls im Anschluss an Austin differenziert Habermas zwischen illokutionären und perlokutionären Sprechakten. Erstere verweisen auf ein „[H]andeln, *indem* man etwas sagt“ (Habermas 1981b: 389). Illokutionäre Ziele lassen sich Habermas zufolge nur im Medium der Sprache und in Kooperation mit anderen verwirklichen und sind grundlegend von einer zweckorientierten Manipulierung von Objekten zu unterscheiden. Als ein typisches Beispiel dieses Sprechakts kann das Versprechen verstanden werden. Individuen können ihre Handlungen über das Versprechen, sich gegenseitig bei ihren Wohnungsumzügen zu helfen, koordinieren. Da das Handeln, das mit illokutionären Sprechakten bewirkt werden soll, von Habermas auf ein rational motiviertes Einverständnis zurückgeführt wird, kann er illokutionäre Sprechakte als wesentliches Moment kommunikativen Handelns bestimmen. Im Gegensatz zu illokutionären Akten, die auf Verständigung zielen, weist Habermas den perlokutionären Akten eine an instrumenteller Beeinflussung anderer orientierte Haltung zu. Diese Akte verfolgen nicht das kommunikativ-illokutionäre Ziel, durch das Gesagte selbst Handlungen zu koordinieren, sondern das strategische Ziel, durch das Gesagte Effekte hervorzurufen, die im Gesagten selbst nicht kommuniziert werden – perlokutionäre Effekte gehen über ein rational motiviertes Einverständnis hinaus. Ein Beispiel für einen perlokutionären Effekt ist das intendierte Verängstigen eines Individuums durch einen (haltlos) eingeworfenen, warnenden Hinweis. Der Hinweis dient im perlokutionären Falle nicht der dialogisch vereinbarten Vermeidung einer Gefährdung, sondern dem nicht kommunizierten, strategischen Hervorrufen einer emotionalen Reaktion. In diesem, wie auch in allen anderen Fällen perlokutionärer Sprechakte werden Sprechhandlungen, die vermeintlich illokutionären Zielen dienen, für ein verdecktes, strategisches Handeln verwendet (vgl. Habermas 1981b: 389, 394f.). Da sich perlokutionäre Sprechakte primär an der Durchsetzung von Zwecken orientiert, Einflussnahme statt Verständigung im Vordergrund steht, werden sie von Habermas letztendlich nicht als Moment kommunikativen Handelns begriffen.[7]

Die illokutionären Sprechakte des kommunikativen Handelns unterteilt Habermas in drei Klassen: Konstativa, Regulativa und Repräsentativa (vgl. im Habermas 1981b: 388-397, 414, 439, Habermas 2009f: 128ff.). Die Einführung dieser Klassen des verständigungsorientierten Handelns ist als Versuch Habermas' zu verstehen, illokutionäre Akte hinsichtlich ihrer jeweiligen Weltbezüge zu differenzieren.[8] Konstativa treffen Aussagen über die objektive Welt, beispielweise durch Behauptungen oder Darstellungen von Sachverhalten. Regulativa dienen der Herstellung interpersoneller Beziehungen in der sozialen Welt, beispielweise durch Aufforderungen, gemeinsam etwas zu tun, oder durch Versprechen. Repräsentativa haben den Sinn der Selbstdarstellung der eigenen subjektiven Welt, beispielsweise durch Offenbarungen oder Enthüllungen eigener Emotionen.[9]

Die bisher dargestellten feingliedrig verästelten Differenzierungen der Handlungstheorie sollen Habermas zufolge einen Erkenntnisgewinn mit sich bringen, erschweren jedoch den Zugang zu seiner kritischen Gesellschaftstheorie. Dass die vorliegende Arbeit die Rekonstruktion der Handlungstheorie auf sich nimmt, gründet nicht primär in dem Vorhaben, das Verständnis der Theorie des kommunikativen Handelns zu erleichtern. Vielmehr soll durch den Vollzug der Lektüre die These der vorliegenden Arbeit gestützt werden, dass es der Theorie Habermas' an Erfahrungsgehalten mangelt – die Erfahrung der Lektüre ist die Erfahrungsarmut der normativen Grundlage der Theorie des kommunikativen Handelns. Ihr schematisch-abstrakter Charakter gründet in der von Habermas verwendeten Methode und dem sprachphilosophischen Kontext, in den sie eingelassen ist.

[7]In der Schrift „Theorie des kommunikativen Handelns" rechnet Habermas die illokutionären Sprechakte dem kommunikativen, die perlokutionären Sprechakte dem strategischen Handeln zu. In der Auseinandersetzung mit seinen Kritikern/innen nimmt Habermas die starke Unterscheidung zwischen den beiden Sprechakten jedoch zurück. Perlokutionäre Effekte können zwar gezielt durch strategisches Handeln hervorgerufen werden, beispielsweise durch den Einsatz einer Lüge, aus der Handlungen folgen. Jedoch erkennt Habermas an, dass perlokutionäre Effekte ebenfalls aus Prozessen intersubjektiver Verständigung folgen können (vgl. Habermas 1986: 362-365).

[8]Die Darstellung dieser Klassen im Rahmen der vorliegenden Arbeit erhöht sicherlich den Komplexitätsgrad, ist jedoch sinnvoll, da mit dieser weiterführenden Differenzierung verschiedene, für die vorliegende Arbeit ebenfalls relevante Weltbezüge des kommunikativen Handelns ausgewiesen werden können.

[9]Habermas nennt zusätzlich die Sprechakt-Klasse der Kommunikativa, deren Sinn in einer Äußerung an sich und der Möglichkeit, sich grundlegend auszudrücken, besteht. Diese Klasse spielt in seinen wie in den Überlegungen dieser Arbeit jedoch keine relevante Rolle.

4.1.3 Formalpragmatik und rationale Rekonstruktion

Habermas unterscheidet zwischen teleologischen – instrumentellen und strategischen – Handlungen und den eigentlich sozialen Handlungen, die sich aus konstativen, normregulierten und dramaturgischen und dem kommunikativen Handeln zusammensetzen. Ebenfalls unterscheidet er zwischen den (auf strategische Beeinflussung zielenden) perlokutionären und den (grundlegend an Verständigung orientierten) illokutionären Sprechakten.

Diese im Rahmen der Handlungstheorie vorgenommenen Differenzierungen sind in der Perspektive der Formalpragmatik vollzogen, der Habermas die Aufgabe zuweist, „universale Bedingungen möglicher Verständigung zu identifizieren und nachzurekonstruieren“ (Habermas 1984: 353). Die Formalpragmatik wendet sich grundlegend gegen den Mainstream der Sprachphilosophie, der sich primär den Bedingungen des inhaltlichen Verstehens sprachlicher Äußerungen widmet. Hingegen fokussiert die Formalpragmatik die Bedingungen handlungskoordinierender Verständigung. Ihre Grundidee ist, dass nicht allein die Sprache und das, was durch sie mitgeteilt wird, formal untersucht werden kann. Auch die Rede und mit welchem beziehungsspezifischen Ziel Sätze verwendet werden, lässt sich formal abbilden, so Habermas (vgl. Lafont 2009b: 178). Statt der syntaktischen, reflektiert die Formalpragmatik die Handlungsdimension der Sprache und bestimmt die Handlungskoordination zwischen Individuen als das Resultat kommunikativer Verständigung (vgl. Habermas 1981b: 150f.). Die pragmatische Dimension der Sprache vergegenwärtigt sich Habermas anhand des Begriff des Sprachspiels, mittels dessen Wittgenstein „das Ganze: der Sprache und der Tätigkeiten, die mit denen sie verwoben ist“ (Wittgenstein 1984: 241, vgl. Habermas 2009f: 91-97) fasst. In seiner Interpretation Wittgensteins deutet Habermas das Sprachspiel als Regelsystem, das (innerhalb einer spezifischen Lebensform) unterschiedliche sprachliche Artikulationen zu einer Form der Interaktion vernetzt. Diese Interaktionsformen existieren nicht abseits des Regelsystems, sondern werden von diesen selbst hervorgebracht. Das Sprachspiel ist konstitutiv für Interaktionen, da es laut Habermas Sinnzusammenhänge aus Sätze, Gesten und Handlungen herstellt.

Mit der Theorie des kommunikativen Handelns versucht Habermas, diejenigen der umgangssprachlichen Kommunikation zugrundeliegenden Regelsysteme zu rekonstruieren, die das illokutionäre Ziel intersubjektiver Verständigung bedingen. Anspruchsvoll ist dieses Vorhaben, weil Verständigung auf eine wechselseitige Übernahme der Perspektive angewiesen ist, die im strategischen Handeln nicht notwendig ist (vgl. Habermas 1986: 362-365, Habermas 2009f: 39-42, 47f.). Die Methode, mittels der die Regelsysteme darstellbar werden, bezeichnet Habermas als rationale Rekonstruktion. Die von der Formalpragmatik theoretisch abgebildete Fähigkeit der Individuen, ihr Handeln kommunikativ abzustimmen, wird durch die Methode der rationalen Rekonstruktion als intuitives, vortheoretisches Regelwissen der Individuen erschlossen (vgl. Habermas 1988: 347ff.).[10] Erneut grenzt Habermas seinen Ansatz von hermeneutischen Positionen ab. Diese beschreiben die Voraussetzung wechselseitiger Kommunikation als geteilten Erfahrungshorizont. Entgegen der an tradierten Inhalten orientierten Hermeneutik fokussiert Habermas die formalen Voraussetzungen der Verständigung (vgl. Lafont 2009a: 33). Statt geteilter Wissens- und Erfahrungsgehalte basiert Verständigung auf formalen Kompetenzen der Sprechenden, so Habermas Einwand gegen die Hermeneutik. Da die Formalpragmatik die Verständigung bedingenden Regelsysteme als intuitiv angewandtes Wissen abzubilden versucht, begreift Habermas die Theorie des kommunikativen Handelns als erfahrungsgestützt. Die Nähe zur Erfahrung bestreitet die vorliegenden Arbeit mit dem Hinweis auf Habermas' Vorgehen, das alltägliche Wissen aus der Sprachphilosophie zu rekonstruieren, statt es in Zeugnissen des Alltags, in Tagebüchern und Berichten, in Romanen oder Poesie zu suchen. Seine Theorie, so ist Habermas jedoch überzeugt, rekonstruiert die im Selbstverständnis der Individuen bereits vorhandene Kategorien (vgl. Habermas 2009f: 35ff.). Deswegen erhebt die Theorie des kommunikativen Handelns einen a posteriorischen Geltungsanspruch (vgl. Preglau 2001: 246). Sie ist einer empirischen Überprüfung der von Habermas formalpragmatisch ausgewiesenen Kommunikationskompetenzen zugänglich.

Nun möchte Habermas nicht lediglich zeigen, dass die formalpragmatisch rekonstruierten illokutionären Sprechakte der Verständigung, die als ein nebensächlicher Effekt zu begreifen wäre, dienen. Vielmehr basiert sein Versuch, die normative Grundlage seiner kritischen Gesellschaftstheorie auszuweisen, auf der Annahme, dass Verständigung der Sinn illokutionärer Sprechakte ist (vgl. Habermas 1981b: 387, Habermas 2009f: 132, 142). Mit der Freilegung spezifischer

[10]Innerhalb der Theorie- und Ideengeschichte erfühlt diese Methode jedoch einen anderen Zweck. Statt den historischen Wert oder Wahrheitsgehalt von Theorien zu würdigen, überführt die rationale Rekonstruktion Theorie in den Kontext gegenwartsbezogener Reflexionen (vgl. Bühler 2002). „Die Rationale Rekonstruktion besteht […] darin, eventuelle Schwächen in der Begriffsexplikation zu überwinden und (wo möglich und nötig) die Schlüssigkeit des Theoriegebäudes zu verbessern" (Groeben/Pahlke 2016: 85). Zu prüfen, „WAS ein theoretischer Ansatz WIE zu leisten in der Lage ist, wenn man das zwischenzeitlich hinzugekommene Wissen auf inhaltlicher wie methodologischer Dimension hinzunimmt" (ebd.), ist dort die Aufgabe der rationalen Rekonstruktion.

Ansprüche, die implizit mit jedem illokutionären Sprechakt erhoben werden, möchte Habermas den konstitutiven Zusammenhang von Sprache und Verständigung darstellen.

4.1.4 Verständigung und diskursive Argumentation: Geltungsansprüche

Die Formalpragmatik untersucht diejenigen Präsuppositionen, die gegenseitige Verständigung durch die Verwendung von Sprechakten ermöglichen. Als Präsuppositionen identifiziert Habermas die mit jedem illokutionären Sprechakt erhobenen Geltungsansprüche. Vier nicht aufeinander zurückführbare Geltungsansprüche werden von Habermas unterschieden. Nur diejenigen Sprechhandlungen dienen der Handlungskoordination, mit denen einer der folgenden Geltungsansprüche erhoben wird (vgl. Habermas 1981b: 409f., Habermas 2009f: 106f., 139-142). Der grundlegendste mit einem illokutionären Sprechakt erhoben Anspruch ist der der Verständlichkeit. Mit diesem – von Habermas und hier im Folgenden nicht tiefergehenden reflektieren – Geltungsanspruch geben Individuen zu verstehen, eine natürliche Sprache grammatikalisch und pragmatisch korrekt zu beherrschen. Ohne diesen Anspruch ist keine Kommunikation möglich. Wahrheit wird von Habermas als zweiter Geltungsanspruch identifiziert. Illokutionäre Sprechakte, deren handlungskoordinierende Wirkung auf die objektive Wirklichkeit zielt, beanspruchen, wahr zu sein. Als dritter Geltungsanspruch wird von Habermas die Richtigkeit ausgewiesen. Sprechakte, die auf die soziale Wirklichkeit der Normen und deren handlungskoordinierenden Charakter zielen, beanspruchen, richtig zu sein. Im Unterschied zur Wahrheit, die anerkannt wird, wenn Individuen den propositionalen Gehalt des geäußerten Sprechakts in der objektiven Wirklichkeit wiedererkennen, kann Richtigkeit auch anerkannt werden, wenn die Normen nicht bereits sozial wirksam ist. Denn Normen haben, so Habermas, eine deontologische Geltung. Diese abstrakten Bestimmungen Habermas' lassen sich durch ein Beispiel plastischer veranschaulichen. Der illokutionäre Sprechakt „Morgen wird es regnen. Lass uns zusammen die Wäsche abnehmen und reinbringen." ist wahr, wenn es am besagten Tag regnet. Hingegen kann der Sprechakt „Lass uns im Falle eines heftigen Unwetters zusammen die Nachbarschaft evakuieren, sodass niemand verletzt wird." auch im Falle von dann auftretenden Verletzten als richtig anerkannt werden. Habermas weist darauf hin, dass Richtigkeit als wahrheitsanaloger Geltungsanspruch verstanden werden muss (vgl. Habermas 1981b: 39f.). Die Wahrheit objektiver Tatsachen und die Richtigkeit sozialer Normen stellen für rational agierende Individuen unbedingte Verbindlichkeiten dar.

Wahrhaftigkeit identifiziert Habermas als vierten Geltungsanspruch, den Individuen gegenüber anderen erheben, sobald sie eine subjektive Erfahrung, zu der sie einen privilegierten Zugang haben, ausrücken wollen. Die Individuen beanspruchen, ihre inneren Regungen korrekt wahrzunehmen und zugleich das, was sie sagen, auch zu meinen.[11]

Trotz der kategorialen Unterscheidung von Geltungsansprüchen ist sich Habermas bewusst, dass im kommunikativen Handeln durchaus zugleich objektive Wahrheit, normative Richtigkeit und expressive Wahrhaftigkeit beansprucht werden können. Es ist, so Habermas, sogar die Regel, mit einer sprachlichen Äußerung eine wahre Aussage treffen zu wollen und zugleich zu beabsichtigen, eine normativ richtige interpersonelle Beziehung herzustellen und seine eigenen Meinungen und Wünsche wahrhaftig zu äußern. Das kommunikative Handeln bezieht sich somit zugleich auf eine objektive Welt gegebener Sachverhalte, auf eine soziale Welt legitimer Ordnungen und auf eine subjektive Welt von Erlebnissen und Erfahrungen.

> „Allein das kommunikative Handlungsmodell setzt Sprache als ein Medium unverkürzter Verständigung voraus, wobei sich Sprecher und Hörer aus dem Horizont ihrer vorinterpretierten Lebenswelt gleichzeitig auf etwas in der objektiven, sozialen und subjektiven Welt beziehen, um gemeinsame Situationsdefinitionen auszuhandeln" (Habermas 1981b: 142).

Zentral für Habermas' Diskussion der Rationalität kommunikativen Handelns ist jedoch, dass illokutionäre Sprechakte immer nur in Hinblick auf einen Geltungsanspruch und Weltbezug zurückgewiesen werden können (vgl. Habermas 1981b: 412ff.).

Kommunikatives Handeln stellt eine Form sozialer Interaktion dar, in der die Geltung des erhobenen Anspruchs unausgesprochen vorausgesetzt wird, weil es sich in gewohnten Sprachspielen und im Kontext gemeinsam geteilter, unproblematischer Hintergrundannahmen vollzieht. Obwohl im ungestörten kommunikativen Handeln Geltungsansprüche nicht problematisiert werden, ihre Legitimität nicht hinterfragt wird, betont Habermas, dass sie intern mit Gründen verbunden sind und jederzeit zum Gegenstand der Rechtfertigung werden können

---

[11] Die Geltungsansprüche der Wahrheit, Richtigkeit und Wahrhaftigkeit lassen sich formalisiert wiedergeben (vgl. Habermas 1981b: 65f.):

Es ist war, dass 'p' (Aussage, Wahrheit);

Es ist richtig, dass 'h' (Handlung, Richtigkeit);

Ich meine, was ich sagen, wenn ich 's' äußere (Erlebnis, Wahrhaftigkeit).

(vgl. Habermas 1981b: 405). Bereits während der illokutionären Äußerung verpflichte sich das Individuum, im Falle der Infragestellung eines Geltungsanspruchs den erhobenen Geltungsanspruch durch die Angabe von Gründen zu rechtfertigen. Ebenfalls muss das adressierte Individuum Gründe für die Infragestellung des Geltungsanspruchs nennen.[12] Ohne den impliziten Verweis auf die Möglichkeit der Begründung des Sprechakts wäre ein Verstehen laut Habermas nicht möglich. Den normativ gehaltvollen Begriff des Verstehens führt Habermas in einer weiteren Auseinandersetzung mit Austin ein. Verstehen bedeutet für Habermas zum einen, die erhobenen Geltungsansprüche, zum anderen, die Bedingungen und Gründen zu kennen, die die Geltungsansprüche legitimieren (vgl. Habermas 1986: 356-360).

Weil jeder illokutionäre Sprechakt in einer Beziehung zu Gründen steht, die ihn legitimieren, fühlt sich das adressierte Individuum zu einer Stellungnahme motiviert, den Geltungsanspruch zu akzeptieren oder abzulehnen (vgl. Lafont 2009c: 334). Gerade wenn das Funktionieren des Sprachspiels gestört und der Hintergrundkonsens erschüttert wird, werden die einzelnen Geltungsansprüche zum Gegenstand diskursiver Argumentation. Stellt das adressierte Individuum den Geltungsanspruch eines Sprechaktes infrage, verlassen die Sprechenden den Modus kommunikativen Handelns und treten in den Modus der Argumentation ein. Habermas unterscheidet zwischen verschiedenen Diskursen anhand der Geltungsansprüche, die in ihnen verhandelt werden: Während in theoretischen Diskursen die Wahrheit geprüft wird, wird in praktisch-moralischen Diskursen die Richtigkeit und in ästhetischen Diskursen die Wahrhaftigkeit kritisch befragt.[13] Innerhalb der diskursiven Auseinandersetzung versuchen die Argumentierenden,

---

[12]Mit dem Akzeptierten eines Geltungsanspruchs geht laut Habermas die Verpflichtung einher, die entsprechenden interpersonellen Beziehungen einzugehen (vgl. Habermas 1992b: 71). Lafont weist darauf hin, dass das Akzeptieren von Gründen andere nicht bedeutet, die Entscheidungen, die andere mit den akzeptieren Gründen rechtfertigen, für sich selbst zu treffen (vgl. Lafont 2009c: 335). Es mag überzeugend sein, dass ein Freund nach jahrelanger Arbeit in einem Designbüro, durch die er einen größeren Betrag an Geld sparen und Erfahrungen wie Kontakte sammeln konnte, nun selbst ein Büro eröffnen will. Für einen selbst scheint es in Anbetracht einer Anstellung als Oberarzt jedoch nicht sinnvoll, ebenfalls in das Büroprojekt einzusteigen. Die Fähigkeit zur Rollenübernahme bewirkt in diesem Fall, die Gründe des anderen zu akzeptieren, ohne jedoch die Eröffnung eines eigenen Geschäfts für sinnvoll zu erachten.

[13]In früheren Schriften bezeichnet Habermas den Diskurs, in dem Fragen der Wahrhaftigkeit diskutiert werden, als therapeutischen Diskurs. Weil er jedoch das Ästhetisch als Bereich bestimmt, in dem individuelle, emotionale Regungen ihren Ausdruck finden, geht er dazu über, diesen Diskurs dementsprechend als ästhetischen Diskurs zu bezeichnen.

Argumente für die im jeweiligen Kontext strittigen Ansprüche zu formulieren und „durch Gründe zu einer gemeinsamen Überzeugung zu gelangen“ (Habermas 2009f: 143, vgl. Habermas 1986: 345).[14] Die Triftigkeit eines Grundes zeigt sich in der Überzeugungskraft des mit diesem Grund formulierten Argumentes: Triftig ist ein Grund, wenn er andere Argumentationsteilnehmer/innen überzeugt (vgl. Habermas 1981b: 38.).

Die sprechakt- und formalpragmatischen Ausführungen Habermas' sind somit nicht alleine Bestandteil einer soziologischen, normativ gehaltvollen Handlungstheorie, sondern ebenfalls das zentrale Moment einer Theorie kommunikativer Rationalität, die als Mittler zwischen philosophischer Vernunftkritik und sozialwissenschaftlicher Kritik der Gegenwartsgesellschaft fungieren soll.

4.1.5 Die Rationalität kommunikativen Handelns

Einen Rationalitätsbegriff, der lediglich strategische oder instrumentelle Handlungsorientierungen abbildet, kritisiert Habermas als unterkomplex. Entgegen einer verengten Sicht, in der Handlungen nur als eine technische Regelanwendung zum Zwecke der Manipulation von Gegenständen in der objektiven Welt oder als rationale Wahl von Mittel entsprechend gegebener Präferenzen diskutiert werden können, konzeptualisiert Habermas einen umfassenderen Begriff von Rationalität, den er entlang der Unterscheidung von strategisch-instrumentellem und kommunikativem Handeln einführt (vgl. Habermas 1981b: 384-388). Als zweckrational begreift Habermas alle instrumentellen und strategischen Einstellungen des teleologischen Handelns, die der Verfolgung egoistischer Nutzen- und Erfolgskalküle dienen und einzig hinsichtlich der Wirksamkeit von Handlungen beurteilt werden. Zweckrational agieren heißt, instrumentell die Wirksamkeit der Mittel abzuwägen und unter gegebenen Mitteln, Präferenzen und Randbedingungen strategisch die Angemessenheit der Mittel zu beurteilen (vgl. (Habermas 1981b: 461). Wie dargestellt, zielt kommunikatives Handeln hingegen auf eine

---

[14]Entsprechend zu den vier Geltungsansprüchen fragen die Individuen dann:

1) „Was bedeutet das?“, und versuchen, ihre Äußerungen sich wechselseitig verständlich zu machen;

2) „Ist es wirklich so?“, und zielen auf eine gemeinsame Erklärung für einen Sachverhalt der objektiven Welt;

3) „Warum verhältst Du dich so?“, und erwarten eine überzeugende Rechtfertigung für das Handeln anderer innerhalb der sozialen Welt;

4) „Täuschst Du mich?“, und erwarten eine angemessene Darstellung der subjektiven Welt.

wechselseitig vollzogene Handlungsgestaltung im Rahmen einer gemeinsam ausgehandelten Situationsdefinition. Im Unterschied zur rein faktischen Übereinstimmung basiert ein kommunikativ erzieltes Einverständnis auf gemeinsamer Überzeugung und rationaler Zustimmung. Kommunikatives Handeln wird Habermas zufolge nicht hinsichtlich seiner Wirksamkeit, sondern mit Bezug auf die im Sprechakt erhobenen Geltungsansprüche beurteilt. Auf die implizit gegebene Gewähr, mit jedem erhobenen Geltungsanspruch ebenfalls die entsprechenden Gründe angeben zu können, führt Habermas die Rationalität der kommunikativ erzielten Verständigung zurück – rational ist kommunikatives Handeln, weil es auf Gründen basiert.

> „Aus der Perspektive der Teilnehmer bedeutet ‚Verständigung' nicht einen empirischen Vorgang, der ein faktisches Einverständnis verursacht, sondern einen Prozeß der gegenseitigen Überzeugung, der die Handlungen mehrerer Teilnehmer auf der Grundlage einer Motivation durch Gründe koordiniert. Verständigung bedeutet die auf gültiges Einverständnis abzielende Kommunikation" (Habermas 1981b: 525).

> „Um eine Meinung als rational zu qualifizieren, genügt es, daß sie im gegebenen Rechtfertigungskontext aus guten Gründen für wahr gehalten, d.h. rational akzeptiert wird" (Habermas 2004b: 107).

Irrational agiert hingegen, „wer seine Meinung dogmatisch vertritt, an ihr festhält, obwohl er sieht, daß er sie nicht begründen kann" (ebd.).[15] Bindend für alle am Diskurs Beteiligten sind Habermas zufolge die erzielten Verständigungen, eben weil sie rational, das heißt durch den Austausch überzeugender Gründe erzielt werden (vgl. Habermas 1986: 356-360).

Mit diesem komplexen Begriff der Rationalität, der teleologisches wie kommunikatives Handeln fassen kann, ist es Habermas möglich, nicht nur agonale Interessenkonflikte, sondern ebenfalls normative Einverständnisse abzubilden. Da die Theorie des kommunikativen Handelns den Versuch darstellt, die normativitätstheoretischen Engpässe der älteren Kritischen Theorie zu überwinden, liegt es jedoch auf der Hand, dass die normativen Komponenten der Rationalität im Zentrum der kritischen Gesellschaftstheorie Habermas' stehen. Der Fokus seiner Ausführungen liegt hauptsächlich auf der rationalen Möglichkeit von Individuen, Geltungsansprüche innerhalb von Argumentationen diskursiv einlösen zu können.

[15] Da sein Rationalitätsbegriff die verschiedenen Geltungsansprüche und Weltbezüge umfasst, reduziert Habermas Rationalität nicht auf eine praktische Vernunft, die ausschließlich auf die soziale Welt und deren Normen bezogen ist.

Die Diskussion der verschiedenen Sprechakte und Geltungsansprüche sowie der internen Verweise von Geltungsansprüchen auf das Medium diskursiver Begründung führt Habermas zur Reformulierung der von Horkheimer und Adorno desavouierten Vernunft. Die Vernunft, so Habermas, ist in der Sprache selbst als Möglichkeit zur Verständigung und in Form der Geltungsansprüche angelegt. Statt die Vernunft einer totalisierenden Kritik auszusetzen, bezieht Habermas sie auf Adornos Leitmotiv der Versöhnung.

> „Die utopische Perspektive von Versöhnung und Freiheit ist in den Bedingungen einer kommunikativen Vergesellschaftung der Individuen angelegt, sie ist in den sprachlichen Reproduktionsmechanismus der Gattung schon eingebaut" (Habermas 1981b: 533).[16]

Die im Verlauf dieses Kapitels entfalteten Differenzierungen lassen sich in einer normativistischen Perspektive konzentriert darstellen. Habermas ist davon überzeugt, dass alltägliche Kommunikation auf Verständigung verweist. Die Grundlage der handlungskoordinierenden Verständigung stellen illokutionäre Sprechakte dar. Die mit diesen Sprechakten erhobenen Geltungsansprüche und deren impliziter Bezug auf ihre mögliche Begründung identifiziert Habermas als Bedingung der Möglichkeit rationaler Verständigung. Wenn die Individuen die in den Sprechakten erhobenen Geltungsansprüche (von vorn herein) akzeptieren oder (innerhalb

---

[16]Die Theorie des kommunikativen Handelns lässt sich ebenfalls als Versuch verstehen, abseits bürgerlicher Tugenden wie Fleiß, Disziplin oder Anstand – die all zu leicht in ein nationalsozialistisches Bewusstsein überführt werden können (vgl. Amery 1963) – eine anthropologische Grundstruktur zu rekonstruieren, auf die eine Kritik rekurrieren kann (vgl. Iser 2008: 81). Während Marx die Kritik der politischen Ökonomie immanent formuliert, indem er der bürgerlichen Gesellschaft die Abweichung von ihren eigenen Idealen vorhält, geht Habermas einen anderen Weg, weil diese Ideale für ihn und die gesamte Kritische Theorie schal geworden sind (vgl. Habermas 1976: 10f.). Habermas selbst gibt an, dass sich seine ersten demokratietheoretischen Überlegungen biographisch bis in die Zeit des Nationalsozialismus nachvollziehen lassen (vgl. Habermas 2009d: 9-12, Habermas 2004a). Jedoch nimmt eine Reflexion des totalitären Systems in seiner Theorie keinen systematischen Platz ein. Er gibt lediglich an, dass trotz Shoa und Nationalsozialismus kein Grund zu einer „hemmungslosen Vernunftskepsis" (Habermas 1988: 156) besteht, da sich die normativen Grundlagen einer kritischen Gesellschaftstheorie derart tief anlegen lassen, dass diese selbst „von einer Dekomposition der bürgerlichen Kultur, wie sie sich damals in Deutschland vor allen Augen vollzogen hat, nicht berührt" (ebd.) werden. Gerade gegenüber einer solchen Annahme bleibt Adornos skeptisch. Zeitlebens elaboriert er seine biographischen Erfahrungen zu philosophischen Gedanken, die einen vehementen Einspruch gegenüber der Annahme einer unversehrten normativen Struktur erheben.

diskursiver Argumentationen) als gut begründet anerkennen, gelingt Verständigung. Sie wird verfehlt, wenn die Adressierten aufgrund fehlender Gründe nicht von dem Gesagten überzeugen werden können.

Habermas geht nun einen Schritt weiter, indem er verschiedene Grade der kommunikativen Rationalität entsprechend der verschiedenen Geltungsansprüche unterscheidet. Anhand dieser Differenzierung lassen sich die von dieser Arbeit diskutierten methodischen und begrifflichen Engpässe genau nachvollziehen. Im Folgenden steht die Abwertung ästhetischer Rationalität im Fokus. Die Überlegungen zum Ästhetischen haben Habermas zufolge jedoch für sein Werk einen sekundären Charakter (vgl. Habermas 1985: 199, Strecker 2009: 223). Durch die systematisierte Darstellung der im Werke Habermas' verstreuten Überlegungen zum Ästhetischen lässt sich jedoch deutlich zeigen, dass die ästhetische Rationalität nicht allein den blinden Fleck der Theorie des kommunikativen Handelns, sondern seines gesamten Werks darstellt.

4.2 Der Ausschluss des Ästhetischen

Habermas' Differenzierung der Geltungsansprüche von Wahrheit, Richtigkeit und Wahrhaftigkeit stellt eine formale Analyse von Rationalität dar. Statt inhaltlicher Bestimmungen, was wahr, richtig oder wahrhaftig ist, widmet sich Habermas der Struktur kommunikativen Handelns, die die Bedingung der Möglichkeit von Rationalität darstellen. Den jeweiligen Geltungsansprüchen weist er Aussageformen und Diskurse zu, in denen diese Ansprüche begründet diskutiert werden können. Kognitive, die Wahrheit betreffende Aussagen werden in theoretischen Diskursen begründet. Moralische Aussagen, die die Richtigkeit von Normen thematisieren, werden in praktisch-moralischen Diskursen geprüft. Evaluative, die Wahrhaftigkeit innerer Regungen betreffende Aussagen werden in ästhetischen Diskursen behandelt. Wichtig ist zu beachten, dass die genannten Diskurse zwar die Begründung der jeweiligen Geltungsansprüche zum Ziel haben, jedoch eingelassen sind in die sprachliche Handlungskoordination. Gleich zu Beginn seiner Diskussion verschiedener Formen kommunikativer Rationalität äußert Habermas die Skepsis, ob sich durch evaluative Äußerungen Handlungen in dem Sinne rational koordinieren lassen, dass sie auf intersubjektiv anerkannten Gründen basieren. Während er sich gewiss ist, eine theoretische wie praktische Rationalität rekonstruieren zu können, trifft dies nur „vielleicht […] für die ästhetisch-praktische Rationalität" (Habermas 1981b: 17) zu. Die trotz immenser Skepsis immerhin in Aussicht gestellte Möglichkeit einer ästhetischen Rationalität wird von Habermas jedoch umgehend eingezogen. Denn, so Habermas einige Überlegungen später, im Gegensatz zu intersubjektiv anerkannten Normen und Wahrheiten können die sich in evaluativen Äußerungen ausdrückenden emotionalen Regungen und subjektiven Erlebnisse keine allgemeine Verbindlichkeit für sich beanspruchen (vgl. Habermas 1981b: 36).

> „Expressive Sätze, die der Äußerung von Erlebnissen dienen, können unter dem Aspekt der Wahrhaftigkeit der Selbstdarstellung eines Sprechers bejaht oder verneint werden. Allerdings ist der mit expressiven Äußerungen verbundene Anspruch auf Wahrhaftigkeit nicht von der Art, daß er wie Wahrheits- oder Richtigkeitsansprüche unmittelbar mit Argumenten eingelöst werden könnte. Der Sprecher kann allenfalls in der Konsequenz seiner Handlungen beweisen, ob er das Gesagte auch wirklich gemeint hat. Die Wahrhaftigkeit von Expressionen läßt sich nicht begründen, sondern nur zeigen; Unwahrhaftigkeit kann sich in der mangelnden Konsistenz zwischen einer Äußerung und den mit ihr intern verknüpften Handlungen verraten.“ (Habermas 1981b: 69).

Da der Anspruch auf Wahrhaftigkeit Habermas zufolge zu „keiner argumentativen Einlösung fähig“ (Lafont 2009b: 184) ist, erreichen ästhetische Diskurse nicht das Maß an Rationalität der theoretischen und praktisch-moralischen Diskurse. Doch Habermas belässt es nicht bei dabei, ästhetischen Diskursen eine mindere Rationalität – wie immer die bestimmt werden mag – zu attestieren. Vollends disqualifiziert werden evaluative Äußerungen und das Ästhetische dadurch, dass Habermas ihnen abspricht, einen diskursiven Charakter annehmen zu können. Da evaluative Äußerungen keinen Geltungsanspruch erheben, so Habermas, können sie nicht in Diskursen geprüft und rational anerkannt werden.

> „Allein die Wahrheit von Propositionen, die Richtigkeit von moralischen Handlungsnormen […] sind ihrem Sinne nach universale Geltungsansprüche, die in Diskursen geprüft werden können […]. Von >Diskursen< will ich nur dann sprechen, wenn der Sinn des problematisierten Geltungsanspruches die Teilnehmer konzeptuell zu der Unterstellung nötigt, daß grundsätzlich ein rational motiviertes Einverständnis erzielt werden könnte, wobei »grundsätzlich« den idealisierenden Vorbehalt ausdrückt: wenn die Argumentation nur offen genug geführt und lange genug fortgesetzt werden könnte“ (Habermas 1981b: 71).

Mit diesen Charakterisierungen verweist Habermas die Form ästhetischer Diskurse – die in seiner Perspektive eigentlich gar keine Diskurse darstellen – aus dem normativen Fundament der kritischen Gesellschaftstheorie, da sie nicht an der Form rationaler Verständigung orientiert sind, die die Theorie des kommunikativen Handelns zu ihrem gesellschaftsimmanenten Maßstab erhebt.

Wenn ästhetische Debatten keinen allgemeinen Geltungsanspruch erheben, stellt sich die Frage, auf welcher Folie sie geführt werden. Evaluative Äußerungen beziehen sich zwar auf Gefühle. Jedoch wird in ästhetischen Debatten nicht allein die Wahrhaftigkeit der Äußerungen zum Gegenstand der Diskussion, sondern ebenfalls die Angemessenheit der Gefühle selbst. Im Falle der anderen Geltungsansprüche ist das Verhältnis der Beurteilung bereits offensichtlich. Während die Wahrheit kognitiver Aussagen auf die Fakten der objektiven Wirklichkeit bezogen werden kann, prüfen moralische Aussagen die Richtigkeit von Handlungen hinsichtlich allgemein anerkannter Normen. Den emotionalen Empfindungen weist Habermas etablierte Wertstandards zu. Ästhetische Debatten versteht er als Medium, in denen die evaluativ geäußerten inneren Regungen und Bedürfnisse im Licht tradierter Werte reflektiert werden. Zugleich wird durch die von Habermas vorgenommene Herstellung dieses Verweisungszusammenhangs deutlich, dass er ästhetischen Debatten jeglichen Allgemeinheitsanspruch aberkennt. Denn Werte, so Habermas, sind kontingent, historisch gewachsen, sozial situiert und stellen lediglich für einen kleineren Kreis von Diskutierenden ein Interpretationsmedium dar (vgl. Habermas 1981b: 40f.). Daher „erfüllen Argumentationen, die der Rechtfertigung von Wertestandards dienen, nicht die Bedingungen von Diskursen. Im prototypischen Fall haben sie die Form einer ästhetischen Kritik“ (Habermas 1981b: 41).

In weiteren Schriften greift er diesen Argumentationsfaden erneut auf. Insbesondere in den Vorlesungen, die unter dem Titel „Der philosophische Diskurs der Moderne“ erschienen sind, fällt auf, dass Habermas das Ästhetische als eine Form der Diskussion, der keine Relevanz für das Vorhaben einer kritischen Gesellschaftstheorie zukommt, den theoretischen und praktisch-moralischen Diskursen gegenüberstellt. Grundlegend unternimmt Habermas in den Vorlesungen den Versuch, die Theorie des kommunikativen Handelns gegenüber sogenannten postmodernen, an Nietzsche anschließenden Positionen sowie gegenüber der totalisierenden Vernunftkritik der älteren Kritischen Theorie zu verteidigen. Die von ihm diskutierten Positionen bündelt Habermas in deren – von Habermas zugeschriebenen – Haltung, die zivilisationsgeschichtlichen und modernespezifischen Prozesse der Rationalisierung in Begriffen der Herrschaft, Unterdrückung und Vereinheitlichung zu beschreiben. In dem „Exkurs zur Einebnung des Gattungsunterschiedes zwischen Philosophie und Literatur“ setzt sich Habermas mit Derridas Versuch auseinander, dem performativen Widerspruch, die „Vernunft nur unter Rückgriff auf deren eigene Mittel ihrer autoritären Natur zu überführen“ (Habermas 1988: 219), zu entgehen. Statt den Herrschaftscharakter der Vernunft in Texten der philosophischen Denktradition durch logisches Argumentieren auszuweisen – und sich dabei selbst der für die Vernunft charakteristischen Mittel der Herrschaft zu bedienen –, verfährt Derrida „stilkritisch“ (Habermas 1988: 223).

Er befragt den „rhetorischen“ (ebd.) Gehalt der fokussierten philosophischen Texte darauf, was sie über den Herrschaftscharakter der logisch verfahrenden Vernunft aussagen und betrachte primär die „stillbildenden Figuren, die über die literarisch erhellende und rhetorisch aufschließende Kraft eines Textes entscheiden“ (Habermas 1988: 222). Daher, so Habermas Charakterisierung, sind Derridas Texte jedoch nicht als logisch-wissenschaftliche Diskussion, sondern als eine literarisch-ästhetische Unternehmung ähnlich der Literaturkritik zu verstehen. Diesem Vorgehen tritt Habermas vehement entgegen, da ihm zufolge Derrida die ästhetische Stimmigkeit eines philosophischen Textes und nicht den argumentativen Gehalt zum zentralen Kriterium der Beurteilung erhebt. Statt der logischen Konsistenz bewertet die dekonstruktiv verfahrende Vernunftkritik das rhetorische Gelingen. Weil Derrida der Rhetorik eines Textes den Vorrang vor dessen Logik einräumt, missachtet er, so Habermas, jedoch die impliziten Geltungsansprüche und -kriterien verschiedener Textgattungen und untergräbt auf diesem Wege deren Autonomie. Die von Derrida vorgenommene „Ästhetisierung der Sprache“ (Habermas 1988: 240) lässt letztendlich Literatur und Philosophie eins werden und öffnet der Irrationalität Tür und Tor zur Philosophie.[17] Habermas verkennt jedoch Derridas ethische Haltung, in der dieser explizit versucht, das Andere der eigenen Argumentationslogik ebenfalls zu Wort kommen zu lassen. Denn während Habermas' Versuch, den/das Andere einzubeziehen (vgl. Habermas 1999), immer auf dem Fundament rationaler Argumentation fußt – wobei er selbst vorab bestimmt, was als rational gilt –, können Derridas Reflexionen über das Ästhetische als Öffnung verstanden werden: Sie erkennen den Zwangscharakter ausschließlich rationaler Diskursivität und versuchen, diese Diskursivität in eine Konstellation zu anderen Formen der Äußerung und des Ausdrucks zu setzen.[18]

Ausgehend von seiner Problemdiagnose diskutiert Habermas nun nicht Derridas eigene Schriften, sondern die seiner Interpreten/innen, die an Derrida anschließend dafür plädieren, die Trennung von fiktionalen und nicht-fiktionalen (philosophischen und wissenschaftlichen) Texten aufzuheben. Habermas unterlässt es jedoch an dieser Stelle, den von ihm vollzogenen Wechsel der Ebenen

---

[17] Auch Nietzsche wird von Habermas für die Unterwanderung der klaren Trennung von Geltungsansprüchen kritisiert. Nietzsche, so Habermas, ästhetisiert den Wahrheitsgehalt von Aussagen in Form einer rhetorischen Ausdrucksweise, die keine Differenzierung zwischen propositionalen Gehalt der Aussagen von dem ästhetischen Empfinden zulässt. Statt zwischen wahr und schön zu unterscheiden, transformiert Nietzsche alle diskursiv einlösbaren Gründe in Geschmacksurteilen (vgl. Habermas 1988: 149).

[18] In Kapitel 7 unternimmt die vorliegende Arbeit den Versuch der Entfaltung einer solchen Konstellation.

kenntlich zu machen. Während seine Kritik an Derrida die Unterscheidung spezialisierter Diskurse verteidigt, bezieht sich seine Auseinandersetzung mit den Interpreten/innen Derridas auf die generelle, ebenso alltägliche Verwendung von Sprache. Für die vorliegende Arbeit sind Habermas' Ausführungen dennoch und nicht allein aufgrund ihrer kategorialen Unterscheidung von ästhetischen Debatten sowie theoretischen und praktisch-moralischen Diskursen interessant, sondern ebenfalls wegen der gegenüber der „Theorie des kommunikativen Handelns" negativeren Thematisierung des Ästhetischen.

Richard Ohmann folgend unterscheidet Habermas zwei Verwendungen der Sprache. Sprache dient, so Habermas, zum einen der Erschließung neuer Bedeutungs- und Sinnhorizonte, wenn sie einer rhetorisch-ästhetischen Absicht folgt. Zum anderen ist ihre pragmatische Verwendung an der Lösung von Problemen orientiert, die innerhalb der kooperativ geleisteten Reproduktion der Gesellschaft entstehen. Die rhetorische, in ästhetischer Absicht verwendete Sprache beschreibt Habermas als eine, die von den illokutionären Bindungskräften des kommunikativen Handelns entlastet und aus denjenigen Weltbezügen gelöst ist, in die das kommunikativen Handeln konstitutiv eingelassen ist. Da sich Individuen innerhalb ästhetischer Debatten nicht verständigungsorientiert auf etwas in der Welt beziehen, sondern vielmehr neue Welten kreativ hervorzubringen beabsichtigen, tragen sie zu keiner Handlungskoordination bei, im Gegenteil: Ästhetische Debatten stellen für Habermas eine „Erschütterung jeder Bestimmung" (Habermas 1988: 361, vgl. Habermas 1988: 236) dar und unterwandern deswegen Versuche der Handlungskoordination, die auf eine Bestimmung der Situation angewiesen sind. Nach dieser Unterscheidung einer ästhetischen und einer handlungskoordinierenden Verwendung von Sprache diskutiert Habermas Mary L. Pratts Hinweis, dass auch in der alltäglichen Sprache des kommunikativen Verständigens narrative, metaphorische, rhetorische, sprich etliche ästhetische Stilmittel verwendet werden. Auch Rorty kritisiert Habermas' strikte Unterscheidung zwischen der handlungskoordinierenden und welterschließenden Funktion der Sprache. Denn Theorien, die von dieser strikten Unterscheidung ausgehen, übersehen ihm zufolge, dass auch kommunikativ verwendete Begriffe zuerst kreative Metaphern sind, bevor sie ein Moment des handlungskoordinierenden Sprachgebrauchs werden (vgl. Rorty 2000: 453). In seinen Antworten gesteht Habermas zu, dass in der verständigungsorientierten Kommunikation ästhetische Elemente nachweisbar sind. Jedoch unterscheidet er den ästhetischen Sprachgebrauch, in dem die welterschließende Kraft der Sprache überwiegt, von dem Sprachgebrauch, in dem diese Kraft zwar vorhanden, aber nicht dominant ist – und umgekehrt:

> „In dem Maße wie die poetische, welterschließende Funktion der Sprache Vorrang und strukturbildende Kraft gewinnt, entwindet sich die Sprache nämlich den strukturellen

> Beschränkungen und kommunikativen Funktionen des Alltags. Der Raum der Fiktion, der sich mit dem Reflexivwerden der sprachlichen Ausdrucksformen öffnet, resultiert aus dem Unwirksamwerden der illokutionären Bindungskräfte und jener Idealisierungen, die einen verständigungsorientierten Sprachgebrauch möglich machen – und damit eine über die intersubjektive Anerkennung kritisierbarer Geltungsanspruche laufende Koordinierung von Handlungsplänen“ (Habermas 1988: 240).

Beide Weisen des Sprechens treten Habermas zufolge nun nicht im selben Maße auf. Beharrlich weist er darauf hin, dass das Groß alltäglicher Sprechhandlungen nicht ästhetisch motiviert ist, sondern primär auf Verständigung und Kooperation zielt. Die ästhetisch-welterschließende Kraft der Sprache hat sich, so Habermas, „in die ästhetischen Bezirke zurückgezogen“ (Habermas 1988: 373, vgl. 237f.).[19]

Aufgrund dieser in normativistischer Perspektive diskreditierenden Charakterisierung evaluativer Aussagen und der Bestimmung deren Bezugs zum Ästhetischen, sieht Habermas davon ab, sich weiterhin mit dem Medium des Ästhetischen zu befassen. Obwohl er auch in seinen anderen Schriften keine umfassende Theorie des Ästhetischen expliziert, formuliert er an unterschiedlichen Stellen Überlegungen zum gesellschaftlichen Ort des Ästhetischen. Trotz des attestierenden Mangels an Relevanz für Kooperation und Kommunikation weist Habermas ästhetischer Sprechverwendung und ästhetischen Debatten, allgemein dem Ästhetischen einen gesellschaftlichen Ort zu.

4.2.1 Der gesellschaftliche Ort des Ästhetischen und die Differenzierung der Wertsphären

In seiner Schrift zum Strukturwandel der Öffentlichkeit bestimmt Habermas die von ihm so bezeichnete künstlerisch-literarische Öffentlichkeit, die sich in den englischen Kaffeehäusern und französischen Salons des späten siebzehnten und des achtzehnten Jahrhunderts konstituiert, als soziale Grundlage der politischen Öffentlichkeit (vgl. Habermas 1990: 90-121). In diesen Etablissements kann sich ein Publikum in kunst- und literaturkritischen Unterhaltungen üben. So erlangen sie zum einen generelle Kompetenzen im öffentlichen Räsonieren und Kritisieren und bilden zum anderen das Selbstverständnis aus, Teil einer kommunikativen

---

[19]Vgl. zur ausführlichen Diskussion des Konzepts der Welterschließung Bohman 1993, Kompridis 1993b, Seel 1993a in der Deutsche Zeitschrift für Philosophie 41(3) sowie Baum/Dumke 2012, Honneth 2000b: 70-87, Kleimann 2001, Seel 1991, Strube 1991, Taylor 1986, Weißpflug 2016.

Öffentlichkeit zu sein. In dieser frühen soziologischen Studie Habermas' wird der Bereich des Ästhetischen – in dem Individuen Debatten über Kunst und Literatur und damit Fragen der Wahrhaftigkeit führen – als historische Bedingung der Möglichkeit der politischen Öffentlichkeit bestimmt. Da Habermas diese Öffentlichkeit als die Form einer hochgradig kommunikativen Rationalität charakterisiert, können seine Bestimmungen des Ästhetischen als genetische Voraussetzung dieser Öffentlichkeit durchaus als positive Bezugnahme auf das Ästhetische verstanden werden.

Weiter führt Habermas den Zusammenhang zwischen Ästhetischem und politisch-öffentlicher Rationalität an dieser Stelle jedoch nicht aus. Offen bleibt die Frage, ob über die genetische Verbindung hinaus eine Art Verwandtschaft der Rationalitätsformen besteht, die eine Übersetzung politischer in ästhetische Gehalte (und umgekehrt) ermöglicht. Diese Frage wird erst später im Kontext differenzierungstheoretischer Überlegungen beantwortet. Dort unterscheidet Habermas in Anschluss an Weber spezifische Diskussionskulturen. In der modernen Gesellschaft etablieren sich die von Habermas so bezeichnete Wertsphären, innerhalb derer in Form spezialisierter Debatten die im kommunikativen Handeln noch vermengten Geltungsansprüche getrennt analysiert werden können. Während er im Kontext rationalitätstheoretischer Überlegungen ausschließt, dass Fragen der Kunst eine Relevanz für solche der Wissenschaft, des Rechts und der Moral haben, weist er den ästhetischen Belangen ihren von Wissenschaft und Moral separierten gesellschaftlichen Bereich zu: die Kunst sowie die Kunst- und Literaturkritik.[20] In der Wissenschaft, der Moral und dem Recht sowie der Kunst lassen sich unter der Angabe der jeweils akzeptieren relevanten Gesichtspunkte Haltungen zu Aussagen, Prozessen, Entscheidungen oder Objekten einnehmen. In der Wissenschaft orientieren sich Experten/innen an der Wahrheit, in Rechts- und Moraltheorien an normativer Richtigkeit, in der Kunst an ästhetischer Stimmigkeit (vgl. Habermas 1988: 240-247). Aussagen, die in der Kunst überzeugen, ein Objekt als schön, ansprechend oder stimmig zu bezeichnen, sind Habermas zufolge nicht zugleich als Grund zu verstehen, Handlungen moralisch zu befürworten: Eine moralische Handlung wird nicht unter dem Gesichtspunkt ihrer Schönheit, sondern in Hinblick auf ihrer Richtigkeit beurteilt (vgl. Habermas 1988: 9). Der Wissenschaft schreibt Habermas eine Eigendynamik zu, die die Erkenntnis über die bloße Produktion technisch verwertbaren Wissens hinaustreibt und zur grundlegenden

[20]Die Genese der Wertsphäre wird erst im folgenden Kapitel detaillierter rekonstruiert, da dort der Fokus auf den historischen Darstellungen der Theorie des kommunikativen Handelns liegt, während hier die Handlungs- und Rationalitätstheorie im Vordergrund steht.

Erörterungen wissenschaftlicher Weltbilder führt. Die universalistische Ausrichtung von Recht und Moral – die Habermas im Verfassungsstaat, den demokratischen Willensbildungsverfahren und einer egalitären Sozialisation verkörpert sieht – erzeugt einen Sog gesellschaftlicher Inklusion und ermöglicht ein hohes Maß an Individualität. Die Sphäre der Kunst bildet ein breites Spektrum von Erfahrungen ab, weil sie von den Zwängen der materialen Reproduktion befreit ist (vgl. Habermas 1988: 138). Spezifiziert werden diese Erfahrungen von Habermas im Kontext einer groben Skizze der Genese der Kunst.

> „Zunächst konstituierte sich, in der Renaissance, jener Gegenstandsbereich, der ausschließlich unter Kategorien des Schönen fällt. Im Laufe des 18. Jahrhunderts wurden Literatur, bildende Kunst und Musik als ein Handlungsbereich, der sich vom sakralen und höfischen Leben trennt, institutionalisiert. Schließlich entstand um die Mitte des 19. Jahrhunderts eine ästhetizistische Auffassung der Kunst, die den Künstler anhält, seine Werke schon im Bewußtsein des l'art pour l'art zu produzieren. Damit kann der Eigensinn des Ästhetischen zum Vorsatz werden: der begabte Künstler vermag den Erfahrungen authentischen Ausdruck zu verleihen, die er im konzentrierten Umgang mit einer dezentrierten, von den Zwängen des Erkennens und Handelns losgesprochenen Subjektivität macht" (Habermas 1981a: 455).

Demnach setzen sich die Individuen in der Kunst auf je besondere Weise mit ihrer eigenen Subjektivität auseinander. Entbunden sind diese ästhetischen Erfahrungsformen des Selbst von Zwängen der Nützlichkeit, von konventionellen Wahrnehmungs- und Ausdrucksformen, von den Imperativen religiös-politischer Herrschaft und alltäglichen Konventionen der Wahrnehmung und Beurteilung. Daher können die Individuen in der Kunst ihre Bedürfnisse phantasievoll und spielerisch in der Form eines Als-ob ausleben. Der kritische Charakter der Kunst besteht jedoch nicht lediglich darin, Gewohntes zu unterwandern. Darüber hinaus spricht Habermas der Kunst zu, seismografisch und pointiert die spezifisch historischen Versehrungen der Subjektivität zu erschließen. Denn im Ästhetischen artikulieren sich die Erfahrungen im Umgang mit der eigenen Subjektivität im Kontext gesellschaftlicher Krisen und Pathologien. Die Rolle der Übersetzung ästhetischer Ausdrucksformen weist Habermas der Literatur- und Kunstkritik zu. Sie diskutiert, ob die Inhalte der spezifischen Ausdrucksformen als sinnvolle Hinweise zur Bewältigung kollektiver Probleme verstanden werden können (vgl. Habermas 1973b: 109ff., Habermas 1981b: 326-329, Habermas 2009c: 77ff.).

Abseits der hierarchisierenden Unterscheidung zwischen rationalen Diskursen und ästhetischen Debatten legen diese Ausführungen Habermas' die Vermutung nahe, dass sich innerhalb seiner Theorie doch eine Rolle des Ästhetischen für die kritische Gesellschaftstheorie rekonstruieren lässt. Jedoch wird die Spurensuche nach einer möglichen emanzipativen Bestimmung des Ästhetischen schnell eines Besseren belehrt. Denn die genauere Betrachtung der Charakterisierung von Literatur- und Kunstkritik birgt erneut die Differenz von ästhetischen Debatten und rationalen Diskursen der Wissenschaft sowie der Moral- und Rechtstheorie. Die Argumente der Kritik des Ästhetischen zielen zwar darauf, „Teilnehmern die Augen zu öffnen, d.h. zu einer beglaubigten ästhetischen Wahrnehmung hinzuführen" (Habermas 1981b: 70). Jedoch hebt Habermas hervor, die ästhetische Kritik „variiert eine Form der Argumentation" (Habermas 1981b: 41) und stellt keine wirkliche Argumentation dar. Während Wahrheit und Richtigkeit transzendierende Geltungsansprüche darstellen, somit allgemein anerkannt werden können, verbleiben authentische beziehungsweise wahrhaftige Kunstwerke trotz ihrer Übersetzung durch Literatur- und Kunstkritik orientiert an kulturell tradierten Werten (vgl. Ingram 1991: 87). Das bedeutet, dass die innerhalb der Kunst thematisierten Verletzungen der Subjektivität nur auf der Folie von Werten als solche wahrgenommen werden und somit im Rahmen einer kritischen Gesellschaftstheorie, die an allgemeinen Normen orientiert ist, keinen Platz haben. Auch die Argumente der Kunst- und Literaturkritik bleiben diesen lokal-kulturellen Schranken verhaftet.

4.2.2 Die Normativität der Moderne

Diese starke Unterscheidung ist nicht allein auf Habermas' analytische Schärfte zurückzuführen, sondern gründet ebenso in normativistischen Überlegungen. Denn Habermas versteht die historisch etablierten Wertsphären als „Errungenschaften des okzidentalen Rationalismus" (Habermas 1988: 146). Er hält daher an der von Weber vorgenommenen Kopplung von sozialer Differenzierung und Rationalisierung fest und unterstreicht den normativen Gehalt dieses Prozesses. Statt der von ihm diskutieren Positionen des philosophischen Diskurs der Moderne, die in der Rationalisierung einzig die Nivellierung aller Unterschiede, die Normierung des Lebens und die Unterdrückung von Devianz sowie der inneren und äußeren Natur sehen, erkennt Habermas die Rationalitätssteigerung der Moderne. Innerhalb der Wertsphären kann, so Habermas, durch ausschließliche Fokussierung eines Geltungsanspruches dediziert Stellung bezogen und differenzierter geurteilt werden.

Statt nach Spuren zu suchen, auf denen sich die genannten Geltungsansprüche wieder zusammenführen lassen, hält Habermas grundsätzlich an der Differenzierung fest.

> „So ist die Vermittlung der Vernunftmomente kein geringeres Problem als die Trennung der Rationalitätsaspekte, unter denen Wahrheits-, Gerechtigkeits- und Geschmacksfragen voneinander differenziert worden sind“ (Habermas 1981c: 585).

Mit diesem diskursivierten und differenzierten Begriff der Vernunft gibt Habermas die Idee einer alle gesellschaftlichen Bereiche zusammenführenden Versöhnung, an der Adorno Zeit seines Lebens festhält, auf. Während Habermas die unterschiedlichen Rationalitätsformen genau unterscheidet, bleibt deren Zusammenhang jedoch unterbestimmt. Habermas stellt lediglich die Rationalität einzelner Geltungsansprüche dar, rekonstruiert jedoch keinen Begriff der Vernunft, der diese Rationalitätsformen in Differenz vereint (vgl. Seel 1986: 63ff.).

Die Rücknahme der differenzierten, spezialisierten Wertsphären in die alltägliche Kommunikation würde Habermas zufolge zu einer defizitären Form der Rationalisierung führen. Wird das Spezialwissen aus den Wertsphären Wissenschaft, Recht und Moral sowie Kunst unmittelbar und ohne Übersetzung in kommunikative Praktiken eingespeist, können Dissoziationserscheinungen innerhalb der Gesellschaft auftreten. Die kommunikativen Strukturen laufen Gefahr, in ihrer Eigenständig- und Eigenartigkeit verletzt zu werden, sobald ein auf einen spezifischen Geltungsanspruch spezialisiertes Wissen kontextunsensibel auf das gesamte Spektrum kommunikativer Praktiken angewandt wird. Eine fundamentalistische Moralisierung, eine technokratische Verwissenschaftlichung oder eine expressivistische Ästhetisierung einzelner Lebensbereiche wären die möglichen Folgen (vgl. Habermas 1981b: 328f., Habermas 1988: 394). Auf der metatheoretischen Ebene wählt Habermas daher Grundbegriffe, in denen sich zum einen der Rationalisierungszuwachs der Moderne ausdrückt und die zum anderen eine falsche Aufhebung der Differenzierung als solche kenntlich machen können. Die Beschreibung der Genese moderner Gesellschaften findet in einem handlungstheoretischen Rahmen statt, der sich sensibel für die „rationalisierungsfähigen Aspekte des Handelns“ (Habermas 1981b: 22) zeigen soll – sich jedoch gegenüber der ästhetischen Rationalität als blind erweist, wie die vorliegenden Arbeit in ihrer Antwort auf die Theorie des kommunikativen Handelns darlegen will.

Es gibt jedoch zunächst eine Möglichkeit, Habermas' starke Differenzierung positiv zu deuten. Seine Theorie lässt sich als Anerkennung der ästhetischen Sphäre verstehen, innerhalb derer sich zum einen Experten/innen über innere Formgesetze von Kunstwerken austauschen. Statt anderen Zwecken untergeordnet zu werden, ist es zum anderen gerade in der modernen Kunst der Avantgarde möglich, vollends eigenständige Ausdrucksformen der Subjektivität zu entwickeln (vgl. Bürger 1980, Ingram 1991: 67). Entlastet wird das Ästhetische von den Zwängen der materiellen Reproduktion und dem Ziel gelingender Handlungskoordination. Diese Anerkennung stellt aber zugleich eine Marginalisierung dar. Denn die Differenzierung der Wertsphären basiert auf der Annahme, dass sich nur die Wertsphären von Wissenschaft, Recht und Moral in ihren Aussagen und mittels der erhobenen Geltungsansprüche an der Lösung gesellschaftlicher Probleme orientieren und auf diesem Wege zur materiellen und ideellen Reproduktion der Gesellschaft beitragen (vgl. Habermas 1988: 368-373, 393). Ästhetische Ausdrucksformen bezieht Habermas hingegen auf den Erfahrungsbereich der Individuen mit ihren eigenen Bedürfnissen im Lichte kultureller Werte. Grundlegend schließt er aus, dass die Inhalte der Kunst (beziehungsweise der Sphäre des Ästhetischen) strukturbildenden Rationalisierungseffekte für die Gesellschaft erzeugen oder sich sinnvoll auf die theoretischen wie praktisch-moralischen Diskurse beziehen lassen. Daher beschreibt Habermas das Ästhetische in negativ konnotierten Formulierungen als „parasitär[e]“ (Habermas 1981b: 327) Formen der Kommunikation. Die Versuche Marcuses – selbst ein Vertreter der älteren Kritischen Theorie – sowie der gesamten ästhetischen Moderne, die utopischen Gehalte der Kunst innerhalb der Gesellschaft zu verwirklichen, bezeichnet Habermas gar als „Nonsens-Experimente“ (Habermas 1981a: 458) und Ausdruck der Gegenkultur des „auf innerweltliche Erlösung gerichteten hedonistischen Lebensstils des ‚Genußmenschentums‘“ (Habermas 1981b: 326-329, vgl. Habermas 1972: 177f., Ingram 1991: 72).

Habermas täuscht sich natürlich nicht darüber, dass seine Theorie eine Form der Idealisierung darstellt und innerhalb alltäglicher Kommunikation die artikulierten Geltungsansprüche, die Arten des Sprechens und Ausdrucksformen nicht derart sauber getrennt auftreten (vgl. Habermas 1988: 157). Mischformen, in denen mehrere Geltungsansprüche zugleich erhoben werden, stellen die Regel dar. Dieses Wissen Habermas’ um die fehlende Reinheit kommunikativen Handelns führt jedoch aufgrund der grundbegrifflichen, analytisch scharf trennenden Bestimmungen seiner Theorie dennoch nicht zu einer Sensibilität für ästhetische Artikulationsformen, im Gegenteil. Zusammengefasst ist Habermas’ Haltung, der Wahrhaftigkeit keinen Status als Geltungsanspruch zuzusprechen, zwischen ästhetischen Debatten und rationalen Diskursen zu unterscheiden, sowie den Bereich der Kunst als Spielwiese für gesellschaftlich folgenlose Experimente zu beschreiben, als umfassende Delegitimierung des Ästhetischen zu verstehen. Auch innerhalb der kritischen Gesellschaftstheorie Habermas’ ist für das Ästhetische kein Raum. Denn ein theoretischer Zugriff auf literarische, musikalische, generell künstlerische Artikulationsformen entbehrt für Habermas jeglichen Sinn, da sie in seiner Perspektive nicht das Niveau der rational operierenden Kritik erreichen.

4.3 Probleme und Wurzel des Ausschlusses ästhetischer Rationalität

In Habermas' Erörterungen des Ästhetischen gründet der Verzicht darauf, seine Kritik systematisch an ästhetischen Materialien zu reflektieren. Offen ist die Frage, inwiefern sich der blinde Fleck der Theorie des kommunikativen Handelns als Problem erweist. Schließlich lässt sich jeder Gesellschaftstheorie vorhalten, sie habe nur einen bestimmten Ausschnitt der sozialen Realität im Blick – und dabei außer Acht lassen, dass Theorien eben nicht mehr, aber auch nicht weniger sind als spezifische Perspektiven, innerhalb derer bestimmte Strukturen pointiert hervortreten, andere dafür nicht. Es ist daher zu zeigen, wieso Habermas' Theorie der Reflexion ästhetischer Formen bedarf. Entsprechend der Intention dieser Arbeit, Habermas' beim Wort zu nehmen, lässt sich an seinen Überlegungen zur Kunst bereits das Probleme einer Missachtung ästhetischer Formen schemenhaft erkennen. Die Kunst, so Habermas, ist das Medium der grundlegenden Reflexion des Umgangs mit der inneren Natur (vgl. Habermas 2009c: 77). Der kritische Gehalt dieser Bestimmung lässt sich mit den Studien Menkes zur Geschichte und Form der Ästhetik entfalten.

4.3.1 Ästhetik, Kraft und Natur

Menkes Studien stellen eine Rekonstruktion zentraler Texte der philosophischen Ästhetik dar, die der Offenlegung einer anthropologischen Perspektive dient, die einzig im Medium des Ästhetischen reflektiert wird. Entgegen dominanter rationalistischer Subjektvorstellungen betreibt die Ästhetik, so Menke, eine Genealogie der Subjektivität, die die Ursprünge subjektiver Fähigkeiten reflektiert. Unter Fähigkeiten versteht Menke das Vermögen, an sozialen Praktiken teilzunehmen, zu denen ebenfalls Kommunikation zu zählen ist. In ihrem Selbstverständnis zeichnen sich Subjekte durch praktische Vermögen aus, Handlungsvollzüge gelingen zu lassen. Subjekt sein heißt fähig zu sein, soziale Praktiken gelingend zu vollziehen. Die Beurteilung, ob eine Vollzug gelungen ist, orientiert sich an der allgemeinen Vorstellung der Praxis.

> „Das eigene Gesetz des Subjekts ist das Gesetz der Praxis, an der es teilnimmt: Als Teilnehmer einer Praxis wird das Subjekt durch eben die Gesetze konstituiert, die diese Praxis konstituieren [...]. Die Normativität, die sie begründen, ist eine immanente: nicht der Gegensatz zwischen Norm und Realität, sondern zwischen zwei

Realitäten: zwischen einer guten und einer schlechten Verwirklichung des Gesetzes, das die jeweilige Praxis ausmacht“ (Menke 2010: 681).

Bezogen auf die Praxis des kommunikativen Handelns bedeutet Menkes Überlegung, dass die Vorstellung der Verständigung Teil des Vollzugs kommunikativen Handelns ist. Gelingend zu kommunizieren heißt, sich zu verständigen.

Statt nun soziale Praktiken zu differenzieren und deren implizite Vorstellung des Gelingens zu rekonstruieren, reflektiert die Ästhetik den Grund des Subjekts – die, so Menke in Anschluss an Baumgarten, dunkeln Kräfte. Menke begreift die Ästhetik als philosophische Reflexionsform derjenigen Subjektivierungsprozesse – Prozesse, die Individuen befähigen, an sozialen Praktiken teilzunehmen –, die sich als Transformation der dunklen Kräfte begreifen lassen. Diese Kräfte bilden Menke zufolge den nicht weiter bestimmbaren Grund des Subjekts. Zugleich jedoch betont die Ästhetik die immer gegebene Möglichkeit der Regression der subjektiven Fähigkeiten durch dieselben dunklen Kräfte (vgl. Menke 2008a: 67-72).

Den Grund des Subjekts versteht Menke nicht als eine Art Urzustand, in dem Individuen über keine sozialen Vermögen verfügen. Vielmehr vollzieht er nach, wie sich der Grund des Subjekts in den Momenten zeigt, in denen der gelingende Vollzug sozialer Praktiken unterbrochen wird. Die Momente des Misslingens sozialer Praktiken deutet Menke als das Einbrechen dunkler Kräfte im Subjekt. Die von den dunklen Kräften bewirkte Auflösung sozialer Praxisformen bestimmt Menke als die genuin ästhetische Erfahrung – „ästhetisch“ heißt der Zustand der Auflösung sozialer Praxisformen (vgl. Menke 2008a: 67f.). In der 2009 erschienenen, 1958 und 1959 gehaltenen Vorlesung zur Ästhetik bezeichnet Adorno diese Unterwandung praktischer Vermögen als Erfahrung des Glücks (vgl. Adorno 2009: 197). Das sich als Regression praktischer Vollzüge zeigende Spiel dunkler Kräfte lässt das Subjekt nicht zu seiner vermeintlich eigentlichen Natur zurückkehren, sondern transformiert soziale Praktiken dergestalt, dass sich in deren Vollzug keine allgemeine Vorstellung des Gelingens mehr nachvollziehen lässt. Der Kern des Subjekts – seine Fähigkeiten – zerfallen in wirkende Kräfte, über die das Subjekt nicht frei verfügen kann (vgl. Menke 2008a: 73, 79).[21]

---

[21]In einem Text zum Gelingen praktischer Vollzüge bei Derrida und Adorno interpretiert Menke das von Adorno so bezeichnete Hinzutreten als Moment des Gelingens, über das das Individuum nicht verfügt. Praktische Vollzüge basieren auf subjektiven Vermögen – aber nicht ausschließlich auf subjektiven Vermögen, da sie auf ein hinzutretendes Moment angewiesen sind (vgl. Menke 2008c).

Menke entgeht jedoch den Fallstricken einer Entfremdungsthese, da er die dunklen Kräfte nicht als eine eigentliche, ursprüngliche Natur unterhalb der sozialen Praxisformen darstellt, zu der die Subjekte zurückfinden müssen. Die Erfahrung dunkler Kräfte stellt sich einzig in der Ästhetisierung des Nicht-Ästhetischen, sprich der subjektiven Fähigkeiten ein. Das Ästhetische ist daher kein vor-sozialer Zustand oder den sozialen Praktiken äußerlich. Nur in der Transformation des Nicht-Ästhetischen lässt sich das Ästhetische wahrnehmen (vgl. Menke 2008a: 79f.). Bezogen auf die Theorie des kommunikativen Handels bedeuten diese komplexen Gedanken Menkes zunächst, dass das Ästhetische kein sozialer Bereich ist, der von gesellschaftlichen Interaktionsformen kategorial unterschieden werden kann. Ebenso stellt das Ästhetische nicht das irrational andere des kommunikativen Handelns oder der Diskurse dar. Denn ohne das Spiel dunkler Kräfte, die sich in der Ästhetisierung sozialer Praktiken zeigen, gebe es diese Praktiken nicht, da die Kräfte den Grund des Subjekts darstellen.

Dass die „Wirkung der ästhetischen Kraft die normative Logik, die die Ausübung ästhetischer Vermögen, und damit Subjektivität, bestimmt" (Menke 2014a: 110) sprengt, wird von Menke im Sinne einer Kritik der Gesellschaft gewendet. Denn Menke stellt nicht lediglich die Unterwanderung der Normativität sozialer Praktiken – die ihnen eigene Vorstellung des Gelingens ihres Vollzuges – dar, sondern rekonstruiert innerhalb der philosophischen Ästhetik zugleich eine Theorie der Übung und Disziplinierung. Ein Subjekt zu sein heißt nicht allein, soziale Praktiken vollziehen zu können. Subjektivierung bedeutet, diese Fähigkeiten durch Disziplin und Übung zu erlernen und auszubilden (vgl. Menke 2008a: 41-45). In wiederholenden Übungen und einer disziplinierten Routine bilden die Individuen ihre dunklen Kräfte in soziale Praktiken um und werden Subjekte. Daher bildet sich das Subjekt aus der „Einheit von Individualisierung und Disziplinierung" (Menke 2014a: 98).

Menkes genealogische Betrachtung der Subjektivität stellt zwei Deutungen der philosophischen Ästhetik und des Ästhetischen bereit, von denen die zweite die für die vorliegende Arbeit sinnvollere ist. Zunächst bestimmt Menke die Ästhetik als die Reflexionsform der von Foucault beschriebenen Machttechniken, die das Subjekt hervorbringen, indem sie es durch Disziplinierung unterwerfen (vgl. Foucault 1977). Weil in ihren Betrachtungen das Subjekt durch Fähigkeiten, gelingende Vollzüge sowie Übung und Disziplinierung bestimmt wird, stellt die Ästhetik „ein striktes Korrelat der neuen Machttechniken" (Menke 2014a: 242) dar. „Ästhetik heißt demnach Ideologie" (ebd.), weil ihre Ausführungen als ein weiteres „Instrument der Disziplinierung" (ebd., vgl. Menke 2003) gelten können. Zugleich stellt die Ästhetik jedoch dar, wie die dunklen Kräfte die gebildeten, erlernten, eingeschriebene subjektiven Vermögen unterwandert. Weil sie zeigt, dass das „Wirken ästhetischer Kraft [...] das Spiel der Bildung und Auflösung als Um- und Neubildung" (Menke 2014a: 109) der Subjektivität ist, kann sie ebenso als Reflexionsmedium der Befreiung verstanden werden. In einer Foucaultschen Lektüre Hegels deutet Menke soziale Praktiken als zur Form gewordene Kräfte. Mit Hegel führt er die Unterscheidung zwischen einer ersten Natur (der dunklen Kräfte) und einer zweiten Natur (sozialer Praktiken) ein, der zufolge das Subjekt „die Instanz der ‚Kolonialisierung' des Sinnlichen zur gesellschaftlichen Verwertung" (Menke 2014a: 98) darstellt. Die zweite Natur ist als Bündelung der Kräfte der ersten Natur – die Menke hier entsprechend der Tradition des Rationalismus und der philosophischen Ästhetik dem Sinnlichen zuschreibt –, zu begreifen, die die Subjekte zur Teilnahme an sozialen Praktiken befähigt. Werden die sozialen Praktiken zur unhinterfragten Gewohnheit, in der die Kraft der ersten Natur zu erstarren droht, erfahren die Subjekte ihre praktischen Vollzugsformen als Heteronomie. In der ästhetischen Reflexion, so Menke, können die sozialen Praktiken abgelöst von ihren Zwecken und normativen Gehalten des Gelingens betrachtet werden, da sie deren Unterwanderung durch die erste Natur und das Spiel dunkler Kräfte abbildet (vgl. Menke 2008a: 73, 78). Daher stellt die Ästhetik das Medium einer Öffnung der zur Heteronomie gewordenen sozialen Formen dar. Sie zeigt die Ästhetisierung als Akt der Befreiung von Herrschaftsformen und weist den Weg in eine Umbildung subjektiver Fähigkeiten und zu anderen Formen des Gelingens sozialer Praktiken (vgl. Menke 2010: 693, Menke 2013c: 319).[22] Der Bezug zur Theorie des kommunikativen Handelns stellt sich von selbst her. Innerhalb der Theorie Habermas' lassen sich Formen verzerrter oder unterdrückter Kommunikation in Anschluss an Menke (und Hegel) als heteronome zweite Natur beschreiben, deren Verfasstheit innerhalb der Ästhetik hinterfragt wird, indem das Wirken dunkler Kräfte als Reaktion des Einspruchs gezeigt wird: Die Kräfte der ersten Natur brechen in Formen heteronomer Kommunikation ein, um diese zu transformieren. Zugleich lässt sich die Theorie des kommunikativen Handelns (von außen betrachten und) hinsichtlich ihrer normativen Vorstellung von Verständigung befragen. Ihr Maßstab gelingender Kommunikation kann in der Perspektive der Ästhetik als Bevorzugung einer bestimmten Weise des Argumentierens erschlossen werden, die andere Vollzugsformen des Sprechens jedoch ausschließt. Rationale Diskurse werden auf diesem Wege als soziale Praxis verständlich, die sich gegen ästhetische Ausdrucksformen sperren und so die sinnlichen Momente der ersten Natur der Subjekte erstarren lässt. Insbesondere an Habermas' Diskursethik lässt sich diese Heteronomie ablesen.

---

[22]Auch hier beschreibt Menke keinen Weg, der aus der zweiten Natur zu einer authentischen ersten Natur führt. Die erste Natur zeigt sich nur in den Momenten der Erstarrung und Befreiung, ohne zugleich ein Model der Freiheit an die Hand zu geben.

4.3.2 Diskursethik

Die an die Gesellschaftstheorie anschließenden diskursethischen Untersuchungen Habermas' nehmen ihren Ausgang von der Unterscheidung eines pragmatischen, ethischen und moralischen Gebrauchs der praktischen Vernunft (vgl. Habermas 1991: 110-118). Im pragmatischen Gebrauch werden Habermas zufolge zu bereits gegebenen Zielen lediglich die passenden Mittel gesucht, um diese Ziele zu erreichen. Im ethischen Gebrauch wird nach dem guten Leben und den dafür relevanten Werten gefragt. Dabei werden Lebensentwürfe konzipiert, denen das Individuum nachgeht. Habermas weist jedoch darauf hin, dass in einer pluralistischen Gesellschaft verschiedene Lebensentwürfe existieren, zu denen sich eine Kritische Theorie der Gesellschaft neutral verhalten muss. Statt mit dem guten, setzt sich Habermas daher mit Fragen des richten Lebens auseinander, die Gegenstand des moralischen Vernunftgebrauchs sind. Nur im Bereich der Moral, so Habermas, ist es möglich, sich mit anderen durch den Austausch von Gründen über eine gerechte Form des Lebens zu verständigen.[23] Die praktisch-moralischen Diskurse stellen die spezialisierte Form dieses Austausches dar. Moralische Diskurse thematisieren Formen der menschlichen Interaktion, ethische Diskurse das gute Leben der jeweils einzelnen Individuen (vgl. Lohmann 2009: 82).

Die Diskursethik unternimmt den Versuch, die Bedingungen der Möglichkeit moralischer Verständigung zu begründen.[24] Sie impliziert jedoch keinen Begriff einer gerechten Gesellschaft, sondern benennt laut Habermas lediglich ein gerechtes Argumentationsverfahren zur Erzeugung allgemeingültiger Normen, in dem Individuen darüber entscheiden können, was sie selbst unter einer gerechten Gesellschaft verstehen (vgl. Habermas 1983: 104). Durch die Auseinandersetzung

[23]Dass Habermas seine moraltheoretischen Überlegungen als Ethik bezeichnet ist daher irritierend.

[24]Habermas fokussiert ausschließlich praktisch-moralische Diskurse. Theoretische Diskurse betrachtet er innerhalb der Diskursethik ebenso wenig wie ästhetische Debatten. Er beschäftigt sich jedoch mit der Frage nach dem Status von Wahrheit. Habermas versteht den Konsens theoretischer Diskurse nicht als wahr in dem Sinne, dass das den erzielten Einigungen eine ewige Gültigkeit zukommt (vgl. Habermas 1983: 131, Habermas 1986: 352). Die diskursiv erzielten Einigungen gelten so lange als wahr, wie die Erfahrung es nicht anders lehrt. Erst wenn die Erfahrung die Resultate infrage stellt, müssen die Individuen erneut in das Medium der Argumentation treten. Das bedeutet, dass Habermas diejenigen Aussagen als wahr versteht, die nicht allein im Diskurs akzeptiert werden, sondern deren Wahrheit sich primäre in der Auseinandersetzung mit der Realität, auf die sich die Aussagen beziehen, erweist. Wahr sind somit Aussagen, wenn sie einen gelingenden Zugang zur Realität ermöglichen (vgl. Habermas 2004b: 284f., Habermas 2009f: 136ff.).

mit Peter F. Strawson gelangt Habermas zu der Einsicht, dass nur aus der teilnehmenden Perspektive sinnvoll über die Geltung moralischer Normen entschieden werden könne. Denn nur in dieser Perspektive werden die rationalen Aspekte der Zustimmung zu moralischen Normen erfassbar, die einen wesentlichen Teil argumentativer Begründungen ausmachen (vgl. Habermas 1983: 47f.). Daher rekonstruiert die Diskursethik ihre Maßstäbe aus den praktischen, von den Individuen selbst geführten Diskursen. Zu den von Habermas rekonstruierten Bedingungen zählen spezifische Argumentationsregeln[25] und die implizite Annahme einer idealen „idealen Sprechsituation" (Habermas 1983: 98). Diese Sprechsituation charakterisiert Habermas durch folgende Bestimmungen:

> „(3.1) Jedes sprach- und handlungsfähige Subjekt darf an den Diskursen teilnehmen. (3.2) a. Jeder darf jede Behauptung problematisieren. b. Jeder darf jede Behauptung in den Diskurs einführen. c. Jeder darf seine Einstellungen, Wünsche und Bedürfnisse äußern. (3.3) Kein Sprecher darf durch innerhalb oder außerhalb des Diskurses herrschenden Zwang daran gehindert werden, seine in (3.1) und (3.2) festgelegten Rechte wahrzunehmen" (Habermas 1983: 99).

Diese Bedingungen sollen einen Diskurs gewährleisten, der durch folgende Charakteristika bestimmt ist. Die Versuche der wechselseitigen Überzeugung werden abseits strategischer Einflussnahmen, physischen Zwangs und von Gewalt unternommen. Der einzige Zwang, der innerhalb des Diskurses existiert, ist „der zwanglose Zwang des besseren, weil einleuchtenderen Argumentes" (Habermas 2009f: 144, vgl. Habermas 1981b: 386f., Habermas 1991: 123) – Habermas schließt hier ebenso Sach- und Zeitzwänge als Argumente aus. Keine zum Diskurs fähigen Individuen werden ausgeschlossen, unterdrückt oder ungleich behandelt.[26] Innerhalb des Diskurses setzen Individuen voraus, dass sie alle kompetente Sprechende sind.

---

[25]Diese Regeln besagen beispielsweise, dass sich die Teilnehmenden eines praktischen Diskurses nicht selbst widersprechen dürfen, oder nur behaupten dürfen, was sie selbst glauben (vgl. Habermas 1983: 97f.).

[26]Im Kontext dieser Bestimmungen differenziert Wellmer zwischen einem Rationalitäts- und Moralargument für die Inklusion in den Diskurs (vgl. Wellmer 1986: 108). Ersteres zielt darauf, Argumente zum Diskurs zuzulassen, die gut begründet sind; letzteres darauf, alle Individuen abseits der Stichhaltigkeit ihrer Argumente zu Wort kommen zu lassen. Laut Wellmer amalgierte Habermas Moral und Diskurs, weil er aufgrund moralischer Achtung alle Individuen am Diskurs teilnehmen lasse. Würden Individuen nur aufgrund guter Gründe zum Diskurs zugelassen, könnte diskursive Verständigung kaum normativ begriffen werden. Problematisch ist Wellmer zufolge – nicht die normative Stoßrichtung Habermas', mit der er sympathisiert –, dass moralische Achtung dem Diskurs vorausgesetzt wird, obwohl ihre Verallgemeinerbarkeit erst im diskursiven Verfahren zu prüfen ist.

Als diskursfähig begreift Habermas all jene, die zu einer Rollenübernahme in dem Sinne im Stande sind, dass sie sich kognitiv in die Position der anderen am Diskurs Beteiligten versetzen können (vgl. Habermas 1991: 58ff.). Die Form, in der sich die am Diskurs teilnehmenden Individuen aufeinander beziehen, bestimmt Habermas als unparteiische Gleichbehandlung. Eine unparteiische Gleichbehandlung erfahren Individuen, indem sie sich wechselseitig als freie und gleiche Personen mit allgemeinen Rechten anerkennen und kein Argument eines Teilnehmenden von vornherein höher gewichten (vgl. Honneth 2000b: 140f.). Um diese Form der Bezugnahme zu gewährleisten, schließt Habermas affektive Momente aus der idealen Sprechsituation aus, weil er befürchtet, dass Affekte die Grundlage sowohl asymmetrischer Beziehungen, als auch von Parteilichkeit sind.

Die genannten Bedingungen werden von Habermas nicht beliebig bestimmt oder als Grundlage realer Szenarien beschrieben. Vielmehr versteht er sie als Voraussetzungen eines rationalen Diskurses, die jedes teilnehmende Individuum intuitiv und kontrafaktisch unterstellt, sobald es sich in eine Argumentation begibt. Jeder Versuch, diese Voraussetzungen argumentativ zu bestreiten, gerate in einen performativen Widerspruch, (vgl. Habermas 1983: 99f., ebenso Apel 1984).[27] Weil die von Habermas genannten Bedingungen der idealen Sprechsituation nicht argumentativ bestritten werden können, da sie „unausweichliche Präsuppositionen“ (Habermas 1983: 99) eines jeden Diskurses darstellen, erachtet er die Bedingungen als hinreichend begründet.

Aus den Bedingungen der idealen Sprechsituation leitet Habermas zwei Grundsätze ab. Er versteht diese Grundsätze als Verfahrensregeln einer „voraussetzungsvolle[n] Prozedur“ (Habermas 1983: 132), mittels derer eine konsensuelle Begründung moralischer Normen möglich ist. Zuerst nennt Habermas die Verfahrensregel des Universalisierungsgrundsatzes (U):

> „Jede gültige Norm muß der Bedingung genügen, daß die Folgen und Nebenfolgen, die sich aus der allgemeinen Befolgung der strittigen Norm für die Befriedigung der Interessen jedes Einzelnen voraussichtlich ergeben, von allen Betroffenen zwanglos akzeptiert werden können“ (Habermas 1983: 131).

Der Universalisierungsgrundsatz wird von Habermas als formale Voraussetzung verstanden, einen Konsens zwischen Individuen über die Geltung von Normen zu

[27]Unter einem performativen Widerspruch versteht Habermas einen Sprechakt, der auf der Ebene des Gesagten den notwendigen Bedingungen beziehungsweise den implizit vorausgesetzten Annahmen dieses Sprechaktes widerspricht (vgl. Habermas 1983: 90). „Mit diesem Satz bestätige ich, dass ich nicht schreiben kann.“ wäre ein solcher Widerspruch.

erzielen. Das Prinzip, auf dem dieser Grundsatz beruht, ist das der Verallgemeinerung. Der Grundsatz prüft, ob moralische Normen verallgemeinerbar und damit gültig sind. Verallgemeinerbar sind Normen laut Habermas, wenn alle Betroffenen den Normen zustimmen können (vgl. (Habermas 1983: 73). Als zweite Verfahrensregel nennt Habermas den diskursethischen Grundsatz: Nach diesem

> „darf eine Norm nur dann Geltung beanspruchen, wenn alle von ihr möglicherweise Betroffenen als Teilnehmer eines praktischen Diskurses Einverständnis darüber erzielen (bzw. erzielen würden), daß diese Norm gilt“ (Habermas 1983: 76).

Der diskursethische Grundsatz kann als Test verstanden werden, ob die faktischen Normen in dem Sinne verallgemeinerbar sind, dass alle Betroffenen den Normen in einem praktisch durchgeführten Diskurs zustimmen (vgl. Siep 1979: 16). Während der Universalisierungsgrundsatz eine formale Voraussetzung gültiger moralischer Normen benennt, verweist der diskursethische Grundsatz auf reale Prozesse, in denen der Universalisierungsgrundsatz eine praktische Anwendung findet.[28]

Die Diskursethik Habermas’ lässt sich zusammengefasst als moraltheoretische Auffassung verstehen, der zufolge moralische Normen eine Geltung besitzen, wenn sie die formale Bedingung der Universalisierbarkeit (U) erfüllen und in einem praktischen Diskurs (D) die Zustimmung der Betroffenen finden können. An unterschiedlichen Stellen beschreibt Habermas seine Ethik als eine „kognitivistische, formalistische und universalistische“ (Habermas 1991: 11) Konzeption. Kognitivistisch kann die Diskursethik genannt werden, weil sie den Fokus auf kognitive Prozesse des Verstehens und Beurteilens von Argumenten und Gründen richte und Normen nicht als Resultat eines Willensaktes, sondern eines begründeten Urteils versteht (vgl. Habermas 1983: 78-85). Formalistisch kann die Diskursethik genannt werden, weil normative Maßstäbe allein auf den Charakter der Zustimmungsfähigkeit und Verallgemeinerbarkeit geprüft werden. Nur die Ansprüche, denen der genannte Charakter zukommt, gelten als gerechtfertigt. Statt der materiellen Inhalte normativer Maßstäbe wird hier ein formaler Aspekt in den Fokus der Rechtfertigung gerückt. Universalistisch kann die Diskursethik genannt werden, weil die theoretisch angegebenen Bedingungen des Diskurses nicht einer raum-zeitlich begrenzten Geltung unterliegen. Vielmehr lasse sich die

[28]Habermas geht davon aus, dass die am Diskurs Teilnehmenden im Falle der Beachtung der Verfahrensregeln die Gültigkeit der prozedural geprüften beziehungsweise gebildeten Normen anerkennen müssen. Den unbedingten Gültigkeitsanspruch diskursiver Verständigung begreift er analog zu dem unbedingten Gültigkeitsanspruch von Wahrheit.

Diskursethik zu jeder Zeit und an jedem Ort der Welt als allgemein gültige Voraussetzung rationaler Diskurse begreifen (vgl. Habermas 1999: 12).[29]

4.3.3 Kritik der Diskursethik

Die Darstellung der Diskursethik Habermas' lässt deren stark kognitivistischen Zug deutlich hervortreten. Er richtet sich gegen affektive Momente des Sprechens ebenso wie gegen die sinnlich-ästhetische Vollzugsformen innerhalb moralischer Kontexte. Die Überlegungen Menkes zeigen jedoch, a) dass das Ästhetische die kritische Reflexionsform sozialer Praktiken darstellt, die dahingehend einen moralischen Gehalt haben, dass sie alle Individuen einer Gesellschaft betreffen und die Weise des Miteinanderlebens grundlegend bestimmen; b) dass das Ästhetische die konkrete Vollzugsform der von Habermas normativ bestimmten Kommunikation kritisch reflektieren kann. Sicherlich weiß Habermas um die Effekte einer allzu starren begrifflichen Konzeption, die sich unsensibel gegenüber individuellen Regungen zeigt oder spezifische soziale Verhältnisse normativ überfrachtet (vgl. Habermas 1991: 115). Jedoch wirkt sich dieses Wissen nicht auf eine Reformulierung seiner zentralen Begriffe und Kategorien aus, wie sich besonders an Habermas' rationalistischer Missdeutung der Selbstbeziehung eines Individuums nachvollziehen lässt. In Reaktion auf Adornos Kritische Theorie und deren verkürztem Gesellschaftsbegriff, der lediglich Subjekt-Objekt-Relationen abbildet (vgl. hier Kapitel 2), erweitert Habermas den Begriff der Gesellschaft um die Dimensionen der normorientierten Verständigung zwischen Individuen und des authentischen Ausdrucks innerer subjektiver Regungen gegenüber anderen. Zugleich stellt er der instrumentellen Verwendung der Vernunft die kommunikative zur Seite. Jedoch reformuliert Habermas in „Erkenntnis und Interesse“ Prozesse der Verdrängung – also solche, die in der Beziehung eines Subjektes zu sich selbst stattfinden – in einem linguistischen Paradigma. Er konzeptualisiert

[29] Habermas ist in einer kantischen Tradition zu verorten, weil er wie Kant davon ausgeht, dass nur solche moralischen Normen als gerechtfertigt verstanden werden können, die einen Universalisierungstest bestehen. In einer unparteiischen Perspektive soll die Diskursethik Akteuren ermöglichen, unter allgemein gültigen Bedingungen die Verallgemeinerbarkeit von Normen zu prüfen (vgl. Honneth 2000b: 171). Der diskurstheoretische Ansatz ist zugleich ein Differenzierungsmerkmal gegenüber Kant. An dessen Konzeption kritisiert Habermas, dass den moralischen Gehalten keine öffentliche Zustimmung zuteilwerde und deren Geltungsanspruch daher zweifelhaft sei (vgl. Habermas 1991: 42f.). Denn Kant konzipiert den Test der Verallgemeinerbarkeit als ein von einem einzelnen Individuum

seine Theorie zwar entsprechend der psychoanalytischen Kur. Während die an Freuds Psychoanalyse ausgerichtete Theorie Adornos subjektive Reaktionen als außersprachliche Prozesse begreift, lehnt Habermas jedoch ein „nicht sprachliches Substrat" (Habermas 1973a: 295) innerhalb der subjektiven Selbstbeziehung ab (vgl. Whitebook 2009a: 150-157). Habermas bindet die Selbstbeziehung an sprachliche Kommunikation und einer spezifischen Form der Artikulation. Seiner Theorie fehlt damit jedoch das begriffliche Instrumentarium, Formen der Selbstbeziehung kritisch zu reflektieren, die sich zum einen gerade als Störung der Kommunikation darstellen; und die zum anderen eben nicht seiner rationalistischen Vorstellung von Kommunikation folgen.[30]

Interessant ist die Diskurstheorie Habermas' auch deswegen, weil sie das ebenfalls von der Ästhetik reflektiere Verhältnis zur inneren Natur vernachlässigt (vgl. Iser 2008: 119f.): Die ältere Kritische Theorie spricht dem Ästhetischen ein kritisches Potential zu, weil erst durch einen ästhetischen Zugang zur Welt das Verhältnis der Beherrschung von innerer und äußerer Natur überwunden waren kann (vgl. Honneth 1979a: 655ff.). Da Habermas jedoch nicht im Verhältnis der Menschen zur Natur, sondern im Verhältnis der Menschen zueinander den zu kritisierenden Gegenstand sieht, reflektiert er den Begriff der Natur nicht hinreichend. Insbesondere Honneth kritisiert nicht allein Habermas' Diskursethik, sondern dessen gesamte Theorie dafür, dass sie das Verhältnis zur inneren Natur nicht angemessen abbildet. Honneths Kritik richtet sich zunächst auf den Habermasschen Personenbegriff (vgl. Honneth 1986, Honneth 2000a). So merkt er an, Habermas setze voraus, dass die an Diskursen Partizipierenden als Personen gelten, die bereits einen Grad an individueller Autonomie erlangt haben, der sie zum kommunikativen Handeln befähigt. Habermas muss, so Honneth weiter, davon ausgehen, dass gesellschaftliche Voraussetzungen existieren, durch die die Individuen im Sinne des Habermasschen Personenbegriffs sozialisiert werden. Jedoch verzichte Habermas darauf, die Voraussetzungen, auf denen seine moraltheoretischen Bestimmungen beruhen, innerhalb der Diskursethik zu

---

monologisch durchgeführtes Verfahren. Habermas hingegen konzipiert den Test als kommunikativ geführten Diskurs. Zudem beruft sich Habermas zur Begründung seiner Konzeption nicht wie Kant auf einen metaphysischen Vernunftbegriff, sondern auf allgemeine Argumentationsvoraussetzungen (vgl. Habermas 1991: 20f.).

Henrich 2007 bestreitet, dass Habermas ohne Metaphysik auskommt und verortet den metaphysischen Ballast Habermas' in dessen formalpragmatischer Rekonstruktion einer Grundstruktur menschlicher Kommunikation, die er von der Phänomenebene trennt.

[30]Auch Joas verweist darauf, dass Habermas' Handlungsbegriff Körperlichkeit und vorsprachliche Sozialität nicht hinreichend reflektiert (vgl. Joas 1986: 151).

erörtern – die Voraussetzungen stellen in der Perspektive Habermas' das Andere der Moral dar (vgl. Honneth 2010: 72, Fn. 23). Doch da die Diskursethik auf diese Voraussetzungen nicht verzichten kann, weil sie konstitutiv für den Personenbegriff sind, ist es notwendig, sie als „normative Bedingungen intersubjektiven Handelns" (Honneth 2000a: 108) kritisch zu reflektieren. Als zentrale Voraussetzung individueller Autonomie weist Honneth eine gelungene Selbstbeziehung der Individuen aus, die auf einem ungezwungenen Umgang mit der inneren Natur, der eigenen Bedürfnissen und Neigungen basiert. Eine gelungene Selbstbeziehung und die Abwesenheit neurotischer Ängste ermöglichen es Individuen erst, in einer den Anforderungen der Diskursethik genügenden Weise an Diskursen zu partizipieren. In einer Auseinandersetzung mit Alexander Mitscherlich charakterisiert Honneth eine Toleranz gegenüber der inneren Natur als Voraussetzung, die eigenen Interessen wohlüberlegt zu überprüfen oder sich in andere Individuen im Sinne einer Rollenübernahme hineinzuversetzen (vgl. Honneth 2007: 194). Unter Toleranz versteht Honneth eine Form der Selbstbeziehung, in der Individuen ihre Bedürfnisse als Ausdruck ihrer Identität erfahren. Diese Form der Selbstbeziehung bildet sich heraus, so Honneth nach Mitscherlich, wenn die eigenen Bedürfnisse gegenüber anderen sprachlich artikuliert werden können (vgl. Honneth 2007: 198f.).

Neurotische Ängste, die von einer misslungenen Selbstbeziehung zeugen, hindern hingegen die Betroffenen, innerhalb deliberativer Verfahren eine autonome Meinung zu bilden und selbstbewusst zu argumentieren, so Honneth in Anschluss an Nauman (vgl. Honneth 2007: 189). Davon betroffene Individuen können nicht mehr als freie und gleiche Personen bezeichnet werden, wie es Habermas jedoch voraussetzt. Indem Honneth nun diese neurotischen Ängste als das Resultat eines Abbruchs intersubjektiver Anerkennungsbeziehungen deutet, reformuliert er Neumanns Gedanken auf der Grundlage der Objektbeziehungstheorie Winnicotts. Die Ursachen dieser Ängste verortet Honneth in den Sphären der Familie und der Arbeitswelt. Innerhalb der familiärer Beziehungen widmen sich Eltern fürsorglich ihren Kindern (vgl. Honneth 2000b: 167-170). Die Interaktionsbeziehungen zwischen Kind und Eltern bilden sich in intrapsychischen Mustern der Selbstbeziehung ab, sodass die Phase frühkindlicher Entwicklung als ein wesentlicher Faktor der intersubjektiv erzeugten personellen Identität gelten kann. Maßgeblich wird in dieser Lebensphase die Fähigkeit ausgebildet, sich ungezwungen auf seine eigenen Bedürfnisse und Fähigkeiten zu beziehen (vgl. Honneth 2003: 147, 160). Der Verlust dieser affektiv aufgeladenen Beziehungen, die emotionale und physische Sicherheit gewähren, führt zu neurotischen Ängsten des Kindes (vgl. Honneth 2007: 183). In der Arbeitswelt sind es hingegen der Verlust von Beziehungen solidarischer Wertschätzung und das Gefühl sozialer Deprivation, womöglich bedingt durch Arbeitslosigkeit, die neurotische Ängste von Individuen hervorrufen (vgl. Honneth 2007: 187).[31]

Wenn somit der gelingende Bezug auf die innere Natur eine Voraussetzung der Teilnahme an Diskursen ist, muss er innerhalb der Theorie des kommunikativen Handelns derart thematisiert werden können, dass Leiderfahrungen wie neurotische Ängste zum einen angemessen erklärt werden können[32] und sie zum anderen nicht als irrationale Artikulation von Diskursen ausgeschlossen werden. Dieses Unterkapitel der Arbeit legt dar, wieso die Ästhetik der Bereich ist, in dem die Beziehung zur inneren Natur kritisch reflektiert wird. Eine kritische Gesellschaftstheorie, die die philosophische Ästhetik nicht zu Wort kommen lässt, weil sie ihre Beiträge nicht als Argumente begreift, und sich gegenüber dem Erfahrungsbereich des Ästhetischen aufgrund eines Verdachts der Irrationalität verschließt, wird blind für Formen der Herrschaft gegenüber der inneren Natur und den daraus resultierenden Artikulationen des Leidens. Die Kritische Theorie Habermas' wird unkritisch, weil sie den Dialog mit der Ästhetik kappt.

Die Rückführung des Ästhetischen in den Rahmen der kritischen Gesellschaftstheorie kann daher als emanzipativer Versuch gelten, die Theorie des kommunikativen Handelns über ihre eigenen heteronomen Züge aufzuklären. Durch die Perspektive der Ästhetik erschließt sich der Theorie des kommunikativen Handelns die Genese und der potentielle Zwangscharakter ihrer eigenen Normativität. In den Worten Menkes:

> „Die Ästhetik ist die Philosophie des Ästhetischen. Als Philosophie *des Ästhetischen* richtet sich die Ästhetik auf die ästhetische Reflexion der Praxis und vollzieht nach, wie sich praktische Vermögen, durch ihre Ästhetisierung, in dunkle Kräfte verwandeln. Aber die Ästhetik tut dies *als Philosophie* – nicht bloß in ästhetischer Erfahrung oder als ästhetische Kritik. Die Ästhetik weist nicht nur ästhetische Ereignisse auf, die Ästhetik ist das Denken ästhetischer Ereignisse […]Diese Veränderung soll […] so bezeichnet werden, daß die Philosophie durch die Ästhetik, durch den Versuch also, das ästhetische Ereignis nicht nur zu erfahren oder kritisch aufzuweisen, sondern zu denken, zur *Genealogie* wird" (Menke 2008a: 104).

Ist nun die Plausibilität der Rückführung der Ästhetik ersichtlich, so ist noch unklar, ob dies problemlos möglich ist. Eine genauere Betrachtung des

---

[31]Auch in der Auseinandersetzung mit der Demokratietheorie Deweys thematisiert Honneth die kapitalistische Lohnarbeit mit dem Begriff der Integration. Dort versteht Honneth die durch die Arbeitsteilung bedingte soziale Integration als Bedingung der Motivation, an Prozessen demokratischer Willensbildung teilzunehmen (vgl. Honneth 2000b: 302-309).

[32]So auch Iser 2008: 121f.

Aufbaus der Theorie des kommunikativen Handelns zeigt die dabei zunehmenden Hürden auf.

4.3.4 Zur begrifflichen und konzeptionellen Architektur der Theorie des kommunikativen Handelns

Dass Habermas evaluative Äußerungen, den ästhetische Sprachgebrauch, ästhetische Debatten und das Ästhetische als Abweichung von einer rationalen Norm versteht, drückt sich ebenfalls in der Architektur seiner Theorie aus. Das kommunikative Handeln kann als grundlegendste Form sozialen Handelns verstanden werden, da Verständigung Habermas zufolge das Telos der Sprache ist. Alle weiteren Handlungsformen, die nicht auf Verständigung zielen, aber dennoch als sozial gerichtet begriffen werden können, lassen sich in der Perspektive Habermas' als Abweichungen vom kommunikativen Handeln interpretieren (vgl. Honneth/Joas 1980: 145f.). Dieser Bias zeigt sich auch in der internen Verknüpfung der einzelnen Teile der „Theorie des kommunikativen Handelns". Die Schrift setzt sich aus einer Theorie der Rationalität, einer Theorie des Handelns, einer Theorie sozialer Ordnung und einer Zeitdiagnose zusammen. Im Zuge der Argumentation der Schrift wird zunächst eine Theorie der Rationalität entwickelt, in deren Rahmen das Ästhetische marginalisiert wird. Die Theorie des Handelns wird nicht unabhängig davon entfaltet, sondern folgt den Unterscheidungen der Rationalitätstheorie (vgl. Joas/Knöbl 2004b: 329). Dementsprechend wird Handeln zwingend im Rahmen rationalistischer Annahmen thematisiert. Handlungsformen, die den Kategorien des Rationalen nicht entsprechen, sind in diesem Rahmen nicht darstellbar. In seinem scharf kritisierenden Text weist Joas auf die Vielzahl philosophischer und soziologischer Handlungsbegriffe hin, die in Habermas' Darstellung nicht auftauchen (vgl. Joas 1986: 148f.). Der Begriff teleologischen Handelns bildet einzig Zwecke realisierende Handlungen ab, blendet jedoch alle jene Form des vom Pragmatismus betonten zwecksetzenden Handelns aus – gemeint sind Handlungen, die in Anbetracht einer gegebenen Situation einen Zweck erst bestimmen. Auch das Spielen von Kindern mit Spielzeug ist beispielsweise mit diesem Handlungsbegriff nicht darstellbar. Denn es bezieht sich zwar auf Objekte, folgt jedoch nicht primär dem Ziel eines manipulierenden Eingriffs in die Umwelt. Ebenfalls die künstlerische Gestaltung von Gegenständen ist nicht grundlegend als deren Manipulation zu deuten, sondern dient oftmals der Kommunikation (vgl. Joas/Knöbl 2004b: 335). Der Begriff des normregulierenden Handelns bezieht sich auf die strikte Befolgung von Normen, so Joas weiter. Die vom Symbolischen Interaktionismus hervorgehobenen Handlungen in normativ nur schwach regulierten Situationen lassen sich daher nicht unter dem Begriff normregulierenden Handelns subsumieren. Der Begriff des dramaturgischen Handelns wird von Habermas als eine Form der strategischen Präsentation des Selbst gedeutet und, so Joas, verfehlt die expressiven Komponenten des Handelns (vgl. Joas 1986: 148f.)

Der Zusammenhang von Rationalitätstheorie und Begriffen des Handelns wird in einer Interpretation Honneths und mit Bezugnahme auf Habermas' Ausführungen in „Erkenntnis und Interesse" genau entgegensetzt formuliert, ohne jedoch an problematischen Gehalt zu verlieren. Habermas' Vorstellungen von Rationalität lassen sich als Objektivationsformen gesellschaftlicher Praxis verstehen (vgl. Honneth 1979a: 654). Die teleologische Zweckrationalität naturwissenschaftlicher Forschung gründet in den Formen materieller Reproduktion, sprich der gesellschaftlichen Arbeit. Die kommunikative Rationalität der Kritischen Wissenschaft gründet in kooperativen Interaktionsformen. In dieser Perspektive führt die (von Joas thematisierte) stark eingeschränkte Abbildung unterschiedlicher Arten sozialen Handelns auf ein verengtes Konzept der Rationalitätsformen. Dass ein ästhetischer Umgang mit Dingen und Menschen und ein ästhetischer Weltzugang innerhalb der Handlungstheorie Habermas' keine entsprechende Berücksichtigung findet, schlägt sich im Kontext der Rationalitätstheorie als Unfähigkeit nieder, die Rationalität des Ästhetischen angemessen zu reflektieren.[33]

In der Perspektive Joas' und Honneths wäre es möglich, die Handlungsbegriffe oder Rationalitätskonzepte weiter zu fassen, um somit andere Formen der Interaktion beziehungsweise der Rationalität abbilden zu können. Die vorliegende Arbeit führt die Unfähigkeit der Theorie des kommunikativen Handelns, das Ästhetische angemessen zu reflektieren, jedoch auf das Fehlen einer geeigneten Methode zurück. Es reicht daher nicht aus, lediglich das begriffliche Grundgerüst zu erweitern oder zu verschieben. Vielmehr bedarf die Theorie des kommunikativen Handelns einer Methode, die eigene Form ästhetischer Rationalität zu erschließen. Denn ohne ein entsprechendes Gespür bleibt die begriffliche Unterscheidung orientierungslos, weil nicht ersichtlich wird, entlang welcher Formen zu differenzieren ist. Wie bereits in Kapitel 3 dieser Arbeit dargestellt, weist Habermas den Weg zur Lösung dieses Problems. Die hermeneutische Interpretation charakterisiert er selbst als Methode, Texte, Handlungen und generell kulturelle Artefakte sinnhaft und entsprechend ihrer Eigenlogik zu verstehen.

---

[33]Vgl. Kapitel 7 der vorliegenden Arbeit für einen knappen Abriss der Geschichte der Ästhetik, in dem Habermas als Vertreter des Rationalismus, der alles Sinnliche als Irrational begreift, interpretiert wird.

4.3.5 Rück- und Ausblick

Aus seiner Diskussion der älteren Kritischen Theorie resultiert Habermas' überzeugende Einsicht, dass Horkheimer und Adorno den normativen Gehalt der Moderne nicht reflektieren können. Zum einen gleichen sie das Ganze kommunikativer Praktiken an monologisches Denken, alle Formen intersubjektiver Beziehungen an Subjekt-Objekt-Relationen an. Intersubjektive, diskursive Praktiken des Argumentierens bekommen die beiden Autoren der Dialektik der Aufklärung daher nicht in den Blick. Zum anderen versuchen Horkheimer und Adorno mittels ihres Rationalitätsbegriffs nicht lediglich die Moderne, sondern den gesamten Zivilisationsprozess zu fassen. Dabei verliert der Begriff nicht nur an Kontur und Trennschärfe. Er wird von beiden auch derart dialektisch konzipiert, dass sie den Maßstab ihrer eigenen Theorie nicht ausweisen können, da jede begrifflich operierende Form der Rationalität zugleich repressive Momente mit sich führt. Um den normativen Gehalt der Moderne angemessener zu charakterisieren – und damit den eigenen Ort der Kritik auszuweisen –, differenziert Habermas zwischen den Geltungsansprüchen von Wahrheit, Richtigkeit und Wahrhaftigkeit. Diese innerhalb des kommunikativen Handelns und mit jedem illokutionären Sprechakt erhobenen Ansprüche bestimmt er als Bedingung der Möglichkeit einer rationalen, auf Gründen basierten Verständigung. Während im kommunikativen Handeln die Geltung der Ansprüche vorausgesetzt wird, stellen Diskurse das Medium dar, in das die Handelnden eintreten, sobald sie den erhobenen Anspruch hinterfragen. Die von Habermas vorgenommene Differenzierung zwischen Geltungsansprüchen sowie kommunikativem Handeln und Diskursen bringt eine Hierarchie zum Ausdruck, innerhalb der das Ästhetische als Abweichung von Rationalität gilt. Weder ist der Anspruch der Wahrhaftigkeit begründet einlösbar, noch stellen Auseinandersetzungen im Rahmen der Ästhetik Diskurse (entsprechend der Wissenschaft sowie der Moral- und Rechtstheorie) dar. Jedoch bedarf Habermas der Ästhetik, da sie die Selbstbeziehungen und Verhältnisse zur inneren Natur, die die Voraussetzung der Diskurse darstellen, und zugleich den rationalistischen Kommunikationsbegriff Habermas' kritisch reflektieren kann. Um die Ästhetik in die Theorie des kommunikativen Handelns einzubeziehen, bedarf es der Methode der hermeneutischen Interpretation.

Das nächste Kapitel geht nun nicht unmittelbar dazu über, eine normativ gehaltvolle Bestimmung des Verhältnisses von Ästhetik und kritischer Gesellschaftstheorie vorzunehmen – das geschieht in Kapitel 7. Auch wird erst in Kapitel 6 die Methode der hermeneutischen Interpretation in den theoretischen Rahmen integriert. Zunächst soll durch die weitere Rekonstruktion der Theorie des kommunikativen Handelns gezeigt werden, dass sich das Fehlen der Hermeneutik und der Ästhetik als Erfahrungsarmut der Darstellung geschichtlicher Entwicklung ausdrückt.

5 Differenzierung und Gesellschaft

Zur Erfahrungsarmut der historischen Darstellung

Die Theorie des kommunikativen Handelns skizziert ein komplexes Verhältnis unterschiedlicher Rationalitäts- und Handlungsformen, um ihren normativen Maßstab überzeugend auszuweisen. Die soziologische Rückbindung dieses Maßstabs an die Genese der Moderne zielt darauf, die philosophischen Überlegungen mit einem Vokabular auszustatten, das sich sensibel gegenüber sozialen Zusammenhängen zeigt und anschlussfähig an empirische Analysen ist (vgl. Habermas 1981b: 9, 369ff.). Mit der Verbindung von Handlungs- und Systemtheorie möchte Habermas die Kritik der instrumentellen Vernunft Horkheimers und Adornos in eine Kritik des Übergreifens funktionalistischer Systemimperative auf lebensweltliche Kommunikationsstrukturen überführen.

Das folgende Kapitel rekonstruiert die zentralen gesellschaftstheoretischen Begriffe der Theorie des kommunikativen Handelns. Es charakterisiert die Lebenswelt als Ort kommunikativen Handelns sowie die Systeme von Kapitalismus und bürokratischer Administration als Bereiche der funktionalistischen Logik, die in die Lebenswelt eindringen. Die Habermassche Darstellung der historischen Genese moderner Gesellschaften – die einen Überschuss an Rationalität und zugleich spezifisch moderne Krisen und Pathologien mit dem Konzept der Kolonialisierung der Lebenswelt abbilden soll – wird ihrer Erfahrungsarmut überführt. Während sich jedoch der Ausschluss des Ästhetischen im vorherigen Kapitel innerhalb der begrifflichen Unterscheidungen Habermas' abbildet, lässt sich das Fehlen der Erfahrung nur nachvollziehen. Einzig die Rekonstruktion der Überlegungen Adornos zum Verhältnis von Sprache, Ausdruck und Erfahrung kann – abseits der methodischen Weichenstellung – Gründe bergen, warum Habermas auf eine erfahrungshaltige Darstellung verzichtet. Habermas selbst reflektiert diesen Verzicht nicht explizit. In zweifacher Hinsicht wird die Erfahrungsarmut der Theorie des kommunikativen Handelns problematisiert.

M. Baum, *Zu einer Kritischen Gesellschaftstheorie der Kommunikation*, https://doi.org/10.1007/978-3-658-20694-9_5

1) Die Erfahrungsarmut der Begriffe und Kategorien äußert sich in dem Fehlen einer Sensibilität, auf Krisen und Pathologien zu reagieren. Deren Beschreibung und inhaltliche Bestimmung fallen derart spärlich aus, dass offen bleibt, wie sich die Krisen und Pathologien mittels der Begriffe und Kategorien Habermas' überhaupt als solche identifizieren lassen – der Verweisungszusammenhang zwischen den analytisch trennscharfen Mitteln der Theorie und sozialen Krisen und Pathologien lässt sich nicht herstellen. Daher fällt es Habermas in der Theorie des kommunikativen Handelns merklich schwer, diejenigen gesellschaftlichen Konfliktpotentiale und -artikulationen zu benennen, als deren Reflexionsform seine Theorie eigentlich gelten soll – die Verbindung von Theorie und Praxis ist gestört. Dieses Problem der Theorie ist erneut auf deren Methode zurückzuführen. 2) Die Darstellung der Genese moderner Gesellschaften als soziale Evolution bildet ausschließlich eine Stufenfolge von Rationalitätsniveaus ab, kann jedoch deren Etablierung selbst nicht auf soziale Handlungen zurückführen – die strukturale Perspektive und die kommunikative Handlungstheorie stehen unvermittelt nebeneinander. Eine intensivere, gehaltvollere Auseinandersetzung mit Materialien und Quellen, anhand derer sich soziale Konflikte rekonstruieren lassen, bedarf eines erweiterten begrifflichen Instrumentariums. Durch die Einführung des intersubjektivistisch konzipierten Begriffs sozialer Kämpfe gelingt es in Bezug auf die zweite hier skizzierte Problemperspektive, die Genese moderner Gesellschaften derart zu erklären, dass die Handlungen von Individuen als Treibstoff verständlich werden, mit dem der Motor der Geschichte angetrieben wird.[1] In Bezug auf die erste hier skizzierte Problemperspektive ist es der Theorie Habermas' durch die Einführung des Kampfbegriffs möglich, soziale Protestformen wahrzunehmen und deren Rolle innerhalb der Geschichte zu interpretieren. Zudem lassen sich Ursachen und Erfahrungen sozialer Konflikte abbilden, sodass sich die Individuen zum einen überhaupt als Adressierte der Theorie verstehen können, da ihnen ihre eigenen Handlungen als essentieller Bestandteil einer geschichtlichen Dynamik präsentiert werden; zum anderen können sie sich in der Darstellung der Theorie aufgrund des gesteigerten Erfahrungsgehalts wiedererkennen. So kann die Theorie des kommunikativen Handelns ihren (mittels abstrakter Bestimmungen formulierten) Maßstab als konkrete Forderung innerhalb sozialer Konflikte ausweisen. Die Einführung des Kampfbegriffs eröffnet einen Nebenpfad der Argumentation dieser Arbeit. Entgegen Habermas' Skizzierung

[1]Einige in diesem Kapitel unternommene Wege zu weiteren Theorien, die den konflikthaften Charakter von Gesellschaft reflektieren, sollen diese begriffliche Erweiterung plausibilisieren.

der Sphäre der Arbeit als normfreies Subsystem lässt sich mittels einer Theorie sozialer Kämpfe begründen, dass sich innerhalb des kapitalistischen Wirtschaftssystems normative Strukturen rekonstruieren lassen, auf die eine Theorie des kommunikativen Handelns Bezug nehmen muss.

5.1 Die Rationalisierung der Lebenswelt

Lebenswelt ist das soziologische Konzept, das die Überführung der formalpragmatisch formulierten Handlungstheorie in eine empirisch informierte Gesellschaftstheorie gewährleisten soll. Unter der Lebenswelt versteht Habermas den Ort kommunikativer Verständigung. Sie stellt das „Netz kommunikativ vermittelter Kooperationen" (Habermas 1981b: 223) dar und ist

> „der transzendentale Ort, an dem sich Sprecher und Hörer begegnen; wo sie reziprok den Anspruch erheben können, daß ihre Äußerungen mit der Welt [...] zusammenpassen; und wo sie diese Geltungsansprüche kritisieren und bestätigen, ihren Dissens austragen und Einverständnis erzielen können" (Habermas 1981c: 192).

Die Lebenswelt versorgt die Handelnden mit einem sprachlich strukturierten Vorrat an Deutungsmustern und Hintergrundwissen, auf das die Individuen zur Definition und Beurteilung ihrer Situation zurückgreifen können. Diese Momente der Lebenswelt stellen ein vorreflexives Hintergrundwissen dar, das im Handeln in der Regel nicht zur Disposition steht. Es ist den Individuen intuitiv vertraut, bleibt unbewusst und wird in den einzelnen Äußerungen nicht thematisiert, verleiht den Situationen und den Äußerungen jedoch einen übergreifenden Sinn. Erst wenn die Individuen zur Definition einer Situation genötigt werden, verliert die Lebenswelt ihre Trivialität. Jedoch wird sie nie als Ganzes, sondern immer nur in Ausschnitten und zusammen mit der Situation zum Gegenstand der reflexiven Prüfung (vgl. Habermas 1981c: 184, Habermas 1981b: 449ff.).

> „Indem sich Sprecher und Hörer frontal miteinander über etwas in einer Welt verständigen, bewegen sie sich innerhalb des Horizonts ihrer gemeinsamen Lebenswelt; die bleibt den Beteiligten als ein intuitiv gewußter, unproblematischer und unzerlegbarer holistischer Hintergrund im Rücken. [...] Die Lebenswelt kann nur a tergo eingesehen werden. Aus der frontalen Perspektive der verständigungsorientiert handelnden Subjekte selber muß sich die immer nur mitgegebene Lebenswelt der Thematisierung entziehen. Als Totalität, die die Identitäten und lebensgeschichtlichen Entwürfe von Gruppen und Individuen ermöglicht, ist sie nur präreflexiv gegenwärtig. Aus der Perspektive der Beteiligten läßt sich zwar das praktisch in

> Anspruch genommene, in Äußerungen sedimentierte Regelwissen rekonstruieren, nicht aber der zurückweichende Kontext und die im Rücken bleibenden Ressourcen der Lebenswelt im Ganzen" (Habermas 1988: 348f.).

In den Fällen, in denen sich Situationsdeutungen nicht genügend überschneiden, um Handlungen wechselseitig zu koordinieren, müssen die Individuen in einen Prozess der „indirekten Verständigung" (Habermas 1981b: 444) eintreten. An dieser Stelle bleibt Habermas vage, wie die Deutungsprozesse zu einem konsensuellen Ergebnis gelangen können, wenn es an einem gemeinsamen Wissens- und Deutungsvorrat fehlt. Er begnügt sich mit dem knappen Hinweis, dass „der Sprecher [...] dem Hörer durch perlokutionäre Effekte etwas, das er (noch) nicht direkt mitteilen kann, zu verstehen" (ebd.) gibt. Bei dieser knappen Ausführung belässt es Habermas. Er unterscheidet lediglich diese Deutungsprozesse von einem rein strategischen Handeln dadurch, dass in diesen Deutungsprozessen die Sprechenden um den strategischen Einsatz perlokutionärer Sprechakten zugunsten einer gemeinsamen Situationsdefinition wissen, demnach nicht auf ein rein strategisches Handeln unter dem Deckmantel der Kommunikation zurückgreifen (vgl. hier Kapitel 4). Klar ist hingegen, dass die drei Welten – der objektiven Tatsachen, der sozialen Normen und der subjektiven Empfindungen – den Interpretationsrahmen bilden, indem intersubjektive Definitionen der Handlungssituation vorgenommen werden.

> „Kommunikatives Handeln stützt sich auf einen kooperativen Deutungsprozeß, in dem sich die Teilnehmer auf etwas in der objektiven, der sozialen und der subjektiven Welt zugleich beziehen, auch wenn sie in ihrer Äußerung thematisch nur eine der drei Komponenten hervorheben" (Habermas 1981c: 184).

Die drei Welten und die Geltungsansprüche stellen in der Theorie des kommunikativen Handelns den kategorialen Rahmen der Beurteilung einer Situation dar. Die Lebenswelt ist nicht analog zu den drei Welten zu verstehen. Sie ist der Ort, wo sich Sprechende und Hörende begegnen, um Geltungsansprüche zu erheben. Die Lebenswelt versorgt die Individuen mit Deutungsmustern und Hintergrundwissen für die objektive Welt, mit normativ gehaltvollen Beziehungsstrukturen, auf die sich regulative Äußerungen beziehen, und mit Kompetenzen der Selbstinterpretation. Zugleich stellt sie das Gegengewicht gegen das Dissensrisiko in einer Gesellschaft dar, in der alles zum Gegenstand rationaler Argumentation werden kann (vgl. Habermas 1988: 365, 379) – sie ist das Trägheitsmoment der Reflexivität.

Den Begriff der Lebenswelt eignet sich Habermas in der Diskussion mit der Phänomenologie Husserls an.[2] Gegen Husserl argumentiert Habermas, dass dieser die Konstitution einer intersubjektiv geteilten Lebenswelt nicht erklären kann. Denn Husserl – sowie seine Schüler Schütz, Berger und Luckmann – bleibt der bewusstseinsphilosophischen Tradition verhaftet. So geht Husserl von einem sich lediglich monologisch auf die Welt beziehenden Individuum aus, das in einem ersten Schritt sich und sein Denken wahrnimmt. In einem zweiten Schritt will Husserl die Konstitution der Lebenswelt, also das Eintreten des Individuums in intersubjektive Kommunikationspraktiken mit anderen erklären. In seiner Aneignung kehrt Habermas diesen Prozess um. Er konzeptualisiert Lebenswelt als einen intersubjektiven Kommunikationszusammenhang, um dann dazu überzugehen, die Konstitution von Subjektivität zu erklären (vgl. Habermas 2009f: 67-81). Zugleich gibt Habermas die Perspektive eines von außen beobachtenden Theoretikers auf, die Husserl bei der Betrachtung der Lebenswelt noch einzunehmen versucht. Diese Einsicht hält Habermas der Hermeneutik zugute. So gesteht er der Hermeneutik Gadamers eine Überlegenheit gegenüber der Phänomenologie Husserls zu (vgl. Lafont 2009a: 31). Denn während die phänomenologischen Ansätze annehmen, eine Außenperspektive einnehmen zu können, in der sie die sprachlich strukturierte Lebenswelt darstellen, weiß die Hermeneutik um die Unmöglichkeit, die teilnehmende Perspektive verlassen zu können.

> „Nun hat die Hermeneutik darüber belehrt, das wir, solange wir uns in einer natürlichen Sprache bewegen, stets Beteiligte sind und hinter die Rolle des reflektierenden Mitspielers nicht zurücktreten können" (Habermas 1971: 158).[3]

Ebenfalls distanziert sich Habermas von einer kulturalistischen Deutung der Lebenswelt, wie sie Schütz und Luckmann in „Strukturen der Lebenswelt" (Schütz/Luckmann 2003) vornehmen. Beide heben in phänomenologischer Perspektive an dem Konzept der Lebenswelt drei Momente hervor: das Hintergrundwissen, die intersubjektiv geteilten Werte und den eingrenzenden, totalen Charakter der Lebenswelt. All diese Momente werden den beiden Autoren zufolge kulturell überliefert. Der phänomenologische Blick fokussiert, wie der kulturelle Wissensvorrat genutzt wird, um Situationen zu definieren. Genügt das

[2]Zum Problem der von Habermas vorgenommenen Umdeutung des aus der Phänomenologie stammenden Lebensweltbegriffs vgl. Schnädelbach 1986: 28f.

[3]Jedoch übersieht Gadamer, so Habermas weiter, dass die hermeneutisch erschlossenen Inhalte von Herrschaftsstrukturen geprägt sind (vgl. Rehg 2009: 167).

tradierte Wissen nicht zur Definitionsfindung, wird es einer kritischen Revision unterzogen. Dieses Verständnis der Lebenswelt führt Habermas zufolge zu einer wissenssoziologischen Verkürzung des Gesellschaftsbegriffs (vgl. Habermas 1981c: 198, 208-210). Als paradigmatisches Beispiel nennt er Bergers und Luckmanns Schrift „Die gesellschaftliche Konstruktion der Wirklichkeit" (Berger/Luckmann 2004), die in ihrem Untertitel „Eine Theorie der Wissenssoziologie" den Rahmen der Analyse vorgibt.[4]

Welche für eine Gesellschaft wesentlichen Strukturen und Momente der kulturalistische Lebensweltbegriff nicht erfasst, wird im Kontext der Ausführungen Habermas' ersichtlich, die die Reproduktion der Lebenswelt thematisieren.

5.1.1 Kultur, Gesellschaft, Persönlichkeit

Aus Habermas' Kritik an dem phänomenologisch-kulturalistischen Lebensweltbegriff ergibt sich für seine eigene Theorie die Differenzierung von drei Komponenten der Lebenswelt, die er als Ressourcen kommunikativen Handelns versteht. Die drei Komponenten benennt Habermas als Kultur, Gesellschaft und Persönlichkeit (vgl. Habermas 1981c: 204-210). Als Kultur versteht Habermas tradiertes Wissen und Deutungsschemata, die zur Interpretation der drei Welten und zur Definition von Situationen genutzt werden können. „Kultur nenne ich den Wissensvorrat, aus dem sich die Kommunikationsteilnehmer, indem sie sich über etwas in einer Welt verständigen, mit Interpretationen versorgen" (Habermas 1981c: 209). Durch die konkreten Interpretationen im kommunikativen Handeln oder der diskursiven Argumentation werden neu auftretende Situationen an tradiertes Wissen angeschlossen und auf diesem Wege die Reproduktion der Kultur gewährleistet.

---

[4]Habermas zitiert zum Beleg seiner Auffassung, die Wissenssoziologie verwechsle gesellschaftlich situiertes Wissen mit der gesamten Gesellschaft, den ersten Satz aus der Schrift Bergers und Luckmanns: „Die entscheidende These dieses Buches steht in Titel und Untertitel, nämlich: daß Wirklichkeit gesellschaftlich konstruiert ist, und: daß die Wissenssoziologie die Prozesse zu untersuchen hat, in denen dies geschieht" (zitiert nach Habermas 1981c: 211). In der zwanzigsten Auflage der Schrift wird der Anspruch, die Wissenssoziologie erkläre umfassend die Konstitution gesellschaftlicher Wirklichkeit, jedoch zurückgenommen und der Wissenssoziologie lediglich die Betrachtung derjenigen Prozesse zugewiesen, die für die Reproduktion des Wissens verantwortlich sind. Dort heißt es: „Titel und Untertitel des Buches zeigen die doppelte Absicht an: durch die systematische Betrachtung der intersubjektiven Prozesse, in denen die Menschen ihr Wissen um die Welt erwerben, es gesellschaftlich verfestigen, kontrollieren und weitergeben, soll ein neuer Anfang der Wissenssoziologie gemacht werden" (Berger/Luckmann 2004: V).

> „Die kulturelle Reproduktion der Lebenswelt stellt sicher, daß in der semantischen Dimension neu auftretende Situationen an die bestehenden Weltzustände angeschlossen werden: sie sichert die Kontinuität der Überlieferung und eine für die Alltagspraxis jeweils hinreichende Kohärenz des Wissens" (Habermas 1981c: 212).

Die Gesellschaft stellt den Bereich der Normen und Institutionen einer legitimen Ordnung dar. Durch die Koordination von Handlungen über „legitim geregelte interpersonale Beziehungen (Habermas 1981c: 213) ermöglicht die Gesellschaft die soziale Integration von Individuen in die Lebenswelt. Die – bei dem lebensweltlichen Moment der Kultur offensichtliche – sprachliche Dimension von Gesellschaft diskutiert Habermas in der Auseinandersetzung mit Mead, mit dem er die Überzeugung teilt, dass Sprache den Institutionen nicht äußerlich ist, sondern sie konstituiert (vgl. Habermas 1981c: 42f.). In von Habermas als post-konventionell bezeichneten Gesellschaften existieren Institutionen nicht aufgrund einer natürlichen oder göttlichen Ordnung oder ewig gültiger Konventionen. Im Selbstverständnis moderner Gesellschaften werden, so Habermas, soziale und politische Institutionen auf die Verständigungsleistungen von Individuen zurückgeführt. Im Vollzug dieser Konstituierungsprozesse bewegen sich die Individuen laut Habermas im Reich der Gründe, mittels derer sie Institutionen legitimieren. Die Gründe, die sich an begrifflich verfassten Normen orientieren, werden Habermas zufolge kommunikativ ausgetauscht (vgl. Iser 2008: 270). Habermas' Ausführungen können so verstanden werden, dass die Legitimation gesellschaftlicher Institutionen aufgrund normativ gehaltvoller Beschreibungen (wie „rechtsstaatlich" oder „sozial verträglich") wesentlicher Bestandteil der Institutionen ist.

Die Persönlichkeit beziehungsweise die praktische Identität eines Individuums versteht Habermas als das Bündel an Kompetenzen, denen es seine Sprach- und Handlungsfähigkeit verdankt.

> „Unter Persönlichkeit verstehe ich die Kompetenzen, die ein Subjekt sprach- und handlungsfähig machen, also instandsetzen, an Verständigungsprozessen teilzunehmen und dabei die eigene Identität zu behaupten" (Habermas 1981c: 209).

Sozialisation ist laut Habermas der Prozess der Inkorporation spezifischer diskursiv-kommunikativer Fähigkeiten. Sie

> „sichert für nachwachsende Generationen den Erwerb generalisierter Handlungsfähigkeiten und sorgt für die Abstimmung von individuellen Lebensgeschichten und kollektiven Lebensformen. Interaktive Fähigkeiten und Stile der Lebensführung bemessen sich an der Zurechnungsfähigkeit der Personen" (Habermas 1981c: 213).

Eine konstitutive Bedeutung weist Habermas der Sprache ebenfalls – anlog zur Kultur und Gesellschaft – für das Selbstbewusstsein und die Identität von Individuen zu (vgl. Habermas 1981c: 12). „Durch sein ganzes Werk hindurch hat Habermas an der Auffassung festgehalten, dass das menschliche Subjekt ‚von Kopf bis Fuß' sprachlich organisiert sei" (Whitebook 2009b: 42). Habermas folgt hier ebenfalls Mead, demzufolge sich die Beziehungsstruktur, die grundlegend für das Bewusstsein und die Identität von Individuen ist, nicht zwischen einem Subjekt und einem Objekt, sondern einem „Du" und einem „Mich" aufspannt. Mit dieser an einen Dialog zwischen zwei Individuen erinnernden Terminologie drückt Mead aus, dass die Selbstwahrnehmung eines Individuums konstitutiv an die Wahrnehmung eines anderen Individuums gebunden ist. Selbstbewusstsein und Identität werden von Mead nicht als Resultat einer monologischen Introspektion beschrieben, sondern als das der Rollenübernahme innerhalb der Kommunikation mit anderen (vgl. Mead 1980: 240ff., Habermas 2009f: 269). Der Blick auf „Mich" durch die Augen des Gegenübers, den ich mit „Du" anspreche, ermöglicht die reflexive Selbstbestimmung. Die Überlegungen Meads greift Habermas auf, indem er die Hinwendung zur jeweils eigenen Identität als eine normativ gehaltvolle Beschreibung gegenüber anderen und durch andere sowie durch sich selbst bestimmt. Analog zu seiner Reflexion auf die Konstitution von Institutionen betont Habermas die im Medium der Kommunikation vollzogene wechselseitige Charakterisierung – wie die, ein freies, selbstbestimmtes Individuum zu sein –, aufgrund derer er Sprache als wesentliche Struktur von Selbstbewusstsein und Identität auffasst. Dass die „intersubjektiv anerkannte Selbstidentifikation die Grundlage für die Behauptung der jeweils eigenen Identität" (Habermas 1976: 21) darstellt, fasst Habermas in Anlehnung an die entwicklungspsychologischen Studien Lawrence Kohlbergs begrifflich als post-konventionelle Identität. Diese Form der Identität wird nicht mehr primär durch gesellschaftliche Konventionen vorgegeben, durch eine Zugehörigkeit zu Gruppen oder einem Stand, sondern durch die Anerkennung der Einzigartigkeit der eigenen Personen durch andere. Die in kommunikativen Beziehungsstrukturen vollzogene Anerkennung anderer stellt Habermas zufolge die Voraussetzung dar, sich selbst als ein moralisch handelndes und urteilendes Individuum zu verstehen. Daher können all jene Theorien, die lediglich über einen instrumentellen Handlungsbegriff verfügen, Bewusstseins- und Identitätsbildungsprozesse nicht erfassen, weil diese Theorien primär die Durchsetzung von Zielen gegenüber anderen in den Fokus rücken, die Anerkennung anderer dafür jedoch sekundär ist (vgl. Habermas 2009f: 286f., 293f.).

In Habermas' Schriften wird die voraussetzungsreiche, normativ gehaltvolle Struktur des Anerkennungsprozesses nicht vollständig in den Blick gerückt, sodass ein Verständnis seiner Überlegungen weiterer Ausführungen bedarf.

5.1.2 Exkurs: Anerkennung

Innerhalb der Tradition der Kritischen Theorie hat es Honneth nachgeholt, die Figur der Anerkennung genauer zu explizieren. Den Begriff der Anerkennung entlehnt Honneth der Philosophie Hegels. Während seiner Zeit in Jena entwickelt Hegel ein Konzept der Anerkennung, dem zufolge ohne die wechselseitig vollzogene Anerkennung – dass andere ebenfalls Träger eines Bewusstseins sind – weder die Entstehung eines individuellen Selbstbewusstseins, noch eine Welt gemeinsamer Bedeutungen möglich ist (vgl. Siep 1992: 11f.). Durch die sozialpsychologischen Studien Meads ist es Honneth möglich, sich Hegels Motiv wechselseitiger Anerkennung für eine zeitgenössische Sozialtheorie anzueignen. Denn Mead hat, so Honneth, Hegels bewusstseins- und geschichtsphilosophische Konzeption der intersubjektiven Anerkennung pragmatisch und materialistisch in einem psychologischen Vokabular reformuliert (vgl. Honneth 1994b: 114f.). Auf diesem Wege der Aneignung Hegelscher Gedanken gelingt es Honneth, entwicklungspsychologische Prozesse einer gelungenen Identitätsbildung sozialtheoretisch zu reflektieren und mit dem Begriff der wechselseitigen Anerkennung zu fassen. Beziehungen wechselseitiger Anerkennung sind als sozialstrukturelle Bedingung einer gelungenen Identitätsbildung von Individuen zu verstehen, da Individuen erst durch die Anerkennung anderer zu Überzeugungen darüber gelangen, welche Fähigkeiten, Bedürfnisse und Ziele es wert sind, verfolgt zu werden. Ohne eine Form wechselseitiger Anerkennung sind Individuen nicht in der Lage, Selbstachtung und Selbstvertrauen zu entwickeln. Honneths Perspektive gilt hier der

> „soziale[n] Ermöglichung […] einer gelingenden Selbstbeziehung. Und diese wird als Ergebnis einer kooperativen Beziehung gedacht, die die Selbstverwirklichung eines jeden von der reziproken Wertschätzung aller anderen abhängig macht" (Habermas 2009a: 3).

Mittels des Begriffs der Anerkennung fasst Honneth diejenigen expressiven alltagspraktischen und verhaltensbezogenen Momente der Lebenswelt, die in Handlungen realisiert werden, in denen sich Individuen intersubjektiv aufeinander beziehen.

> „[S]ich wechselseitig anerkennen heißt hier nicht nur, einander in einer bestimmten, bestätigenden Einstellung zu begegnen, sondern impliziert auch und vor allem, sich gegenüber dem Anderen in einer [bestimmten] Weise zu verhalten" (Honneth 2001a: 82).

Diese spezifische Verhaltensweise wird von Honneth in Begriffen der Rücksichtnahme beschrieben. Seine eigenen Bedürfnisse anderen gegenüber einzuschränken und nur bestimmte Neigungen als Handlungsmotive gelten zu lassen, ist die Grundlage der Anerkennung. Anerkennung drückt eine Haltung der Bejahung individueller Neigungen und Bedürfnissen aus, der eigenen wie die der anderen. In diesem Sinne erfahren sich Individuen durch andere als wertzuschätzende Personen, weil diese sich ebenfalls einschränken.

Das Verständnis einer gelingenden Selbstbeziehung entwickelt Honneth durch die Rekonstruktion der von Individuen formulierten Ansprüche auf Bestätigung ihrer Identität. Honneths Vorgehen lässt sich daher als rekonstruktive Suche nach der von ihm so bezeichneten moralischen Grammatik sozialer Praktiken und Institutionen beschreiben. Sein Zugriff auf das Verständnis einer gelingenden Identitätsbildung erfolgt dabei in negativer Form. Denn es sind die sozialen Erfahrungen der Missachtung von Anerkennungsansprüchen, die er in den Fokus seiner Theorie rückt (vgl. Honneth 2000b: 88-109). Diese Erfahrungen der Missachtung werden von ihm zum einen als Momente verstanden, welche einer gelingenden Identitätsbildung entgegenstehen – Honneth geht hier davon aus, dass Missachtungserfahrungen die auf intersubjektive Bestätigung angewiesene Selbstbeziehung von Individuen beschädigen (vgl. Honneth 2000b: 180f.). Zum anderen ermöglichen diese Erfahrungen, auf eine allgemeine Vorstellung von einer gelingenden Identitätsbildung in Beziehungen wechselseitiger Anerkennung zu schließen (vgl. Honneth 1994b: 150).[5]

5.1.3 Reproduktion, Rationalisierung und Veränderung der Lebenswelt

Von dem phänomenologisch-kulturalistischen Lebensweltbegriff unterscheidet sich der Lebensweltbegriff der Theorie des kommunikativen Handelns durch die Benennung mehrerer Begriffsmomente. Der kulturalistische Begriff der Lebenswelt deckt zwar Verständigung und Tradierung des Wissens ab. Neben der Überlieferung von Wissensbeständen und Werten (Kultur) kann Habermas jedoch

[5]Insbesondere in seinen späteren Schriften widmet sich Honneth dem „internen Zusammenhang zwischen einer solchen Form von Anerkennung und der menschlichen Freiheit" (Honneth 2010: 8, vgl. Honneth 2001a: 84). Den Begriff der Anerkennung setzt er in ein Verhältnis zur individuellen Autonomie und betont, dass Individuen nur durch Formen wechselseitiger Anerkennung zur individuellen Autonomie gelangen.

darüber hinaus die Sozialisation von Individuen (Persönlichkeit) und die normative Ordnung (Gesellschaft) mit seinem Begriff der Lebenswelt reflektieren. Wird ein Begriffsmoment zu stark hervorgehoben, ergibt sich entweder eine kulturalistische, eine institutionalistische oder eine sozialisatorische Verengung des Lebensweltkonzepts.

Reproduziert wird die Lebenswelt in Form eines kreisförmigen Prozesses durch die Interpretationsleistungen der Individuen, die ihr Handeln über kritisierbare Geltungsansprüche koordinieren und auf diesem Wege Wissen tradieren, normative Ordnungen stabilisieren und kooperative Fähigkeiten ausbilden[6] (vgl. Habermas 1981b: 532f., Habermas 1988: 345f., 397f.). Denn jede über eine Definition der Situation vollzogene Handlungskoordination kann, so Habermas, als ein Setting verstanden werden, das normativer Regeln bedarf, die im kommunikativen Handeln bestätigt werden. Zugleich bewirkt die Teilnahme an der kommunikativen Praxis die Tradierung kulturellen Wissens sowie die Internalisierung von Fähigkeiten, sprich die Sozialisation von Individuen.

> „Indem sich die Interaktionsteilnehmer miteinander über ihre Situation verständigen, stehen sie in einer kulturellen Überlieferung, die sie gleichzeitig benützen und erneuern; indem die Interaktionsteilnehmer ihre Handlungen über die intersubjektive Anerkennung kritisierbarer Geltungsansprüche koordinieren, stützen sie sich auf Zugehörigkeiten zu sozialen Gruppen und bekräftigen gleichzeitig deren Integration; indem die Heranwachsenden an Interaktionen mit kompetent handelnden Bezugspersonen teilnehmen, internalisieren sie die Wertorientierungen ihrer sozialen Gruppe und erwerben generalisierte Handlungsfähigkeiten" (Habermas 1981c: 208).[7]

Einen (ersten) historischen Zug erhalten die Charakterisierungen der Lebenswelt durch Habermas' normativistische Beschreibung ihrer Rationalisierung, an der er drei Gesichtspunkte unterscheidet: a) die strukturelle Differenzierung, b) die Trennung von Form und Inhalt in Kultur, Gesellschaft und Persönlichkeit, c) die dauerhafte Reflexivität der symbolischen Reproduktion (vgl. im Folgenden Habermas 1981c: 219ff.). a) Die Momente von Kultur und Gesellschaft differenzieren sich in dem Sinne, dass das institutionelle Setting einer Gesellschaft zunehmend unabhängiger wird von den kulturell tradierten Weltbildern. Die moralischen Inhalte der Weltbilder bilden nicht mehr (zwingend) die Grundlage

---

[6]In den Worten Menkes: durch Übung (vgl. hier Kapitel 4).

[7]Diese Ausführungen Habermas' beziehen sich auf die normativ-symbolische Reproduktion. Die materielle Reproduktion findet in den Systemen statt (vgl. Habermas 1981c: 209).

der Ausgestaltung der institutionellen Ordnung. So kann Religion zwar weiterhin Bestandteil der Kultur, jedoch nicht mehr maßgeblich für die normativ reichhaltigen Beziehungen der Individuen untereinander sein. Die Differenzierung von Persönlichkeit und Gesellschaft bedingt die „Erweiterung des Kontingenzspielraums für die Herstellung interpersoneller Beziehungen" (Habermas 1981c: 219). Die gesellschaftlichen Beziehungen, in die Individuen geboren werden, erweisen sich offener gegenüber der Ausbildung der Persönlichkeit. Das Individuum kann wiederum Beziehungen eingehen, die nicht durch die Beziehungen, in die es hineingeboren wird, festgelegt werden. Während in einer ständischen Gesellschaft Individuen stark von dem Stand und dem Beruf des Vaters geprägt werden, nur dementsprechende interpersonelle Beziehungen eingehen und pflegen (können), bedingt in modernen Gesellschaften das primäre sozialisatorische Umfeld weitaus weniger die Persönlichkeit und die nicht-familiären Beziehungen.[8] Im Verhältnis von Persönlichkeit und Kultur wird die Reproduktion kultureller Inhalte zunehmend im Medium der Kritik mündiger Individuen vollzogen. Kulturelles Wissens wird nicht lediglich tradiert, sondern im Prozess der Weitergabe kritisch reflektiert und modifiziert, wenn es die Situation erfordert.

b) Die für Differenzierungsprozesse typische Trennung von Form und Inhalt beschreibt Habermas recht knapp (vgl. Habermas 1981c: 220). Kulturelle Inhalte, die konstitutiv für kollektive Identitäten sind, werden von den konkreten Inhalten mythischer Weltbilder gelöst und auf formale Elemente wie legitime Verfahren oder abstrakte Grundwerte reduziert. Als Veranschaulichung genügt die Vorstellung eines Kollektivs, dessen Identität durch eine religiöse Überlieferung konkret konstituiert wird. Wer die Gruppe und die Individuen sind und wie diese zu leben haben, wird durch sakrale Texte und deren Regeln bestimmt, die minutiös vorgeben, wie und wann zu beten, zu essen und auf Grundlage welcher Handlungen spezifische Strafen zu folgen haben. Im Unterschied zu diesem Kollektiv zeichnet eine moderne, differenzierte Gesellschaft aus, dass deren Identität nicht durch eine religiöse Institution verbürgt wird, sondern primär durch abstrakte Gesetze und lediglich formal bestimmte Verfahren. Dass die Bürger/innen Träger/innen von subjektiven Rechten sind, die einen Raum negativer Freiheit gewähren, ohne konkret festzulegen, worin diese Freiheit besteht, und zugleich eine Teilnahme am gesellschaftlichen Leben ermöglichen sollen, bestimmt das Selbstverständnis und die Identität dieser Gesellschaft (vgl. Menke 2008b, Menke 2009). Die das

[8]Das bedeutet nicht, dass das die primären Sozialisationsinstanzen und -strukturen gar keinen Einfluss auf Persönlichkeit und das Aufnehmen interpersoneller Beziehungen haben (vgl. dazu Steinkamp 2002, Hradil/Schiener 2005: 422-434).

Zusammenleben grundlegend bestimmenden Regeln dieser Gesellschaft bilden von der Legislative erlassene Gesetze. Die Verfahren zur Bildung des gesetzgebenden Organs stellen freie und gleiche Wahlen dar. Für das lebensweltliche Moment der Gesellschaft zeigt sich die Trennung von Form und Inhalt Habermas zufolge in der Ablösung der interpersonellen Beziehungen von konkreten Lebensformen. In hochgradig differenzierten Gesellschaften bildet sich ein eigenes Rechts- und Moralsystem aus, dass sich von anderen ebenso stark differenzierten Gesellschaften nicht wesentlich unterscheidet. Vielmehr gleichen sich die Rechts- und Moralsysteme der jeweiligen modernen Gesellschaften strukturell darin, einen universellen Anspruch zu vertreten und inklusiv zu sein.

Ebenso die Persönlichkeit löst sich von konkreten Inhalten und Gegenständen, anhand derer sie Denk- und Handlungsfähigkeiten ausbildet. Hier können spielende Kinder als Beispiel dienen, die die Fähigkeit zur Rollenübernahme anhand interaktiven Spielzeugs oder durch das Erzählen von Geschichten erlernen – der Fokus liegt hier auf dem Erlernen formaler Kompetenzen, nicht auf den jeweiligen Gegenständen der Erfahrung. Die Differenzierung der Persönlichkeit wird von Habermas ebenfalls im Kontext moraltheoretischer Überlegungen dargestellt. Während seiner Zeit als Ko-Direktor des Starnberger Max-Planck-Instituts wird für ihn die Idee des genetischen Strukturalismus Piagets grundlegend, dass sich die kognitive und moralische Urteilsfähigkeit von Individuen nach einem universellen Muster von einer Stufe zur nächst höheren fortbildet. Motor dieser Entwicklung ist das aktive Bestreben der Heranwachsenden, diejenigen Erfahrungen, die in Widerspruch zu ihrem bisherigen Erleben stehen, in allgemeinere kognitive und moralische Urteilsschemata zu integrieren (vgl. Nunner-Winkler 2009a: 59f.). Dieses normative Lernen aufgrund von Erfahrungen ist ein langjähriger Prozess, der vom Erlernen einfacher Kulturtechniken (wie Kochen) oder dem Erwerb motorischer Fähigkeiten (wie Radfahren) zu unterscheiden ist. In diesem Prozess übernimmt das Individuum nicht einfach vorgegebene Routinen oder Handlungsmuster, sondern entwickelt selbstreflexiv erweiterte moralische und kognitive Urteilsfähigkeiten (vgl. Nunner-Winkler 2009b: 347). So nehmen Kleinkinder an, die Welt sei so, wie sie sie wahrnehmen, und bilden erst später das Bewusstsein einer Differenz zwischen ihrer moralischen Weltsicht und der Weltsicht konkreter anderer aus. In der Adoleszenz entwickeln Heranwachsende die Fähigkeit, von einzelnen Individuen zu abstrahieren und die eigenen moralischen Auffassungen mit systematischen Anforderungen der Gesellschaft zu kontrastieren. Als abgeschlossen gilt das Lernen, sobald gegebene gesellschaftliche Anforderungen und moralische Einstellungen in der Perspektive aller Individuen hinterfragt werden können.

Ebenso greift Habermas die Theorie moralischer Entwicklung Kohlbergs auf.[9] Er geht davon aus, dass das Individuum sich affirmierend oder negierend zu gesellschaftlichen Werten und Normen, die in der frühen Lebensphase primär durch familiäre Bezugspersonen vermittelt werden, beziehen kann. Je älter das Individuum wird, desto abstrakter werden die Werte und Normen, weil diese Teil unterschiedlicher, sich auch widersprechender Rollenerwartungen sind. Um sie in die eigene Identität integrieren zu können, müssen sie abstrakt gehalten werden. (vgl. Habermas 1976: 22f.). Kohlbergs Schema unterteilt diese Entwicklung in präkonventionelle (Stufe 1, 2), konventionelle (Stufe 3,4) und postkonventionelle Moralverständnisse. Auf einer ersten Stufe folgen Individuen Normen nur aus Angst vor Bestrafung oder, im Falle der zweiten Stufe, aufgrund einer zu erwartenden Belohnung. Erst auf der dritten Stufe entwickelt das Individuum ein Bewusstsein für Normativität. Dort folgt es internalisierten Normen aufgrund der Annahme, dass diese richtig sind. Auf der vierten Stufe folgt das Kind den Normen, um soziale Ordnung aufrecht zu erhalten. Erst auf der letzten Stufe der postkonventionellen Moral hinterfragt das Individuum Normen durch die Zuhilfenahme der ihm zur Verfügung stehenden Gründe (vgl. Iser 2008: 94).[10]

c) Dauerhaft reflexiv wird die symbolische Reproduktion der Lebenswelt laut Habermas in dem Sinne, dass die (in den mythischen Weltbildern noch amalgamierten) Geltungsansprüche differenziert und in jeweiligen Fachkulturen zum Gegenstand einer dauerhaft institutionalisierten Diskussion werden (vgl. Habermas 1981c: 220f.). Herrschaftsformen und Beziehungsstrukturen verlieren den Schein der Natürlichkeit, weil deren Legitimität in Rechtswissenschaften und der Moralphilosophie kritisch reflektiert wird. Kulturelles Wissen über die objektive Welt wird in den Naturwissenschaften experimentell geprüft. Die Gestaltung der Erziehungsformen wird religiösen Institutionen entzogen und zur Aufgabe einer professionalisierten Pädagogik in Kindertagesstätten oder Schulen.

Zusammengefasst lässt sich mit Habermas der rationale Gehalt der Differenzierung wie folgt benennen: Kulturelle Traditionsbestände werden einer reflexiven Dauerprüfung unterzogen; die Legitimität gesellschaftlicher Ordnung wird in diskursiven Normsetzung- und Normbegründungsverfahren geprüft; die Persönlichkeit von Individuen wird in eine abstrakte, selbstgesteuerte Ich-Identität überführt.

---

[9]Vgl. Habermas' Auseinandersetzung mit Kohlberg in Habermas 1983: 127-206.

[10]Mit dieser Bestimmung der höchsten Entwicklungsstufe erweisen sich Piaget wie Kohlberg als kantianisch geprägte Entwicklungspsychologen, die den von Kant definierten kategorischen Imperativ – die eigene Handlungsmaxime hinsichtlich ihrer Verallgemeinerbarkeit zu prüfen – als Endpunkt eines moralischen Bildungsprozesses ausweisen.

Diese rationalen Gehalte bilden für Habermas zugleich den normativen Fluchtpunkt der Moderne, den er auf die Losung „Selbstbewußtsein, Selbstbestimmung und Selbstverwirklichung“ (Habermas 1988: 391) bringt.[11] Denn reflexive Kulturen zeichnen sich durch einen hohen Grad an Selbstbewusstsein aus. Die Prozesse der legitimen Setzung von Recht verbürgen ein enormes Maß an Selbstbestimmung. Die selbstgesteuerte Persönlichkeit ermöglicht den Individuen, sich zu verwirklichen und abseits vorgegebener Entscheidungen eigene Urteile zu fällen (vgl. Habermas 1988: 399f.).[12] Bezogen auf einzelne Situationen, in denen kommunikativ gehandelt wird, stellt sich die Rationalisierung der Lebenswelt als Möglichkeit der Distanzierung vom Intuitiven dar. Zwar wird in Situationen nie die gesamte Lebenswelt als Ganzes präsent. Jedoch werden einzelne Momente als Ressource kommunikativen Handelns bewusst reflektiert (vgl. Habermas 1981c: 203). Die Individuen müssen diese Momente durch Interpretationsleistungen mit der jeweiligen Situation vermitteln und gegebenenfalls infrage stellen. Überkommenes Wissen wird revidiert, als unmoralisch empfundene gesellschaftliche Institutionen werden reformiert und unzeitgemäße Ansprüche an die Fähigkeiten einer Persönlichkeit werden reformuliert (vgl. Habermas 1988: 399f.). Die Lebenswelt reproduziert sich nicht nur im kommunikativen Handeln. Das kommunikative Handeln stellt zugleich das Medium der Veränderung der Lebenswelt dar.

5.1.4 Alles Ideologie? Zum Status der Bestimmung der rationalisierten Lebenswelt

Sicherlich lässt sich an dieser Stelle sofort einwenden, dass Habermas einer harmonisierenden Selbstbeschreibung moderner Gesellschaften auf den Leim geht und die realen Antagonismen innerhalb der Lebenswelt ausblendet. Einige Beispiele sollen verdeutlichen, wie eine solche Kritik aussehen kann. Der Auffassung, Individuen verfügen über die Fähigkeit, ihre eigene abstrakte Persönlichkeit

---

[11]Iser spricht im Sinne Habermas’ von Differenzierung, Inklusion, Individualisierung (vgl. Iser 2008: 108).

[12]Hier und mit Blick auf die ebenfalls differenzierten Geltungsansprüche wird ersichtlich, wieso Habermas Horkheimers und Adornos Auffassung der total integrierten Gesellschaft nicht überzeugt. Denn das isolierte Hervortreten der Geltungsansprüche – die sich auf kulturelles Wissen (Kultur), auf interpersonelle Beziehungen (Gesellschaft) und das subjektive Empfinden (Persönlichkeit) beziehen – bedingt die Möglichkeit, kritisch zu den erhobenen Ansprüchen Stellung zu nehmen.

zu steuern, hält bereits Freud entgegen, dass das Individuum „nicht Herr sei in seinem eigenen Haus“ (Freud 1974c: 11). Freuds Aussage ist als Kritik neuzeitlicher Subjektvorstellungen zu verstehen. Diese blenden Freud zufolge aus, dass Individuen nicht als vollends rational agierende Subjekte konzeptualisiert werden können. Vielmehr offenbart der psychoanalytische Blick, dass die Handlungsmotive von Individuen einen triebhaften Grund haben, über den Individuen nicht autonom verfügen können (vgl. Freud 1974a: 289-294) und die einer Bedürfnisstruktur folgen, die sich nicht in einem rationalistischen Paradigma abbilden lässt. Im Kontext der Kritik rationalistischer Subjektvorstellung ist auch Menkes praxeologische Thematisierung des Ursprungs derjenigen Fähigkeiten zu verorten, die die Teilnahme an sozialen Praktiken ermöglichen (vgl. hier Kapitel 4). Die Skizze der Subjektivierungsprozesse als Transformation der sogenannten dunklen Kräfte in Kompetenzen und Fähigkeiten sowie die Betonung der konstanten Möglichkeit der Regression dieser Fähigkeiten durch dieselben Kräfte zeigt, dass Persönlichkeit zum einen in etwas ihr Äußerlichem gründet und sie zum anderen jederzeit von ihrem Grund unterwandert und zersetzt werden kann. Autonom ist sie daher nicht.

Doch nicht allein gegen Habermas' Vorstellung der autonomen Persönlichkeit lassen sich Argumente anführen. Seiner Beschreibung einer selbstbestimmten Gesellschaft, deren Gesetze sich freie und gleiche Bürger/innen geben, lässt sich erwidern, dass diese Gesetze Ausdruck gesellschaftlicher Kräfteverhältnisse sind. Die legislativen staatlichen Organe stellen kein neutrales Medium dar, in dem sich die Willen der Einzelnen unparteilich abbilden und in Gesetzen niederschlagen. Vielmehr spiegelt sich in diesen staatlichen Organen eine Asymmetrie wider, die innerhalb der Gesellschaft zwischen verschiedenen Individuen vorherrscht (vgl. Brand 2001: 79-84). Die Annahme, Bürger/innen bestimmen als Freie und Gleiche die Gesellschaft, wird in dieser Perspektive, die die Vorherrschaft stärkerer Interessen fokussiert, ad absurdum geführt. In einer solchen hegemonietheoretischen Perspektive lässt sich ebenfalls kulturell tradiertes Wissen als Ausdruck eines partikularen Interesses entschlüsseln. Denn das zur Lösung gesellschaftlicher Probleme verwendete Wissen entstammt oftmals der von Habermas thematisieren Fachkultur und aus akademisch-intellektuellen Kreisen. Diese Kreise betrachtet Gramsci nicht lediglich als Wissenschaftler/innen, sondern zugleich in ihrer Rolle als Experten/innen und als enorm einflussreiche Gestalter/innen gesellschaftlicher Prozesse. Dabei sind – gerade die von Gramsci sogenannten organischen – einflussreichsten Intellektuellen nicht ungebundene Individuen, sondern Repräsentanten/innen einer führenden gesellschaftlichen Gruppe, deren Interessen die Intellektuellen durch die Organisation, Verwaltung und Verbreitung eines spezifischen Wissens in staatlichen Institutionen, öffentlichen Medien und

Bildungseinrichtungen vertreten. Demnach kann ein allgemein gültiges Wissen, das zur Lösung gesellschaftlicher Probleme verwendet wird, als Ausdruck einer kulturellen Hegemonie entschlüsselt werden (vgl. Gramsci 1996a: Heft 4 § 49, Gramsci 1996b: Heft 6 §88, Gramsci 1996c: Heft 19 § 24).[13]

All diese Einwände ließen sich in der jeweiligen Perspektive gegen Habermas vorbringen und inhaltlich ausgiebig diskutieren. Denn sicherlich geht Habermas davon aus, dass der modernen Vorstellung von Kultur, Gesellschaft und Persönlichkeit die eben beschriebenen normativen Momente des Selbstbewusstseins, der Selbstbestimmung und Selbstverwirklichung konstitutiv eingeschrieben sind. Die von ihm bewusst gewählte Methode der idealisierten Rekonstruktion dient jedoch der Klärung des normativen Bezugspunkts seiner Theorie. Will eine Theorie Kritik an unterschiedlichen Phänomenen üben, muss Habermas zufolge zu allererst diese Ebene der Normativität wissenschaftlich rekonstruiert werden. Erst eine solche Rekonstruktion weist das Fundament begründet aus, auf das letztendlich eine hegemoniekritische sowie eine psychoanalytische Betrachtung selbst verweisen: auf eine unverzerrte Selbstbestimmung freier und gleicher Individuen und ein selbstbestimmtes Subjekt.[14] Daher kann eine Kritik Habermas' Betrachtung auf der Ebene der Faktizität zwar als falsch ausweisen – dieses Vorgehen würde jedoch den Status der Beschreibungen der Moderne missverstehen. Daher versucht die vorliegende Arbeit zu zeigen, dass die Theorie des kommunikativen Handelns einer erweiterten Perspektive bedarf, will sie ausgehend von ihrem normativen Fundament eine Kritik an Formen der Heteronomie hinsichtlich von Kultur, Gesellschaft und Persönlichkeit üben. Während das vorherige Kapitel für die Erweiterung der Perspektive durch die hermeneutische Interpretation des Ästhetischen argumentierte, zeigt dieses Kapitel, dass die Theorie des kommunikativen Handelns eines Begriffes sozialer Kämpfe bedarf, um die Rationalisierung

[13]Dass beispielsweise über einen langen Zeitraum Kernenergie als Antwort auf gesamtgesellschaftliche Energieversorgungsprobleme verstanden wurde, lässt sich in einer hegemonietheoretischen Perspektive nicht auf ein allgemeingültiges, wissenschaftlich belegtes Wissen über die ökologischste, sozialverträglichste und effizienteste Art der Energiegewinnung zurückführen. Vielmehr lässt sich das beharrliche Festhalten an der Atomenergie – bis zur Reaktorkatastrophe in Fukushima – als hegemoniales Projekt einer Verschmelzung von industriellen Interessen, parteipolitischen Befangenheiten und wissenschaftlichen Think Tanks begreifen.

[14]Ein Bezugspunkt, an dem Freud bekanntlich zeitlebens festhielt. So folgt seine therapeutische Praxis dem Ziel der Wiederherstellung sich selbst bewusster, individueller Handlungsfähigkeit.

Lebenswelt den Adressierten der Theorie als einen historischen Prozess näher zu bringen, in dem sich ihre Erfahrungen widerspiegeln.

5.1.5 Evolution statt Geschichte – die Rationalisierung der Lebenswelt

Zur Rekonstruktion der Rationalisierung der Lebenswelt greift Habermas auf das Theorem sozialer Differenzierung – das bereits Spencers und Webers Studien prägt – zurück, da es sich besonders dazu eignet, die Genese der Gesellschaft sowie einzelner Teilbereiche als evolutionären statt als historischen Prozess zu betrachten.[15]

> „Die Evolutionstheorie bezieht sich weder auf das Ganze der Geschichte noch auf einzelne geschichtliche Vorgänge, soweit diese als historische, nämlich erzählbare Ereignisfolgen vorgestellt werden. Vielmehr tritt das historische Material unter Bestimmungen sozialer Evolution [und wird in eine entsprechende Darstellung überführt, M.B.]" (Habermas 1976: 248)

Die evolutionäre unterscheidet sich von der geschichtlichen Darstellung dadurch, dass sie die Entwicklungslogik statt der -dynamik sowie „rational nachzurekonstruierende Muster" (ebd.) statt konkreter Ereignisse abbildet. Die sozialevolutionäre Darstellung zielt auf den Ausweis der Entfaltung von normativen Rationalitätspotentialen, auf die sich die Theorie des kommunikativen Handelns beziehen kann. Der Vorteil der Theorie sozialer Evolution besteht darin, abseits historisch kontingenter Momente der Geschichte allgemeine Strukturen der Entwicklung zu rekonstruieren. Problematisch ist die dafür einzunehmende Perspektive, in der die jeweilige Entwicklung von einem vermeintlichen Endpunkt aus beobachtet wird (vgl. Eder 2009: 65). Habermas selbst ist sich jedoch bewusst, dass Rationalisierungsprozesse oftmals Resultat zufälliger historischer Konstellationen sind, die reale Entwicklung nicht gradlinig verläuft und ebenso bereits erreichte Rationalitätsniveaus wieder unterschritten werden können (vgl. Habermas 1976: 155). Der von Habermas angeeignete Evolutionsbegriff ist daher frei von den starken Implikationen der Evolutionstheorie. Er ist zwar sensibel für

[15]Daher dominieren trotz einiger, seit den neunzehnhundertachtziger Jahren entwickelter, historisch orientierter handlungstheoretischer Ansätze systemtheoretische Differenzierungstheorien die historische Soziologie (vgl. Bachmann 2016: 216f.).

rational nachrekonstruierbare Entwicklungslinien sozialer Evolution, hat jedoch die Annahme einer Kontinuität, Unilinearität und Irreversibilität der Entwicklung fallen gelassen (vgl. Honneth/Joas 1980: 149). Unproblematisch ist Habermas' Darstellung sozialer Evolution dennoch nicht. Da der evolutionäre Prozess „nicht [...] in Erzählform gebracht werden" (Habermas 1976: 244f.) kann, müssen die Entwicklungsstufen der rationalen Strukturen „als abstrakte Übergänge zu neuen Lernniveaus gedacht werden" (ebd.). Diese Form der Darstellungen ist – wie bereits in Kapitel 3 dieser Arbeit ausgeführt – frei von narrativen Elementen, sodass die Adressierten der Theorie ihre eigenen Erfahrungen in der Darstellung nicht wiederfinden.

> „Eine nach diesem Erklärungsmuster verfahrende Theorie der sozialen Evolution hat sich nun allerdings von dem historischen Realprozeß, den sie unter dem Gesichtspunkt gesellschaftlichen Fortschritts ja zu strukturieren helfen sollte, restlos freigemacht. Die entwicklungslogische Erklärung der soziokulturellen Evolution muß von dem bestimmten Ereigniszusammenhang und den einmaligen Erfahrungsgehalten, in deren historischen Rahmen soziale Gruppen folgenreich geschichtlich handeln, abstrahieren, um überhaupt den evolutionären Prozeß der Durchsetzung allgemeiner, nämlich prinzipiell gattungsgeschichtlicher Lernerfolge analysieren zu können" (Honneth/Joas 1980: 152f.).

Die Theorie des kommunikativen Handelns erreicht deswegen ihre Adressaten/innen nicht und kann das Rationalitätsniveau diesen gegenüber nicht als normativen Maßstab begründet ausweisen, da sie den Maßstab nicht auf ihre eigene gesellschaftliche Situation beziehen können. Zugespitzt formuliert, erkennen die Adressierten die Rationalitätsniveaus in ihrer eigenen sozialen Umgebung nicht wieder, da die Darstellung eine zu starke Abstraktion von denjenigen Momenten vornimmt, die den Individuen vertraut sind. Das Typische der Darstellung verliert seine Qualität, zwischen allgemeiner Entwicklung und individueller Lage zu vermitteln (vgl. hier Kapitel 3). Zudem kann die Theorie des kommunikativen Handelns der von Habermas formulierten kritischen Intention nicht nachgehen, rettend zu verfahren. Denn konkrete normative Ansprüche, die in der Geschichte verdrängt wurden und Gefahr laufen, dem Vergessen anheim zu fallen, kann eine Theorie sozialer Evolution nicht erschließen. Gegenüber diesen Stimmen erweist sie sich als taub. An Habermas' Rekonstruktion der Rationalisierung Lebenswelt lässt sich die Erfahrungsarmut seiner Theorie wahrnehmen. Zugleich zeigt die Rekonstruktion, wie sich die im vorherigen Kapitel dieser Arbeit skizzierten Geltungsansprüche und Rationalitätstypen differenziert haben.

Mit Weber stimmt Habermas überein, dass sich die Genese der Lebenswelt differenzierungstheoretisch fassen lässt. Im Gegensatz zu Weber rekonstruiert

Habermas diesen Prozess in der Perspektive verständigungsorientierten Handelns (vgl. Habermas 1981b: 455-459). Der kommunikationstheoretische Rahmen der Rekonstruktion steht nicht im Widerspruch zur Haltung dieser Arbeit, dass die Darstellung sozialer Evolution zu abstrakt gerät. Denn diese Rahmung legt lediglich fest, dass sich die evolutionär etablierten Niveaus auf die ebenso abstrakt gehaltenen Unterscheidungen der Handlungs- und Rationalitätstheorie beziehen lassen. Die sprachpragmatischen Überlegungen Habermas' führen gegenüber Weber jedoch zu einem erweiterten Konzept der Rationalität, die im Zuge der Differenzierung anwächst. Weber betrachtet die Rationalisierung der Lebenswelt lediglich unter dem Aspekt der Zweckrationalität und des instrumentellen Handelns. Daher nimmt er ausschließlich ein Diffundieren zweckrationaler Einstellung in alle gesellschaftlichen Bereiche wahr, blendet jedoch praktisch-moralische Aspekte der Lebenswelt aus. Letztendlich fallen in Webers historischer Soziologie Moderne und die im Kapitalismus dominierende Einstellung instrumenteller Naturbeherrschung in eins (vgl. Habermas 1981c: 449). Habermas' Reformulierung der Differenzierungstheorie zeigt sich dagegen sensibel gegenüber der Zunahme von Verständigungsprozessen innerhalb der Lebenswelt, die Weber nicht in den Blick bekommt.

Während seiner Zeit am Starnberger Max-Planck-Institut zur Erforschung der Lebensbedingungen arbeitet Habermas zusammen mit anderen Forschenden daran, das hier oben bereits dargestellte Entwicklungsschema Piagets auf den Zivilisationsprozess insgesamt zu übertragen (vgl. Nunner-Winkler 2009a: 60). Die von den Heranwachsenden geleistete sukzessive Integration von kognitiven Widersprüchen in allgemeinere Wahrnehmungs- und Beurteilungsschemata wird in ein Model sozialer Evolution überführt. Da Habermas jedoch die Vorstellung eines Gattungssubjekts überwunden hat, ist diese Analogie als ein heuristisches Mittel zu verstehen, die ihm hilft, Differenzierungsprozesse darzustellen. Problematisch ist nicht die Übertragung dieses Models vom Individuum auf den Zivilisationsprozess an sich, sondern die innerhalb des Models enthaltenen Annahmen. So werden die angeblich universellen Strukturen kognitiver Entwicklung ebenso kritisch diskutiert (vgl. Strecker 2009: 226), wie die modernisierungstheoretischen Implikationen, denen zufolge es einen einzigen Pfad zu genau einer Form moderner Gesellschaft gibt. Im Rahmen der Debatten zu den multiple modernities wird plausibel dargelegt, dass a) mehrere Entwicklungspfade zu b) allesamt modernen Gesellschaften existieren (vgl. Eisenstadt 2000, Schwinn 2009). Die Berücksichtigung dieser Einwände führt zu keiner fundamentalen Kritik an der Theorie des kommunikativen Handelns, sondern revidiert lediglich deren Anspruch, ein universelles Erklärungsmodell zu formulieren. Die Theorie muss relativiert werden, ihre Reichweite enger gefasst. Statt auf alle Formen von

Gesellschaft, bezieht sie sich nur auf die eine bestimmte Gesellschaft, deren Genese sie versucht denjenigen gegenüber plausibel darzustellen, die Teil dieser Gesellschaft sind. Bei diesem Versuch konkurriert sie mit anderen Theorien, die die soziale Evolution nicht unter dem Aspekt der Kommunikation rekonstruieren.[16] Im kommunikationstheoretischen Rahmen hingegen gründet die Rationalität des Prozesses sozialer Evolution darin, dass normative Einverständnisse sukzessiv nicht mehr unterstellt werden, sondern als Resultat eines kommunikativen Austausches zwischen Individuen begriffen werden können. Je mehr eine Gesellschaft ermöglicht, innerhalb von Kommunikationsprozessen zu unterschiedlichen Positionen mit Ja- oder Nein-Aussagen Stellung beziehen zu können, desto rationalisierter ist sie (vgl. Habermas 1981b: 455).

Ihren Ausgang nimmt Habermas' Darstellung der sozialen Evolution bei der Betrachtung des Stellenwerts mythischer Weltbilder innerhalb einer sozialen Ordnung. Unter mythischen Weltbildern versteht Habermas spezifische Weltdeutungen, in denen sich Erfahrungen des Konflikts mit der inneren und äußeren Natur sowie mit anderen Individuen und Gruppen ausdrücken. Mythischen Weltbildern spricht er eine totalisierende Kraft zu. Sie stellen ein holistisches Narrativ zur Verfügung, in dem jeder Aspekt der Welt und der Gemeinschaft beurteilt werden kann. Alle wahrnehmbaren, zu erklärenden Phänomene spinnt der Mythos in ein Netz aus Ähnlichkeiten und Korrespondenzen und unterscheidet nicht zwischen (den für die gegenwärtige Gesellschaft relevanten) Bereichen wie beispielsweise Naturwissenschaft und Religion. Ein Naturereignis, ein Sturm oder Unwetter gilt dem mythischen Denken als Ausdruck eines göttlichen Willens. Der Mythos unterscheidet nicht zwischen Subjekt und Objekt, zwischen „Dingen und Personen, Unbeseeltem und Beseeltem, zwischen Gegenständen, die manipuliert werden können, und Agenten, denen wir Handlungen und sprachliche Äußerungen zurechnen" (Habermas 1988: 139). Um den Differenzierungsprozess des Mythischen zu veranschaulichen, orientiert sich Habermas an Durkheim

[16]Die Genese moderner Gesellschaften kann auch anders rekonstruiert werden. Die Akteur-Netzwerk-Theorie lässt sich beispielsweise als eine andere, nicht allein auf menschliche Kommunikation rekurrierende Theorie sozialer Evolution verstehen (vgl. Latour 1996, Eder 2009: 66ff.). Dass diesem Ansatz ebenfalls eine Form der Normativität zu entnehmen ist, lässt sich an Serres oder Latours Versuchen ablesen, der Natur ebenfalls Rechte zu zusprechen (vgl. Latour 2004, Serres 1994), immerhin eine ökologische Ebene der Normativität, die der Theorie des kommunikativen Handelns fremd ist. Ob sich die Adressierten der Theorie von Narrativen über Türstopper – die Latour gern heranzieht, um seine grundlegenden Annahmen zu belegen – überzeugen lassen, eine gesellschaftskritische Perspektive im Sinne Habermas' einzunehmen, steht auf einem anderen Blatt.

und dessen Fiktion einer vollends durch den Mythos integrierten Sozialordnung. In dieser Ordnung, so Habermas, kommt der Sprache keine Bedeutung für die Gestaltung des Zusammenlebens zu. Alles Normative ist vorsprachlich akzeptiert und an rituelle Praktiken gebunden. Da diese Praktiken nicht lediglich sozialintegrative Wirkung haben, wie sie für soziale Praktiken typisch ist (vgl. Moebius 2008, Reckwitz 2003), sondern jeglichen Bereich der sozialen Ordnung normativ strukturieren, bezeichnet Habermas sie als „totale Institution" (Habermas 1981c: 133f.). Kaum ausgebildet sind in dieser Fiktion die Individualitäten der Einzelnen. Deren Identität ist identisch mit der ihrer Gruppe.

Im Zuge der Zivilisationsgeschichte werden die den rituellen Praktiken zugrundeliegenden normativen Verständnisses der Welt aus einer sie verhüllenden Schale geborgen. Dies geschieht auf dem Weg der sukzessiven Versprachlichung des sakralen Bereichs ritueller Praktiken. Habermas sieht davon ab, die Gründe für diesen Prozess oder soziale, den Prozess bedingende Faktoren genauer zu diskutieren, sondern fokussiert lediglich die Zunahme an Rationalität. Nur sehr allgemein beschreibt er, dass das in Mythen gespeicherte kulturelle Wissen über die eigene Gruppe und sich selbst in Propositionen, also in Aussageformen gebracht und niedergeschrieben wird. Das sakrale Wissen stellt sich zudem Anforderungen der materiellen Reproduktion und muss die Aufgabe der Erklärung der natürlichen und sozialen Umwelt liefern. Mythen werden auf diesem Wege zu religiösen Weltbildern, innerhalb derer zwischen Natur und sozialer Ordnung unterschieden wird. Der erste Schritt der Rationalisierung stellt sich somit als De-Sozialisierung der Natur und De-Naturalisierung der Gesellschaft dar.

Mythen treten zunächst in Stammesgesellschaften auf. Sie weisen zwar eine narrative Struktur auf, entwerfen jedoch weiterhin eine kosmologische Totalität, in der zwischen Mensch, Natur und Gemeinschaft noch nicht unterschieden wird. Einzelne Normen oder Institutionen können aus diesem narrativen Netz nicht isoliert hervorgehoben und legitimiert werden. Daher übernehmen Mythen in Stammesgesellschaften keine herrschaftslegitimierende Funktion, sondern bilden vielmehr die Grundlage der Herausbildung kollektiver Identitäten in einem holistischen Narrativ (vgl. Habermas 1981c: 89). In Hochkulturen hingegen haben die aus Mythen hervorgehenden Weltbilder bereits eine herrschaftslegitimierende Funktion erhalten. Sie stellen ein Begründungsangebot für politische Ordnungen, deren Institutionen und Basisnormen bereit, da sie kulturelles Wissen in Form von legitimierenden Erklärungen für gesellschaftliche Entwicklungen beinhalten. Dieses Wissen kann rational motivierte Zustimmung finden (vgl. ebd.). In großen evolutionären Schritten wandert Habermas' Blick weiter über den Zivilisationsprozess hinweg und vollzieht nach, wie die zunehmende Entbindung der Rationalitätspotentiale des kommunikativen Handelns die Rationalisierung von Weltbildern bedingt. Deren normativer holistischer Kern, in dem noch verschiedene Geltungsansprüche reflektiert und amalgamiert auftreten, löst sich durch die Möglichkeit der Differenzierung einzelner Ansprüche auf (vgl. Habermas 1981c: 74f.).

Wegen ihres evolutionstheoretischen Zuschnitts wirken Habermas' Beschreibungen sozialer Differenzierung oftmals enorm abstrakt und holzschnittartig. In seiner Langzeitperspektive wird zwar nicht genau warum, aber immerhin überhaupt ersichtlich, dass die Autorität des Mythischen durch den Konsens ersetzt und das kommunikative Handeln aus dem sakralen Bereich entbunden wird. Die „bannende Kraft des Heiligen wird zur bindenden Kraft kritisierbarer Geltungsansprüche" (Habermas 1981c: 119). Die mythischen Mächte werden zu Göttern, diese zu Ideen und zu normativen Begriffen und Konzepten. Abstrakte Gottesvorstellungen säkularisieren sich zu abstrakten Werten und zu einem universalistischen Recht und einer ebenso universalistischen Moral (vgl. Habermas 1981c: 127).[17] Umgekehrt betrachtet, attestiert Habermas hier Durkheim folgend der Bindungskraft moralischer, moderner Normen einen sakralen Ursprung (vgl. Habermas 1981c: 77-80). Während jedoch die Missachtung des rituellen Kodex' massive Strafen zur Folge hat, basiert die Einhaltung von moralischen Normen auf einem Gehorsam ohne Strafe. Dass der Weg zu solch einer Moral und entsprechenden Normen zum einen nicht konfliktfrei verläuft, wie Habermas' Ausführen oftmals suggerieren, und dass zum anderen auch in modernen Gesellschaften die Einhaltung moralischer Regeln und normativer Verpflichtungen zu inneren Verwerfungen führen kann, wird von Nietzsche betont. In seiner gegen eine kantisch-universalistische Moralvorstellung gerichteten Schrift „Genealogie der Moral" (Nietzsche 1999a) zeichnet er einen langen, grausamen Weg der Folter nach, der

[17]Die Moral ist in dem Sinne universell, dass sie von jeder Form der kontextspezifischen Sittlichkeit gelöst ist. Die hochgradige Formalisierung des Rechs erlaubt es, unterschiedliche Interesse in einem allgemeinen Rahmen abzubilden, sodass im Konfliktfalle niemand übervorteilt wird (vgl. Habermas 1992a: 150).

Für eine an konkreter Geschichte und sozialen Kämpfen interessierte Perspektive, in der die Prozesse der Universalisierung des Rechts am Beispiel Preußens interessant und anschaulich erfasst werden vgl. Spittler 1980. Spittler beschreibt detailliert, mit welchen Problemen sich die preußische Bürokratie nach der Niederlage Preußens gegen Napoleon bei ihren Vorhaben konfrontiert sieht,

1: sich gegen das ständische Partikularrecht durchzusetzen und ein allgemeines Recht zu etablieren – ein Vorhaben, dass im Sinne Durkheims als Universalisierung von Handlungsnormen zu begreifen ist (vgl. Durkheim 1988: 348-352).

2: Sprache, Maßeinheiten und Namensgebungen zu normieren. Vgl. hier ebenfalls Koschorke 2015: 77-80.

zur Etablierung der von Habermas reflektierten moralischen Normen führt. Zwei Aspekte hebt Nietzsche besonders hervor. Erstens drückt sich in der universalistischen Moral die subtile Herrschaft einer sozialen Gruppe aus, die ihre eigenen normativen Vorstellungen gegenüber einer anderen Gruppe durchgesetzt hat. Zweitens ist der Gehorsam gegenüber moralischen Verpflichtungen nicht zwangsfrei. Gehorsam gründet in der Angst vor physischer Bestrafung, die über Jahrhunderte hinweg in das schlechte Gewissen der Individuen transformiert wird – Angst vor Strafte wird als Gewissen nach innen gewendet. Dieser kurze Hinweis zu Nietzsche soll nicht dazu dienen, Habermas' normativ gehaltvolles Verständnis von Gesellschaft insgesamt infrage zu stellen. Er soll lediglich dafür sensibilisieren, dass Prozesse der Differenzierung und der Etablierung gesellschaftlicher Institutionen und Normen durchaus konflikthaften Charakter haben. Wird dies übersehen, bleibt die Theorie des kommunikativen Handelns blind gegenüber sich in Institutionen und Normen kristallisierenden Formen der Herrschaft.[18]

Die Zersetzung der Weltbilder ermöglicht nicht allein die Rückbindung der zuvor in Mythen verschlossenen Normativität an kommunikatives Handeln, sondern bedingt zudem die Genese autonomer, hier in Kapitel 4 bereits thematisierter Wertsphären. Die Distanzierung von Weltbildern lässt diese als die wandelbaren Interpretationen erkennbar werden, die sie eben sind. Genommen wird ihnen der Schein absoluter Wahrheit. Diese Unterscheidung von Weltbild und Welt ermöglicht die Differenzierung der Außenwelt in die objektive Welt des Seienden und die soziale Welt der durch Normen geregelten intersubjektiven Beziehungen sowie eine von beiden unterschiedene Welt subjektiver Erlebnisse. Sukzessiv entkoppeln sich die Geltungsbereiche von Wissenschaft (objektive Welt), Recht und Moral (soziale Welt) und Kunst (subjektive Welt) aus den Weltbildern und werden von „empirischen Beimischungen gereinigt" (Habermas 1988: 140), sodass in den einzelnen Sphären ausschließlich nach klar unterscheidbaren Geltungsansprüche geurteilt werden kann.[19] Die Ausdifferenzierung von Wissenschaft, Recht und Moral sowie Kunst institutionalisiert professionalisierte Fachdiskurse und -debatten, innerhalb derer Experten/innen in ihren Äußerungen auf die in der jeweiligen Wertsphäre objektivierten Geltungsansprüche rekurrieren können. Habermas selbst fasst das institutionelle Setting der rationalisierten Lebenswelt wie folgt zusammen:

---

[18]Weiter unten wird erörtert, inwiefern es innerhalb der Theorie des kommunikativen Handelns möglich ist, soziale Konflikte zu reflektieren.

[19]Hier wird Habermas' deontologische Haltung deutlich, der zufolge das Sein vom Sollen zu trennen ist. Die sogenannten empirischen Beimischungen stellen faktisches Sein dar, dem jedoch keine Aussagekraft darüber zukommt, wie etwas sein soll.

„(a) die Etablierung eines Wissenschaftsbetriebs, in dem erfahrungswissenschaftliche Probleme unabhängig von theologischen Lehrmeinungen und getrennt von moralisch-praktischen Grundfragen nach internen Wahrheitsstandards bearbeitet werden können; (b) die Institutionalisierung eines Kunstbetriebs, in dem die Kunstproduktion schrittweise von kultisch-kirchlichen und höfisch-mäzenatischen Bindungen gelöst und die Rezeption der Kunstwerke in einem kunstgenießenden Publikum von Lesern, Zuschauern, Hörern durch professionalisierte Kunstkritik vermittelt wird; und schließlich (c) die fachlich-intellektuelle Bearbeitung von ethischen, staatstheoretischen und rechtswissenschaftlichen Fragen in juristischen Fakultäten, im Rechtssystem und in der Rechtsöffentlichkeit" (Habermas 1981b: 456).[20]

Dass Habermas die Wertsphären dem lebensweltlichen Moment der Kultur und damit dem Bereich des Wissens zuweist und die Kunst am Ende des Rationalisierungskontinuums verortet, lässt den kognitivistischen Zug der Theorie des kommunikativen Handelns erneut hervortreten (vgl. Habermas 1981b: 323-331).

Das dezentrierte Weltverständnis der Individuen, ihre kognitive Fähigkeit, zwischen verschiedenen Weltbezügen und Geltungsansprüchen zu unterscheiden, kann als Bedingung der Möglichkeit der Etablierung der Wertsphären verstanden werden. Die umfassende Rationalisierung der Lebenswelt erfolgt Habermas zufolge jedoch erst, wenn das institutionalisierte Fachwissen in die Alltagskommunikation der Lebenswelt diffundiert. Daher ist, so Habermas, die Rationalisierung als ein Prozess der „Umstrukturierung der Lebenswelt" zu begreifen, der von der Ausdifferenzierung der Wissensbereiche und von deren internen Diskursen und Debatten vorangetrieben wird.

„Aus der begrifflichen Perspektive verständigungsorientierten Handelns erscheint also Rationalisierung zunächst als eine Umstrukturierung der Lebenswelt, als ein Prozeß, der über die Ausdifferenzierung von Wissenssystemen auf Alltagskommunikationen einwirkt und so die Formen sowohl der kulturellen Reproduktion wie der sozialen Integration und der Sozialisation erfaßt" (Habermas 1981b: 457).

---

[20]Eine lesenswerte Betrachtung der Lösung der Kunst aus der höfischen Kultur und von religiösen Vorgaben, die die Figur des/der Künstler/in überhaupt ermöglicht, liefern Gombrich 1996: 287f., Müller-Jentsch 2012.

Auch in architekturgeschichtlicher Perspektive lassen sich Differenzierungsprozesse rekonstruieren. Die vormals auf einem gemeinsamen Platz integrierten Bereiche von Politik, Markt und Religion erhalten seit dem Mittelalter ihre eigenen öffentlichen Räume. Vgl. dazu das von Sarasin geführte Interview mit dem Architekten und Künstler Haerle in Damasio 2005.

Die Entbindung kommunikativer Potentiale verflüssigt die Lebenswelt und erhöht das Dissensrisiko. Denn jeglicher mit einem Sprechakt erhobene Geltungsanspruch kann infrage gestellt, jeder zunächst intuitiv vorausgesetzte Aspekt der Lebenswelt zum Gegenstand einer Argumentation werden. Und jedes Individuum, das einen Geltungsanspruch erhebt, steht in der Pflicht, diesen mit Gründen zu rechtfertigen.[21]

5.2 System und Lebenswelt

Der Begriff der Lebenswelt ist in einer handlungstheoretischen Perspektive konzipiert. Er bildet die Prozesse der Situationsdefinition in der Perspektive der Handelnden ab. Die handlungstheoretische Perspektive vernachlässigt jedoch, so Habermas, die Komplexität der Probleme, derer sich eine moderne Gesellschaft in Anbetracht der Notwendigkeit materieller Reproduktion gegenüber sieht. Der Umgang mit diesen Problemen kann mit den begrifflichen Mitteln des kommunikativen Handelns allein nicht dargestellt werden. Deswegen führt Habermas den aus dem Funktionalismus stammenden Begriff des Systems ein. Lebenswelt und System begreift er als zwei Strukturmerkmale moderner Gesellschaften[22], die eine jeweils eigene Perspektive des Forschens implizieren. In der Teilnehmerperspektive spricht er von der Lebenswelt. In der Perspektive sozialwissenschaftlicher Beobachtung verwendet er den Begriff des Systems (vgl. Habermas 1981b:

[21]Rosa interpretiert die Rechtfertigungspflicht als Moderne spezifische Bedingung der Möglichkeit sozialen Wandels. Denn diese Pflicht ist, so Rosa, der Brennstoff eines Motors, der die Umstrukturierung von Institutionen und interpersonellen Beziehungen immer dann antreibt, wenn Dissens über erhobene Geltungsansprüche entsteht (vgl. Rosa 2009: 319). Aus diesem Motiv der Theorie des kommunikativen Handelns entwickelt Forst seine gesamte Theorie der Rechtfertigung, die er gegenwärtig durch die Einführung des Machtbegriffs anschlussfähig für sozialwissenschaftliche Analysen gestalten will, um den Intentionen einer Kritischen Theorie gerecht zu werden (vgl. Forst 2015, Forst 2010). Die vorliegende Arbeit geht einen anderen Weg und wird den Begriff des sozialen Kampfes als Motor sozialen Wandelns ausweisen, weil er weniger kognitivistisch vorbelastet ist als der Begriff der diskursiven Rechtfertigung.

[22]Zu beachten ist, dass Habermas zwei verschiedene Gesellschaftsbegriffe verwendet. Er spricht zum einen von Gesellschaft als Strukturmoment der Lebenswelt; und zum anderen von Gesellschaft als „systemisch stabilisierte Zusammenhänge sozial integrierter Gruppen" (Habermas 1981c: 228), also als Ganzes, das sich aus System und Lebenswelt zusammensetzt.

179f.). Diesen zwei Perspektiven, in denen Gesellschaft gleichzeitig konzipiert wird, korrespondiert die – unterschiedliche Formen der Handlungskoordination abbildende – Unterscheidung von Sozialintegration und Systemintegration. Die Sozialintegration wird im begrifflichen Rahmen der Kommunikation und in der Binnenperspektive der Lebenswelt und Individuen rekonstruiert. Die Handlungen werden über den Modus der Verständigung koordiniert und reproduzieren die symbolischen Strukturen der Lebenswelt, die die Stabilität von Identitäten und sozialer Ordnung gewährleistet. Die Systemintegration bezieht sich auf die materielle Reproduktion der Gesellschaft. Innerhalb von Systemen wird Kommunikation durch Steuerungsmedien ersetzt. Statt Handlungen werden innerhalb von Systemen nicht-intendierte Handlungseffekte funktional vernetzt, um die Stabilität der Systeme gegenüber ihrer Umwelt zu sichern.[23] Da sich die Vernetzung hinter dem Rücken der Individuen vollzieht, ist sie der Binnenperspektive nicht zugänglich. Während die Rationalität der Lebenswelt in der Differenzierung von Geltungsansprüchen gründet, basiert die Rationalität der Systeme auf deren gesteigerter Komplexität, die die materielle Reproduktion der Lebenswelt umfassender bewältigen kann als die Lebenswelt.

Die Begriffe von System und Lebenswelt rechtfertig Habermas in unterschiedlichen Kontexten. Um die Einführung der systemtheoretischen Perspektive zu plausibilisieren, diskutiert Habermas die Annahmen und Probleme einer ausschließlich mit dem Lebensweltbegriff operierenden Theorie (vgl. Habermas 1981c: 223ff.). Der im Kontext der verstehenden Soziologie verwendete phänomenologische Lebensweltbegriff identifiziert Gesellschaft – als Ganzes – mit der Lebenswelt. Alle gesellschaftlichen Prozesse werden aus der Binnenperspektive der Lebenswelt rekonstruiert. Als Ursache gesellschaftlicher Entwicklung sowie als strukturierendes Prinzip aller Institutionen werden kommunikativ vermittelte Kooperationen ausgewiesen – alle gesellschaftlichen Phänomene werden ausschließlich auf kommunikatives Handeln zurückgeführt. Drei Fiktionen, die für die Identifikation von Gesellschaft und Lebenswelt grundlegend sind, unterscheidet

[23]Joas betont, dass die Faktizität nicht-intendierter Handlungsfolgen in der Soziologie oftmals gerade als Argument gegen den Funktionalismus der Systemtheorie verwendet wird (Joas 1986: 156f.). Denn nicht jede nicht-intendierte Handlungsfolge erweist sich als Beitrag zur Erhaltung eines Systems. Oftmals lassen sich Handlungsfolgen nicht annähernd funktional rekonstruieren. Eine Integration über Handlungsfolgen muss daher nicht zwingend funktionalistisch rekonstruiert werden, sondern kann auch schlicht bedeuten, in normativistischer Perspektive diejenigen Folgen des Handelns auszugrenzen, die sich innerhalb eines Systems als illegitim erweisen.

Habermas anschließend (vgl. Habermas 1981c: 224f.). 1) Individuen werden als vollständig autonom handelnde und umfassend zurechnungsfähige Akteure/innen vorgestellt. Die kommunikativen Fähigkeiten sind keiner äußeren oder inneren Einschränkung ausgesetzt, können sich somit voll entfalten und alle gesellschaftlichen Prozesse bestimmen. 2) Das zur Situationsdeutung und -bewertung verwendete kulturelle Wissen ist frei von Verzerrungen. Keine Herrschaftsformen greifen auf das Wissen zu, um es entsprechend partikularer Ziele und Interessen zu verfälschen. 3) Kommunikative Verständigung ist uneingeschränkt möglich. Hinsichtlich aller möglichen Themen und Situationen besteht kein Dissensrisiko. Das ein solcher „hermeneutischer Idealismus" (Wellmer zitiert nach Habermas 1981c: 223), dem zufolge der methodische Zugang einer verstehenden Soziologie ein umfassendes Verständnis von Gesellschaft ermöglicht, problematisch ist, wird ersichtlich, so Habermas, sobald Gesellschaft in der systemfunktionalistischen Perspektive betrachtet wird. Denn erst in dieser Perspektive werden die funktionalen Zusammenhänge, die Gesellschaft ebenfalls konstituieren, zugänglich (vgl. Habermas 1981c: 226). Zugleich wird ersichtlich, dass sich die Resultate funktional vermittelter Handlungsfolgen oftmals gleichgültig gegenüber den Intentionen kommunikativen Handelns zeigen. Den Individuen treten diese Resultate im Alltag als etwas gegenüber, das von außen auf sie und die Lebenswelt einwirkt – als zur „zweiten Natur" (Habermas 1981c: 231) geronnene Realität.

Die systemtheoretische Perspektive rechtfertigt Habermas ebenfalls gegenüber Weber, der wie Habermas moderne Gesellschaften durch die Entkopplung von bürokratischer Verwaltung und kapitalistischen Betrieben aus der Lebenswelt charakterisiert, jedoch dabei nicht den Begriff des Systems verwendet. Weber deutet die Rationalisierung und Differenzierung von Organisationen – die in der Sprache der Systemtheorie als System bezeichnet werden – als die zunehmende Internalisierung zweckrationaler Einstellungen innerhalb der differenzierten Bereiche. Weber zufolge sichern Organisationen wie Betriebe oder Verwaltungseinrichtungen ihren Bestand durch die zweckrationale Einstellung der in ihnen agierenden Individuen. Entsprechend definiert Weber die grundlegende Struktur von Betrieben und Verwaltungen als kontinuierliches Handeln nach Zweck durch den Einsatz entsprechender Mittel (vgl. Weber 1956: §13, §14). Diese Auffassung ist laut Habermas jedoch wenig plausibel. In der Perspektive der Forschenden sind innerhalb von Organisationen faktisch zu viele unterschiedliche individuelle Zwecke wahrnehmbar, aus denen sich kein kohärenter Organisationszweck rekonstruieren lässt. Systemtheoretisch informiert antwortet er auf Weber, dass der Bestand formaler Organisationen nicht an Motivationen und Rationalität der Handelnden geknüpft ist. Den Systembestand allein über individuelle Einstellungen sichern zu wollen, wäre aufgrund der enorm komplexen Umwelt, der sich

Systeme gegenübersehen, auch gar nicht möglich. Viele Handlungsfolgen können nicht abgesehen werden. Für moderne Organisationen ist daher einzig die Folgebereitschaft der Individuen wichtig. Deren konkrete Lebenszusammenhänge, Handlungsdispositionen und Einstellungen werden zur Umwelt der Organisation. Deswegen rückt Habermas im Anschluss an die Systemtheorie die Leistungen von Individuen in Systemen nicht hinsichtlich ihrer Einstellungen in den Blick, sondern deutete sie primär als Momente der Systemerhaltung (vgl. Habermas 1981c: 453f., 456).

Gegenüber der Systemtheorie Luhmanns und Parsons rechtfertigt Habermas hingegen den Begriff der Lebenswelt. Diese Diskussion verdeutlicht, warum Habermas den Systembegriff enger als Luhmann und Parsons fasst und ihn ausschließlich auf die Systeme des Kapitalismus und der staatlichen Bürokratie bezieht (vgl. Neves 2009b: 64). Habermas' Kritik an Luhmann und dem Systemfunktionalismus basiert auf dessen fehlender Perspektive für intersubjektive Verständigung (vgl. Habermas 1988: 409-412, 426f., 431). Daher kann der Systemfunktionalismus den Bereich der Lebenswelt nicht abbilden. Zudem ist dem Systemfunktionalismus aufgrund der fehlenden Perspektive der Bezug zu vorwissenschaftlichen Krisenerfahrungen verstellt, die die Theorie des kommunikativen Handelns im Rahmen einer Zeitdiagnose einfangen will.[24] Innerhalb der Theorie Luhmanns wirkt es, als sei der Prozess – den Habermas mit dem Konzept der Kolonialisierung kritisch in den Blick rückt – bereits unumkehrbar abgeschlossen. Denn für den Systemfunktionalismus, so Habermas, bilden Individuen und Gesellschaft wechselseitige Umwelten, die entsprechend der mediengesteuerten Systeme eine kommunikativ koordinierte Alltagspraxis hinter sich gelassen haben. Dementsprechend begreift Luhmann System- und Sozialintegration lediglich funktionalistisch als Bedingung der Möglichkeit des Systemerhalts. Damit beraubt sich Luhmann jedoch des Maßstabs kommunikativer Rationalität, die eine rein an Selbsterhaltung orientiere Einstellung transzendiert. Daher kann er die lebensweltlichen Kosten einer zunehmenden Systemdifferenzierung nicht als solche wahrnehmen. Ihm fehlen dafür die analytischen Mittel (vgl. Habermas 1981c: 276f.).

Habermas zufolge zeigen die grundbegrifflichen Weichenstellungen der Luhmannschen Theorie bereits an, dass diese nicht zu einer gehaltvollen Gesellschaftstheorie führen kann. Die Spuren der Theorie führen nicht in eine Tradition von Comte und Durkheim, sondern in die Bewusstseinsphilosophie Kants und

[24] Die Kolonialisierung der Lebenswelt wird weiter unten dargestellt.

Husserls. Deren Erkenntnissubjekt ersetzt Luhmann durch den Begriff des Systems. Statt Subjekt-Objekt-Beziehungen zeigt sich Luhmann die Gesellschaft als Beziehungsgeflecht von Systemen und deren Umwelten. Während sich die Bewusstseinsphilosophie jedoch für die Bedingungen der Möglichkeit einer umfassenden Erkenntnis interessiert und damit ein emanzipatives Interesse vertritt, reduziert Luhmann dieses Interesse auf die Selbsterhaltung des Systems gegenüber seiner Umwelt. Luhmann schlägt, so Habermas, die Bewusstseinsphilosophie unter deren emanzipativem Niveau. Auch Habermas' Kritik an Parsons zielt auf dasselbe Problem. Für Parsons stellt „System" einen Begriff dar, mittels dem er all jene sozialen Elemente fasst, die zur Erhaltung des jeweils identifizierten Systems in einer hochgradig komplexen und nur gering kontrollierbaren Umwelt beitragen – das ist die Funktion der unter dem Systembegriff gefassten Elemente. Jedes Element wird daraufhin analysiert, inwiefern es zur Reproduktion der für das System konstitutiven Strukturen beiträgt (vgl. Habermas 1981c: 338f.). Mit dem Begriff des Systems versucht Parsons sodann – die im Sinne Habermas' lebensweltlichen Komponenten – Gesellschaft und Persönlichkeit zu analysieren. Parsons amalgamiert auf diesem Wege Bereiche des kommunikativen Handelns an systemische Imperative der Selbsterhaltung. Auch Handlungen werden nicht in der Perspektive der Handelnden selbst, also sinnverstehend interpretiert, sondern allein als mögliche Elemente der Erhaltung systemischer Strukturen erfasst. Jegliche Form der Rationalisierung der Lebenswelt wird lediglich als Steigerung der Systemkomplexität sichtbar (vgl. Habermas 1981c: 420ff.).

5.2.1 Die Differenzierung von System und Lebenswelt in systematischer Perspektive

Obwohl oftmals synonym verwendet, muss zwischen Theorien sozialer Differenzierung, die lediglich das Auseinandertreten einzelner gesellschaftlicher Teilbereiche darstellen, und Theorien funktionaler Differenzierung, die dieses Auseinandertreten hinsichtlich eines Systemerhalts deuten, unterschieden werden. Habermas, der hier an Luhmann anschließt, rekonstruiert einen Prozess funktionaler Differenzierung. Aufgrund der enormen gesellschaftlichen Komplexität können nicht mehr alle Bereiche der Handlungskoordination im Modus der Kommunikation stattfinden. Insbesondere die materielle Reproduktion der Gesellschaft kann mit zunehmender Komplexität nicht mehr allein mittels der Ressourcen der Lebenswelt gewährleistet werden. Der Verständigungsaufwand wäre schlicht zu groß, würde die Art und Legitimität aller materiellen Reproduktionsprozesse fortwährend diskutiert werden. Zur Entlastung der kommunikativen Strukturen bilden sich Systeme, innerhalb derer Individuen nicht über den Modus der Verständigung integriert werden – eine Form der Entsprachlichung, die Habermas allein aus Gründen der effizienteren Handlungskoordinierung für legitim erachtet. Die staatliche Bürokratie und das kapitalistische Wirtschaftssystem weist Habermas als die für die materielle Reproduktion wesentlichen Systeme aus. Statt über Sprache kommunizieren Individuen in Staat und Kapitalismus über anonyme Steuerungsmedien. Nicht an gesellschaftlich legitimen Normen, sondern an Macht und Geld orientieren sich sie sich innerhalb der Systeme. Die Orientierung anhand dieser beiden Steuerungsmedien versteht Habermas als eine Entlastung der Individuen, da sie in ihrer Entscheidungsfindung lediglich Mittel für bereits systemisch gesetzte Zwecke finden müssen. Kommunikativ handeln Individuen innerhalb von Systemen nur in den Ausnahmefällen, in denen die formalen Organisationsregeln keine Orientierung bieten. Grundlegend jedoch sind sie nicht genötigt, einen kommunikativen Konsens zu erzielen, weil sie ihre Handlungen nicht untereinander abstimmen müssen, sondern lediglich nach den jeweiligen Regeln ausrichten. Daher wird die Systemintegration primär durch die Steuerungsmedien Geld und Macht geleistet, selbst wenn kommunikatives Handeln vereinzelt in Anspruch genommen wird (vgl. Habermas 1981c: 453f., 460). Die Börse mag hier als Beispiel zur Veranschaulichung dienen. Die Börse ist ein nach formalen Regeln organisierter Markt, auf dem Waren wie Wertpapiere oder Rohstoffe getauscht werden. Der Preis eines Produktes ergibt sich nicht aus einer kommunikativ erzielten Übereinkunft, sondern aus der Aggregation einzelner, den Börsenregeln folgender Ver- oder Ankaufsentscheidungen. Ebenfalls mag innerhalb der Systeme eine Affinität der Individuen zu zweckrationalen Einstellungen bestehen, der zufolge bestimmte Handlungen zu einer Steigung der eigenen Ressourcen führen. Aber die Zwecke der jeweiligen Handlungen sind über die Steuerungsmedien an der Erhaltung des Systems ausgerichtet, sodass in den Systemen Integration funktionalistisch statt instrumentell vollzogen wird. Mögen noch so viele Einzelne ihren eigenen Zweck, enorme Mengen an Geld anzuhäufen, verfolgen, so werden ihre Handlungen dennoch nicht über den geteilten Zweck, sondern über das systemische Medium vernetzt, dessen Akkumulation das System festigt.

In Systemperspektive bilden Privatsphäre und Öffentlichkeit die Umwelten von Kapitalismus und staatlicher Bürokratie (vgl. Habermas 1981c: 471f.). Als Kern der Privatsphäre macht Habermas die auf die Sozialisation spezialisierte Kleinfamilie aus. Sicherlich zeigt sich in dieser Bestimmung der zeitgebundene Charakter der Gesellschaftstheorie Habermas', die mit Blick auf die gegenwärtige Gesellschaft eines erweiterten Begriffs der Privatsphäre bedarf. Denn dass die Privatsphäre gegenwärtig nicht mehr ausschließlich durch Kleinfamilien konstituiert wird, zeigen Debatten zur Pluralisierung der Lebensformen.

Auch wenn sogenannte Regenbogen- oder Polyamoriefamilien weiterhin nicht die dominanten Beziehungsformen darstellen, wird empirisch nachgewiesen, dass sich neben der Kleinfamilie viele andere Formen des Miteinanderlebens und Kindererziehens etabliert haben, die nicht mehr der Vorstellung einer heterosexuellen, zweigeschlechtlichen Paarbeziehung samt Kindern entsprechen (vgl. Schneider 2012).[25] Der Kulturbetrieb und ein dichtes Netz aus Massenmedien, Publikum und Staatsbürger/innen stellen Habermas zufolge den Kern der Öffentlichkeit dar. In der Perspektive der staatlichen Bürokratie tritt die Öffentlichkeit als Ressource der Legitimationsbeschaffung in den Blick. Gekoppelt sind die Systeme mit ihren Umwelten über die Medien Macht und Geld. Der Kapitalismus regelt seinen internen Verkehr zwischen Betrieben und Unternehmen ebenso über monetäre Kanäle wie die Zufuhr der Lohnarbeit aus privaten Haushalten durch Bezahlung. Ebenfalls wird die in der Privatsphäre existierende Nachfrage nach Gütern, die das kapitalistische System bereitstellt, über das Geld gesteuert. Auch die Öffentlichkeit ist über das Zahlen von Steuern an das Verwaltungssystem gekoppelt. Über das Medium der Macht wird die Loyalität der Bevölkerung dem Staat zugeführt. Unter Macht versteht Habermas hier die Möglichkeit der Öffentlichkeit, dem Staat die Loyalität zuzusprechen oder zu entziehen. Der Staat hat wiederum die Macht, politische Entscheidungen oder Organisationsleistungen wie Umverteilungen an die Öffentlichkeit entsprachlicht zu kommunizieren: Die Durchsetzung administrativer Vorgaben ist nicht auf einen diskursiv erzeugten Konsens angewiesen, sondern erfolgt über die Macht, sie durchzusetzen. Das formale Recht sichert Habermas zufolge die Kommunikation zwischen System und Umwelt. Es bestimmt Eigentum und Besitz und ermöglicht Individuen über den Status der Privatperson und die Gewährleistung negativer Freiheitsrechte, aus ihrer Lebenswelt hinaus- und in die kapitalistische Wirtschaft hineinzutreten. Zugleich regelt das Recht spezifische Besteuerungen der Privathaushalte sowie der Unternehmen, sodass der Staat zugleich vom Kapitalismus abhängig ist (vgl. Neves 2009b: 64). Ebenso sind die Systeme selbst rechtlich konstituiert. Denn in der Regel werden innersystemische Handlungen nicht mit Verweis auf informell getroffene Einverständnisse, sondern mit Bezug auf geltendes Recht vollzogen.

[25]Das bekannteste Beispiel einer solchen „alternativen" Lebensform stellt die Wohngemeinschaft dar. Dass Habermas' Vorstellung der Privatsphäre zu erweitern ist, ist jedoch kein genereller Einwand gegen seine Theorie.

5.2.2 Die Sonderstellung des Rechts in modernen Gesellschaften

Erneut zeigt sich hier eine Distanzierung Habermas' von der Systemtheorie Luhmanns. Dieser attestiert Systemen einen selbstreferenziellen, autopoetischen Charakter: Systeme erschaffen und erhalten sich autark, solange ihre internen Operationen aneinander anschließen (vgl. Luhmann 1992: 270ff.), auf eine Geldtransaktion beispielsweise eine weitere folgt. Ihre Verankerung in anderen Systemen ist für die Selbstreproduktion irrelevant, so Luhmann. Habermas erkennt jedoch die Abhängigkeit der Systeme von der Lebenswelt. Sicherlich ist die Abhängigkeit wechselseitig, weil der Output der Systeme die Bedingung der Möglichkeit der materiellen Reproduktion der Lebenswelt darstellt. Jedoch muss es die Art der Institutionalisierung der Systeme innerhalb der Lebenswelt den Individuen erlauben, die Systeme als legitim anzuerkennen. Der Output des Systems darf nicht derart auf die Lebenswelt durchschlagen, dass er als unerträgliche Kosten wahrgenommen wird, weil Systeme sonst abgeschafft werden würden. Durch ihre rechtliche Verfasstheit werden die beiden Systeme an den normativen Horizont der Lebenswelt angeschlossen, sodass die Individuen die Möglichkeit beziehen, über die legitimen Wege der Rechtsgenese ihre normativen Ansprüche zu äußern.

Diese Bestimmung des Rechts als „normative Regelung strategischer Interaktionen" (Habermas 1992a: 44), als Raum subjektiver Willkür und normativ gehaltvoll erzeugtes Medium führt Habermas in späteren Schriften zum demokratischen Rechtsstaat weiter aus. In seinen 1992 erschienen Studien „Faktizität und Geltung" rekonstruiert Habermas die emanzipatorischen Elemente des Rechtsstaates um zu verdeutlichen, dass die Demokratie und der liberale Rechtsstaat nur zusammen existieren können. Das Recht wie auch die Moral dienen grundlegend der Eindämmung von Konflikten in dem Sinne, dass die Grundlage der Verständigung erhalten bleibt (vgl. Habermas 1981c: 259). Als „Handlungsnormen zweiter Ordnung" (ebd.) sichern sie den Grundkonsens selbst dann, wenn Verständigung konkret versagt und Gewalt droht, da Individuen in diesem Falle auf Moral und Recht als interaktionsgarantierende Normen rekurrieren können. In modernen ausdifferenzierten Gesellschaften ist die Moral jedoch ein Moment innerer Überzeugungen und kann nicht mehr gewährleisten, in Konfliktfällen umfassend regulierend zu wirken – es obliegt dem Individuum selbst, moralisch zu handeln. Das Recht hingegen motiviert durch die Möglichkeit der Bestrafung extern dazu, bestimmte Grundnormen einzuhalten. Recht, so Habermas, stellt die Quelle der Befugnis des Staates dar, legal seine Sanktionsmacht auszuüben. Durch die Fähigkeit, Rechtsverstöße zu bestrafen, ist es dem Staat möglich, die soziale Integration der Bürger/innen zu erzwingen, indem man diese an das geltende Recht bindet. Gleichzeitig wird der Staat durch das Recht in der Ausübung seiner Gewalt beschränkt und damit eine Willkürherrschaft verhindert. Das Recht schafft auf diesem Wege einen Raum privater Willkür. Dieser zeichnet sich durch die Möglichkeit aus, seinen Interessen frei von staatlichen Eingriffen nachzugehen. Doch während es liberale Positionen bei der Bestimmung des Rechts als Raum negativer Freiheit belassen, verweist Habermas darauf, dass nicht allein die Sicherung individueller Autonomie konstitutiv für die rechtstaatliche Demokratie ist. Ebenso ist es den Einzelnen möglich, an einem „rechtlich verfassten diskursiven Rechtsetzungsprozeß" (Habermas 1992a: 141) zu partizipieren, sodass die Adressaten/innen des Rechts sich als dessen Autoren/innen erkennen können. Diese Freiheit zur Partizipation, in der die Legitimität staatlichen Handelns gründet, ist durch das Recht als institutionalisierte Form der Meinungs- und Willensbildung gewährleistet (vgl. Habermas 1992a: 161, 361f.). Im Rahmen eines deliberativen Verfahrens der Gesetzesgenese beraten die von den Gesetzen betroffenen gemeinsam konsensorientiert über unterschiedliche Interessen und politische Ziele, um letztendlich eine Entscheidung zu treffen. Da politische Entscheidungen aufgrund eines Zeitdrucks zwingend getroffen werden müssen und soziale Ungleichheiten, die partikularen Interessen ein größeres Gewicht ermöglichen, existieren, müssen die Entscheidungen jedoch revidierbar sein.

Die von Habermas unternommene Rekonstruktion hebt die Gleichursprünglichkeit von Rechtsstaat und Demokratie, von privater und öffentlicher Autonomie hervor. Recht und Partizipation sind wechselseitige Voraussetzungen, denn um legitim zu sein, bedarf das Recht demokratischer, deliberativer Verfahren im Prozess seiner Genese. Um diese Verfahren zu sichern, braucht es das Recht. Nur als Rechtsperson können Einzelne partizipieren. Nur durch die Partizipation erhält das Recht seinen legitimen Status. Die souveräne Befehlsgewalt wird von Habermas in deliberative, prozedurale Verfahren transformiert. Souveränität – für Carl Schmitts die personalisierte Möglichkeit, geltendes Recht auszuheben (vgl. Schmitt 1996: 36f.) – zerfasert auf Entscheidungsfindungsverfahren und wird entpersonalisiert (vgl. Habermas 1992a: 626). Diskurse werden vom modernen Rechtssystem zugleich ent- und begrenzt. Zum einen wird die Einhaltung des Rechts durch das staatliche Gewaltmonopol garantiert – Sanktion statt Diskurs. Zum anderen wird das Recht durch diskursive Verständigung in Gesetzgebungsverfahren hervorgebracht oder revidiert. Die Wertsphären von Wissenschaft, Rechts- und Moraltheorie sind hingegen institutionalisierte Formen des Diskurses. Sie entgrenzen ihn, indem sie ihn auf Dauer stellen. Die Systeme Kapitalismus und staatliche Bürokratie haben einen enorm eingrenzenden Effekt, weil sie sprachliche Kommunikation durch die entsprachlichten Medien Geld und Macht ersetzen (vgl. Lafont 2009b: 183).

5.2.3 Die Differenzierung von System und Lebenswelt in historischer Perspektive

Durch die Einführung des Systembegriffs ist es Habermas möglich, den Prozess, den er als soziale Evolution bezeichnet, nicht allein als Differenzierung von Wertsphären und Momenten der Lebenswelt zu beschreiben, sondern ihn zugleich als „Differenzierungsvorgang zweiter Ordnung“ (Habermas 1981c: 230) zwischen System und Lebenswelt zu betrachten. Die Analyse der historischen Darstellung Habermas' ist sinnvoll, um ihre Schwächen klar identifizieren zu können.

Habermas greift zur Unterscheidung verschiedener Differenzierungsstufen auf Konventionen der klassischen Soziologie zurück und zieht eine Entwicklungslinie von Stammesgesellschaften über traditionell-staatlich organisierte Gesellschaften bis zu modernen Gesellschaften (vgl. ebd.). Jede Entwicklungsstufe lässt sich durch neu auftretende Systemmechanismen und Komplexitätsniveaus unterscheiden und jeweils in den Perspektiven von System und Lebenswelt betrachten. In Anschluss an Durkheim bestimmt Habermas Stammesgesellschaften in der Perspektive der Lebenswelt als soziokulturelle Lebensformen mit einem ausgeprägten Kollektivbewusstsein, innerhalb dessen nicht zwischen objektiver, sozialer und subjektiver Welt unterschieden wird. Institutionen, Weltsicht und Personen korrelieren und stehen in einem umfassenden Sinnzusammenhang, der von einem Mythos gestiftet wird, sodass Stammesgesellschaften immer als Kultgemeinschaft begriffen werden müssen, die sich über die Auslegung des Mythos symbolisch reproduziert (vgl. Habermas 1981c: 233-239). Das Potential kommunikativer Verständigung ist im Mythos verschlossen. Umfassende Sozialstrukturen existieren in Stammesgesellschaften nicht. An einzelne Interaktionen schließen keine längeren Handlungsketten an, sodass die soziale Welt der gemeinsam erlebten Welt gleicht. Die soziale Zugehörigkeit und Position werden über das Verwandtschaftssystem bestimmt. Rollen werden einzig hinsichtlich des Geschlechts, der Abstammung und der Generation unterschieden. Die entscheidende soziale Differenz wird über den Status der Familienzugehörigkeit markiert. Da das gesamte Leben der Einzelnen innerhalb ihrer Sippe vollzogen wird, sind Lebenswelt und System nicht geschieden.

In systemischer Perspektive weisen die frühsten Formen der Stammesgesellschaft noch keine Segmentierung und Stratifizierung auf (vgl. Habermas 1981c: 239ff.). Die Rollen, die die Einzelnen im Zuge der materiellen Reproduktion einnehmen können, sind gering und gleichen sich: Sie fischen und jagen. Im Rahmen von Festen oder bei Sonderaufgaben, wie dem Bau eines Floßes, fallen spezifizierte Aufgaben an. Erste „Anreize für die funktionale Spezifizierung von Leistungen“ (Habermas 1981c: 239) entstehen, weil die arbeitsteilige Organisation dieser Sonderaufgaben die Effizienz steigert. Kompetenzen werden gesichtet, Leistungen zugeordnet. Dazu bedarf es einer Form der Organisation, die den Austausch zwischen den arbeitsteilig unterschiedenen Gruppen regelt und von Habermas als entscheidender Faktor gesteigerter Funktionalität ausgewiesen wird. Denn diese „Delegation von Weisungsbefugnissen“ (ebd.) an Einzelne, die meist die Ältesten eines Stammes sind, führt zu ersten flachen Hierarchien und einer Steigerung der Komplexität, die den Systemerhalt durch eine Aggregation von Handlungseffekten optimiert. Die vertikale Schichtung von Befugnissen, die der Organisation verschiedener Leistungen dient, ermöglicht es, Fähigkeiten besser abzustimmen, regionale Kompetenzstruktur zu berücksichtigen oder die Verteilung durch klare Regelsetzung zu erleichtern.

Die erste Stufe der funktionalen Differenzierung ist erreicht: Kleinere Tauschakte segmentieren die Stammesgesellschaft. Macht in Form des Ansehens oder Vertrauens in rechtmäßige Weisungsbefugnisse stratifiziert die Stammesgesellschaft. Zwischen unterschiedlichen Stammesgesellschaften entstehen erste Formen eines normativ strukturierten Tausches von Frauen durch Heirat (vgl. Habermas 1981c: 240f.). Weil die einzelnen Stämme und ihre Erzeugnisse zu ähnlich sind, ist der Anreiz zum rein ökonomischen Tausch gering. Gebrauchsgegenstände werden primär über den Hochzeitsakt getauscht.[26] Die segmentäre Differenzierung innerhalb der Stämme, aber auch der Zusammenschluss von Stämmen kann hier im Sinne einer „horizontalen Aneinanderreihung“ (Habermas 1981c: 242) gleicher Einheiten verstanden werden. Weil diese erste Stufe funktionaler Differenzierung noch stark mit verwandtschaftlichen Strukturen vernetzt ist, bleibt sie in einen normativen Kontext eingebettet. Diese Einbettung wird durch einen Schritt zur nächsten Rationalisierungsstufe gelöst. In den Hochkulturen, mit denen Habermas die Imperien des Altertums, das ägyptische oder römische Reich meint, etabliert sich eine erste Form staatlicher Organisation, die die Koordination der materiellen Reproduktion übernimmt und von verwandtschaftlicher Vernetzung trennt.

> „Sobald sich eine politische Gewalt bildet, die ihre Autorität nicht mehr aus dem Prestige führender Abstammungsgruppen, sondern aus der Verfügung über richterliche Sanktionsmittel bezieht, löst sich der Machtmechanismus von den Verwandtschaftsstrukturen ab. Organisationsmacht, die sich auf der Ebene politischer Gewalt konstituiert, wird zum Kristallisationskern einer neuen Institution, nämlich des Staates“ (Habermas 1981c: 246ff.).

Entbunden von verwandtschaftlichen Strukturen können Fähigkeiten und Leistungen der Einzelnen effizienter eingesetzt werden. Falls der eigene Bruder

[26]Eine aufschlussreiche Studie zur Vergesellschaftung durch Praktiken des Tausches von Geschenken – namentlich Praktiken des Kula oder solche im Rahmen des Potlatch – stellt Marcel Mauss’ Schrift „Die Gabe“ (Mauss/Ritter 1990) dar. Vgl. ebenso Malinowski 2001.

geschickter im Bauen eines Dammes ist, der in einer anderen Stadt errichtet werden soll, muss er nicht mehr das Feld der Familie bestellen und kann die Stadt verlassen. Die tiefergreifende funktionale Spezialisierung führt zu Beamtentum und Verwaltungsstab, Militär, Grundbesitzenden, Fischern, Bauern oder Handwerkern. Während zuvor Geburt den Besitz sicherte, garantiert ihn nun die politische Herrschaft durch ihr Gewaltmonopol. Das entscheidende Kriterium zur sozialen Verortung ist die Stellung im Reproduktionsprozess. Soziale Klassen und entsprechende Lebensweisen lösen die Verwandtschaft als Strukturprinzip ab. Eine Hoch- und Volkskultur nimmt erste Züge an.

> „An die Stelle der Stratifikation ähnlicher sozialer Einheiten tritt die staatliche Organisation unähnlicher sozialer Einheiten, stratifizierte Klassen an die Stelle hierarchisierter Abstammungsgruppen" (Habermas 1981c: 253).

Diese konfliktarmen Ausführungen Habermas' stellen eigentlich eine enorme Repression dar, die zu erheblichen Widerständen führt. Marx beschreibt diesen Prozess als die ursprüngliche Akkumulation (Marx 2007: 741-802). Der „historische Scheidungsprozeß von Produzent und Produktionsmittel" (Marx 2007: 742) stellt ihm zufolge die Vorbedingung kapitalistischer Klassenstruktur dar.[27] Da die staatliche Obrigkeit zur Legitimierung sozialer Ungleichheit weiterhin an sakrale kulturelle Überlieferungen anschließt, in denen verschiedene Geltungsansprüche amalgiert verschlossen sind, kann ihre Form der Herrschaft mit Weber als traditionelle Herrschaft charakterisiert werden, die somit nicht allein auf physischer Gewalt beruht. So thematisieren, wie Weber zeigt, alle so genannten Weltreligion die als Unrecht wahrgenommene ungleiche Verteilung von Gütern und Glück im Rahmen eines Narrativs über eine jenseitige Welt ohne Leiden (vgl. Habermas 1981c: 281, Neves 2009a: 316).[28]

---

[27]Die Darstellung Marx' korrigiert die in der klassischen Politischen Ökonomie von Adam Smith geäußerte (übliche) Vorstellung, Eigentum und Besitz gründen einzig in den Anstrengungen Einzelner, weil sie die organisierenden Eingriffe staatlicher Herrschaft betont.

[28]In den Worten der Religionskritik Marx', der die ideologische Funktion der Religion hervorhebt: „Das religiöse Elend ist in einem der Ausdruck des wirklichen Elendes und in einem die Protestation gegen, das wirkliche Elend. Die Religion ist der Seufzer der bedrängten Kreatur, das Gemüt einer herzlosen Welt, wie sie der Geist geistloser Zustände ist. Sie ist das Opium des Volks. Die Aufhebung der Religion als des illusorischen Glücks des Volkes ist die Forderung seines wirklichen Glücks. Die Forderung, die Illusionen über seinen Zustand aufzugeben, ist die Forderung, einen Zustand aufzugeben, der der Illusionen bedarf. Die Kritik der Religion ist also im Keim die Kritik des Jammertales, dessen Heiligenschein die Religion ist" (Marx 2004: 22).

Der Markt wird erst in der die Hochkulturen ablösenden Neuzeit sukzessive als kapitalistisches, dem Staat gegenübertretendes System ausdifferenziert. Erst mit dem Abschluss dieser Differenzierung von Markt und Staat haben die Produktionsverhältnisse eine rein ökonomische Basis, da sie ausschließlich der Logik Geld-kein Geld folgen, sprich am Mehrwert orientiert sind. Nun können sie als ein „Stück normfreier Sozialität" (Habermas 1981c: 256) verstanden werden. Die Auslagerung der ökonomischen Aufgabe in das kapitalistische System wandelt die Struktur des Staates grundlegend. Während die staatliche Obrigkeit in Hochkulturen eine allumfassende Handlungsfähigkeit besitzt, verfügt der moderne Staat nicht mehr über alle gesamtgesellschaftlich relevanten Steuerungsfunktionen. Er reorganisiert sich in Form einer modernen Bürokratie und behält die Kompetenz der legitimen Gewaltsamkeit, der Rechtsprechung und Verwaltung.[29] Staatliche Bürokratie und kapitalistische Wirtschaft koordinieren ihre Ressourcen nicht über den Mechanismus kommunikativer Verständigung, sondern über symbolisch generalisierte Kommunikationsmedien von Macht und Geld. Die Differenzierung der Systeme lässt eine von den Aufgaben der materiellen Produktion entlastete Lebenswelt entstehen, deren zentraler Interaktionsmodus das kommunikative Handeln darstellt. Mit Wissenschaft, Recht- und Moraltheorie sowie der Kunst entstehen Wertsphären, innerhalb derer die im kommunikativen Handeln verschmolzenen Geltungsansprüche isoliert diskutiert werden können. Zusammengehalten werden System und Lebenswelt durch das formale Recht.

5.2.4 Problemlösung und Lernprozesse

Rückblickend betrachtet zeigt sich die soziale Evolution zweiter Ordnung als Prozess der Komplexitätssteigerung aufgrund funktionaler Differenzierung. Ein gering segmentierter Stamm wird stratifiziert. Eine politische Obrigkeit entbindet die Stratifizierung von verwandtschaftlichen Strukturen und überführt sie in Rang- und Standesordnungen. Die Auslagerung ökonomischer Prozesse aus der Obrigkeit in das Wirtschaftssystem transformiert die Obrigkeit zum

[29]Zu Habermas' Diagnose einer Repolitisierung der Ökonomie aufgrund sozialstaatlicher Eingriffe in den Kapitalismus vgl. hier unten die Ausführungen zur Kolonialisierung der Lebenswelt sowie Habermas 1973b: 50-60.

bürokratischen Verwaltungsstaat.[30] Um die Gründe dieser Differenzierungsprozesse genauer benennen zu können, greift Habermas auf das Basis-Überbau-Modell zurück und reformuliert es evolutionstheoretisch (vgl. Habermas 1981c: 251f.). Die Basis deutet er als Bereich derjenigen Probleme, die den Übergang von einer sozialen Formation zur nächsten bedingen. Probleme beziehen sich Habermas zufolge auf die materielle Reproduktion der Gesellschaft und deren Auseinandersetzung mit der Natur und können nur durch evolutionäre, sprich durch institutionelle Neuerungen und Systemdifferenzierungen gelöst werden. Entgegen dogmatisch marxistischer Positionen sind Probleme, so Habermas, jedoch nicht rein ökonomischer Art. Sie sind ebenfalls auf Kriege oder Dürrezeiten zurückzuführen.

Diese Problemlösungsprozesse definiert Habermas als evolutionäres Lernen. Gesellschaften lernen, indem sie diejenigen Probleme lösen, die die Steuerungskapazität der gesellschaftlichen Institutionen zunächst überfordern. Lernen bedeutet, dass bereits in Weltbildern enthaltene Vorstellungen von Recht, Moral oder Institutionen genutzt werden, um neue Formen sozialer Integration zu etablieren, die die Probleme lösen können. „Dieser Vorgang läßt sich als die institutionelle Verkörperung von Rationalitätsstrukturen vorstellen, die auf kultureller Ebene schon ausgeprägt sind“ (Habermas 1981c: 264, vgl. Habermas 2009f: 22). Man mag hier an Literatur oder politische Utopien als kulturelle Momente denken, die bereits problemlösende Ideen enthalten. In Bezug auf die Stammesgesellschaften können die in Mythen enthaltenen Vorstellungen über Stammesälteste als kulturelles Wissen verstanden werden, das genutzt wird, diesen Ältesten Weisungsbefugnisse zuzusprechen, die sie zur Koordinierung erster Formen arbeitsteiliger Produktion nutzen. Ihren Ausgangspunkt nehmen Lernprozesse jedoch bei den Lernkapazitäten der Individuen. Diese stehen vor gesellschaftlich vermittelten Problemen, die sie mit ihren kognitiven, technischen, moralischen oder ästhetischen Fähigkeiten exemplarisch zu bewältigen versuchen. Dafür bedarf es nicht allein der Anwendung bereits vorhandenen Wissens, sondern der experimentierenden, kreativen Neu-Organisation des bereits Bekannten (vgl. Jörke 2009: 321, Habermas 1976: 36; 176f.). Die Schritte, derer es zu gelungenen Versuchen bedarf, stellen theoretisches und praktisches Wissen dar, das in den kulturellen Bestand aufgenommen werden kann – Lernprozesse nehmen ihren Ausgang bei individuell akkumuliertem Wissen. Das kulturelle Wissen kann

[30]In Durkheimschen Schlagworten: Von mechanischer zu organischer Solidarität, von Homogenität zu Diversität, von Ähnlichkeit zu Unähnlichkeit, von wenigen zu vielen Funktionen (vgl. Durkheim 1988: Buch 1, Kapitel 2 und Kapitel 3).

dann wiederum (über die exemplarischen Probleme des einzelnen Individuums hinausgehend) genutzt werden, gesellschaftliche Institutionen oder Formen der materiellen Reproduktion zu verändern. Man denke hier an physikalische, experimentelle Settings, in denen technisch verwertbares Wissen über thermodynamische Prozesse generiert und schriftliche fixiert wird. Dieses Wissen kann zur Erfindung des Ottomotors genutzt werden, um den Transport von Personen und Gütern zu beschleunigen. Aber Lernprozesse finden nicht allein im Bereich des instrumentellen Handelns statt, sondern auch im Bereich praktischer Rationalität. So können politikwissenschaftliche Erörterungen über die Legitimität des *outputs* des politischen Systems, die in konkreten Überlegungen zu erweiterten Möglichkeiten der Entscheidungsfindung münden, ins kulturelle Wissen eingehen und gesellschaftlich angeeignet werden, beispielsweise zur Etablierung von Planungszellen auf lokaler Ebene – von Government zu Governance (vgl. exemplarisch Mayntz 2004).

Habermas verzichtet darauf, Bedingungen, unter denen Lernen stattfinden kann, genau zu benennen. Problematischer ist jedoch, dass innerhalb seiner Konzeption der gesellschaftliche Fortschritt, verstanden als Rationalisierungs- und Lernprozess nicht grundlegend in moralischen Motiven gründet. Lernprozesse werden zwar durch die praktische Vernunft vorangetrieben, wobei es eine empirisch zu beantwortende Frage ist, ob dabei die pragmatische oder eben moralische Dimension der Vernunft dominiert. Ihre Grundlage haben sie jedoch in der Basis, also im Bereich der materiellen Reproduktion. Für die Individuen bedeutet dies, dass sie Rationalisierung nicht als „von individuellen Intentionen getragen“ empfinden (Honneth 2000b: 97). Die Prozesse ereignen sich anonym und „hinter dem Rücken der beteiligten Subjekte“ (ebd.). Innerhalb der Theorie des kommunikativen Handelns stellen daher Rationalisierung und Lernprozesse nicht zwingend einen normativen Fortschritt, sondern zunächst schlicht einen praktischen Fortschritt dar. Ein normativer Fortschritt hingegen muss innerhalb der einzelnen historischen Etappen von den Individuen selbst noch initiiert werden. Problematisch ist das für die Theorie des kommunikativen Handelns, weil sich deren Darstellung von Lernprozessen und Rationalitätsniveaus „in den moralischen Erfahrungen der beteiligten Subjekte [...] gar nicht nieder[schlägt]“ (vgl. Honneth 2000b: 97f.), sodass die Normativität den Adressierten gegenüber nicht überzeugend ausweisbar ist. Sie mögen durch Habermas’ Ausführungen erkennen, dass die materielle Reproduktion effizienter ist, können aber der Effizienz nicht zugleich einen Kern entnehmen, der auf ihre moralischen Ansprüche bezogen ist. Darauf weist Habermas selbst hin, indem er in der Perspektive der Systeme Differenzierung als Zunahme an Autonomie beschreibt, die in der Perspektive der Lebenswelt jedoch als Verselbstständigung der Systeme wahrgenommen wird. Diese existieren für die Individuen abgetrennt von ihrer Identität und ihren sozialen Beziehungen (vgl. Habermas 1981c: 461). Die Theorie des kommunikativen Handelns bedarf daher eines erweiterten begrifflichen Rahmens, der den Adressierten Geschichte als Prozess vor Augen führt, in dem sie ihre eigenen Ansprüche erkennen können.

Der hier weiter unten eingeführte Begriff des sozialen Kampfes kann dies leisten und zugleich ein weiteres Problem der Theorie des kommunikativen Handelns beheben. Habermas' Analyse des langen Weges von Mythen zu Normen und Recht, von Verwandtschaftsbeziehungen zu staatlicher Bürokratie und kapitalistischem Gütertausch bildet keine Konflikte ab. Eine Ausnahme stellen seine knappen Ausführungen zu den organisierten Eingriffen staatlicher Herrschaft in die Basis der materiellen Reproduktion dar. – Allein diese an Habermas angelehnten Formulierungen klingen selbst steril und verdecken eher Gewalt und Leiderfahrungen statt sie hervorzuheben. Der Prozess der Entkopplung von System und Lebenswelt scheint schmerzlos vonstatten zu gehen. Gerade in der Perspektive handelnder Individuen lässt sich fragen, ob sich die Entkopplung ihnen gegenüber nicht als Entmachtung zeigt und die systemische Umstellung der Kommunikation auf Geld und Macht einzig als eine Entlastung erfahren wird (vgl. Joas 1986: 171f.). Habermas versucht erst im Kontext einer recht schematischen Diskussion verschiedener Protestformen, die auf die Kolonialisierung der Lebenswelt reagieren, einen genaueren Blick auf lebensweltliche Erosionen zu werfen. Dies geschieht jedoch erst am Ende des zweiten Bandes der „Theorie des kommunikativen Handelns" (vgl. Habermas 1981c: 575-582) und ist dem Stellenwert sozialer Konflikte für die soziale Evolution nicht angemessen. Die systemtheoretische Darstellung sozialer Evolution kann daher mehr als eine grobe Skizze, denn als eine detaillierte Betrachtung verstanden werden.[31]

Krisenhaft wird dieser Prozess laut Habermas' in dem Moment, in dem die beiden Systeme aufgrund ihrer Eigendynamik in die Lebenswelt eindringen, Geld und Macht das kommunikative Handeln als Modus der Handlungskoordination ersetzen und zu Monetarisierungs- und Bürokratisierungsprozessen in Kultur, Gesellschaft und der Sozialisation der Persönlichkeit führen. Diesen Prozess, auf

[31]Habermas lässt sich an dieser Stelle und mit Blick auf die Ausführungen Heinrichs zu Verdrängungsprozessen innerhalb der Philosophiegeschichte als Vertreter eines rationalistischen Theorieverständnisses begreifen, für das der Versuch grundlegend ist, Formen des Konfliktes innerhalb des Zivilisationsprozesses (zugunsten einer schematisch-exakten Darstellung) zu tilgen (vgl. Heinrich 1993 #819). Von dieser Diagnose ausgehend unternimmt Heinrich die kritische Interpretation von Mythen und Religionen, die er – im Gegensatz zur Philosophie – als Reflexionsform gesellschaftlicher Konflikte versteht.

den sich die Theorie des kommunikativen Handelns in einer kritischen Zeitdiagnose bezieht, fasst Habermas als Kolonialisierung der Lebenswelt. Die Kolonialisierungsthese und ihre problematischen Züge – das Fehlen von Erfahrungen und einer Perspektive individuellen Leidens sowie die akteurstheoretische Leerstelle – werden im Folgenden beleuchtet.

5.3 Die Kolonialisierungsthese und deren Mängel

Habermas zufolge wird die Kritik der älteren Kritischen Theorie stumpf, weil sie System und Lebenswelt nicht als zwei Momente sozialer Evolution unterscheidet.

> „Man kann die Theoriegeschichte seit Marx als Entmischung von zwei Paradigmen auffassen, die nicht mehr zu einem zweistufigen, System und Lebenswelt verknüpfenden Konzept der Gesellschaft integriert werden konnten. Kritische Instrumente, wie beispielsweise der Ideologiebegriff, werden stumpf, weil ein metatheoretischer Rahmen von hinreichender Komplexität innerhalb eines der auseinandergefallenen Paradigmen nicht entwickelt werden kann" (Habermas 1981c: 303).

Die Kolonialisierungsthese greift die Motive der Kritischen Theorie mit neuen Mitteln auf und rekonstruiert die Genese moderner Gesellschaften als Prozesse der Differenzierung und des Übergreifens von Systemimperativen auf die Lebenswelt samt der daraus resultierenden Störung der symbolischen Reproduktion.[32] Zugleich stellt die Theorie des kommunikativen Handelns eine Distanzierung von anderen sozialwissenschaftlichen Ansätzen dar, die, so Habermas, die Komplexität der Moderne nicht vollständig einfangen können. Sozialwissenschaftliche Ansätze, die Webers Differenzierungstheorem aufgreifen, können Habermas zufolge die Differenzierung zweiter Ordnung nicht begrifflich abbilden. Denn sie verstehen Systeme als intentional gelenkte Organisationen, ohne zu berücksichtigen, dass die Erhaltung des Systems gerade nicht auf die Einstellungen und Handlungen einzelner Individuen zurückgeführt werden kann. Daher sind sie laut Habermas blind für die Dynamik der Kolonialisierung. Statt das Eindringen von Systemimperativen in die Lebenswelt kritisch in den Blick zu rücken, deuten sie

[32] Dass der zweite Band der Theorie des kommunikativen Handelns den Untertitel „Zur Kritik der funktionalistischen Vernunft" trägt ist als ironische Formulierung zu verstehen, da Habermas die funktionale Logik operativer Systeme gerade nicht als Moment der Vernunft, sondern als deren Bedrohung rekonstruiert.

moderne Rationalisierung als Ausbreitung einer instrumentellen Handlungsrationalität (vgl. Habermas 1981c: 551-554). Jedoch besteht eine Konkurrenz

> „nicht zwischen den Typen des verständigungs- und erfolgsorientierten Handelns, sondern zwischen Prinzipien der gesellschaftlichen Integration: zwischen dem aus der Rationalisierung der Lebenswelt immer reiner hervorgehenden Mechanismus einer an Geltungsansprüchen orientierten sprachlichen Kommunikation und jenen entsprachlichten Steuerungsmedien, über die Systeme erfolgsorientierten Handelns ausdifferenziert werden" (Habermas 1981b: 459).[33]

Systemtheorien hingegen lösen Habermas zufolge jegliche Intentionen und Handlungen in Systemimperative und systemspezifische Medien auf, sodass sie aufgrund grundbegrifflicher Entscheidungen die Handlungsrationalität der Lebenswelt nicht abbilden können. Zudem verbleiben systemtheoretische Ansätze in der Perspektive von Beobachtenden und können daher die lebensweltlichen Erosionen kommunikativer Strukturen und die für Individuen identitätsbedrohenden Deformationen lediglich als systemische Ungleichgewichte beschreiben (vgl. Habermas 1981c: 551-554). Im Anschluss an die hermeneutisch geschulte Phänomenologie betrachten die sogenannten Theorien des Alltagslebens dagegen die Kosten der Durchsetzung kapitalistischer Produktionsweisen und der Bürokratisierung lebensweltlicher Bereiche in der Perspektive der betroffenen Individuen. Sie gegeben Habermas zufolge einen Anreiz zur Erinnerung an verlorene Traditionen. Ihnen ermangelt es jedoch an einer Perspektive, die einzelnen Verluste in einen übergeordneten Zusammenhang zu stellen. Die erschlossenen Momente werden nicht zu einem großen Bild einer Theorie sozialer Evolution und deren Krisen und Pathologien zusammengeführt, sondern bleiben einzelne unbegriffene, kontingent wirkende Episoden im Leben der Individuen (vgl. Habermas

[33]Das Motiv, die zivilisationsgeschichtliche Entwicklung in einer handlungstheoretischen Perspektive als Zunahme instrumenteller Einstellungen zu rekonstruieren, verfolgt Habermas noch selbst in seinem 1954 erschienene Aufsatz „Dialektik der Rationalisierung" (Habermas 1954). Dort überführt der die Handlungstheorie Gehlens in den daseinsanalytischen Kontext, den Heidegger in „Sein und Zeit" entwickelte (vgl. Honneth 2009b: 15f.). Von diesen ideengeschichtlichen Bezügen nimmt Habermas bis zur Theorie des kommunikativen Handelns jedoch sukzessive Abstand.

In seinen Überlegungen zur Gentechnologie greift Habermas die Figur einer Zunahme instrumenteller Einstellungen erneut auf, bezieht sie dort jedoch auf Bewusstseinsformen und Handlungseinstellungen dem eigenen Körper gegenüber. Die gentechnologischen Möglichkeiten erzeugen eine instrumentell-objektivierende Einstellung der eigenen biologischen Substanz gegenüber (vgl. Habermas 2005).

1981c: 552f.). Systemtheorie und Theorien des Alltags verabsolutieren jeweils einen Aspekt: das System oder die Lebenswelt. Weberianische Differenzierungstheorien trennen beide Aspekte nicht hinreichend. Dass Habermas die beiden Perspektiven, in denen System und Lebenswelt reflektiert werden können, in die Theorie des kommunikativen Handelns integriert, grenzt den Bereich, auf den sich seine Kritik bezieht, ein. Habermas' Theorie stellt eine Absage an die Möglichkeit, eine Gesellschaft als Ganzes demokratisch, sprich kommunikativ zu gestalten, dar (vgl. Iser 2008: 142). Die Reflexion auf die Grenzen der Lebenswelt und die Notwendigkeit systemisch geleisteter materieller Reproduktion zeigen das Zerreißen der Sittlichkeit, die Hegel noch philosophisch herzustellen versucht, als erträglichen Prozess und gewähren die Einsicht, innerhalb welcher gesellschaftlichen Bereiche eine normative Kritik überhaupt sinnvoll ist.

Da die Kolonialisierung der Lebenswelt von Habermas an spezifische Bedingungen gekoppelt wird, ist ebenfalls die historische Reichweite seiner Kritik eingeschränkter als die der älteren Kritischen Theorie. Kolonialisierungseffekte treten erst ein, wenn die Differenzierung von System und Lebenswelt derart fortgeschritten ist, dass die Imperative des System von außen auf die Lebenswelt einwirken können. Da in Stammesgesellschaften System- und Sozialintegration nicht geschieden sind, können Systemimperative noch nicht die Ressourcen der Lebenswelt in Beschlagnehmen. Geld und Macht müssen als Medien der Systeme Wirtschaft und Bürokratie etabliert sein. Innerhalb der Lebenswelt müssen die Geltungsansprüche klar ausdifferenziert vorliegen. Erst dann können die Imperative der Systemerhaltung durch die „Verankerung der Medien Geld und Macht in der Lebenswelt" (Habermas 1981c: 452) kolonialisierend wirken. In den „Poren des kommunikativen Handelns" (Habermas 1981c: 278) eingedrungen, erzeugen Macht und Geld die Minderung der kommunikativen Rationalität, weil sie Kommunikation und die Bezugnahmen auf die objektive, soziale und subjektive Welt strukturell verzerren. So werden beispielsweise einerseits kulturelles Wissen, Interaktionspartner/innen oder die Sozialisation von Heranwachsenden einzig in ökonomischer Perspektive betrachtet. Andererseits wird das kommunikative Handeln nicht mehr zur Lösung gesellschaftlicher Probleme genutzt. Statt im Modus der Verständigung Probleme ergebnisoffen zu diskutieren, werden sie in Sachfragen, denen ein notwendiges Vorgehen eingeschrieben ist, umgedeutet. Diskussionen zu Belangen, die alle betreffen, werden Spezialisten/innen überlassen, da diese – so die Annahme der Technokratiethese, gegen die Habermas interveniert (vgl. Iser 2008: 87) – Probleme aufgrund ihrer Expertise besser bearbeiten können.

Krisen und Pathologien versteht Habermas als Resultat der Kolonialisierung. Die krisentheoretischen Ausführungen Habermas' gehen zurück auf die Studien zum Spätkapitalismus zuzeiten des Starnberger Max-Planck-Instituts zur Erforschung der Lebensbedingungen. In Zusammenarbeit insbesondere mit Offe, Nummer-Winkler, Eder und Döbert verfolgt Habermas zu der Zeit das Ziel, die Krisentheorie Marx' mit der Systemtheorie Luhmanns zu verbinden (vgl. Nullmeier 2009: 188). Im Unterschied zu den Studien über die Legitimationsprobleme des Spätkapitalismus ist der Krisenbegriff der Theorie des kommunikativen Handelns jedoch entschärft. Zielt er ursprünglich auf eine Abschaffung des gesamten kapitalistischen Systems, so bezieht er sich nun allein auf Prozesse an der Schnittstelle von System und Lebenswelt, die innerhalb der Lebenswelt als Problem erfahren werden, ohne jedoch das System als Ganzes infrage zu stellen. Die Betonung der Auswirkungen von Krisen in der Lebenswelt unterscheidet den Krisenbegriff Habermas' von dem der Systemtheorie. Systemtheoretisch betrachtet sind Krisen gesellschaftliche Zustände, in denen der Systembestand nicht mehr allein durch systemeigene Mechanismen gewährleistet werden kann. Habermas betont mit dem Begriff der Krise hingegen den Erfahrungsgehalt der Lebenswelt. Krisen treten ihm zufolge auf, wenn die Gefährdung des Systembestands zusätzlich innerhalb der Lebenswelt als Bedrohung sozialer Identitäten erfahren wird (vgl. Nullmeier 2009: 189). Wenn die vom kapitalistischen System verursachte Unterversorgung ganzer Gruppen das Gerechtigkeits- und Selbstverständnis einer Gesellschaft infrage stellt, liegt eine Krise vor. Krisen greifen somit nicht nur Systeme, sondern auch die normative Struktur einer Gesellschaft an.[34] Pathologien entstehen, wenn Krisen abgefangen werden, indem die Ressourcen der Lebenswelt für die Lösung kapitalistischer Probleme instrumentalisiert werden. Die Ökonomisierung gesellschaftlicher Bereiche, die der Steigerung des Profits oder dem Beheben von Absatzschwierigkeiten dient, ist als Pathologie zu verstehen.[35]

[34]Ausführlich behandelt werden systeminduzierte Krisen und die Reaktionen darauf in Habermas 1973b. Habermas arbeitet dort vier unterschiedliche Krisentendenzen im sogenannten Spätkapitalismus heraus, also der Form des Kapitalismus, die durch staatliche Eingriffe gekennzeichnet ist. Er unterscheidet:

1: ökonomische Krisen aufgrund zyklischer Kapitalvernichtungsprozesse;

2: Krisen der staatlichen Rationalität, die die kapitalistischen Probleme nicht lösen kann;

3: Legitimationskrisen in Folge versagter Massenloyalität;

4: Motivations- und Identitätskrisen durch die Erosion kultureller Werte.

[35]Im Rahmen einer kritischen Soziologie beschreibt gegenwärtig Dörre diese Ausweitung kapitalistischer Systemimperative in Anschluss an Marx als Landnahmen (vgl. Dörre 2009).

5.3.1 Zwei Phasen und Formen der Kolonialisierung

Habermas unterscheidet zwischen zwei historischen Phasen der Kolonialisierung: die liberal-kapitalistische und die spätkapitalistische. In der liberalen Phase greift der Staat Habermas zufolge nicht direkt in das ökonomische System ein, sondern gewährleistet den Bestand des Systems durch die Garantie, dass das Recht eingehalten wird, oder durch die Bereitstellung von Infrastrukturen wie die schulische und universitäre Ausbildung, über deren Weg dem ökonomischen System Fachkräfte zugeführt werden (vgl. Habermas 1973b: 36ff.). In dieser Phase erfolgt die Kolonialisierung als Kommerzialisierung. Den Spätkapitalismus charakterisiert Habermas hingegen durch die Politisierung der Ökonomie. Das prägnanteste Beispiel für diese Politisierung stellen ihm zufolge die sozialstaatlichen Maßnahmen dar, die auf die vom kapitalistischen System erzeugten negativen Effekte reagieren. Die im ökonomischen System agierenden Individuen werden nun im Falle von Armut oder einer Arbeitsunfähigkeit, die das Ausbleiben geforderter Leistungen mit sich bringt, nicht mehr sich selbst überlassen, sondern erhalten monetäre Entschädigungen vom Staat. In dieser Phase nimmt die Kolonialisierung die Form der Verrechtlichung an. Das bedeutet nicht, dass die Kommerzialisierung der Lebenswelt damit überwunden ist. Beide Formen existieren simultan (vgl. Habermas 1981c: 505-516). Die Kommerzialisierung zeigt sich in der Ökonomisierung lebensweltlicher Bereiche.

> „[J]e mehr Freizeit, Kultur, Erholung, Tourismus erkennbar von den Gesetzen der Warenwirtschaft und den Definitionen des Massenkonsums erfaßt werden; je mehr sich die Strukturen der bürgerlichen Familie ersichtlich an Imperative des Beschäftigungssystems anpassen; je mehr die Schule handgreiflich die Funktion übernimmt, Berufs- und Lebenschancen zuzuteilen“ (Habermas 1981c: 540),

desto intensive lässt sich die Kommerzialisierung wahrnehmen. Konsumismus, Besitzindividualismus, Leistungs- und Wettbewerbsdenken, ein utilitaristischer Lebensstil und Hedonismus nennt Habermas hier als Symptome. Praktisch-moralische Fragen werden in technische umgewandelt, der öffentlichen Diskussion entzogen und Experten/innen übergeben. Gegenwärtige Studien zur Verfasstheit des kapitalistischen Systems stützen Habermas’ Diagnose der Kommerzialisierung. Weil Habermas’ Ausführungen zu diesem Thema recht knapp ausfallen, ist ein Blick in diese Studien lohnend – sie gleichen das Darstellungsdefizit der Theorie des kommunikativen Handelns aus. Das Übergreifen systemischer Imperative in die Lebenswelt – bei gleichzeitigem Rückzug des Staates – wird vielerorts mittels des Topos der Deregulierung der Märkte thematisiert (vgl. exemplarisch

Streeck 2013). Die ökonomische Logik wird nicht mehr von politischen Vorgaben eingedämmt und kann sich sogar uneingeschränkter (als zuzeiten der Studien von Habermas') entfalten. Das politische System stellt gerade durch seinen Rückzug den Rahmen der freien Entfaltung der kapitalistischen Logik bereit. Sicherlich schwebt das kapitalistische System nicht im luftleeren Raum. Der Markt ist weiterhin eingebettet in soziale Strukturen, ohne die er nicht funktioniert (vgl. Beckert 2007). Zugleich werden die lebensweltlichen Kosten zunehmend weniger vom politischen System abgefangen. Der Sozialstaat zieht sich zurück. Soziale Fürsorge wird privatisiert.

Sehr illustrativ werden diese Prozesse in der Studie Crouchs zur sogenannten Postdemokratie beschrieben (Crouch 2008).[36] Crouch führt unterschiedliche Symptome wie Langweile, politische Apathie, Frustration oder Desillusionierung der Bürger/innen auf Zustände zurück, die sich unter den Begriff der Kolonialisierung der Lebenswelt bringen lassen. Zwar existieren, so Crouch, die formalen Elemente liberaler Demokratien wie Wahlen und Grundrechte weiterhin. Jedoch wird der Einfluss der Bürger/innen auf den Wahlakt beschränkt. Die innerhalb der – ebenfalls von Habermas als zentrales Medium der Willensbildung ausgewiesene – Öffentlichkeit vorhandenen Gestaltungsmöglichkeiten werden zunehmend beschränkt. Statt an öffentlichen Stimmen, orientiert sich die staatliche Bürokratie und das Parlament an den Weisungen von Experten/innen, die ihren Einfluss in Komitees abseits der politischen Bühne ausüben. Die Bühne wiederum verkommt zur Schaustätte medialer Inszenierung, deren Personenkult mehr an das Showbusiness oder Marketingstrategien als an den rationalen Austausch von Argumenten erinnert. In der Sprache der Theorie des kommunikativen Handelns lassen sich diese Prozesse als einseitiges kappen der Beziehungen zwischen dem bürokratischen System und der Lebenswelt beschreiben. Während das Verwaltungssystem unabhängig wird von der Massenloyalität der Individuen, erhebt es dennoch Steuern und wirkt auf die Lebenswelt durch Entscheidungen zurück. Neben den Experten/innen üben zudem Lobbygruppen und wirtschaftliche Eliten im privaten wie im öffentlich-politischen Bereich einen enormen Einfluss

[36]Sicherlich sind Crouchs Beschreibungen gegenwärtiger demokratischer Gesellschaften in einen fragwürdigen, geschichtsphilosophisch anmutenden Rahmen historischer Entwicklung eingebettet, demzufolge der ideale demokratische Zustand bereits erreicht und danach überschritten wurde. Crouch wählt zur Veranschaulichung die Form einer Parabel, an deren Scheitel – der zugleich den normativen Bezugspunkt Crouchs darstellte – die Demokratien sich durch wohlfahrtsstaatliche Umverteilung, starke Gewerkschaften und eine keynesianische Wirtschaftspolitik auszeichnet (vgl. Crouch 2008: 12f.). Seine Diagnosen lassen sich jedoch herausgelöst aus diesem Rahmen betrachten.

auf Entscheidungsfindungsprozesse aus. Die Verstrickung von privat-ökonomischer und politischer Macht im Falle der wirtschaftlichen Eliten stellt eine weitere, anders gelagerte Ent- und Neukopplung von System und Lebenswelt dar. Auf der einen Seite wird, wie eben dargestellt, die Öffentlichkeit einseitig von der staatlichen Bürokratie entkoppelt. Auf der anderen Seite wird das kapitalistische System direkt an das Verwaltungssystem und dessen Entscheidungsstrukturen gekoppelt. In der Perspektive der Lebenswelt stellt sich die fehlende Transparenz von Entscheidungsprozessen und der hohe Einfluss von Lobbygruppen und Experten/innen als Erfahrung der eigenen Ohnmacht dar, da der Output des politischen Systems unvermittelt mit dem öffentlich diskutierten Input ist. Die „Kommerzialisierung öffentlicher Leistungen" (Crouch 2008: 101) versteht Crouch als sukzessiv vollzogene Privatisierung öffentlicher Leistungen (wie eine staatliche gewährleiste Rente) bei gleichzeitigem Abbau des Wohlfahrtstaat. Die Transformation öffentlicher Einrichtungen in betriebsartige Institutionen – eine Umstrukturierung, an der sich die Kolonialisierung der Lebenswelt gegenwärtig eindringlich zeigt – ist ein weiterer Aspekt dieser Kommerzialisierung. Krankenhäuser, Schulen oder Universitäten werden zunehmend als Wirtschaftsunternehmen neu definiert und orientieren sich primär an der Erwirtschaftung von Profiten. Der innerhalb der lebensweltlichen Perspektive für die jeweils einzelnen Individuen enorm wichtige Zustand der Gesundheit sowie kommunikative Bildungsstrukturen, die der Ausbildung der Persönlichkeit dienen, werden an das Medium des Geldes assimiliert.

Ausführlicher als die Kommerzialisierung diskutiert Habermas die Verrechtlichung. Er differenziert zwischen Recht als Institution und Recht als Medium (vgl. Habermas 1981c: 536-539). Als Institution dient das Recht der Vermittlung von System und Lebenswelt sowie der Regelung bereits funktional vernetzter Handlungsbereiche. Als Medium thematisiert Habermas das Recht im Rahmen der kolonialisierenden Prozesse, die zu einer rechtlichen Über- und Umformung lebensweltlicher Strukturen führen.[37] Während das bürgerliche Privatrecht laut

[37]Habermas' Betrachtung der rechtlichen Regulierung zuvor nicht verrechtlichter Bereiche fokussiert nicht den Inhalt, sondern die Form des Rechts. Gegenwärtig unternimmt ebenfalls Menke eine kritische Formanalyse des Rechts, die dessen formierenden und normierenden Charakter hervorhebt (vgl. Menke 2015). Eine Kritik an Menkes Verabsolutierung der spezifisch subjektiven Rechte formuliert Möllers 2016.

Iser interpretiert die Studie „Faktizität und Geltung" als Habermas' Versuch, einen anderen Rechtsbegriff zu entwickeln, der keine kolonialisierenden Effekte hervorruft. Dem sozialstaatlichen Recht stellt Habermas laut Iser das diskursiv generierte Recht gegenüber (vgl. Iser 2008: 146).

Habermas keine kolonialisierenden Effekte hervorruft, da es lediglich einen Raum negativer Freiheit bestimmt, stellt sich Kolonialisierung erst mit dem historisch späteren Sozialrecht ein, das als Reaktion auf kapitalistisch induzierte Verarmungstendenzen entsteht. Erst im Sozialstaat zeigt sich die im Recht gründende „Ambivalenz von Freiheitsverbürgung und Freiheitsentzug" (Habermas 1981c: 531). „Es sind nun die Mittel der Freiheitsverbürgung selbst, die die Freiheit des Nutznießers gefährden" (ebd.). Paradoxerweise führt der Sozialstaat, der die soziale Integration von Individuen sichern will, zur Erosion der Sozialintegration.[38] Der bürokratische Vollzug und die rein monetäre Einlösung staatlicher Fürsorge nennt Habermas als zentrale Gründe dafür, dass sozialstaatlich garantierte Rechtsansprüche im Falle von Krankheit oder Arbeitsunfähigkeit in Form umstrukturierender Eingriffe in die Lebenswelt der jeweiligen Individuen zurückwirken (vgl. Habermas 1981c: 533f.). Im Gegensatz zu Löhnen, die über formal organisierte Handlungsbereiche transferiert werden, „regulieren [sozialstaatliche Maßnahmen, M.B.] Notlagen, die als Situationen der Lebenswelt einem kommunikativ strukturierten Handlungsbereich angehören" (vgl. Habermas 1981c: 539). So wird auf den Verlust der Arbeitsstelle einzig mit einem monetären Ausgleich reagiert. Damit wird die komplexe Situation aus materieller und psychischer Not im entsprachlichten Medium des Geldes thematisiert und Kommunikation in Konsum umdefiniert. Soziale Dienste und Therapieangebote erfahren die Betroffenen als administrative Verordnungen. Denn Experten/innen und Gerichte weisen diese Angebote zu und überwachen streng deren Einhaltung. Für tatsächliche physische und sozialpsychologische Hilfe, die im Rahmen wechselseitiger Kommunikation mit Betroffenen erörtert wird, ist in diesem System kein Raum. Habermas spricht daher von einer

> „Therapeutokratie, die sich vom Strafvollzug über die medizinische Betreuung von Geisteskranken, Süchtigen und Verhaltensgestörten, über die klassischen Formen der Sozialarbeit und die neueren psychotherapeutischen und gruppendynamischen Formen der Lebenshilfe, der Seelsorge, der religiösen Gruppenbildung bis zu Jugendarbeit, öffentlichem Bildungssystem, Gesundheitswesen und generalpräventiven Maßnahmen aller Art erstreckt" (ebd.).

[38]Die Diagnose Crouchs, der zufolge sich der Wohlfahrtsstaat zurückzieht, widerspricht nicht der These Habermas'. Denn ein Abbau wohlfahrtsstaatlicher Leistungen bedeutet nicht zugleich, dass der Staat kein Netz administrativer Maßnahmen um die Individuen spannt.

Im Rahmen des bürokratischen Vollzugs sozialstaatlicher Maßnahmen werden die Betroffenen zu passiven Klienten/innen degradiert, die von den Behörden wie Objekte behandelt werden. Ihre individuellen Ansprüche werden genau definierten Bereichen und Tatbeständen zugeordnet. Um die je besondere Situation zu identifizieren und nach allgemeinen Regeln bearbeiten zu können, wird sie in ein allgemeines rechtliches Raster gepasst. In verschiedenen Notlagen wird auf diesem Wege von den besonderen Bedürfnissen der Betroffenen abstrahiert. Zudem können nur diejenigen Fälle, die sich mittels des rechtlichen Rasters wahrnehmen und mit den Mitteln der sozialstaatlichen Bezuschussung bearbeiten lassen, überhaupt als Problem wahrgenommen werden. Der rechtliche Umgang mit der Demenz-Erkrankung veranschaulicht Habermas' Überlegungen. Mit dem Eintreten des zweiten Pflegeergänzungsgesetzes am ersten Januar 2017 erhalten Demenz-Erkrankte den gleichen Anspruch auf Pflegeleistungen wie körperlich beeinträchtigte Menschen. Zuvor wurde Demenz im sozialstaatlichen Raster nicht erkannt. Aufgrund der Ablösung der Pflegestufen durch Pflegegrade und damit einhergehender neuer Beurteilungskriterien ist nicht mehr ausschlaggebend, wie viele Minuten am Tag ein Mensch der Pflege bedarf. „Ob jemand weiß, welcher Tag ist und wo er sich befindet, wird dann ebenso eine Rolle spielen wie die Frage, wie mobil er noch ist" (vgl. Schuler 2015: 1).[39] Die einzelnen, anerkannten Fälle werden in entfernten Großorganisationen durch computergestützte Systemen bearbeitet. Das Individuum wird zum/r Klienten/in mit raumzeitlichem Abstand, zu dem/der keine kommunikative Beziehung besteht. Die Individualisierung der Ansprüche und Zuweisung atomisiert die Individuen. Im Falle der Altersvorsorge führt dies zu einem verzerrten Bild der Betroffenen von sich selbst und ihrem Umfeld, weil sie sich nicht mehr als Teil eines gesellschaftlichen Zusammenhangs begreifen. Solidargemeinschaftliche Hilfe wird ebenfalls aufgrund dieser atomisierenden Zuweisungsstrukturen unterwandert – dass jede/r für sich selbst verantwortlich ist, ist das Signal einer individualisierenden sozialstaatlichen Praxis.

---

[39]Nicht nur wird damit Demenz als Krankheit umfassender anerkannt. Sie wird überhaupt erst von anderen physischen Erkrankungen abgrenzbar und in ihren Facetten wahrgenommen. Sicherlich zeigt dieses Beispiel nicht lediglich den selektiven und spezielle Situationen nur allgemein behandelnden Charakter des Rechts, sondern auch die Versuche, das Besondere von Krankheiten mit rechtlichen Mitteln einzuholen. Schließlich wird Demenz nun als Demenz sozialstaatlich bearbeitbar. Im weiteren Verlauf der Argumentation wird jedoch deutlich, dass damit die grundlegende Struktur des Rechts, die zur Kolonialisierung führt, bestehen bleibt.

Innerhalb der Lebenswelt führt die Kolonialisierung zur Störung der symbolischen Reproduktion, die sich in der Kultur als Sinnverlust, in der Gesellschaft als Anomie und in der Persönlichkeit als Psychopathologie zeigt. Tradierte Wissensinhalte werden allein in der Perspektive der zweckrationalen Anwendung, nicht jedoch als identitätsstiftende Momente oder Ressourcen der Legitimität gedeutet. Die Ökonomisierung und Verrechtlichung interpersoneller Beziehungen isoliert die Individuen voneinander. Die Sozialisation der Heranwachsenden erfolgt einzig unter dem Aspekt ihres funktionalen Nutzens und führt zu beschädigten Selbstverhältnissen. Insbesondere innerhalb der schulischen Sozialisation lässt sich der kolonialisierende Zusammenhang von Recht und Monetarisierung zeigen (vgl. Habermas 1981c: 545). Die rechtlichen Verordnungen des jeweiligen Bundeslandes greifen in die kommunikativen Strukturen des Unterrichts ein, indem sie allgemeine rechtliche Normen und Kategorien der Notenvergabe etablieren, denen eine umfassende Sensibilität für die individuellen Bedürfnisse und Befähigungen der Schüler/innen fehlt. Zugleich etabliert die Vergabe von Noten unter den Individuen ein Konkurrenzverhältnis und erzeugt Leistungsdruck, da die Noten das zentrale Kriterium für die Beurteilung darstellen, ob die Einzelnen den Anforderungen des Arbeitsmarktes gewachsen sind und daher eine der wenigen zu vergebenden Stellen verdienen.[40]

5.3.2 Die (fehlende) Perspektive des leidenden Individuums

Auffallend ist, dass Habermas die destruktiven Folgen der „Verformungen" (Habermas 1988: 420) der Lebenswelt nur sehr allgemein und schematisch thematisiert. In den Passagen der „Theorie des kommunikativen Handelns", in denen Habermas die Verwerfungen innerhalb der Lebenswelt in den Blick rückt, entsteht der Eindruck, dass er durchaus gewillt ist, die Erosionsresultate umfassend und erfahrungsgesättigt zu beschreiben. Das wird insbesondere an den Stellen deutlich, an denen er die „aufs Psychische und Körperliche abgewälzten und verinnerlichen sozialen Konflikten" (ebd.) anschaulich darzustellen versucht. So spricht er von den „unerträgliche[n] Imperativen[n] des Beschäftigungssystems" (Habermas 1988: 422) oder den „penetranten Nebenfolgen einer administrativen

[40]Gegenwärtig reflektiert Menke den normierenden, gewaltförmigen Charakter des Rechts, um innerhalb des Rechts selbst einen normative Fluchtpunkt zu umreißen (vgl. Menke 2011, Menke 2013a, Menke 2014b, Menke 2015).

Daseinsfürsorge“ (ebd.), vor denen die Einzelnen zu schützen sind. Im Zentrum der Kritik Habermas’ steht der

> „systematische Bann, den der kapitalistische Arbeitsmarkt über die Lebensgeschichte der Arbeitsfähigen, den das Netz leistender, regulierender und überwachende Behörden über die Lebensform der Klienten, den der autonom gewordene nukleare Rüstungswettlauf über die Lebenserwartungen der Völker verhängt“ (ebd.).

Jedoch kann Habermas die Folgen dieses Bannes nicht anschaulich genug darstellen, weil er die Perspektive des leidenden Individuums nicht einnimmt. Habermas’ Ausführungen umkreisen die lebensweltlichen Erosionen zwar, fangen sie jedoch nicht ein. Das ist irritierend, da gerade die ältere Kritische Theorie primär an dem Leiden von Individuen orientiert ist. Ebenso birgt Habermas’ fehlender Bezug zu den Leiderfahrungen der Individuen ein Erklärungsdefizit, denn er kann keine Kriterien angeben, wann die Verdrängung kommunikativer Praktiken überhaupt grundlegend zu einem Problem für die Lebenswelt wird (vgl. Joas 1986: 171). Ist jegliches Ausmaß der Verrechtlichung zugleich als eine umfassende Kolonialisierung zu verstehen? Da diese Frage theoretisch nicht zu klären ist, ist die Theorie des kommunikativen Handelns auf empirische Leiderfahrungen angewiesen, die einen Verdrängungsprozess erst als Krise oder Pathologie kenntlich machen (vgl. Iser 2008: 143).

Das Fehlen der Perspektive, die sich sensibel gegenüber den kolonialisierenden Formen der Zurichtung zeigt, ist auf die von Habermas gewählte Methode und seine Theorie gesellschaftlicher Entwicklung zurückzuführen (vgl. hier zudem Kapitel 3). Die rationale Rekonstruktion erschließt die Regel der Verständigung in einer „theoretisch konstituierten Perspektive“ (Habermas 1988: 349), in der die Sprechakte fein säuberlich, analytisch getrennt in Hinblick auf den einzulösenden Geltungsanspruch betrachtet werden können. Sie ermöglicht „formalpragmatische Aussagen […], die sich auf die Strukturen von Lebenswelten überhaupt beziehen, nicht auf bestimmte Lebenswelten in ihrer konkreten geschichtlichen Ausprägung“(ebd.). Damit bewegt sich die Darstellung auf einem enorm hohen Abstraktionsniveau. Das Problem ist an dieser Stelle jedoch nicht allein der hohe Abstraktionsgrad dieser Perspektive, sondern der Fokus der Methode. Statt des konkreten Sinns von Aussagen, vollzieht sie nach, wie Sinn rational durch Regelwissen generiert wird (vgl. Habermas 2009f: 17). Für eine Kritik, die sich auf konkretes Leid bezieht, bedarf es weniger der Erkenntnis, wie dieses Leid zu einer rationalen Argumentation geformt werden kann, sondern einer hermeneutischen Haltung, die das Leiden nachvollzieht. Erst in dieser hermeneutischen Haltung wird Leiden überhaupt als Leiden identifizierbar. Denn wie sollen Artikulationen als Bezugspunkte der Kritik verstanden werden können, wenn nicht vorab deutlich wird, dass sie in Formen des Leidens und damit kritikwürdigen Zuständen gründen? Im Rahmen der Theorie sozialer Evolution treten lebensweltliche Erosionsprozesse zudem einzig als Verlust von gesamtgesellschaftlichen Rationalitätspotentialen in den Blick, jedoch nicht als individuelle Zurichtung. Diese Theorie ist eher als begrifflicher Rahmen, in dem Protest oder Kritik verortet werden kann, denn als Kritik selbst zu verstehen (vgl. Joas 1986: 171). Wenn Habermas versucht, Beschreibungen psychischen und körperlichen Leidens zu formulieren, geschieht das abseits des meist streng eingehaltenen theoretischen Zuschnitts. Deswegen wirken die Beschreibungen wie neben den eigentlichen Weg gestreute Hinweise auf die Spuren der Kolonialisierung der Lebenswelt, die sich in Körper und Psyche der Betroffenen nachweisen lassen. Zusammengenommen lässt sich der Theorie des kommunikativen Handelns derselbe Vorwurf entgegenhalten, den Habermas gegenüber der älteren Kritischen Theorie formuliert (vgl. hier Kapitel 2): in ihrem Rahmen bleiben die Individuen stumm, deren Erfahrungsgehalte er aufgrund der fehlenden Methode nicht angemessen ausschöpfen kann.

Der rationalen Rekonstruktion muss daher die Methode der hermeneutischen Interpretation zur Seite gestellt werden. Habermas selbst erachtet die Zusammenführung von rationaler Rekonstruktion und Hermeneutik als sinnvoll (vgl. Habermas 1988: 350). Wie hier in Kapitel 3 dargestellt, überwiegt jedoch Habermas' grundlegende Skepsis gegenüber der hermeneutischen Methode. Es ist daher nicht sonderlich bemerkenswert, dass er die Methode der hermeneutischen Interpretation selbst nie aufgreift und seine Aussage zur Sinnhaftigkeit der Zusammenführung beider Methoden im Raum stehen bleibt.

5.3.3 Die Erfahrungsarmut der Theorie des kommunikativen Handelns

Ebenfalls in Kapitel 3 wurde der interne Zusammenhang von Hermeneutik und einer Theorie, die reich an Erfahrungen ist, entfaltet. Habermas' Darstellung sozialer Evolution geleitet über reale Erfahrungen hinweg, ohne sie gehaltvoll darzustellen. Insgesamt weisen etliche seiner Schriften kaum narrative, veranschaulichende Momente der Darstellung auf. Dass diese Momente in seinen Ausführungen fehlen, lässt sich sicherlich schlecht durch einzelne Zitate umfassend belegen. Das Fehlen zeigt sich eher in der Erfahrung, die sich bei der ausgiebigen Lektüre seiner Texte einstellt. Eine auffallende Ausnahme – und ein Beleg dafür, dass Habermas durchaus über erzählerische Kompetenzen verfügt – stellt der Einstieg des Textes „Ein Bewußtsein von dem, was fehlt“ (Habermas 2009c: 408-416) dar. Habermas berichtet dort erfahrungsgesättigt von seinem Eindruck der Beerdigung Max Frischs. Frisch, strenger Agnostiker, hatte vor seinem Ableben veranlasst, auf jegliche Aspekte einer kirchlich-sakralen Bestattung zu verzichten. Introspektiv und anschaulich stellt Habermas dar, welche Gefühle der Irritation sich bei ihm aufgrund des Fehlens der gewohnten musikalischen Untermalung und der optischen Ausstattung der zeremoniellen Räume einstellen. All diese sinnlichen Eindrücke veranlassen ihn, zur Frage überzuleiten, was an die Stelle einer religiösen, Einheit stiftenden Kraft in einer säkularen Gesellschaft treten kann.

Dieses Beispiel zeigt nicht nur Habermas' Fähigkeit, erfahrungsnah zu schreiben, sondern lässt zudem die Frage aufkommen, aufgrund welcher Annahmen Habermas meist darauf verzichtet, Erfahrungen innerhalb der theoretischen Darstellung auszudrücken. Abseits der bereits hier diskutierten methodischen Weichstellung, die Habermas an realgeschichtlichen Erfahrungen vorbeiführt, lassen sich Gründe ausmachen, aufgrund derer Habermas grundlegend skeptisch gegenüber einer zu erfahrungsnahen Darstellung bleibt. Zur Erörterung dieser Gründe ist es sinnvoll, die Haltung Adornos zu Erfahrung und Sprache sowie zum begrifflichen Denken knapp zu rekonstruieren. Adorno geht davon aus, dass außer-begriffliche Momente in zweifacher Hinsicht in das begriffliche Denken einfließen. Zum einen ist Denken durchdrungen von gesellschaftlichen Erfahrungen, die es im Vollzug des Denkens zu reflektieren gilt. „Denken dagegen, das nicht als Ursprung sich behauptet, sollte nicht verbergen, daß es nicht erzeugt, sondern wiedergibt, was es, als Erfahrung, bereits hat“ (Adorno 2003g: 71f., vgl. Adorno 2003d: 746ff.). Gesellschaftliche Erfahrungen stellen Adorno zufolge den Inhalt theoretischer Begriffe und Kategorien dar (vgl. Honneth/Menke 2006: 3). Umgekehrt bedeutet das, dass sich das Denken auf Erfahrungen beziehen muss. Daher ist Adornos eigenes Denken immer orientiert an dem „Primat inhaltlichen Denkens“ (Adorno 2003g: 9) und einer „Kritik am Grundlagenbegriff“ (ebd.), der im Rahmen theoretischer Überlegungen bestimmt wird, um erst danach als Analysemittel – im Rahmen inhaltlicher Auseinandersetzung mit gesellschaftlichen Bedingungen und realen Erfahrungen – verwendet zu werden. Inwiefern die Theoriebildung gelungen ist, inwiefern Begriff und Erfahrung vermittelt sind, zeigt sich erst im Nach-Vollzug des Denkens.

Zudem drücken sich Adorno zufolge im Denken nicht allein gesellschaftliche Erfahrungen, sondern ebenfalls vorbewusste Impulse aus (vgl. Adorno 2003g: 32ff.). Im Anschluss an Überlegungen Nietzsches und Freuds benennt Adorno kreatürlich-somatische Regungen und triebhafte Reflexe als Auslöser des

Denkens. Man mag an basale Bedürfnisse wie Hunger oder das reflexhafte Zucken, hervorgerufen durch die Konfrontation mit Grausamkeiten, denken, die Adorno hier als Auslöser eines Denkens vor Augen hat, das auf die Befriedigung der Bedürfnisse oder die Abschaffung von Ungerechtigkeit zielt. Dem mimetischen Impuls (vgl. hier Kapitel 2), der das kritische Denken gegen Zurichtungen aller Art antreibt, gibt Adorno im Kontext einer Kritik des Rationalismus eine allgemeinere Fassung. All jene Momente, die dem begrifflichen Denken nicht als kausale Ursache vorausgehen, es aber dennoch motivieren, initiieren, antreiben, nennt Adorno in Form einer eigentümlichen Substantivierung das „Hinzutretende" (Adorno 2003g: 226, vgl. Adorno 2003g: 226-229). Das Hinzutretende wird von Adorno jedoch nicht allein als inhaltliches Moment des Denkens bestimmt. Als Ausdruck fließt es zudem in die Form der Darstellung ein.

> „Das mag erklären helfen, warum der Philosophie ihre Darstellung nicht gleichgültig und äußerlich ist sondern ihrer Idee immanent. Ihr integrales Ausdrucksmoment, unbegrifflich-mimetisch, wird nur durch Darstellung – die Sprache – objektiviert" (Adorno 2003g: 28f.).

Theoretisches Denken, Sprache sowie gesellschaftliche Erfahrungen und somatische Reaktionen sind über den Ausdruck der Darstellung miteinander verbunden. Adorno zufolge zeigt sich gerade im sprachlichen Ausdruck, also in der Vermittlung von Denken, Erfahrung und Hinzutretendem die Qualität der Theoriebildung. Adornos philosophische Anstrengungen in der Negativen Dialektik lassen sich als Versuch verstehen, in den tradierten philosophischen Begriffen die Ausdrucksgehalte und die darin eingeflossenen emotionalen, jedoch verdrängte Affekte freizulegen.[41]

Adornos Ausführungen lassen sich als eine doppelte Dezentrierung des rationalistischen Subjekts verstehen (vgl. Honneth 2006: 20f.). Statt jeglichen Inhalt des Denkens einem rationalen Subjekt selbst zuzuschreiben, betont Adornos die Situierung des Denkens in Erfahrungen und einer triebdynamischen Struktur. Da Adorno zufolge alles Denken sprachlich-begrifflich strukturiert ist, lassen sich Erfahrung und das Hinzutretende als außersprachliche Momente des Denkens

---

[41] Vgl. die Ausführungen zum Verhältnis von Rationalität und Wut im philosophischen Systemdenken in Adorno 2003g: 32ff.

verstehen.[42] An dieser Stelle werden Differenzen von Adornos zu Habermas' Verständnis von Denken und Sprache sowie deren Verhältnis zu Natur und Erfahrung deutlich. Während Habermas in früheren Schriften die Nähe der Theorie zu Erfahrungen durch einen Duktus, der sich nicht zu weit von der Umgangssprache entfernt, zu erreichen versucht, opfert er in späteren Schriften die Intention der Erfahrungsnähe einer auf Exaktheit und Wissenschaftlichkeit bedachten Theoriesprache (siehe hier Kapitel 3). Die bereits skizzierte methodische Weichenstellung gründet in der – eben nicht allein für Individuen, sondern auch für die eigene Theorie grundlegenden – Absicht verständlicher Kommunikation. Erfahrungen rücken in Habermas' Perspektiven in die Nähe einer auf idiosynkratrische Stillmittel zurückgreifenden Rhetorik, der er die abstrakte Begrifflichkeit der Formalpragmatik und eine wissenschaftliche Theorie sozialer Evolution gegenüberstellt (vgl. Honneth 1979a: 658f.).

Dass sich in der Genese des Werkes von Habermas zunehmend die Gegenüberstellung von Erfahrung und Rhetorik und (auf der anderen Seite) Theorie und Wissenschaft kristallisiert, gründet in Habermas' Beurteilung des Stellenwerts von Subjektivität für eine Theorie. Der subjektive Charakter von Erfahrungen, der sich in der Klangfarbe der Stimme, der Wahl der Worte oder den rhetorisch eingesetzten Mittel ausdrückt, sperrt sich der Verallgemeinerung, die die Kritik einer Theorie an der Gesellschaft jedoch gewährleisten muss. Wie jedes andere Individuum auch, ist die Kritische Theorie der Gesellschaft als Teilnehmerin eines öffentlichen Diskurses zu verstehen, in dem die Argumente der Theorie darauf geprüft werden, ob sie allgemein anerkannt werden können (vgl. hier Kapitel 3). Daher darf die Theorie ihre Argumente und das, was sie darstellen will, nicht in den Mantel einer subjektivistisch klingenden Sprache kleiden. Obwohl Habermas eigentlich bewusst ist, dass sich die „besondere Empfindlichkeit für komplexe Verletzungen und sublime Vergewaltigungen" (Habermas 1988: 391) oftmals in den „ästhetische[n] Erfahrungsgehalte[n]" (ebd.) der Kritik, also in ihrem Ausdruckscharakter äußert, müssen ihn Adornos Überlegungen zum Ausdruckscharakter der

[42] Auch Demmerling vertritt in einem jüngst erschienen Aufsatz in Auseinandersetzung mit Heideggers „Sein und Zeit" die These, dass der Zugang zur Welt nicht umfassend sprachlich strukturiert ist (vgl. Demmerling 2016). Er unterscheidet praktische Begriffe, durch die Individuen sich zunächst grundlegend in der Welt orientieren, und deren sprachlicher Organisation zu einem umfassenden Netz aus Interessen, Beurteilungen und Handlungsanweisungen. So können Individuen Türen öffnen, ohne über Sprache zu verfügen. Ziel der Argumentation Demmerlings ist der Nachweis, dass sprachfähige Individuen ihre Erfahrungen zwangsläufig zwar im Medium der Sprache organisieren, die Erfahrungen selbst jedoch außersprachlich zu verstehen sind (vgl. Demmerling 2016: 17).

Theorie als unzulässige Amalgamierung von einer allgemeinen Theoriesprache, subjektiven Erfahrungen und Rhetorik gelten. Die subjektiven Momente der Sprache weist Habermas der Rhetorik oder, allgemeiner formuliert, dem Bereich des Ästhetischen und damit der eingeschränkten Rationalität zu (vgl. hier Kapitel 4). Die Folge ist, dass die Darstellung von Erfahrungen derart abstrakt und allgemein gehalten wird, dass sie ihren Charakter als Erfahrungen verlieren. Sie trocknen aus zu Strukturmomenten und -dynamiken.

Mit Adorno lässt sich argumentieren, dass in der Theorie des kommunikativen Handelns das Moment des Ausdrucks und subjektive Erfahrungen zugunsten einer standardisierten Sprache getilgt werden. Gerade die Abstraktheit wissenschaftlicher Sprache und theoretischer Logik, die Habermas im Kontext der Theorie des kommunikativen Handelns zum Ideal erhebt, gilt Adorno als unzulässige Nivellierung der Besonderheiten von Gegenständen und Erfahrungen, die eine Kritische Theorie zu reflektieren hat (vgl. Honneth 1979b: 656ff.). Der Subjektivität – für Habermas das sich der theoretischen Verallgemeinerung sperrende Moment von Erfahrung und Ausdruck – steht Adorno zwar ebenfalls kritisch gegenüber, jedoch mit umgekehrten Vorzeichen. Gerade das mit Subjektivität verschwisterte allgemein-begriffliche Denken dechiffriert Adorno als Herrschaftsanspruch gegenüber dem Besonderen (vgl. Adorno 2003g: 9f., 47ff.). Diese beiden Haltungen zur Subjektivität spiegeln sich in unterschiedlichen Kritikbegriffen. Habermas schließt das von ihm mit Subjektivität assoziierte Besondere und Individuelle im sprachlichen Ausdruck vom Vollzug der Kritik aus, weil es nicht verallgemeinerbar ist. Die Motive und Argumente der Kritik, die im Medium der Sprache gegenüber anderen artikuliert werden, lassen sich nur rechtfertigen – das heißt im Zuge der diskursiven Kommunikation verallgemeinern –, wenn ihnen keine allzu subjektiven Reste und Besonderheiten anhaften. Verallgemeinerung ist Habermas zufolge der Prozess, der „die Kraft und konkrete Gestalt des jeweils Besonderen unterminiert“ (Habermas 1988: 424). Adorno hingegen misst dem Besonderen einen zentralen Stellwert für Kritik zu. Daher ist seiner Philosophie die Überzeugung eingeschrieben, dass gerade der sprachliche Ausdruck wesentlich für die Formulierung von Kritik ist. Denn weil sich im Ausdruck das je Individuelle, Einzigartige, Besondere von Erfahrungen äußert, das in abstrakt-allgemeinen Begriffen nicht reflektiert wird, kommt im Ausdruck das Besondere zu seinem Recht.

In den Aufzeichnungen und Entwürfen zur „Dialektik der Aufklärung“ unterstreichen Horkheimer und Adorno das Suchen des kreatürlich-individuellen, aber gesellschaftlich bedingten Leidens nach Ausdruck:

> „Die Hoffnung auf die besseren Verhältnisse […] der nie erlöschende zarte Trieb der Kreatur nach Ausdruck und Licht, der die Gewalt der schöpferischen Entwicklung in ihr selbst zu mildern und zu befrieden scheint“ (Horkheimer/Adorno 2004: 236.),

stellen Motive der Kritik beider Autoren dar. Die Kritische Theorie, deren Aufgabe es Adorno zufolge ist, „Leiden beredt werden zu lassen“ (Adorno 2003g: 29), spürt den zu kritisierenden Verhältnissen bis in das Ausdrucksmoment der Sprache nach. Kritik

> „folgt dem Ausdrucksdrang des Subjekts […]. Denn Leiden ist Objektivität, die auf dem Subjekt lastet; was es als sein Subjektivstes erfährt, sein Ausdruck, ist objektiv vermittelt“ (ebd.).

Der von Adorno genannte Gemarterte, der unter den Schmerzen der Folter schreit, hat ein Recht auf den Ausdruck seines Leidens (vgl. Adorno 2003g: 355). Die vermeintlich individuellen Schmerzen stehen in einem kollektiv-gesellschaftlichen, zu kritisierenden Zusammenhang, in dem Folter eine akzeptierte Praxis darstellt. Zur Entschlüsselung dieses Zusammenhangs setzt die Kritische Theorie am Ausdrucksmoment des Leidens an.[43]

Adorno berücksichtigt in seiner Kritischen Theorie Ausdruck und Erfahrung und damit Momente, die Habermas aufgrund ihres subjektiven Charakters gerade für nicht verallgemeinerungsfähig hält. Nun zeigt das eben zitierte Beispiel der Beerdigung Frischs, dass die von Habermas selbst hervorgehobenen subjektiven Regungen durchaus ein Element kritischer Reflexion darstellen können. Habermas betont auf diesem Wege, dass sein Denken in subjektiven Erfahrungsgehalten gründet. In einem weiteren Text benennt Habermas seine Lippen-Kiefer-Gaumenspalte und die dadurch verursachte Schwierigkeit, sich deutlich zu artikulieren, als biographische Erfahrung, die ihn für den zentralen Stellenwert der Kommunikation innerhalb gesellschaftlicher Interaktion sensibilisiert hat (vgl. Habermas 2004a). Weil er den subjektiven Grund seiner Ausführungen benennt, deckt er den Erfahrungshorizont seiner Überlegungen auf. Der subjektive Gehalt seines Denkens wird in eine Erörterung allgemeiner, das heißt gesamtgesellschaftlich relevanter Fragen überführt. Habermas selbst zeigt einen Umgang mit der eigenen

[43]Adornos Kritikbegriff gründet in einer sich von Habermas' Verständnis grundlegend unterscheidenden Analyse der Gesellschaft. Seine Erwiderung auf Hegel, „[d]as Ganze ist das Unwahre“ (Adorno 2003e: 55), drückt eine vollends skeptische Haltung gegenüber der Gesellschaft aus, die ihren Nährboden in den Menschheitsverbrechen von Shoa und Nationalsozialismus hat.

Subjektivität, der unproblematisch ist, selbst wenn die Erfahrungen, die sich im Denken ausdrücken, ein sinnliches und emotionales Gewandt tragen. Dass die Darstellung von Erfahrungen, die den Adressierten als Identifikationspunkt mit dem Dargestellten dient, nicht zwingend den Vorwurf des Subjektivismus mit sich führen muss, gründet in der Genese von Erfahrungen: Erfahrungen entspringen einem gesellschaftlichen Kontext, den verschiedene Individuen teilen (vgl. Adorno 2003g: 28f.). Daher transzendieren sie ihren subjektiven Charakter allein durch den gesellschaftlichen Rahmen, dem sie entwachsen.

Mit Adorno lässt sich somit auch nach der kommunikationstheoretischen Wende der Kritischen Theorie dafür argumentieren, dass die Darstellung von Erfahrungen in einer Sprache vollzogen wird, deren Ausdrucksmoment nicht vollends getilgt ist. Nicht allein das von Adornos stets bedachte Besondere wird so innerhalb der Kritischen Theorie bewahrt, sondern ebenfalls die Möglichkeit, die Adressierten zu erreichen. Sicherlich besteht zwischen einer zu abstrakten und einer zu idiosynkratischen Sprache nur ein gradueller Unterschied. Dass die Theoriesprache noch innerhalb eines akzeptablen Bereiches in diesem Kontinuum (zwischen abstrakt und idiosynkratisch) verortet werden kann, sie also erfahrungsnah und allgemein anerkennungswürdig zugleich ist, lässt sich nicht vorab durch die Angabe von Kriterien sicherstellen. Einzig der Nachvollzug der Theorie selbst beantwortet die Fragen, ob es ihrer Sprache gelingt, allgemein und besonders, wissenschaftlich und erfahrungsgesättigt zugleich zu sein. Bevor dargelegt wird, dass die Rolle der Übersetzerin von Erfahrung in die Theoriesprache der hermeneutischen Interpretation zukommt (vgl. hier Kapitel 6), ist die Kolonialisierungsthese noch zu befragen, ob sie Akteure/innen benennt, die einen Ausweg aus Krisen und Pathologien bahnen können.

5.3.4 Öffentlichkeit, Staat und Konflikt - die akteurstheoretische Leerstelle[44]

Koordinierende Sprechakte können nur dann von Individuen ausgeführt werden, wenn sie ein Netz aus Wissen, Bedeutungen und Sinnzusammenhängen unterstellen, das sie mit den Adressierten teilen. Selbst wenn die Sprechenden faktisch

[44]Im Folgenden wird zwischen Individuen, die schlicht als Mitglied einer Gesellschaft zu verstehen sind, und Akteuren/innen unterschieden, die spezifisch emanzipative, die Gesellschaft transformierende Handlungen vollziehen. Akteure/innen sind subjektivierte Individuen, die an emanzipativen sozialen Praktiken teilnehmen.

keinen gemeinsamen Horizont teilen, die Annahme des gemeinsamen Netzes ein Irrtum ist, so ist diese Annahme dennoch immer dann wirksam, sobald ein Individuum versucht, mit anderen seine Handlungen zu koordinieren. Daher ist es Habermas zufolge plausibel, ein Netz aus lebensweltlichen Hintergründen zu unterstellen, aus denen heraus Individuen ihre Handlungen koordinieren (können). Die (mehr oder weniger) engmaschige Vernetzung lebensweltlicher Sinn- und Wissenshorizonte bildet nun für Habermas die Basis kommunikativer Sprechakte, die sich in modernen Gesellschaften durch Kommunikationstechnologien zu einer „höherstufigen Intersubjektivität“ (Habermas 1988: 418) verdichten. Innerhalb dieser Technologien kristallisieren sich (politische, literarische oder moralische) Meinungen und Agenden aus Parteien, Verbänden oder Subkulturen zu lokalen, regionalen oder überregionalen Teilöffentlichkeiten. Laut Habermas bilden diese Teilöffentlichkeiten ein dichtes Netz, das auf eine gesamtgesellschaftliche Öffentlichkeit verweist, in der die Individuen sich als Teil einer Gesellschaft und eben diese Gesellschaft reflektieren (vgl. Habermas 1988: 412f., 416ff.). Schrift, die Druckerpresse und elektronische Medien wie Radio oder Fernsehen stellen für Habermas die wichtigsten Innovationen für die Etablierung einer solchen Öffentlichkeit dar. Denn sie lösen die kommunikativen Akte aus ihrer raum-zeitlichen Begrenzung und machen sie für weitere Kontexte verfügbar (vgl. Habermas 1981c: 274).

In einer frühen Studie über den „Strukturwandel der Öffentlichkeit“ (Habermas 1990) untersucht Habermas die Genese der Idee und der Institutionen bürgerlicher Öffentlichkeit. Im achtzehnten und neunzehnten Jahrhundert treffen sich Individuen im vorpolitischen Raum: In Kaffeehäusern und privaten Lesezirkeln diskutieren sie zunächst literarisch-künstlerische Themen. Durch die Etablierung von Zeitungen und Zeitschriften werden diese Diskussionen im Rahmen gesteigerter Öffentlichkeit fortgesetzt. Zunehmend politischere Themen treten ins Bewusstsein der Einzelnen. Die Individuen diskutieren nicht allein politische Probleme, sondern fordern zudem ein Mitspracherecht bei deren Lösung sowie der Gestaltung der Verhältnisse ein (vgl. Habermas 1990: 122f.). Die ausgehend von diesem Prozess entwickelte Idee der Öffentlichkeit versteht den öffentlichen Raum als Medium des vernünftigen Austauschs über die jeweils eigenen Interessen und normativen Ansprüche. Öffentlichkeit stellt die Bedingung der Möglichkeit dar, den partikularen Charakter privater Interesse zugunsten allgemeiner gesellschaftlicher Ziele zu überwinden (vgl. Joas/Knöbl 2004b: 300).

Auch in Habermas’ späteren Schriften stellt Öffentlichkeit eine Kategorie der Selbstverständigung, Willensbildung und Interessensaushandlung dar (vgl. Habermas 1990: Kapitel 1, §3). Öffentlichkeit versteht er als einen Raum, in dem Individuen „Werte, Themen, Beiträge und Argumente“ (Habermas 1992a: 624) austauschen und zu geteilten Meinungen über kollektive Probleme verdichten können. Diesem normativ gehaltvollen Begriff von Öffentlichkeit liegt ein spezifisch handlungstheoretisches, in der Auseinandersetzung mit Arendt entwickeltes Verständnis von Macht zugrunde, das sich gegen Webers enorm wirkmächtige Charakterisierung von Macht wendet. Dieser bestimmt Macht als „jede Chance, innerhalb einer sozialen Beziehung den eigenen Willen auch gegen Widerstreben durchzusetzen, gleichviel worauf diese Chance beruht" (Weber 1956: Kapitel 1, §16). Diesem Machtbegriff entspricht Habermas zufolge ein rein instrumenteller Handlungsbegriff (vgl. Habermas 1987: 229f.), dem er seine hier bereits diskutierte Vorstellung kommunikativen Handelns entgegenstellt. Entsprechend dieses Handlungsbegriffs versteht Habermas Arendt folgend Macht als Potential von Individuen, durch ein kommunikativ erzeugtes Einverständnis zu handeln und auf diesem Wege die Gesellschaft zu gestalten (vgl. Habermas 1987: 232). In den Netzen der Öffentlichkeit können Individuen ihre kommunikativ erzeugte Macht in administrative Apparate einspeisen und das staatliche Handeln entscheidend beeinflussen. Denn das Ziel öffentlicher demokratischer Diskussionen ist es, so Habermas, „institutionalisierte Wahlentscheidungen und legislative Beschlüsse [hervorzubringen, M.B.], durch die die kommunikativ erzeugte Macht in administrativ verwendbare Macht transformiert wird" (Habermas 1999: 288).

Nun versteht Habermas die durch die Öffentlichkeit motivierte Einflussnahme staatlicher Organe nicht im Sinne einer Systemoptimierung. „Der systematische Bann [...] wird nicht dadurch gebrochen, dass Systeme lernen, besser zu funktionieren" (Habermas 1988: 422ff.). Ebenfalls steht er der Annahme eines direkten Einwirkens auf die Lebenswelt mehr als skeptisch gegenüber. Das von Habermas benannte Gegengewicht gesellschaftlicher Solidarität, das von einer autonomen Öffentlichkeit und „basisnahe[n] Organisationen" (Habermas 1988: 423) erzeugt wird, bezieht sich lediglich auf Grenzkonflikte, innerhalb derer für andere Formen der Kopplung von System und Lebenswelt gestritten wird. Denn der Staat kann aufgrund der ihm zur Verfügung stehenden Mittel nur Grenzziehungen zwischen der Lebenswelt und den Systemen der staatlichen Bürokratie und des Kapitalismus regulieren. Die Einsicht in den Grad der Differenzierung erfordert laut Habermas

> „ein verändertes Verhältnis zwischen autonomer, selbstorganisierter Öffentlichkeit einerseits, dem über Geld und Macht gesteuerten Handlungsbereichen andererseits, mit anderen Worten: eine neue Gewaltenteilung in der Dimension der gesellschaftlichen Integration" Habermas 1988: 422).

Ein Beispiel soll dieses Zitat veranschaulichen. Systematische Anforderungen können je nach Art der Integration in der Lebenswelt anders erfahren werden. Die kapitalistische Anforderung, Leistung zu erbringen, äußert sich momentan für viele Schüler/innen und Studierende als zunehmender Druck, gute Noten in Prüfungen zu erzielen. „Gut" ist eine relative Wertung, denn die erbrachte Leistung bemisst sich an der der anderen: Gut ist, wer besser als andere ist. Damit ist die Leistung der Einzelnen immer gekoppelt an den Wettbewerb untereinander – eine zutiefst kapitalistische Vorstellung. Konkurriert wird dabei nicht allein um Noten, sondern (über den Weg der Beurteilung) um die knappe Ressource Arbeitsplatz. Auf diesem Wege wirkt die Logik des kapitalistischen Systems in die lebensweltlichen Bildungsprozesse hinein. Die Symptome dieser Kolonialisierung der Lebenswelt werden vielerorts als Burnout beschrieben. Typische Reaktionsbildungen sind die Medikamentierung des Körpers zur Leistungssteigerung, das sogenannte Neuro-Enhancement.[45] Die Integration des kapitalistischen Systems, sprich die Grenzziehung zwischen System und Lebenswelt, kann sich jedoch durch öffentlich vorgetragene Kritik ändern. Vorstellbar ist, dass Leistungsanforderungen nicht mehr derart stark in Form eines Drucks auf die Bildungsprozesse durchschlagen, weil Noten abgeschafft werden. An deren Stelle kann eine unterschiedliche Intelligenzen reflektierende wörtliche Beschreibung der Einzelnen treten. Dadurch werden nicht allein die unterschiedlichen kognitiven, emotionalen oder ästhetischen Kompetenzen besser beschreibbar, sondern auch der Wettbewerb wird enorm gemildert, da sich ausführliche Beschreibungen keiner (hierarchisierenden) Ordinalskala fügen. Sicherlich würden Leistungen weiterhin erfasst, jedoch wäre die dadurch hervorgerufene lebensweltliche Erschütterung geringer.

Habermas scheint zunächst optimistisch, dass sich die Gesellschaft in den Strukturen einer Öffentlichkeit reflektieren kann. Dass aus dieser Öffentlichkeit heraus konkrete Maßnahmen zur Strukturierung der Gesellschaft entworfen und umgesetzt werden können, bezweifelt er jedoch. Denn der Staat, so Habermas, ist selbst nur ein Teilsystem unter anderen, das nicht über die Möglichkeit zentraler Steuerungsleistungen verfügt, die das Ganze der Gesellschaft durch gezielte Eingriffe neu strukturiert.[46] Die noch der sozialstaatlichen Ära zugrundeliegende Annahme, der Staat könne mit neutralen Mittel administrativer Macht umfassend die Gesellschaft reformieren, ist obsolet. Neben diesem zeitdiagnostischen Problem des fehlenden staatlichen Einflusses nennt Habermas zwei grundlegende Argumente, wieso der Staat unfähig ist, Krisen und Pathologien im Sinne der öffentlichen Willensbildung zu bearbeiten. Die Hoffnung, der Staat könne Probleme mit rechtlich-administrativen

[45]Vgl. exemplarisch den sehr informativen, die Diagnose zudem kritisch reflektierenden Band von Neckel/Wagner 2013) sowie Greely et al. 2008.

[46]Diese Auffassung teilt Habermas mit Luhmann (vgl. Luhmann 1993: 31ff.). Auch gegenwärtig wird diese Diagnose weiterhin bestätigt (vgl. Mayntz 2008).

Mitteln lösen, die von diesen Mitteln erzeugt werden, ist Habermas zufolge paradox. Denn diese Mittel sind nicht neutral, sondern bedingen die zunehmende Verrechtlichung und Bürokratisierung des Alltags, die Transformation der Individuen zu Steuerzahlern/innen und Klienten/innen, die rechtliche Normierung und juristische Überwachung von Individuen. Zudem – und das hängt mit dem erstgenannten Argument zusammen – kann der Staat, so Habermas weiter, die individuellen Verwerfungen gar nicht aus der Perspektive der Einzelnen wahrnehmen. Als ein „über die Horizonte der Lebenswelt hinausgewachsenes Funktionssystem [kann der Staat, M.B.] die Gesamtgesellschaft nur noch aus der Perspektive eines Teilsystems wahrnehmen" (Habermas 1988: 420). Der Komplexität des Problems wird er nicht gerecht, weil ihm nur die Sprache der rechtlichen Bürokratie zur Verfügung steht. So wird womöglich eine – durch den im Alltag zunehmend, aus der Wirtschaft importierten Leistungsdruck verursachte – Depression einzig als Problem einer bisher nicht rechtlich kodifizierten Zone angesehen, nicht jedoch als Problem einer zerstörten Lebenswelt (vgl. Habermas 1988: 418-225).

Da der Staat somit von Habermas nicht als Instanz ausgewiesen wird, über den der in der Öffentlichkeit gebildete Wille auf die Formen gesellschaftlicher Integration einwirken kann, bleibt die Frage offen, welche Akteure/innen überhaupt über die Möglichkeit einer emanzipativen Praxis verfügen. Vereinen und Verbänden spricht er jedenfalls ab, einen relevanten Einfluss auszuüben (vgl. Habermas 1981c: 576). Potentiale, die abseits staatlich regulierter Wege versuchen, die Gesellschaft zu transformieren, könnten in Habermas' Diskussion sozialer Konflikte zu finden sein. Laut Habermas entstehen soziale Konflikte an Orten, an denen systemimperative in die Lebenswelt eindringen. Sie richten sich gegen die Verlängerung des kapitalistischen Leistungsdrucks bis in die Grundschulen oder die Monetarisierung privater Beziehungen und öffentlicher Güter (vgl. Habermas 1981 #249: 581). Diese Konflikte nehmen ihren Ausgang nicht von ungleichen Verteilungen, sondern der „Grammatik von Lebensformen" (ebd.). Sie sind orientiert an Identitätskonzepten, ästhetischem Empfinden oder der Ökologie (statt ausschließlich ökonomische Verhältnisse zu fokussieren) und ähneln wegen ihrer Ziele Habermas zufolge der sozialromantischen Bewegung des Frühindustrialismus.[47]

[47]Mit diesen Beschreibungen greift Habermas die Diagnose Bells auf, dass die nachindustrielle Dienstleistungsgesellschaft einen Wertewandel vollzogen hat (vgl. Bell 1985, Bell 1996). Für etliche Gesellschaften bestätigt Ingleharts Studie zur von ihm so bezeichneten Postmodernisierung diesen Wertewandel (vgl. Inglehart 1998) und führt ihn auf die kollektiv gewährleistete Sicherung der materiellen Reproduktion, aufgrund derer ästhetische und ökologische Werte stärker in den Vordergrund rücken, zurück.

Die von Habermas skizzierte Spanne postmaterieller sozialer Prostete reicht von der Antiatomkraftbewegung bis zu Jugendsekten (vgl. Habermas 1981c: 578). Auffallend an Habermas' Betrachtung verschiedener Proteste ist, dass er sie lediglich summarisch nennt, aber darauf verzichtet, sie normativ auszuweisen. Zwar nimmt er sie als Reaktionen auf die Kolonialisierung der Lebenswelt wahr. Jedoch scheint es, als nehmen etliche der Reaktionen einen Weg, den Habermas als illegitim erachtet. Verstärkt wird dieser Eindruck durch Habermas' Konzept des fragmentierten, gesellschaftlich dominanten Bewusstseins, das innerhalb seiner Theorie den Ideologiebegriff der älteren Kritischen Theorie ersetzt. Die Vorstellung der Existenz von Ideologien ist Habermas zufolge nicht mehr überzeugend. Denn innerhalb der Lebenswelt sind die einzelnen Geltungsansprüche derart differenziert, dass sie nicht hinterrücks von Ideologien durchdrungen und für Herrschaftslegitimationen, die alle Wertsphären abdecken, in Anspruch genommen werden können – die Geltungsansprüche lassen sich nicht zu einer umfassenden Ideologie amalgamieren. Der Ideologiebegriff wird daher in der Theorie des kommunikativen Handelns von dem Konzept einer fragmentierten Lebenswelt abgelöst (vgl. Habermas 1981c: 520ff.). Im Zustand der Fragmentierung werden Geltungsansprüche von Experten/innen-Kulturen vereinnahmt und in der Lebenswelt nicht mehr zusammen diskutiert. Die Entkopplung von Fachdiskurs und Alltag trocknet die Lebenswelt aus, der es an sinnstiftenden kulturellen Momenten fehlt. Zudem führt diese Entkopplung innerhalb der Lebenswelt zu einem Fehlen derjenigen Wissensmomente, die zur Reflexion moderner Strukturen, der Differenzierung und der sozialen Evolution sowie der Kolonialisierung befähigen. Das fragmentierte Bewusstsein ist Folge der sozialen Evolution und zugleich der Grund, wieso diese nicht mehr durchschaut, sondern lediglich gespürt wird, ohne angemessene Reaktionen folgen zu lassen. Die von Habermas benannten Protestformen können mit Bezug auf seine Ausführungen zum fragmentierten Bewusstsein als irrationale Reflexe gedeutet werden. Der Frage, wie diese Reaktionen in eine rational argumentierende Kritik überführt werden können, geht Habermas nicht nach. Seine Überlegungen werden immer schon auf der Ebene der Rationalität vollzogen. Damit schließt er jedoch einen Horizont von Leiderfahrung aus dem Blick der Kritik aus, die nicht auf dieser Ebene angesiedelt sind. Er verbannt sie in den Bereich der Irrationalität und entwertet sie auf diese Weise.

Zum Problem wird dieser reduzierte normative Fokus, da Habermas zugleich der von ihm als legitim erachteten Form der Einflussnahme das Potential abspricht, wirkungsvoll gegen die Kolonialisierung vorzugehen. Daher stellen Lebenswelt und Öffentlichkeit zwar zentrale, normativ gehaltvolle Konzepte der Theorie des kommunikativen Handelns dar. An emanzipativen Potentialen ermangelt es jedoch der Zeitdiagnose, weil sie nicht darüber informiert, *wer* sinnvoll handeln kann. Ebenfalls auf die Frage, *wie* Individuen sich in Formen der „Selbstorganisation“ (Habermas 1988: 423) zu relevanten Akteuren/innen entwickeln können, schweigt Habermas. Selbst im Falle der genannten sozialen Proteste, denen er keine normative Qualität zuspricht, verbleibt er in der Vogelperspektive, in derer er nur die Umrisse, aber nicht das Innere dieser Proteste erblickt. Einzig den Hinweis, dass die Organisationen darauf achten müssen, den Komplexitätsgrad ihrer Strukturierung niedrig zu halten, gibt Habermas noch. Dies ist notwendig, damit die Orientierung der Organisationen an den Handlungsmotivationen der Individuen gekoppelt bleibt und sie nicht selbst zu einem von der Lebenswelt differenzierten System und damit Teil des Problems werden. Detaillierter werden Habermas' Ausführungen nicht. An den Stellen der Theorie, an denen ein historisch oder zeitpolitisch informierter Übergang von einer strukturellen Betrachtung der Lebenswelt zu den konkreten Praktiken von Akteuren/innen zu vollziehen ist, brechen Habermas' Beschreibungen immerzu ab.

Dieses Problem lässt sich in den Kontext gesellschaftstheoretischer Grundfragen einordnen, von denen sich drei unterscheiden lassen (vgl. Rosa 2009: 318). Wie lässt sich die Basiseinheit der Gesellschaft grundbegrifflich fassen? Wer oder was lässt sich als Motor gesellschaftlichen Wandels benennen? Welche Akteure/innen sind die relevanten Einflussfaktoren gesellschaftlichen Wandels? Die ersten beiden Fragen beantwortet Habermas. Während die Basiseinheiten der Gesellschaft von ihm als Strukturen kommunikativer Verständigung bezeichnet werden, benennt er den Zwang zur Rechtfertigung erhobener Geltungsansprüche als den Motor der Veränderung. Immer dort, wo Geltungsansprüche infrage gestellt werden, kann es passieren, dass der folgende Austausch der Gründe einen gesellschaftlichen Wandel mit sich bringt. Die dritte Frage beantwortet Habermas nicht. Seine Kritik bleibt unkonkret bei der Adressierung gesellschaftlicher Akteure/innen. Deren Benennung gerät eigentümlich anonym (vgl. McCarthy 1980: 438). Gerade für den zeitdiagnostischen Teil des Buches ist das ein Problem. Denn während die Retrospektive nur vermittelt einen Bezug zur gegenwärtigen Praxis herzustellen braucht, ist das Habermassche Motiv der Gegenwartsanalyse unmittelbar ein praktisches, weil es auf die Veränderung des Kritisierten zielt (vgl. McCarthy 2009: 203). Dafür muss die Theorie den Adressierten als ein Resonanzraum dienen können, in dem ihre eigenen Motive, Erfahrungen und konkreten Praktiken wiederhallen und in denen sie sich als politische Akteure/innen wahrnehmen können. Eine Theorie, die keine emanzipativ Handelnden kennt, besitzt diese Qualität nicht. Aufgrund dieser darstellungs- und erklärungsspezifischen Defizite kann die Theorie des kommunikativen Handelns selbst im Kontext der Diagnose eines fragmentierten Bewusstseins verortet werden, weil sie sich zu weit von ihren lebensweltlichen Bezügen entfernt.

An dieser Stelle ist es sinnvoll, die Theorie des kommunikativen Handelns nicht lediglich um die Methode der hermeneutischen Interpretation zu bereichern, um ihr eine Sensibilität für individuelles Leiden (und für die Rationalität des Ästhetischen) zu ermöglichen. Zudem bedarf die Theorie eines handlungstheoretisch ausgeweiteten Rahmens, der soziale Kämpfe abdeckt, mit denen sich die Adressierten der Theorie identifizieren können. Auf diesem Wege ist es zugleich möglich, die normativistische Verengung der Theorie des kommunikativen Handelns zu lösen. Denn die von Habermas genannten Konflikte sind keine Kämpfe. Zu Kämpfen werden sie erst, wenn friedliche Formen diskursiver Verständigung von herrschenden Gruppen unterdrückt werden (vgl. Preglau 2001: 256). Deswegen bleiben Habermas' Ausführungen zu Konflikten im Rahmen der sprachlichen Interaktionen und bilden diejenigen Protestformen, die im Falle autoritärer Kommunikationsverweigerung entstehen, nicht ab.

5.4 Sozialer Kampf

Habermas' Beschreibungen der Genese moderner Gesellschaften blenden soziale Kämpfe aus und wirken daher stark harmonisierend. Nur einzelne, eingestreute Passagen entwickeln eine Perspektive für Widerstände gegen die Entkopplung beider Systeme:

> „Monetarisierung und Bürokratisierung von Arbeitskraft und staatlichen Leistungen vollziehen sich, historisch betrachtet, keineswegs schmerzlos, sondern um den Preis der Zerstörung traditionaler Lebensformen. Die Widerstände gegen die Entwurzelung der plebejischen Landbevölkerung und des städtischen Proletariats, Revolten gegen die Durchsetzung des Obrigkeitsstaates, gegen Steuern, Preisverordnungen, Gewerbevorschriften, gegen die Aushebung von Söldnern usw. säumen den Pfad der kapitalistischen Modernisierung" (Habermas 1981c: 474).

Ersichtlich wird an diesen Formulierungen, dass Habermas – abseits seines methodischen und theoretisch gestützten Vorgehens – durchaus ein Interesse an der Darstellung jener Konflikte und Kämpfe aufweist. Dennoch reflektiert er die Rolle sozialer Konflikte für die Herausbildung gesellschaftlicher Institutionen nicht hinreichend. Im Rahmen der Theorie des kommunikativen Handelns stellen sie nicht mehr dar als Indikatoren für Krisen oder Pathologien (vgl. Joas/Knöbl 2004b: 346). Daher unterbreitet die Theorie des kommunikativen Handelns ihren Adressierten kein Angebot, sich selbst als politische Akteure/innen (wieder) zu erkennen. Dieses Problem gründet in der Methode der rationalen Rekonstruktion, deren normativer Bezugspunkt Strukturen sprachlicher, auf Gründen basierender

Argumentation darstellen, und der im Rahmen der Theorie sozialer Evolution bewusst vorgenommenen „Abstraktion der gesellschaftlichen Evolution von der geschichtlichen Konkretion der Lebensform“ (Habermas 1981c: 562), sodass statt der geschichtlichen Dynamik lediglich deren Logik sichtbar ist. Proteste, Konflikte und soziale Kämpfe werden mit den Mitteln der Theorie nicht systematisch als transformierende gesellschaftliche Kraft wahrnehmbar.

Andere Theorien sind hier nicht nur achtsamer gegenüber sozialen Konflikten, die die Etablierung von Staat und Kapitalismus, Öffentlichkeit und Demokratie erst ermöglicht haben, sondern bieten auch das entsprechende begriffliche Instrumentarium, die Konflikte zu reflektieren. Ideengeschichtlich scheinen sich zunächst unterschiedliche Theorien anzubieten, die soziale Konflikte mittels des Begriffs des sozialen Kampfes abzubilden versuchen. Doch ist Vorsicht geboten, da viele Betrachtungen sozialer Kämpfe keine normative Ebene intersubjektiver Verständigungen aufweisen. Sie sind somit inkompatibel zu einer Theorie des kommunikativen Handelns und können diese nicht sinnvoll ergänzen (vgl. im Folgenden Honneth 1994b: 230-256). So deutet Marx im Kontext der politischen Ökonomie den sozialen Kampf als rein ökonomischen Konflikt zwischen zwei Klassen. Dieser Kampf ist in Marx’ Theorie nicht auf intersubjektive Strukturen zurückführbar, sondern ausschließlich auf die sozioökonomische Lage der Konfliktparteien. Von Individuen geäußerte Kritik rückt nicht als normativer Anspruch, sondern nur als klassenspezifisches Interessen in den Blick. Zudem steht Marx’ Vorstellung von Kampf und gesellschaftlicher Dynamik noch im Rahmen des Produktionsparadigmas, in dem jegliche Form sozialer Interaktion als instrumentelles Handeln gedeutet wird (vgl. Habermas 1968: 45f., Habermas 1988: 75-86). Auch der Marxist Georges Sorel betont in seiner Aneignung des Kampfbegriffes primär das Ringen um Herrschaft und richtet den Fokus auf die partikularen Interessen sozialer Klassen. In seiner marxistischen Theorie kann über die von kämpfenden Gruppen gehegten Ansprüche nicht intersubjektiv geurteilt, sondern nur willkürlich entschieden werden. Erst die Arbeiten von E. P. Thompsons (vgl. u.a. Thompson 1980) zeugen von einem normativen Gehalt sozialer Konflikte. Mit dem Anspruch, eine marxistische Sozialgeschichte zu schreiben, beschreibt Thompson die Zumutungen des sich formierenden kapitalistischen Systems in der Perspektive der Arbeiter/innenschaft. Er fokussiert diejenigen Praktiken des Widerstands, die sich im Kontext intersubjektiver Anerkennung moralischer Ansprüche verorten lassen. Diese Formen des Widerstands hat Honneth systematisch in ein Modell gesellschaftlicher Entwicklung überführt und begrifflich als sozialen Kampf gefasst. Somit bietet Honneths intersubjektivistisch konzipierter sozialer Kampf um Anerkennung ein begriffliches Instrumentarium, mittels dessen der Theorie des kommunikativen Handelns ermöglicht wird, einen Reflexionsraum zu eröffnen, in dem sich die Adressierten wiederfinden können.

5.4.1 Abgrenzung

Iser unternimmt in „Fortschritt und Empörung“ (Iser 2008) den Versuch, Honneths Theorie der Anerkennung mit Habermas’ Theorie kommunikativen Handelns zu vermitteln und geht von einer ähnlichen Problemstellung wie die vorliegende Arbeit aus. Er ist der Annahme, dass die Adressaten/innen der Theorie des kommunikativen Handelns sich empörende soziale Bewegungen sind (vgl. Iser 2008: 11). Wie bereits dargestellt, ist es im Rahmen einer Theorie sozialer Evolution nicht möglich, die Akteure/innen, die gesellschaftliche Entwicklung vorantreiben, klar zu benennen: Der Zivilisationsprozess, dargestellt als soziale Evolution, ist ein Prozess der sukzessiven Entfaltung von Rationalitätspotentialen, dem gesellschaftliche Akteure/innen unbeteiligt gegenüber zu stehen scheinen. Weil Iser das deutlich erkennt (vgl. Iser 2008: 18: 154), versucht er, die Theorie des kommunikativen Handelns mit Honneths Konzept des sozialen Kampfes um eine akteurstheoretische Perspektive sozialer Entwicklung zu erweitern.

Isers Vorhaben stellt eine wechselseitige Aufklärung der Theorie des kommunikativen Handelns Habermas’ sowie der Theorie der Anerkennung Honneths dar. Die Begriffe der Verständigung und der Anerkennung integriert er in einem Konzept kommunikativer Anerkennung, um der Kritischen Theorie der Gesellschaft ein stabileres begründungstheoretisches Fundament – als es die jeweiligen Theorien allein aufweisen – zu legen, auf dem die Empörung gesellschaftlicher Akteure/innen zum einen als kritischer Maßstab rekonstruiert, zum anderen als Motor gesellschaftlicher Entwicklung ausgewiesen werden kann. Zugleich soll die derart konzipierte Kritische Theorie Individuen adressieren und motivieren, sich als gesellschaftliche Akteure/innen zu formieren, weil sie sich über die von der Theorie kritisierten Phänomene empören (vgl. Iser 2008: 18, 21f., 41, 265).

Isers Anstrengungen, zwei komplexe Theorien zu integrieren, sollen hier nicht gering geschätzt werden. Auch das folgende Kapitel teilt die gerade benannte Intention, die Theorie kommunikativen Handeln um den Begriff des sozialen Kampfes zu erweitern. Jedoch übersieht sein normativitäts- und akteurstheoretischer Zugang zu beiden Theorien ein methodisches Problem Habermas’. In der Entwicklung der Habermaschen Theorie tritt zunehmend die Theorie sozialer Evolution in den Vordergrund. Die Methode rationaler Rekonstruktion verdrängt den Ansatz einer hermeneutischen Interpretation (vgl. hier Kapitel 3). Daraus ergibt sich das Problem einer erfahrungsarmen Sprache, die ihre Adressierten nicht mehr erreicht, weil diese sich in der theoretischen Darstellung nicht wiedererkennen. Da Iser diesen Bruch in der Theoriegenese nicht reflektiert, übersieht er, dass es nicht allein eines erweiterten begrifflichen Rahmens bedarf, um die Theorie des kommunikativen Handelns immanent zu kritisieren, sondern ebenfalls einer Methode, die die normativen Maßstäbe sowie die zu kritisierenden Phänomene den Adressierten gelingend vermitteln kann. Iser setzt voraus, dass die Theorie des kommunikativen Handelns dazu bereits umfassend in der Lage ist und konzentriert sich auf die Analyse ihrer normativen und handlungstheoretischen blinden Flecken. Er ist überzeugt, dass sich Habermas' gesamtes Werk entlang der Begriffe des Fortschritts und der Empörung so rekonstruieren lässt, dass eine akteurstheoretische Perspektive problemlos sichtbar wird, in der die Adressierten sich wiedererkennen können. Genau das bestreitet die vorliegende Arbeit mit dem Argument, dass sich Formen sozialer Praktiken, die die Individuen als Heteronomie erfahren und (so lässt sich Iser antworten) Empörung hervorrufen, besonders im Raum des Ästhetischen reflektiert werden. Zu diesem Erfahrungsraum fehlt der Theorie des kommunikativen Handelns der Schlüssel, als der die hermeneutische Interpretation gelten kann.

5.4.2 Honneths Theorie sozialer Kämpfe

Die Frühphase des Honnethschen Denkens zeichnet sich durch das Interesse aus, Sozialtheorie in der Tradition der Kritischen Theorie zu betreiben. Die grundlegenden Motive der eigenen Überlegungen will er durch eine immanente Kritik an verschiedenen Entwürfen gewinnen. In „Kritik der Macht" (1989) setzt er sich mit der älteren Kritischen Theorie sowie mit Foucault und Habermas auseinander. Dabei lässt sich Honneth von der Frage leiten, welche Möglichkeit den Individuen innerhalb der Theorien zukommt, die Gesellschaft durch emanzipatorische Praktiken zu gestalten.

Bei allen Theorien stößt Honneth auf konzeptionelle Bestimmungen, die systematisch eine Perspektive auf eine emanzipatorische Praxis von Individuen verhindern. Zwar findet Honneth bei Horkheimer und Adorno marxistische Gedanken, die aufgrund des Begriffs des Klassenkampfes handlungstheoretische Potentiale aufweisen (vgl. Honneth 1989a: 20f.). Und auch innerhalb der Konzeptionen Foucaults und Habermas' rekonstruiert Honneth die Möglichkeit emanzipatorischen Handelns: Während Foucault das Paradigma des Kampfes als konstitutives Moment sozialen Handelns versteht (vgl. Honneth 1989a: 168-195), beschreibt Habermas die Möglichkeit sozialen Handelns in den Begriffen der Kommunikation und Verständigung (vgl. Honneth 1989a: 265-306). Jedoch rückt im Zuge einer gegenwartsdiagnostischen Kritik bei allen genannten Theorien eine emanzipatorische Praxis aus dem Blickfeld. Bei Horkheimer wird einer vorbestimmten historischen Entwicklung, in welcher sich die Individuen als kollektives Subjekt zunehmend der Natur bemächtigen, eine Vorstellung von Kultur zur Seite gestellt, in welcher Institutionen ungebrochen die Psyche der Individuen formen (vgl. Honneth 1989a: 37f.). Auf beide Prozesse, so Honneth, haben die Betroffenen keinen Einfluss. In Adornos Weiterentwicklung der Kritischen Theorie spitzt sich die Ausblendung einer emanzipatorischen Praxis weiter zu. So beschreibt Adorno im Rahmen einer Philosophie der Zivilisationsgeschichte, wie alle Formen sozialen Handelns einer instrumentellen Handlungslogik anheimfallen, die von ihm als wesentliches Moment gesellschaftlicher Herrschaft verstanden werden (vgl. Honneth 1989a: 652f.). Damit ist es, so Honneth weiter, innerhalb der Theorie Adornos unmöglich eine emanzipatorische Praxis systematisch zu erschließen: Adornos Konzeption kennt nichts, das aus dem totalen Verblendungszusammenhang auszubrechen vermag. Foucaults Theorie ist zwar eine Perspektive für soziale Kämpfe eigen. Jedoch konzipiert er zur Entschlüsselung von Herrschaftsphänomenen Institutionen derart totalitär, dass jedes soziale Phänomen durch Unterwerfung gekennzeichnet ist, ohne einen Ausblick auf eine emanzipatorische Praxis zu ermöglichen (vgl. Honneth 1989a: 218ff.). Habermas hingegen schränkt das Potential sozialen Handelns zu sehr ein. Denn in dessen systemtheoretischer Betrachtung folgen Systeme konstitutiv ihren eigenen Imperativen, die konzeptionell nicht mehr hinterfragbar sind. Das emanzipatorische Potential kommunikativen Handelns wird auf den Bereich der Lebenswelt begrenzt (vgl. Honneth 1989a: 330-334).

Aus der zentralen Einsicht, dass der Raum des Sozialen und der kritischen Praxis in den jeweiligen Theorien systematisch eingeschränkt oder gar versperrt wird, entwickelt Honneth die grundlegende Intention seiner folgenden Arbeit. In einem interaktions- und handlungstheoretischen Rahmen möchte er die Möglichkeit des Widerstandes gegen soziale Herrschaft theoretisch erschließen (vgl. Honneth 1989a: 380-386). Dieses Interesse führt ihn zu einer Theorie der Anerkennung, mit der er ebenfalls individuelle Sozialisationsprozesse und die historische Entwicklung der Gesellschaft begreifen will. In „Kampf um Anerkennung" (1994) geht Honneth den gerade genannten Intentionen durch die Aneignung verschiedener sozialtheoretischer Elemente nach. Das Moment des sozialen Kampfes verschiedener Individuen diskutiert er bereits in „Kritik der Macht". Dagegen integriert Honneth mit dem Hegelschen Begriff der Anerkennung ein neues Moment in seine Theorie, das ihm dazu dient, die Grundstrukturen der Gesellschaft in einer normativistischen Perspektive rekonstruieren zu können, nämlich als Beziehungsmuster wechselseitiger Anerkennung (vgl. hier oben).

Die wesentliche Pointe seiner Theorie besteht darin, die Motive sozialen Kampfes nicht auf Interessen, sondern auf moralische Ansprüche, nämlich die nach Anerkennung zurückzuführen. Honneth zufolge hat Hegel die Grundlage dafür geschaffen. Denn dieser kritisiert mit seinem Konzept der Sittlichkeit und des Kampfes um Anerkennung individualistische Moralphilosophien ebenso wie er politischen Theorien der kalkulierten Interessendurchsetzung à la Machiavelli oder Hobbes indirekt eine Absage erteilt (vgl. Honneth 1989b: 552-557). Honneth selbst begreift seinen Zugang zu dem Thema des sozialen Kampfes jedoch nicht primär als eine Verabschiedung des Interessenbegriffs, sondern als ein Korrektiv für die überaus wirkmächtige Vorstellung, gesellschaftliche Beziehungen seien allein mit diesem Begriff zu entschlüsseln. Honneth zufolge lassen sich mit solch einer Vorstellung zum einen normativ gehaltvolle intersubjektive Beziehungsmuster nicht darstellen, zum anderen die Motive vieler sozialer Kämpfe gar nicht verstehen. Dies verdeutlicht eine schematische Unterscheidung zwischen einer am Interesse und einer an normativen Ansprüchen nach Anerkennung orientierten Forschungsperspektive (vgl. Honneth 1994b: 265). Mittels des Interessenbegriffs lassen sich Missstände der individuellen physischen Reproduktion oder die Neigung zur Konkurrenz der Individuen sinnvoll thematisieren, die von Systemimperativen des Kapitalismus gefördert werden. Anerkennungstheoretische Betrachtungen hingegen fokussieren herrschaftskritisch die psychisches Leid verursachenden Missachtungserfahrungen in sozialen Interaktionen, gegenüber denen der Interessenbegriff unsensibel ist. Daher stellt nicht allein die ökonomische Dominanz einer Klasse gegenüber einer anderen eine Form der Herrschaft dar. Herrschaft zeigt sich auch in subtilerer Form wie dem bewussten, missachtenden Ignorieren anderer (vgl. Honneth 2003: 11f.). Unsichtbar sind oftmals die Reinigungskräfte in Bürokomplexen, die nicht gegrüßt werden, die schwarzen Menschen, die auf den WCs von Diskotheken Handtücher austeilen oder die Obdachlosen, an denen gezielt vorbei geschaut wird. Erst in dieser Perspektive werden die intersubjektiven Bedingungen der Anerkennung von Identitäten ersichtlich.

Der anerkennungstheoretisch informierte Blick erkennt jedoch nicht allein diejenigen Kämpfe um die Anerkennung individueller Identitäten, sondern auch jene, in denen um kollektive Identität gestritten wird. Ökonomische Umverteilungen oder der gruppenspezifische Status setzen eine Anerkennung der Identität einer Gruppe voraus. Rechte für ethnische Minderheiten im Rahmen einer multikulturellen Politik wie der Kanadas (vgl. Geißler 2003) oder steuer- und sozialpolitische Vergütungen für sogenannte soziale Randgruppen (wie Menschen mit spezifischen Einschränkungen) sind Resultat sozialer Kämpfe um Anerkennung kollektiver Identitäten. Bevor eine Gruppe anerkannt wird, kann der Gruppe kein rechtlicher, sozialpolitischer Status verliehen werden, da die Gruppe als solche nicht existiert – so Honneth in seiner Erwiderung auf Fraser (vgl. Fraser/Honneth 2003: 176-189). Und selbst scheinbar ausschließlich konsumistischen Haltungen lässt sich eine Dimension der Anerkennung entlocken. Der Kauf des neusten iPhones oder Turnschuhpaares von Nike ist nicht nur dadurch motiviert, mit anderen zu kommunizieren oder festes Schuhwerk zu tragen. Für die Anerkennung der eigenen Identität innerhalb der entsprechenden Peergroup bedarf es oftmals solcher Konsumgüter. Dass diese Form der Anerkennung als ein Verkennen kritisierbar ist, setzt dennoch die anerkennungstheoretische Perspektive voraus.

Offen bleib die Frage, welche normativen Ansprüche dazu geeignet sind, in einem sozialen Kampf gelingend artikuliert zu werden. Zur Beantwortung dieser Frage benennt Honneth unterschiedliche Faktoren. Individuelle Ansprüche müssen verallgemeinerbar sein, also „Ziele [darstellen, die, M.B.] über den Horizont von individuellen Absichten hinaus" (Honneth 1994b: 259) reichen. Wenn persönliche Erfahrungen interpretierend in der Öffentlichkeit dargestellt werden und sich auf „sozial generalisierte Kriterien" (Honneth 1994b: 260) der Missachtung beziehen, können sie als Schlüsselerfahrungen einer Gruppe akzeptiert werden. Als Moment des sozialen Kampfes können diese Schlüsselerfahrungen aus einem „subkulturellen Deutungshorizont" (Honneth 1994b: 262) mittels einer kollektiven Semantik des Unrechts artikuliert werden. Als Beispiel mag hier die Frage dienen, welche gesellschaftlichen Zustände als ökonomisch-soziales Unrecht gelten. Sind diejenigen Jugendlichen arm, die zwar über ein teures Smartphone und ein Auto verfügen, jedoch emotionale Zuneigung der Eltern nicht kennen und nicht die Fähigkeit besitzen, ein nährstoffreiches Essen zuzubereiten? Diese Frage ist nicht objektiv, sondern nur im Kontext eines moralischen Konsenses zu beantworten, in dem sich anhand wandelbarer Kriterien ein kollektives Unrechtsempfinden ausbilden kann. Als Beitrag innerhalb des öffentlichen Streites um andere Kriterien der Armut und Ausgrenzung ist Budes Essay „Die Ausgeschlossenen" (Bude 2008) zu verstehen. Stellvertretend für diese Gruppe artikuliert Bude Erfahrungen nicht allein ökonomischer Armut, sondern ebenfalls solche der emotionalen Verwahrlosungen oder der kulturellen Ausgrenzung. Als Teil des sozialen Kampfes um die Anerkennung der Ausgeschlossenen als Gruppe streitet Bude für andere Kriterien und damit ein gewandeltes Unrechtsempfinden.

Zusammengefasst handelt es sich bei sozialen Kämpfen

> „um den praktischen Prozeß, in dem individuelle Erfahrungen von Mißachtung in einer Weise als typische Schlüsselerlebnisse einer ganzen Gruppe gedeutet werden, daß sie als handlungsleitende Motive in die kollektive Forderung nach erweiterten Anerkennungsbeziehungen einfließen können" (Honneth 1994b: 260).

5.4.3 Die historische Rahmung des Konflikts

Dieses Modell des Kampfes um Anerkennung dient Honneth dazu, sozialen Wandel zu reflektieren – die normativistische Ebene, die die Ansprüche der Individuen moralisch deutet, wird durch eine konstitutionstheoretische Ebene, die die Genese moderne Institution erklärt, ergänzt. In seiner Darstellung nehmen diese Konflikte nicht den Platz kontingenter Phänomene ein, sondern werden systematisch als Element einer gesellschaftlichen Entwicklungslogik betrachtet (vgl. Honneth 1994b: 269-273). Denn der Kampf um Anerkennung stellt für ihn ebenfalls das zentrale Motiv des organisierten Protests sozialer Bewegungen dar, wofür als typische Beispiele feministische Bewegungen oder gewerkschaftlich organisierter Proteste genannt werden können. Mit Honneths Theorie lassen sich diese Bewegungen als Motor derjenigen Entwicklung verstehen, die durch den Einsatz „materieller, symbolischer oder passiver Gewalt" (Honneth 1994b: 261) zur Herausbildung der zentralen Institutionen und Praktiken moderner Gesellschaften führt (vgl. Honneth 1994b: 11). „Kampf um Anerkennung" ist somit nicht nur eine sozialpsychologische Schrift, sondern liefert ein begriffliches Instrumentarium, um die normative Entwicklung moderner Gesellschaften als Resultat moralischer Konflikte verständlich zu machen. Honneth kann als erster Theoretiker gelten, der gesellschaftliche Entwicklung und soziale Kämpfe auf der Grundlage intersubjektivistischer und kommunikativer Annahmen rekonstruiert.

Den Kampf um Anerkennung begreift Honneth als emanzipatorische Praxis, die Anerkennung der eigenen Identität im sozialen Kampf einzufordern. Auf der individuellen Ebene stellen die Kämpfe die Bedingung der Möglichkeit einer erweiterten Identität dar (vgl. Honneth 1989b, Honneth 1994b: 263,). Anerkannt wird in einem gewonnen Kampf nicht mehr allein die Rolle einer Frau als „Hausfrau und Mutter", sondern ebenfalls ihr Kompetenzen, die Finanzen eines Haushalts zu führen und eine komplexe Steuerlage zu überblicken. Mit der Anerkennung einer anspruchsvolleren Identität geht ein positives Selbstwertgefühl einher. Auf der kollektiven Ebene bedingt der soziale Kampf eine stärkere Gruppensolidarität. In einer Perspektive, die die gesellschaftliche Entwicklung fokussiert, treten als Resultat sozialer Kämpfe nicht primär individuelle und kollektive Identitäten in den Blick, sondern Sphären der Anerkennung. Diese sieht Honneth konstituiert durch diejenigen Institutionen und Praktiken wechselseitiger, kommunikativer Bezugnahmen, die grundlegend die Voraussetzung gelingender Anerkennung darstellen.

5.4.4 Abriss sozialer Sphären und deren Konflikte

Der vorliegenden Arbeit geht es hier primär um die Erweiterung der begrifflichen Mittel der Theorie des kommunikativen Handelns. Sie begnügt sich mit dem Argument, dass der soziale Kampf als Motor der Entwicklung moderner Gesellschaften zu verstehen ist, und einem knappen Abriss der drei von Honneth skizzierten Sphären: private Beziehungen, Markt und demokratische Willensbildung. So kann nicht lediglich Honneths Vorgehen veranschaulicht, sondern zugleich seine Zugang zur Empirie, der ebenfalls das Ästhetische als Reflexionsraum sozialer Kämpfe betont, hervorgehoben werden. Eine detaillierte Beschreibung der Genese der Sphären ist im Folgenden nicht das Anliegen dieser Arbeit.[48]

Die erste Sphäre benennt Honneth als den Bereich der persönlichen Beziehungen, zu denen Freundschaften ebenso zählen wie Intimbeziehungen und die Familie. Konstituiert wird die Sphäre durch diejenigen Anerkennungsbeziehungen, in denen sich Individuen wechselseitig in ihren individuellen Bedürfnissen anerkennen. In der Familie werden laut Honneth die Bedürfnisse, Motivationen und Interessen von Individuen erstmals organisiert und verfestigt. Die affektiven Haltungen der Zuneigung, Fürsorge und Liebe bringen Familienmitglieder intuitiv den anderen entgegen, indem sie wechselseitig den individuellen Bedürfnissen zu

[48]Vgl. zur Genese den sehr ausführlichen zweiten Teil von „Das Recht der Freiheit" (Honneth 2011). Zu beachten ist, dass Honneth die faktischen Zustände der Gesellschaft nicht idealisieren, sondern anhand der ihr konstitutiv eingeschriebenen normativen Maßstäbe kritisieren will. Zum Verfahren der normativen Rekonstruktion und einer Kritik daran vgl. Baum et al. 2016: 315-322: „Zwar fördert Honneths Analyse des empirischen Materials Rückschläge und Fehlentwicklungen zu Tage – einzig die privaten Beziehungen scheinen sich sukzessive dem Ideal sozialer Freiheit angenähert zu haben, während die Beziehungen marktwirtschaftlichen Handelns und demokratischer Willensbildung durch die Erosion sozialer Freiheit, den Zerfall der Arbeiter_innenbewegung oder den Verlust parlamentarischer Einflussnahme auf politikökonomische Prozesse, gekennzeichnet sind. Doch diesen empirischen Analysen stehen die methodologischen Überlegungen gegenüber. Dort expliziert Honneth die Notwendigkeit, einen Fortschritt in der Geschichte anzunehmen. Denn, so Honneth, soll die normative Rekonstruktion den Maßstab einer immanent verfahrenden Kritik, die Idee sozialer Freiheit, aus der Analyse gesellschaftlicher Institutionen gewinnen, muss vorausgesetzt werden, dass diese Institutionen fortschrittlicher sind und mehr soziale Freiheit ermöglichen als diejenigen, die ihnen historisch vorausgehen (vgl. Honneth 2011: 110ff., 119ff.). Durch die Vorstellung einer fortschrittlichen Entwicklung moderner Gesellschaften werden Prozesse und Phänomene zudem überhaupt erst als Rückschläge identifizier- und kritisierbar. Daher präformieren die methodologischen Überlegungen Honneths eine Geschichte der Genese moderner Gesellschaften, die trotz aller Rückschläge fortschrittlich ausgerichtet ist" (Baum et al. 2016: 319).

entsprechen versuchen (vgl. Honneth/Rössler 2008: 22). Honneth spricht hier von einem durch die Liebe bedingten „affektiven Vorschuß" (Honneth 2000b: 212), den er als die „eigentliche Substanz" (ebd.) familiärer Beziehungen ausmacht. „[A]uf dem Wege der ‚gegenseitigen Liebe und Beihilfe'" (Honneth 2000b: 203) werden „individuelle Wünsche und Bedürfnisse" (ebd.) anerkannt. Die Familienmitglieder machen die Erfahrung, dass sie zur Befriedigung ihrer Bedürfnisse, wie Versorgung und Schutz, und ihrer sexuellen Triebe auf anderen angewiesen sind (vgl. Honneth 2001a: 103f.). Aufgrund dieser Erfahrung wird laut Honneth das Verhalten der wechselseitigen Rücksichtnahme und der Fürsorge gegenüber anderen nicht als Pflicht, sondern als Gewährleistung der eigenen Bedürfnisbefriedigung verstanden (vgl. Honneth 2001a: 105). Diesem Verhalten entspricht eine Bezugnahme der Individuen aufeinander, in der sie sich reziprok als Wesen mit „einzigartigem Wert" (ebd.) anerkennen. In den affektiven familiären Bindungen sind Individuen daher füreinander nicht ersetzbar (vgl. Honneth/Rössler 2008: 10f.).

Als wesentliche Faktoren, die zur Institutionalisierung der gegenwärtigen Familienform beigetragen haben, nennt Honneth zwei Prozesse, deren Beginn er im neunzehnten Jahrhundert verortet: zum einen die Institutionalisierung der Kindheit als eine spezifische Lebensphase, zum anderen die Abkopplung der Ehe von sozialen und ökonomischen Zwängen. Als gegenwärtiges Resultat dieser Prozesse begreift Honneth den Umstand, dass die Familie als Sphäre der Privatheit von ökonomischen und sozialmilieuspezifischen Motiven der Eheschließung weitestgehend unabhängig ist. Während einst die Eheschließung von externen Faktoren des Geldes und des sozialen Status' abhing, sind nun ausschließlich persönliche Gefühle der Liebe und Zuneigung das Motiv, eine Ehe zu schließen (vgl. Honneth 2011: 278f.). Zudem werden Kinder als schutzbedürftige menschliche Wesen verstanden, denen eine besondere Fürsorge zuteilwird, während sie vor der Institutionalisierung dieses Lebensabschnittes als Kindheit wie gewöhnliche, eben nur kleinere Menschen behandelt wurden oder sogar ihre Nahrung neben und mit den häuslichen Nutztieren einnehmen mussten (vgl. Parmentier 2000).

Während innerhalb der Familie asymmetrische Beziehungsstrukturen nachweisbar sind, zeichnet sich die Freundschaft Honneth zufolge durch symmetrische Beziehungen reziproker Wertschätzung und der Anerkennung individueller Bedürfnisse aus (vgl. Honneth 2011: 246). In der schottischen Moralphilosophie bis zur Romantik erkämpfen unterschiedliche Protagonisten/innen die Freundschaft als Raum der Privatheit und in Abgrenzung zur Systemlogik des sich formierenden Kapitalismus (vgl. Honneth 2011: 241-246f). Hervorzuheben ist Honneths Zugang zur Empirie. Oftmals und gerade dort, wo es an klassisch historischen Quellen fehlt, dienen ihm künstlerische Erzeugnisse zur Illustration sozialer Kämpfe und als Beleg seiner Thesen. Insbesondere die Literatur versteht er als Medium sozialer Kämpfe um Anerkennung. Aus den Werken Ibsens, Fontanes oder Flauberts rekonstruiert er diejenigen Auseinandersetzungen, die gegenwärtig unter der Kategorie Gender subsummiert werden (vgl. Honneth 2011: 281). Man denke an „Nora oder Ein Puppenheim", „Effie Briest" oder „Madame Bovary" und den Versuchen der weiblichen Protagonistinnen, als zur Reflexion fähige, eigene Bedürfnisse entwickelnde Individuen anerkennt zu werden.

Die zweite Sphäre bezeichnet Honneth als Markt, worunter er die Praktiken des Tausches von Waren und Leistungen fasst. Die Tauschakte dienen der Verfolgung von Interessen, die innerhalb der familiären Bezugnahmen nicht mehr befriedigt werden können. Unter dem Begriff des Interesses fasst Honneth diejenigen Wünsche und Absichten, deren Erfüllung ohne Rücksichtnahme anderen gegenüber vollzogen wird und die sich auf ökonomische Güter richten. Die Verfolgung besonderer Interessen ist hier konstitutiv mit der Anerkennung der Legitimität der Interessen anderer beziehungsweise der wechselseitigen Anerkennung von Konsumierenden und Erzeugenden verschränkt (vgl. Honneth 2011: 380). Eine Bäckerin kann ihr Brot nur verkaufen, wenn sie anerkennt, dass der Kaufende ein legitimes Interesse hat, Brot zu konsumieren; und der Kaufende wird nur dann das Brot beziehen können, wenn er das Interesse der Verkäuferin anerkennt, Geld für die Ware zu erhalten. Diese Form der Anerkennung beschreibt Honneth entsprechend familiärer Beziehungen als „Präsupposition, auf die wir uns immer schon eingelassen haben, sobald wir an der entsprechenden Handlungspraxis teilnehmen" (Honneth 2001a: 118). Auf diesem Wege der Anerkennung haben die im Markt agierenden Individuen die rechtlich gesicherte Möglichkeit, als „Gleiche unter Gleichen" (Honneth 2010: 225) ihren Interessen über Tauschgeschäfte nachzugehen (vgl. ebd.). Den Arbeitsmarkt begreift Honneth als Teil-Sphäre des Marktes, auf dem Leistungen erbracht und getauscht werden. Da der Arbeitsmarkt ihm zufolge in einem umfassenden Kooperationszusammenhang der gesamtgesellschaftlichen materiellen Reproduktion eingebettet ist, hat jede erbrachte Leistung nicht lediglich einen individuellen Nutzen, Geld für die Leistung zu beziehen, sondern ebenfalls die Funktion, das Fortbestehen der Gesellschaft zu sichern. Daher erfahren Individuen auf dem Arbeitsmarkt eine wechselseitige solidarische Wertschätzung ihrer erbrachten, gesellschaftlich relevanten Leistungen (vgl. Honneth 2011: 425-428, 434). Die Form der Anerkennung, die sich Individuen auf dem Arbeitsmarkt wechselseitig entgegenbringen, kann im Unterschied zum eben thematisierten Tausch zwischen Erzeugenden und Konsumierenden als bestimmte Anerkennung bezeichnet werden. Während sich die Individuen im Konsum als allgemeine Personen anerkennen, deren individuelle Besonderheiten nicht relevant sind, werden auf dem Arbeitsmarkt die individuellen Fähigkeiten und Leistungen anerkannt. So werden Individuen als besondere, als bestimmte Einzelne innerhalb eines Ganzen wahrgenommen, das sich durch die Beziehungen solidarischer Wertschätzung auszeichnet.

Bei der Benennung der Akteure/innen, deren Kämpfe zur Etablierung der modernen Strukturen des Marktes geführt haben, interessiert sich Honneth natürlich nicht für diejenigen, die den Kapitalismus in seiner auf Konkurrenz und Mehrwertsteigerung basierenden Logik vollends nach dem Top-down-Muster durchsetzen wollen. Er fokussiert diejenigen, die entgegen der kapitalistischen Logik für Strukturen, die auf Anerkennung basieren, kämpfen. In seiner Darstellung der Geschichte wird mehrfach die Arbeiter/innenbewegung, deren Organisation in Vereinen, Genossenschaften und Selbsthilfeorganisationen als zentraler Faktor der Eindämmung rein kapitalistischer Wirtschaftsformen und der Etablierung derjenigen marktwirtschaftlichen Institutionen identifiziert, die sich als Sphäre der Anerkennung rekonstruieren lassen. Beispielhaft seien hier die als „Food Riots“ bekannten Aufstände sozial schwacher Schichten zwischen dem achtzehnten und neunzehnten Jahrhundert genannt, deren Ursache enorme Versorgungsengpässe sind, die der Kapitalismus aus sich heraus nicht beheben kann (vgl. Honneth 2011: 366ff.). Die Aufstände bewegen die staatliche Obrigkeit zu massiven preisregulierenden Eingriffen in die Konsumsphäre, um eine Grundsicherung ärmerer Schichten zu gewährleisten. In Großbritannien bilden sich die „Friendly Societies“, in Frankreich die „mutuelles“, beides Selbsthilfeorganisationen des neunzehnten Jahrhunderts, die ärmere Familien mit Lebensmitteln und Hilfestellungen unterstützen, gerade in Situationen, in denen ein wichtiges, zur Versorgung beitragendes Familienmitglied gestorben ist (vgl. Honneth 2011: 416f). Das prototypische Erfolgsmodell bilden bis in die achtziger Jahre des zwanzigsten Jahrhunderts Prozesse der Gewerkschaftsbildung zur Vertretung wirtschaftlicher und sozialer Interessen der europäischen Arbeiter/innenschaft. Deren Errungenschaften sind rechtlich abgesicherte, nicht ausufernde Arbeitszeiten oder Tarifverträge. Neben klassischen Geschichtsbüchern bemüht Honneth auch in den Teilen zum Markt literarische Quellen, besonders Romane des achtzehnten Jahrhunderts, in denen befürchtet wird, rein ökonomische Kalküle unterwandern den Alltag und zersetzen die auf Anerkennung basierenden Strukturen der Freundschaft und Familie (vgl. Honneth 2011: 324, 365).

Als dritte Sphäre identifiziert Honneth Prozesse moderner demokratischer Willensbildung, als deren konstitutive Momente er die demokratische Öffentlichkeit und den parlamentarischen Rechtsstaat zählt – hier bezieht er sich explizit auf die Untersuchungen Habermas', von denen seine Ausführungen nicht sonderlich abweichen. Innerhalb der Öffentlichkeit haben Individuen die Möglichkeit des intersubjektiven Austauschs über kollektive Ziele. Der repräsentativen

Körperschaft, dem Parlament, kommt die Aufgabe zu, behutsam auf diejenigen Kanäle zu achten, über die öffentlich diskutierte Ziele an sie herangetragen werden. Innerhalb des demokratischen Rechtstaates sind diese Form der öffentlichen Mitbestimmung sowie das Recht auf Gründung von Vereinen, Parteien oder zur Versammlung verfassungsrechtlich garantiert. Zugleich beschränkt der Rechtsstaat die Möglichkeiten staatlicher Eingriffe in private Bereiche. Für Honneths Theorie der Anerkennung ist jedoch nicht diese Form der Sicherung negativer Freiheit zentral, sondern die durch Öffentlichkeit und Rechtsstaat gewährten Rechte zur politischen Partizipation. Durch die Möglichkeit öffentlicher Einflussnahme über parlamentarische Strukturen sowie zivilgesellschaftliche Gruppen machen Individuen die Erfahrung einer wechselseitigen Anerkennung als gleichberechtigte Mitglieder einer politischen Ordnung, deren Anliegen nicht nach dem gesellschaftlichen Stand oder der sozialen Lage, sondern aufgrund der vorgetragenen Argumente beurteilt werden – das Argument der einen zählt so viel wie das der anderen (vgl. Honneth 2011: 484).

Die aufgrund der vorherrschenden patriarchalen Verhältnisse fast ausnahmslos männlichen Akteure der sozialen Kämpfe, die anfänglich zur Etablierung demokratischer Willensbildungsprozesse wesentlich betragen, sind wirtschaftlich unabhängige Bürger. Diese agieren im achtzehnten Jahrhundert zunächst in literarischen Zirkeln, später in mehr politisch orientierten Kreisen gegen die Obrigkeit und für Presse- und Meinungsfreiheitsrechte sowie Versammlungsrechte. Sukzessive wurde die absolutistische Willkür von einem „Government of Laws" abgelöst (vgl. Honneth 2011: 475-481). Paradigmatisch steht für diesen Wandel der politischen Ordnung und Herrschaft die Französische Revolution.

5.4.5 Die Erweiterung des Horizonts und der normativen Ebene

Dieser kurze Abriss der von Honneth benannten Sphären wechselseitiger Anerkennung veranschaulicht, welche zentrale Rolle soziale Kämpfe für die Genese moderner Gesellschaften spielen. Habermas' systemtheoretisch-evolutionäre Betrachtung bleibt in dieser Hinsicht erfahrungsarm und gewährt keinen Blick auf die im Wesentlichen konflikthafte Geschichte gegenwärtiger Institutionen. Die Einführung des Konzepts sozialer Kämpfe in den Kontext der Theorie des kommunikativen Handelns mag gewagt wirken. Denn Habermas begreift das kommunikative Handeln als einen Akt, der den lebensweltlichen Hintergrund unhinterfragt lässt. Auf der Ebene der kritischen Auseinandersetzung ist der Begriff des Diskurses verortet. Den Diskurs bestimmt Habermas als rationale, emotionsfreie Auseinandersetzung um das bessere Argument. Soziale Kämpfe hingegen sind oftmals gewaltvoll und erreichen in der Perspektive Habermas' nicht das Rationalitätsniveau eines Diskurses. Dennoch muss die Theorie des kommunikativen Handelns diese Kämpfe als Formen der Kolonialisierungskritik darstellen, sonst verliert sie ihren Bezug zur sozialen Praxis. Es bedarf daher einer Ausweitung des Horizonts der Theorie, in dem sich soziale Konflikte, Proteste und Kämpfe als Kritik an der Kolonialisierung der Lebenswelt abbilden. Honneths Begriff des Kampfes um Anerkennung stellt eine sinnvolle Erweiterung der Theorie des kommunikativen Handelns dar und fügt sich aufgrund seiner streng intersubjektiven Konzeption der Anerkennung problemlos in Habermas' Theorie ein. So lässt sich eine Geschichte über die Genese moderner Gesellschaften erzählen, die mehr Bezugspunkte zu den realen Erfahrungen ihrer Adressierten aufweist. Der Eindruck, dass mit der Aneignung der Theorie sozialer Kämpfe um Anerkennung insgeheim das normative Fundament der Theorie des kommunikativen Handelns – von Kommunikation zu Anerkennung – ausgetauscht wird, trügt. Honneths Ausführungen legen zwar den Fokus auf die Etablierung von Anerkennungsverhältnissen. Diese Verhältnisse dienen letztendlich jedoch einer kommunikativen Beziehung zu sich selbst und anderen (vgl. Honneth 2011: 69f., 81f.). Beziehungen der Anerkennung sind Beziehungen intersubjektiver Kommunikation. Die „kommunikativen Praktiken und Institutionen, die zusammengenommen die Bedingungen sozialer Gerechtigkeit definieren" (Honneth 2011: 105, vgl. Honneth 2011: 125) sind Praktiken und Institutionen der Anerkennung. Der normative Bezugspunkt der Theorie des kommunikativen Handelns wird nicht ersetzt – er wird vergrößert. Wie in Kapitel 4 dargestellt, weist Honneth nach, dass Habermas' diskurstheoretische Überlegungen auf Voraussetzungen beruhen, die Honneth unter anderem innerhalb des kapitalistischen Systems lokalisiert (vgl. Honneth 2007: 180-191). Das bedeutet für die anerkennungstheoretische informierte Theorie des kommunikativen Handelns, dass das kapitalistische System nicht als normfreier Raum betrachtet werden kann, der erst dann zum Gegenstand der Kritik wird, wenn die Systemimperative auf lebensweltliche Strukturen durchschlagen. Innerhalb des Systems selbst lässt sich bereits für spezifische Beziehungen begründet argumentieren. So müssen laut Honneth die Arbeitsvorgänge hinreichend komplex sein, damit die Individuen bei deren Verrichtung das Gefühl erhalten, für eine spezifische Fähigkeit anerkannt zu werden – in allzu monotonen Arbeitsabläufen kommen die individuellen Fähigkeiten nicht zur Geltung (vgl. Honneth 2010: 91ff.). Mit diesem Gestaltungsvorschlag geht die Forderung nach gleichen Chancen einher, die notwendigen beruflichen Qualifikationen zu erwerben. Zudem muss die Arbeitsteilung transparent gestaltet sein, sodass die Angestellten überblicken können, in welchem kooperativen Zusammenhang sie mit anderen stehen und entsprechend ihres Beitrags zum allgemeinem Wohl entlohnt werden können (vgl. Honneth 2010: 97f.).[49] Gegenwärtig lassen sich unterschiedliche Formen des sozialen Kampfes wahrnehmen, die entsprechend dieser Überlegungen für die Anerkennung der eigenen Leistung innerhalb des Kapitalismus streiten. Wiederholt ist der Online-Versandhandel Amazon im Fokus der Kritik. Im Jahre 2015 ruft ein Streikbündnis dazu auf, Amazon-Produkte für mindestens vierzig Euro zwar zu bestellen, diese dann aber auf Kosten von Amazon umgehend zurückzusenden und der Rücksendung eine Grußkarte an die Angestellten beizulegen (vgl. Streik Soli-Bündnis Leipzig 2015). Die Motivation dieser Protestform gründet nicht primär in dem Interesse, Amazon finanziell zu schaden, sondern in der Forderung nach anderen Arbeitsumständen. Denn Amazon gilt als ein Beispiel für monotone Arbeitsbedingungen, die den möglichen Leistungen ihrer Angestellten nicht gerecht werden.

Diese Freilegung einer normativen Ebene im kapitalistischen System kann hier zudem als Reaktion auf eine weitere Kritik an Habermas' Unterscheidung von System und Lebenswelt verstanden werden. An verschiedenen Stellen wird darauf hingewiesen, dass die substantialistische Unterscheidung von System und Lebenswelt, der zufolge Systeme die materielle, die Lebenswelt die symbolische Reproduktion sichern, nicht haltbar ist (vgl. Strecker 2009: 229). So kritisiert Joas, dass Habermas den Systemfunktionalismus substantialistisch deutet, wenn er jedem System die Funktion der materiellen Reproduktion der Gesellschaft zuweist. In den Sozialwissenschaften werden jedoch Systeme ebenfalls normativistisch und in Hinblick auf die symbolische Reproduktion einer Gesellschaft gedeutet (Joas 1986: 163). Schließlich ist die Identität von Individuen enorm von deren jeweiligem Beruf und der entsprechenden Gestaltung des Arbeitsalltags abhängig (vgl. Hardering 2015). Andererseits wird ebenfalls innerhalb der Familie, laut Habermas eine lebensweltliche Institution, die materielle Reproduktion von Individuen sichergestellt. Im Anschluss an diese Einwände wird dafür plädiert, die von Habermas getroffene Unterscheidung entgegen seiner eigenen Motive nicht substantialistisch, sondern analytisch zu verstehen. Diesen Einwänden lässt sich entgegnen, dass die substantialistische Unterscheidung nicht umfassend infrage gestellt werden muss, wenn sie in einer schwachen Form verstanden

[49]Beckert 2012 zeigt deutlich auf, dass die kapitalistische Marktwirtschaft nicht ausschließlich einer Eigengesetzlichkeit folgt, sondern ebenfalls von individuellen Interessen oder moralischen Werten bestimmt wird. Ebenfalls Möller argumentiert mit einem – zwar nicht normativen – weit gefassten Normenbegriff gegen die Annahmen funktional differenzierter, operativ geschlossener System (vgl. Möllers 2015: 440-443).

wird. Ein von der vorliegenden Arbeit geteiltes, schwaches substantialistisches Verständnis weiß, dass System und Lebenswelt nicht ausschließlich die materielle oder symbolische Reproduktion der Gesellschaft gewährleisten, sie sich jedoch primär (oder im Wesentlichen) auf eine der beiden Reproduktionen spezialisiert haben. Diese (schwach-substantialistische) Unterscheidung hat den Sinn, den normativen Bezugspunkt der Kritik klar auszuweisen und Prozesse der Kolonialisierung darzustellen, die ohne die Unterscheidung von System und Lebenswelt nicht sichtbar wären. Dass die sukzessive Verdrängung kommunikativer Interaktionen und die Etablierung des entsprachlichten Mediums des Geldes ein beunruhigendes Ausmaß angenommen haben, wird nämlich erst vor dem Hintergrund einer Unterscheidung von System und Lebenswelt darstellbar. Anders formuliert: Dieser Prozess erscheinen weniger alarmierend, wenn die Medien Sprache und Geld immer schon innerhalb der Lebenswelt amalgamiert sind.[50] Problematisch wird es, wenn die theoretische Zuspitzung für die Realität gehalten wird und dazu führt, sich gegen Hinweise auf die Normativität der Systeme abzudichten. Durch die schwach-substantialistische Unterscheidung wird zugleich die Annahme normfreier Systeme eingezogen, da sie eine normative Ebene innerhalb der Systeme nicht leugnet, sondern lediglich als nicht dominant versteht.

Mittels der Theorie der Anerkennung wird diese Ebene der Normativität benennbar. Der Begriff des sozialen Kampfes sensibilisiert die Theorie des kommunikativen Handelns für normative Ansprüche, die innerhalb der Überlegungen Habermas' bisher verborgen bleiben. Ihren Anspruch, sich kritisch zum Gegenstand zu verhalten, holt die Theorie Habermas' nun umfassender ein, indem sie sensibel auf Missachtungserfahrungen und die verschiedenen Formen nicht gewährter Anerkennung reagiert.

5.4.6 Rück- und Ausblick

Die Theorie des kommunikativen Handelns eignet sich das soziologische Theorem sozialer Differenzierung in unterschiedlichen Dimensionen an. In einer normativistischen Perspektive vollzieht sie das Auseinandertreten von Geltungsansprüchen und entsprechenden Wertsphären innerhalb der Lebenswelt nach. In einer funktionalistischen Perspektive begreift sie die Differenzierung von Lebenswelt und System als Erfordernis der materiellen Reproduktion. Während der erste Prozess rational ist, weil in ihm das kommunikative Potential der Rede

[50] Vgl. zur erhellenden Kraft der Kolonialisierungsthese ebenfalls Kneer 1990: 123-186.

vollends entfaltet wird, ist der zweite Prozess zweckrational, weil die materielle Reproduktion in komplexerer und effizienterer Form sichergestellt wird. Die symbolischen Strukturen der Lebenswelt werden durch das kommunikative Handeln reproduziert. Innerhalb des kapitalistischen und staatlich-bürokratischen Systems ersetzen die Steuerungsmedien Geld und Macht die Kommunikation. Die Kritik Habermas' bezieht sich auf die Kolonialisierung der Lebenswelt, deren Voraussetzungen erst in vollends differenzierten, sprich modernen Gesellschaften gegeben sind. Erst dort können Strukturen kommunikativen Handelns kommerzialisiert oder verrechtlicht werden.

Als problematisch erweist sich, dass die Theorie sozialer Evolution zwar einen Interpretationsrahmen zur Verfügung stellt, in dem spezifische Strukturen als Maßstab der Kritik akzentuiert werden: die der Differenzierung entspringenden Rationalitätspotentiale. Zugleich gründet dieser Prozess jedoch nicht in den normativen Absichten von Individuen, die sich als gesellschaftliche Akteure/innen subjektivieren, sondern in den Notwendigkeiten der materiellen Basis der Gesellschaft. Den Adressierten der Theorie wird gesellschaftliche Rationalisierung als anonymer, sich hinter ihrem Rücken vollziehender Prozess dargestellt, den sie nicht wirkmächtig beeinflussen. In diesem Sinne leidet die Theorie des kommunikativen Handelns an Erfahrungsarmut, weil die normativen Intentionen der Einzelnen in ihr keinen Ausdruck finden. Ebenso ermangelt es der Theorie an einer Perspektive, in der zum einen zeitgenössische Reaktionen auf die Kolonialisierung gerechtfertigt erscheinen, zum anderen sich ein Horizont möglicher Emanzipation auftut. Die Einführung der Theorie sozialer Kämpfe in den begrifflichen Rahmen der Theorie behebt dieses Problem, weil sie Individuen als Akteure/innen adressiert, die sich als Motor gesellschaftlicher Dynamik und emanzipativ Handelnde erkennen können. Auf diesem Wege stellte die kritische Gesellschaftstheorie des kommunikativen Handelns den Bezug zur Praxis wieder her, den sie zuvor vermissen ließ.

Das folgende Kapitel wird den Faden des vorherigen aufgreifen und führt die hermeneutische Interpretation als Methode ein, die a) sensibel auf Leidartikulationen der Betroffenen von gesellschaftlichen Herrschaftsformen, von Krisen und Pathologien reagieren kann; und die b) insbesondere im Medium des Ästhetischen artikuliert und reflektiert werden. Sie wird als Methode dargestellt, die der Theorie des kommunikativen Handelns diejenigen Erfahrungen übersetzten kann, gegenüber denen sie sich aufgrund ihres rationalistischen Maßstabs als taub erweist.

6 Die hermeneutische Interpretation

Zur Aneignung von Erfahrungsgehalten

Drinnen liegt - als riefen
sie dir zu: Versteh! -
tief in ihren Tiefen
eine Welt voll Weh …
Rainer Maria Rilke

Die Welt ist tief,
und tiefer als der Tag gedacht.
Tief ist ihr Weh -,
Lust - tiefer noch als Herzeleid:
Weh spricht: vergeh!
Friedrich Nietzsche

Die vorliegende Arbeit thematisiert die Erfahrungsarmut der Theorie des kommunikativen Handelns auf zwei Ebenen. Die normativistischen Bestimmungen Habermas' geraten enorm abstrakt und lassen sich nicht mit den normativen Intentionen und Empfindungen der Adressierten vermitteln. Die Darstellung der Genese moderner Gesellschaften reflektiert weder historische Leidartikulationen – die in der Differenzierung von System und Lebenswelt gründen –, noch soziale Konflikte – die auf die Kolonialisierung der Lebenswelt reagieren – hinreichend. Verschiedene, zusammenhängende Probleme resultieren aus dieser Erfahrungsarmut. Da die Theorie des kommunikativen Handelns unsensibel auf soziale Protestartikulationen reagiert, kann sie nicht angeben, wann die Verrechtlichung und die Kommerzialisierung sozialer Zusammenhänge als Kolonialisierung zu begreifen sind. Sie benennt zudem keine Akteure/innen, die einen emanzipativen Wandel herbeizuführen vermögen, da sie historische Kämpfe nicht in ihre Darstellung einer anonymen sozialen Evolution, die einzig Rationalitätsniveaus abzubilden vermag, integrieren kann. Die Einführung des Begriffs des sozialen Kampfes um

M. Baum, *Zu einer Kritischen Gesellschaftstheorie der Kommunikation,* https://doi.org/10.1007/978-3-658-20694-9_6

Anerkennung steigert den Erfahrungsgehalt der Theorie. So können die Adressierten in der Theorie zum einen sich und ihre normativen Ansprüche, zum anderen ihren Status als Akteure/innen der Geschichte (wieder)erkennen. Zugleich argumentiert diese Arbeit, dass allein eine begriffliche Erweiterung nicht genügt. Denn die unterschiedlichen Erfahrungsgehalte bedürfen einer Methode, die in der Lage ist, sie in eine theoretische Sprache zu übersetzten, die sich nicht allzu sehr von ihren lebensweltlichen Bezügen und Ausdrucksformen entfernt.

Das folgende Kapitel entwickelt die Methode der hermeneutischen Interpretation in der Diskussion mit Adorno, Benjamin und Walzer. Deren Überlegungen zur Reflexion von Geschichte und Normativität ermöglichen eine in kritischer Absicht vollzogene Umdeutung dieser Methode, der Habermas die Relevanz für eine kritische Gesellschaftstheorie abspricht. Dieses Vorgehen führt zu der Einsicht, dass der hermeneutischen Interpretation eine Sensibilität gegenüber verschiedenen Formen der Leiderfahrung zukommt und sie zwischen Fachdiskursen und lebensweltlichen Artikulationen vermitteln kann.[1] Sie eröffnet der Theorie des kommunikativen Handelns nicht allein den Raum historischer und zeitgenössischer Erfahrungen, die innerhalb sozialer Kämpfe generiert werden. Aufgenommen in das methodische Ensemble der Theorie, ermöglicht sie zudem den Dialog mit dem Ästhetischen, um zum einen die dort artikulierten Erfahrungen im Umgang mit der inneren Natur reflektieren zu können und zum anderen über die rationalistische Verengung der eigenen Normativität – die alles Sinnliche aus dem Kontext einer kritischen Gesellschaftstheorie ausschließt – aufgeklärt zu werden. Neben der Fähigkeit zwischen Lebenswelt, Fachdiskurs und dem Ästhetischen zu übersetzen, stellt gerade ihre intersubjektive Struktur, aufgrund derer sie sich als Teil kommunikativer Praktiken beschreiben lässt, eine ihrer Qualitäten für eine kritische Gesellschaftstheorie dar.

6.1 Hermeneutik als deutende Rettung

Im Rahmen seiner methodischen Überlegungen weist Habermas der Hermeneutik zwar die Fähigkeit zu, Sinngehalte erfahrungsnah darzustellen. Jedoch eignet sich diese Methode ihm zufolge nicht für die kritische Theorie der Gesellschaft, da hermeneutische Interpretationen ihre – kritischen oder urteilenden – Reflexionen im Lichte von Werten vollziehen (vgl. hier Kapitel 3). Werte sind Ausdruck

[1]– und somit der Dominanz eines fragmentierten Bewusstseins entgegenwirkt (vgl. hier Kapitel 5).

einer partikularen Lebensform – einer unter vielen. Eine Kritik, die allgemein anerkannt werden kann, muss, so Habermas weiter, jedoch auf einem allgemeingültigen Fundament basieren. Dieses Fundament errichtet die rationale Rekonstruktion, die universelle Bedingungen möglicher Verständigung expliziert. Hinter Habermas' Ausführungen steht die Annahme, dass die hermeneutische Interpretation letztendlich der Beliebigkeit anheimfällt, weil ihre urteilenden Darstellungen Kriterien verwenden, denen keine allgemeine Geltung zukommt. Eine Interpretation, so lässt sich Habermas verstehen, ist so gut wie jede andere.

Im Kontext der Debatten zum Neuen Realismus argumentiert Eco, dass Interpretationen nicht willkürlich sind. Es gibt, so Eco, die Möglichkeit, begründet zwischen angemessenen und falschen Interpretationen zu unterscheiden (vgl. Eco 2014: 43ff.). Das Beispiel, das er Rorty entlehnt, ist ein Schraubenzieher, der durchaus als Waffe dienen kann, aber sicherlich nicht als ein Glas, dass eine Flüssigkeit aufbewahren kann. Ecos Beurteilung, die auf die tatsächliche Anwendbarkeit der interpretativ erschlossenen Funktionen eines Gegenstandes zielt, geht jedoch über eine rein pragmatische Unterscheidung von Interpretationen hinaus. Das von ihm verwendete Beispiel dient lediglich als Veranschaulichung einer allgemeinen Beurteilung der interpretativen Erschließung sozialer Realität. Er bietet jedoch lediglich eine negativistische Antwort auf die Frage der richtigen Interpretation an, indem er überzeugt konstatiert, dass falsche Interpretationen immer erkannt werden. Eco belässt es bei der Formulierung dieser Überzeugung und nennt keine weiteren Kriterien der Beurteilung.

Gadamer hingegen formuliert in seiner für die Hermeneutik grundlegenden Schrift „Wahrheit und Methode" Kriterien, anhand derer die Angemessenheit der Interpretation – im Unterschied zu deren Inkorrektheit – geprüft werden kann. Zum einen muss die hermeneutische Interpretation ein stimmiges Bild aus einzelnen Teilen und dem von diesen Teilen gebildeten Ganzen erstellen (vgl. Gadamer 1975: 277f.). Die Bedeutung eines fokussierten einzelnen Momentes ergibt sich erst durch den Bezug dieses Momentes auf die Gesamtheit aller weiteren Momente. Umgekehrt erschließt sich der Sinn des Ganzen erst durch die Interpretation seiner Momente. Zur Veranschaulichung der Hermeneutik eignet sich insbesondere Kriminalliteratur, deren Ende als Auflösung eines eigentlichen Geschehens, das den Lesenden bis zum Ende verborgen bleibt, konzipiert ist. In Dürrenmatts „Der Richter und sein Henker" (Dürrenmatt 1986) erschließt sich die Bedeutung einzelner Szenen erst zum Schluss. Während eines Besuches des Kommissars Bärlach bei einem Mordverdächtigen namens Gastmann wird Bärlach von dessen Hund angegriffen. Der Beamte Tschanz erschießt den Hund, um seinen Vorgesetzten zu retten. Dass Bärlach all dies geplant hat, um eine Kugel aus der Waffe Tschanz' für die Ermittlungen im selben Mordfall zu erhalten, offenbart sich erst bei einem letzten Treffen der beiden, bei dem Bärlach Tschanz anhand dieser Kugel überführt. Daher ist die gesamte Interpretation des Stückes bis zu dessen Ende auf ein reflexives Oszillieren zwischen Teil und Ganzen angewiesen. Erst indem sich das Ganze erschließt, erhalten die Momente ihre Bedeutung. Erst die Bedeutung der einzelnen Momente erhellt das Ganze. Dieser so genannte hermeneutische Zirkel stellt, allgemeiner formuliert, eine Bewegung dar, in der das eigene bedeutungsgebende Vorverständnis durch eine offene Haltung den interpretierten Gegenständen gegenüber fortwährend korrigiert wird (vgl. Gadamer 1975: 250-256). Erst im Nachvollzug dieser Schwingungen erweist sich die Angemessenheit der Interpretation.

In der Auseinandersetzung Gadamers mit tradierten Kulturinhalten schlägt die proklamierte Offenheit der Interpretation jedoch in eine unkritische Haltung um, da sie abseits der Stimmigkeit von Teil und Ganzem kein Kriterium an die Hand gibt, um die erschlossenen Bedeutungen an sich zu hinterfragen. Er selbst bezeichnet die Haltung der Hermeneutik als „Bejahung, [...] Ergreifung und [...] Pflege" (Gadamer 1975: 265f.) der Tradition, nicht aber als deren Infragestellung. Auch Habermas kritisiert den affirmativen Charakter der Hermeneutik Gadamers und weist darauf hin, dass diese Methode Tradition und damit, so Habermas, sprachlich vermittelte Formen von Herrschaft konserviert (vgl. Habermas 1973c: 308ff.). Dieser konservative Zug der Hermeneutik Gadamers gründet in Gadamers generellem Verständnis von Theorie. In seiner Rekonstruktion des antiken Theoriebegriffs bestimmt Gadamer Theorie als ein Anschauen, als Rücknahme der Subjektivität, als ein passives Verhalten gegenüber dem Betrachteten (vgl. Gadamer 1975: 118). Jedoch muss die hermeneutisch geschulte Interpretation weder konservativ agieren, noch passiv verstanden werden, wie Adornos Überlegungen zu einer deutenden Philosophie darlegen.

6.1.1 Die philosophische Deutung Adornos

Auch Adorno lässt sich in der Diskussion um einen interpretativen Zugang zur sozialen Realität verorten.[2] Ihm zufolge kulminiert in Shoa und dem Nationalsozialismus eine Herrschaft über die innere und äußere Natur, die in dem begrifflich-identifizierenden Denken gründet (vgl. hier Kapitel 2). In der Tradition

[2]Auch Wellmer beschreibt Adornos deutende Philosophie als interpretatives Verfahren (der Auslegung von ästhetischen Werken) (vgl. Wellmer 1985: 64:13f.).

der Philosophie zeigt sich das identifizierende Denken als Zwang zur systematischen Darstellung. Innerhalb philosophischer Systeme, so Adornos, wird jede Verschiedenheit und Andersartigkeit der Gegenstände, über die nachgedacht wird, dem Zwang zur einheitlichen Darstellung geopfert. Das, was an den Gegenständen nicht in das System passt, wird philosophisch nicht reflektiert. So werden beispielsweise in Hegels Philosophie, die Adorno als manifestester Ausdruck des Systemzwanges gilt, Momente der Regression und Herrschaft zugunsten einer Erzählung des Fortschritts aus den geschichtlichen Epochen getilgt (vgl. Koschorke 2015: 116f.). Als Kritik an diesem von Adorno so bezeichneten philosophischen Imperialismus, der alles Fremde annektiert (vgl. Adorno 2003g: 192), formuliert er gerade in seinen frühen Schriften und Vorträgen die stark von Benjamin inspirierte Idee einer interpretativen Deutung der Welt. Die Deutung grenzt er von einer anderen zeitgenössischen, vermeintlich objektivistischen erkenntnistheoretischen Position ab: Die Ontologie Heideggers nimmt an, an der Geschichte ahistorische Strukturmerkmale wahrzunehmen, zwingt jedoch der Geschichte nur die eigenen subjektiven Begriffe auf und verwechselt diese mit objektiven Merkmalen (vgl. Adorno 2003i: 326-331, 346-349). So verwendete Heidegger den Begriff der Geschichtlichkeit, um alles Geschichtliche zu bezeichnen und nimmt zugleich an, mit diesem Begriff das Besondere von geschichtlichen Momenten sprachlich festgehalten zu haben.

> „Die tautologische Tendenz scheint sich mir durch nichts anderes zu erklären als durch das alte idealistische Motiv der Identität. Sie entsteht dadurch, daß ein Sein, das geschichtlich ist, gebracht wird unter eine subjektive Kategorie Geschichtlichkeit. Das unter der subjektiven Kategorie Geschichtlichkeit befaßte geschichtliche Sein soll mit Geschichte identisch sein. Es soll sich den Bestimmungen fügen, die von Geschichtlichkeit ihm aufgeprägt werden. Die Tautologie scheint mir weniger ein sich selbst Ergründen der mythischen Tiefe der Sprache zu sein als eine neue Verdeckung der alten klassischen These der Identität von Subjekt und Objekt" (Adorno 2003i: 353f.).

In Abgrenzung zu Heideggers Position, die ebenfalls dem Identitätsdenken verfällt, erörtert Adorno einen philosophischen Zugang zur Welt, der in der Lage ist, die „Wirklichkeit zu deuten" (Adorno 2003i: 335, vgl. Adorno 2003i: 356). In der Haltung der deutenden Philosophie liegt die Wirklichkeit nicht vor dem/der Betrachtenden offen zu Tage. Sie muss in dem Sinne dechiffriert werden, dass die einzelnen Momente erst in Beziehung zueinander ihre erkenntnisfördernde Bedeutung erhalten (vgl. Bonß 1983: 204ff.). Trotz Adornos ablehnender Haltung des Vorrangs einer „von außen aufgeklatschten Methode" (Adorno 2003g: 17) gegenüber der materialen Analyse, trotz des Umstandes, dass seine Gedanken zur

Methode keinen systematischen Charakter haben und über sein Werk verstreut aufzusuchen sind (vgl. Neckel 2005: 188ff.), lässt sich die Deutung, ihr experimentierendes Anordnen und ihr exemplarischer Zug als methodisches Leitbild rekonstruieren. Zwei Annahmen sind konstitutiv für den deutenden Zugang zum Gegenstand.

1) Erstens sucht dieser Zugang nicht nach fundamentalen Grundbegriffen, von denen aus andere nur abgeleitet sind. Vielmehr bringt er die Begriffe in das, was Adorno eine Konstellation nennt: Die Deutung setzt verschiedene Begriffe in eine Konstellation, von der aus die einzelnen Begriffe erst ihre Bedeutung erhalten – Begriffe und Konstellation erhellen sich wechselseitig, wobei kein Begriff Vorrang vor einem anderen genießt (vgl. van Reijen 1980: 61). In diesem Sinne stellen Adornos in der „Minima Moralia" (Adorno 2003e) versammelte Aphorismen über die Unmöglichkeit einer systematischen Moralkonzeption eine Konstellation dar. Jede Ausführung der Gedanken bedarf (zu ihrem Verständnis) ihre Spiegelung in der der anderen Ausführungen. Kein Stück kann entnommen werden, ohne den Sinn des Ganzen zu ändern (vgl. García Düttmann 2004: 34f.).

Dieser Zug in Adornos Denken – dass das einzelne Teil nur in Beziehung zum Ganzen (der Konstellation), in dem es steht, und das Ganze nur durch seine einzelnen Teile verstanden werden kann – ist durchaus als hermeneutisch zu bezeichnen. Adornos vehemente Distanzierung von Heidegger und dessen hermeneutisch verfahrender Ontologie verdeckt oftmals die gemeinsamen Grundfragen und Haltungen beider Theoretiker. Adorno problematisiert letztendlich nicht Heideggers Intentionen und Fragen, die ebenfalls die Vorstellung von Subjektivität kritisch zu reflektieren trachten, sondern seine Antworten, die den emanzipativen Gehalt der Vorstellungen negieren. Genauer betrachtet, weisen Adornos und Heideggers Zugänge zur Wirklichkeit die Gemeinsamkeit auf, deutend zu verfahren, die erschlossenen Momente verstehend auszulegen und auf diesem Wege den entfremdeten Charakter der mit anderen geteilten Welt aufzuzeigen (vgl. Heidegger 1988: 14ff.).[3] Wie Heidegger, so bedarf auch Adorno dazu eines interpretativen Gespürs. Denn zu deuten heißt, Begriffe zu suchen, sie zu ordnen, ihre wechselseitigen Bezüge zu prüfen, sie gegebenenfalls erneut zu sortieren, bis sie in einer erkenntnisfördernden Konstellation stehen. Nicht anders, nämlich ebenso interpretierend verfährt die Hermeneutik auf der Suche nach dem Sinn tradierter Kulturinhalte, wenn sie spezifische kulturelle Elemente sinnstiftend ordnet.

[3]Sicherlich lässt sich Heidegger auch darin von Adorno unterscheiden, dass Heidegger versucht, außerhalb des geschichtlich Seienden einen umfassenden Sinn des Seins zu erschließen.

Ebenfalls teilt Adorno mit der Hermeneutik die Annahme, dass ein Urteil darüber, ob die Deutung gelungen ist, nicht vorab, sondern erst im konkreten Nachvollzug der Deutung gefällt werden kann (vgl. Adorno 2003g: 71f.). Im Gegensatz zur Hermeneutik geht Adorno jedoch davon aus, dass ihm die Tradition nicht mehr als umfassender Sinnzusammenhang zugänglich ist, sondern nur noch in Form einzelner Bruchstücke geborgen werden kann. Eine weitere Differenz zur Hermeneutik besteht in Adornos Verständnis von Tradition. Während die Hermeneutik durch die Suche nach Sinn, verstanden als geschichtliche Autorität und normativer Orientierungspunkt, angetrieben wird, bestreitet Adorno jeglichen geschichtlichen Sinn. „Die Idee der Deutung darf nicht mit dem Problem des Sinns verwechselt werden. Es ist nicht die Aufgabe der Philosophie, die Realität so darzustellen, als ob sie einen Sinn hätte" (Benhabib 2011: 662). Statt einer sich harmonisch gestaltenden Geschichte erkennt Adorno einzig eine „Schädelstätte" (Adorno 2003i: 357) allen Sinns vor seinen Augen.[4]

2) Zentral für Adornos deutende Philosophie ist der Verzicht auf die Annahme, dass die Konstellationen die spezifische Form der Darstellung einer ewigen Wahrheit sind. Wie Benjamin, nimmt er an, dass Wahrheit einen Zeitkern hat (vgl. Benjamin 1991e: 578): Die Konstellationen von Begriffen drücken einen spezifischen Sachverhalt aus, der wahr ist, sich aber durch eine verändernde historische Situation ebenfalls wandeln kann. Wie die Konstellationen, so ist auch dieses Denken gebunden an die spezifische historische Situation, in der es vollzogen wird.

Den Essay weist Adorno als die Form der Darstellung aus, die mit der philosophischen Deutung in einer harmonischen Beziehung steht. Weil der Essay, so Adorno, von wissenschaftlichen Verfahrensweisen entlastet ist, nicht an Deduktion und formaler Logik orientiert ist, stellt er den Rahmen einer gewaltlosen, methodisch nicht festgelegten Reflexion dar (vgl. Adorno 2003h: 9-33, Honneth 1979a: 658f.). Interpretierend – und in, so lassen sich Adornos Ausführungen ergänzen, hermeneutischer Haltung – versetzt sich der Essay in seine Gegenstände und erschließt in der Spannung von allgemein-begrifflichem Denken und besonderen subjektivem Erfahrungshorizont den geschichtlichen Gehalt des Beobachteten. Die in essayistischer Form dargestellten philosophischen Deutungen haben ihr Moment des Ausdrucks und der Erfahrung sowie sinnliche Bezüge nicht getilgt, sodass sie sensibel auf historische Krisen und gesellschaftliche Pathologien reagieren können (vgl. Müller-Doohm 2006: 43, Sonderegger 2011: 429f.).

[4]Diese kritische Wendung eines interpretierenden Zugangs zur Welt wird ebenfalls hier unten diskutiert.

Der hier skizzierte deutende Zugang zur Welt kann als kritische Wendung der interpretierenden Hermeneutik verstanden werden. Die bisher ausgeführten Überlegungen zeigen, dass die hermeneutische Interpretation keineswegs als affirmatives Unterfangen denunziert werden muss. Wird sie als philosophische Deutung begriffen, die im Rahmen einer essayistischen Darstellung einzelne geschichtliche Erfahrungen rekonstruiert, ohne ihnen einen übergeordneten Sinn zu verleihen, verliert sie ihren affirmativen Charakter. Sie ist sogar der Intention verpflichtet, „Leiden beredt werden zu lassen" (Adorno 2003g: 29), sprich Leiderfahrungen abzubilden, die die Annahme eines harmonischen Geschichtsverlauf fundamental infrage stellen. Da Adorno jedoch in einer bereits problematisierten theoriegeschichtlichen Tradition steht (vgl. hier Kapitel 2), können nicht alle seine Grundannahmen im Rahmen dieser Arbeit und für eine hermeneutische Interpretation unhinterfragt übernommen werden. Seine Vorstellung einer Deutung schleppt den doppelten Ballast der Annahme eines Gattungssubjekts mit, dessen Emanzipation ausschließlich von einer anderen Art der Auseinandersetzung mit der Natur abhängt. Daher kann die Deutung zwar als ein interpretierender Zugang zur Welt dargestellt werden, der der Hermeneutik eine kritische Wendung verleiht. Jedoch muss in einem weiteren Schritt ein Verständnis kritisch interpretierender Hermeneutik expliziert werden, demzufolge – entsprechend der gesellschaftstheoretischen Annahmen der Theorie des kommunikativen Handelns – Emanzipation nur im Rahmen öffentlicher Kommunikation innerhalb einer pluralistisch verfassten Gesellschaft erfolgen kann. Ein weiterer Schritt zu diesem Ziel kann über die Auseinandersetzung mit Benjamins rettender Kritik genommen werden.

6.1.2 Benjamins rettender Zugriff

Adornos Vorstellung einer begrifflichen Konstellation, die einzelne Momente als Einspruchsinstanzen gegen jeglichen geschichtlichen Sinn formiert, geht auf Benjamin zurück, der zu seinen Lebzeiten und darüber hinaus einen der wichtigsten Diskussionspartner Adornos darstellt.[5] Charakteristisch für Benjamin ist die Haltung eines Sammlers, der seine Fundstücke zu neuen Bildern montiert (vgl. Benjamin 1991c: 216f.). Die Montage ist ein literarisches Verfahren, das Benjamin für seine eigenen Arbeiten dem Surrealismus entlehnt. In Anbetracht der

[5]Der folgende Absatz ist wörtlich einer eigenen, online erschienenen Analyse (vgl. Baum 2015) entnommen.

Krise philosophischer, deduktiv verfahrender Systeme, interessiert Benjamin die surrealistische Montage, die den aufgesammelten „Lumpen" (Benjamin 1991e: 574), dem Alltäglichen, Irrationalen, Alten und Abgestoßenen durch eine sich dem Gewohnten widersetzende Neu-Ordnung eine besondere Bedeutung verleiht. Mit „der Treue zum Ding, zum Einzelnen [...] verbindet die Montage, M.B.] den eigensinnigen subversiven Protest gegen das Typische, Klassifizierbare" (Benjamin 1991c: 216). Neben diesem konstruktiven Aspekt der Montage betont Benjamin ihre destruktive Seite. „Die wahre, sehr verkannte Leistung des Sammlers ist immer [...] destruktiv" (ebd.), da er die tradierten Objekte zuerst ihrem Kontext entreißt.

Das montierende Sammeln hat eine geschichtliche Dimension, denn es stellt eine Reaktion Benjamins auf eine spezifische historische Situation dar. Benjamin zufolge ist seit der Moderne „die Begegnung mit einem früheren Leben" (Benjamin 1991a: 639) problematisch geworden. Denn die Moderne ist durch den von Arendt so bezeichneten Traditionsbruch gekennzeichnet, aufgrund dessen die Tradition ihre sinnstiftende und legitimierende Autorität über die Gegenwart verliert (vgl. Arendt 2001: 223).[6] Während Arendt rückblickend die Shoa und der Nationalsozialismus als zentrale Chiffre des Traditionsbruchs, der alle Sinnzusammenhänge zerstört, gelten (vgl. Arendt 1996: 219f., Arendt 2006: 125ff.), beschreibt Benjamin den ersten Weltkrieg als einschneidendes Erlebnis, das jegliche Erfahrung einer Sinnhaftigkeit der Geschichte ad absurdum führt.

> „Nein, soviel ist klar: die Erfahrung ist im Kurse gefallen und das in einer Generation, die 1914-1918 eine der ungeheuersten Erfahrungen der Weltgeschichte gemacht hat. Vielleicht ist das nicht so merkwürdig wie das scheint. Konnte man damals nicht die Feststellung machen: die Leute kamen verstummt aus dem Felde? Nicht reicher, ärmer an mitteilbarer Erfahrung. Was sich dann zehn Jahre danach in der Flut der Kriegsbücher ergossen hat, war alles andere als Erfahrung, die vom Mund zum Ohr strömt. Nein, merkwürdig war das nicht. Denn nie sind Erfahrungen gründlicher Lügen gestraft worden als die strategischen, durch den Stellungskrieg, die wirtschaftlichen durch die Inflation, die körperlichen durch den Hunger, die sittlichen durch die Machthaber. Eine Generation, die noch mit der Pferdebahn zur Schule gefahren war, stand unter freiem Himmel in einer Landschaft, in der nichts unverändert geblieben war als die Wolken, und in der Mitte, in einem Kraftfeld zerstörender Ströme und Explosionen, der winzige gebrechliche Menschenkörper" (Benjamin 1991b: 214, vgl. Lindner 2006: 453ff.).

---

[6]Arendts in „Zwischen Vergangenheit und Zukunft" (Arendt 1994) gedruckte Schriften sind als Reflexionen der Möglichkeit zu verstehen, nach dem Traditionsbruch politisch zu denken und auf diesem Wege die Beziehung von Geschichte, Handeln und politischer Ordnung neu auszuloten.

Die neue Dimension der Vernichtung menschlichen Lebens, die Grausamkeit von Stellungskrieg und Giftgas, motiviert nun Benjamin nicht dazu, nach neuen Formen einer restaurativen Geschichtsschreibung zu suchen. Vielmehr bricht er die „Korallen und Perlen, aus dem Überkommenen" (Arendt 2001: 227) heraus, fügt geschichtliche Momente in neue Konstellationen.[7]

Benjamins Überlegungen zum Verhältnis von Tradition und sinnhafter Erfahrung erkennen nicht lediglich in den durch den ersten Weltkrieg hervorgerufenen physischen und psychischen Verwüstungen einen gewaltvollen Zug der Geschichte. Geschichte ist Benjamin zufolge immer schon durchdrungen von gewalttätigen Auseinandersetzungen, innerhalb derer sich eine herrschende Klasse gegenüber eine anderen durchsetzen kann (vgl. Benjamin 1991a: 701). In marxistischer Haltung urteilt Benjamin daher: „Es ist niemals ein Dokument der Kultur, ohne zugleich ein solches der Barbarei zu sein" (Benjamin 1991a: 696). Ausgehend von dieser Betrachtung der zivilisatorischen Entwicklung ist es Benjamins erklärtes Ziel, die „Geschichte gegen den Strich zu bürsten" (vgl. Benjamin 1991a: 697), sodass seine philosophischen Deutungen sich nicht vor den Karren der Sieger/innen der Geschichte spannen lassen. Daher wagt Benjamin den „Tigersprung ins Vergangene" (Benjamin 1991a: 701), um dort nach normativen Artikulationen und Leiderfahrungen zu suchen, die er für die Gegenwart aneignen und in Konstellationen bringen will (vgl. Benjamin 1991e: 571f., 578, Tiedemann 1991: 13, 33ff.). Er braucht dafür eine „Witterung für das Aktuelle […] im Dickicht des Einst" (Benjamin 1991a: 701), ein Gespür, welche historischen normativen Ansprüche innerhalb der Gegenwart eine kritische Kraft entfalten können.

> „Das gelesene Bild, will sagen das Bild im Jetzt der Erkennbarkeit trägt im höchsten Grade den Stempel des kritischen, gefährlichen Moments, welcher allem Lesen zugrunde liegt" (Benjamin 1991e: 578).

Kritisch ist eine Kraft Benjamin zufolge dann, wenn sie einen Ausbruch aus dem verehrenden geschichtlichen Verlauf anzeigt.

---

[7]Benjamin ist daher im Kontext einer Kritik am modernen, linearen Zeitverständnis zu verorten, das der Vergangenheit eine normative Kraft abspricht (vgl. Assmann 1999: 50-59).

> „Die Vergangenheit führt einen heimlichen Index mit, durch den sie auf die Erlösung verwiesen wird. Streift denn nicht uns selber ein Hauch der Luft, die um die Früheren gewesen ist? ist nicht in Stimmen, denen wir unser Ohr schenken, ein Echo von nun verstummten […]? Ist dem so, dann besteht eine geheime Verabredung zwischen den gewesenen Geschlechtern und unserem. Dann sind wir auf der Erde erwartet worden. Dann ist uns wie jedem Geschlecht, das vor uns war, eine schwache messianische Kraft mitgegeben, an welche die Vergangenheit Anspruch hat" (Benjamin 1991a: 693f.).

Sicherlich ist Benjamins messianisches Motiv zutiefst theologisch. Er gesteht selbst, sein „Denken verhält sich zur Theologie wie das Löschblatt zur Tinte. Es ist ganz von ihr vollgesogen" (Benjamin 1991e: 588). Dazu gleich mehr. Zunächst ist Benjamins Motiv der Rettung hervorzuheben, das einen gewandelten Begriff der Erfahrung mit sich führt. Erfahrungen des Sinns, die aufgrund des Traditionsbruchs von einer philosophischen Interpretation der Geschichte nicht mehr vermittelt werden können, werden von Benjamin in Erfahrungsgehalte des Leidens transformiert. Denn innerhalb der Geschichte werden aufgrund von Verhältnissen gesellschaftlicher Herrschaft spezifische normative Ansprüche unterdrückt. Sie laufen Gefahr, in der Geschichte zu verstummen. Die Rettung dieser Ansprüche ist das Anliegen der materialen Arbeiten Benjamins, die als Form der Re-Artikulation verstanden werden können. Ihre kritische Kraft entfalten die Ansprüche in dem Kontext, in den sie überführt werden, als Einspruch gegen die Formen der Herrschaft, die sie verdrängen, unterdrücken oder verstummen lassen. In diesem Sinne erkennt die vorliegende Arbeit den kritischen Anspruch der hermeneutischen Interpretation nicht allein darin, dass sie einen umfassenden geschichtlichen Sinn negiert. Die hermeneutische Interpretation – verstanden als rettende Deutung – erfüllt noch einen weiteren kritischen Anspruch, da sie Erfahrungen des Leidens, auf das eine kritische Gesellschaftstheorie bezogen sein muss, in Konstellationen bringt, die gegen gegenwärtige Formen der Herrschaft intervenieren.

Zugleich sind Benjamins Ausführungen interessant, weil sie den kritischen Anspruch – den die vorliegende Arbeit als den der Methode einer hermeneutischen Interpretation versteht – auf die Reflexion ästhetischer Materialien bezieht.[8] Benjamin stellt den Bezug der rettenden Kritik zur Ästhetik in seiner 1928 erschienenen, als Habilitationsschrift geplanten Untersuchung „Ursprung des deutschen Trauerspiels" (Benjamin 1991a: 203-430) her. Dort unterscheidet er

[8]Das Medium des Ästhetischen ist oftmals ein bewusst bezogener Rückzugsraum derer, die in ihrer Zeit keine Stimme finden, nicht gehört oder unterdrückt werden (vgl. Assmann 1999: 125).

zwei Formen des Ausdrucks, das Symbol und die Allegorie. Während das Symbol Benjamin zufolge ein Stilmittel ist, im Vergehen der Dinge und Menschen die Erlösung der selbigen anzuzeigen, wird durch die Allegorie ein anderes Licht auf die Geschichte geworfen. In der allegorischen Darstellung wird Geschichte als Anhäufung von Leiderfahrungen erkenntlich. Das Vergehen von allem, das Sterben der Menschen und Verwesen von Dingen, lässt diese tot und unerlöst zurück (vgl. Benjamin 1991a: 342ff.). Habermas selbst deutet Benjamin entsprechend die Allegorie als Ausdruck der Erfahrung des „Leidvollen, Unterdrückten, Unversöhnten und Verfehlten“ (Habermas 1972: 183), als einen Anspruch, der selbst immanent kritisch ist „oder vielmehr auf Kritik verweist“ (ebd.). Die rettende Kritik „vergewissert sich der Momente, in denen die künstlerische Sensibilität dem als Fortschritt drapierten Schicksal Einhalt gebietet“ (Habermas 1972: 189). Benjamin kann so verstanden werden, dass im Medium des Ästhetischen historische Erfahrungen des Leidens am Charakter der Geschichte als Prozess des Verfalls reflektiert aufgearbeitet werden. Auch das Ästhetische stellt somit ein Medium dar, innerhalb dessen Benjamin kritische Potentiale aufspürt, die ihre Kraft in der Gegenwart durch eine Anordnung in Konstellationen entfalten. Habermas zufolge sucht die rettende Kritik gerade in den Werken sogenannter großer Kunst nach aufbewahrten normativen Potentialen, die für eine emanzipative Kritik freigesetzt werden können (Habermas 1972: 201). Diese von Habermas vorgenommene Eingrenzung des Gegenstandsbereichs basiert jedoch auf einer unangemessenen Interpretation Benjamins materialer Arbeiten. Denn diese sind Auseinandersetzungen mit ästhetischen Artefakten, die nicht als große Werke der Kulturgeschichte gelten. Benjamins aufgesammelte „Lumpen“ stellen vielmehr deren Gegenteil dar.

Sicherlich würde Habermas Benjamins Methode anerkennen, sie jedoch nicht im Rahmen der Theorie des kommunikativen Handelns zu lassen, da er grundlegend skeptisch ist, ob sich die Gehalte des Ästhetischen für eine Kritik übersetzen lassen (vgl. hier Kapitel 4). Das Ästhetische, so lässt sich hier Habermas antworten, stellt jedoch keinen Raum frei jeglicher Normativität dar. Das Ästhetische lässt sich vielmehr – einer Überlegung Möllers zum Charakter sozialer Normen folgend (vgl. Möllers 2015: 135f.) – als Raum der Normativität verstehen, der nicht begrifflich strukturiert ist: Das Ästhetische ist ein vorbegrifflicher Raum der Normativität. Benjamins Überlegungen zur Übersetzung ästhetischer Artefakte (wie Gedichte) weisen den Weg, diese Form der Normativität einzuholen (vgl. Benjamin 1991d: 9-21). Übersetzungen zielen, so Benjamin, nicht auf einen Sinn oder eine Information, sondern auf eine verborgene Schicht des Gegenstandes. Diese Schicht wird von Übersetzungen nicht nur freigelegt. Sensibel zeigen sie sich gegenüber jeglicher geborgener Fremdheit, die sie in eine vertraute Sprache zu überführen suchen (vgl. Hirsch 2006: 612ff.). Bezogen auf die vorliegende Arbeit stellen hermeneutische Interpretationen kritische Verfahren dar, die nicht allein in historischen Quellen, sondern ebenfalls im Medium des Ästhetischen nach normativen Ansprüchen suchen, um sie innerhalb der Gegenwart als Konstellationen zu ordnen. Zugleich übersetzen sie die nichtbegriffliche Form der Normativität in Begriffe, die Lebenswelt und Fachdiskursen vertraut sind. Dieses hier vertretene Verständnis hermeneutischer Interpretation bürdet dieser zwar eine große Last auf, deckt sich jedoch mit anderen Erörterungen ihrer Rolle innerhalb der Sozialwissenschaften. Dort wird dargelegt, dass sich die Hermeneutik nicht lediglich mit dem Sinn von Gesetzen oder Texten befasst, sondern darüber hinaus mit allen symbolischen Zusammenhängen. Dazu zählen Bilder oder, generell, ästhetische Artefakte ebenso wie soziale Handlungen von Individuen (vgl. Joas/ Knöbl 2004b: 292f., Preglau 2001: 244 sowie insgesamt Jung/Müller-Doohm 1993).

In einem 1981 gehaltenen Vortrag (Habermas 2009c: 58-80) bestimmt Habermas die Philosophie selbst als Interpretation und Übersetzung, der die Rolle zukommt, zwischen Lebenswelt und den verschiedenen Wertsphären zu vermitteln. Die ästhetischen Erfahrungsgehalte der Kunst sollen so in die kommunikativen Praktiken der Lebenswelt ebenso eingespeist werden wie die hochkomplexen Überlegungen aus Rechts- und Moraltheorien (vgl. Habermas 2009c: 78f.). Mit diesem Bekenntnis zu einem interpretierenden Vorgehen der Philosophie enden Habermas' Ausführungen jedoch, ohne dass sich ihnen methodische Überlegungen anschließen, die über eine Ergänzung der rationalen Rekonstruktion nachdenken. Hier zeigt sich spätestens, dass Habermas das Kind mit dem Bade ausschüttet, wenn er der hermeneutisch vorgehenden Interpretation ein rein konservierendes Interesse unterstellt und annimmt, sie rekurriere lediglich auf geschichtlich tradierten Sinn, der offen zu Tage liegt. Gerade Benjamins Arbeiten am geschichtlichen Material wie das nie vollendete Passagen-Werk (Benjamin 1991e), sein Zugang zu Geschichte und Ästhetik mit „hermeneutischen Mitteln" (Habermas 1972: 209) sind als Beispiele einer hermeneutischen Interpretation zu verstehen, die das Verdeckte, Verdrängte, Unterdrückte zutage fördert. Die vorliegende Arbeit zielt jedoch nicht darauf, Benjamins gesamte Theorie, sondern die hier diskutierten kritischen Motive als Methode der hermeneutischen Interpretation in die Theorie des kommunikativen Handelns zu überführen. Denn Benjamins Form der Kritik kann nicht unhinterfragt für eine Theorie des kommunikativen Handelns fruchtbar gemacht werden. Viel zu groß ist die theologische Last, die sie mit sich führt.

Das, worauf sich die von ihm geretteten normativen Ansprüche richten, begreift Benjamin als Erlösung. In seiner spezifisch messianischen Vorstellung bedeutet die Erlösung den Sprung aus der Geschichte, die er als mythischen Herrschaftszusammenhang charakterisiert (vgl. Benjamin 1991b: 203f.).[9] Um der Geschichte keine Vorstellung einer jenseits von Geschichte verorteten, erlösten Menschheit gegenüberzustellen, ist es notwendig, das Verständnis geretteter Ansprüche aus dem theologischen Kontext zu lösen, sie auf diesem Wege zu säkularisieren: Sie sind dann nicht mehr, aber auch nicht weniger als zu berücksichtigende normative Ansprüche, anhand derer eine Kritische Theorie kommunikativen Handelns ihren eigenen Bezugspunkt ausweisen kann. Im Werke Benjamins lassen sich Überlegungen zu einer solch säkulareren Form der rettenden Kritik ausweisen. In seiner Studie „Ursprung des deutschen Trauerspiels" (Benjamin 1991a: 203-430), die elf Jahre vor seinen Überlegungen „Zum Begriff der Geschichte" erscheint, begreift Benjamin den rettenden Zugriff als Form des Einsammelns von Ansprüchen, die lediglich in die Gegenwart überführt werden, statt das geschichtliche Kontinuum als Ganzes zu sprengen (vgl. Habermas 1972: 187f.). Statt Geschichte zu transzendieren bleiben die Ansprüche geschichtlich immanent. Habermas bestimmt die Aktualität der rettenden Kritik in ihrer Überführung normativer Ansprüche auf Glück oder, zeitgemäßer formuliert, auf ein gutes und gerechtes, ein gelingendes Leben in die Gegenwart (vgl. Habermas 1972: 217ff.). Der Sinn der rettenden Kritik ist eine herrschaftskritische Kontrastierung konkreter geschichtlich gewordener Institutionen und Praktiken mit verschütteten normativen Ansprüchen, die über diesen vermittelnden Weg in einer emanzipativen Praxis münden. Habermas selbst weist dafür den Weg, indem er die Intention einer rettenden Kritik auf der Folie intersubjektiver Beziehungen deutet. Die geretteten Ansprüche, so Habermas, werden derart in Konstellationen überführt und als Teil der „Strukturen verletzbarer Intersubjektivität" (Habermas 1972: 199) dargestellt. Die Überführung in die Gegenwart ist gelungen, wenn die Ansprüche öffentlich und innerhalb von Kommunikationszusammenhängen re-aktualisiert werden (vgl. ebd.). Die praktischen Diskurse, sprich Prozesse öffentlicher kollektiver Selbstverständigung sind Habermas zufolge sogar grundlegend auf die Zuführung der „verschütteten Rationalitäts- und Verständigungspotential[e]" (Habermas 1981c: 589, vgl. Habermas 1972: 220) angewiesen, um nicht zu veröden.

[9]Vgl. zum alttestamentarischen Ursprung der Eschatologie im Buche Daniel Assmann 1999: 21-24. Zur modernen Umdeutung der Eschatologie in ein Fortschrittsnarrativ vgl. Löwith 1967: 11ff., 19, 63.

Nun gehört Benjamin (wie auch Adorno) dem bewusstseinsphilosophischen Paradigma an, sodass die rettende Kritik grundlegend nicht zwischen zwei Individuen vollzogen wird, sondern in Form eines sich auf einen Gegenstand richtenden Individuums. In Benjamins Perspektive bleibt das Verhältnis von Kritisierenden und Adressierten daher unterbelichtet. Zur Schärfung einer öffentlichen, intersubjektivistisch verstandenen hermeneutischen Interpretation eignen sich insbesondere die Überlegungen Walzers zum Begriff der Kritik.

6.2 Walzer und die Kritik hermeneutischer Interpretationen

Bisher wurde die hermeneutische Interpretation in der Diskussion mit Adorno und Benjamin als Methode entwickelt, die innerhalb der Geschichte Leiderfahrungen aufspürt und diese in eine Konstellation bringt, in deren Licht die Institutionen und Praktiken der Gegenwart als Formen der Herrschaft gedeutet werden können. Walzers narrativ und interpretierend verfahrende Politische Theorie kann an diese Methode anknüpfen, um sie intersubjektivistisch auszuformulieren. Grundlegend verschiebt Walzer mit seiner Theorie die Perspektive von universellen, rein formalen Prinzipien der Beurteilung politischen Handelns auf inhaltliche Aspekte. Aus einer begründungstheoretischen Perspektive wendet er ein, dass die Maßstäbe der Beurteilung politischen Handelns nicht allein aus vernünftigen Überlegungen abseits eines historischen Kontextes gewonnen werden können, sondern in konkreten Erfahrungen und existierenden Moralvorstellungen einer Gemeinschaft gründen müssen. Daher, so Walzer, erreichen Interpretationen kultureller Überlieferung ihre Adressierten besser (als abstrakte Theoriegebäude), weil die Adressierten ihre eigenen Vorstellungen darin wiedererkennen. Um ausreichend substantiell gestaltet zu sein, müssen Theorien von Walzer so bezeichnete „dichte" Beschreibungen formulieren, die die kulturelle Überlieferung ernst nehmen und mit den Adressierten ein gemeinsames Vokabular (der Selbstbeschreibung und Moral) teilen (vgl. Walzer 1996: 15-19). In pragmatistischer Perspektive spricht Walzer denjenigen Theorien eine praktische Relevanz ab, die gerechte politische Ordnungen durch zu große Abstraktionsleistungen von partikularen Moralvorstellungen zu begründen versuchen. Um praktisch wirksam zu werden, brauchen normative Ansprüche den Rekurs auf Traditionsbestände, in denen historische Erfahrungen konserviert werden, und müssen an die vorhandenen moralischen Vorstellungen der jeweiligen Lebenswelt Anschluss finden.

6.2.1 Interpretation und Kritik

Die hermeneutische Interpretation benennt Walzer als das Verfahren, das sich zur Kritik gesellschaftlicher Verhältnisse eignet. Die Interpretation grenzt er von zwei Modi der Begründung ab: Entdeckung und Erfindung. Die Entdeckung zielt darauf, objektive moralische Wahrheiten zu finden, so zum Beispiel ein Naturrecht. Die Erfindung formuliert neue Regeln und Konstruktionen zur Beurteilung sozialer Praktiken. Während beispielsweise Rawls eine bestimmte Verteilung von Gütern durch die Erfindung eines Schleiers des Nichtwissens und eines Urzustandes zu rechtfertigen versucht, konstruiert Habermas einen herrschaftsfreien Diskurs zur Entscheidungsfindung. Beide, Entdeckung und Erfindung, zeichnen sich dadurch aus, der empirischen Welt ihren normativen Maßstab kritisch entgegenzuhalten und sich selbst eine privilegierte Erkenntnisposition zu zusprechen.

> „Die Pfade der Entdeckung und Erfindung sind Fluchtversuche: Versuche, einen Ausweg zu irgendeinem äußeren und allgemeingültigen Standort zu finden, mittels dessen die moralische Existenz zu beurteilen wäre" (Walzer 1990: 31).

Daher interessiert Walzer, was alltägliche Individuen tun, wenn sie Kritik üben. Diese, so Walzer, rekurrieren beim Kritisieren nicht auf abstrakte Konstruktionen oder außerweltliche Entdeckungen, sondern auf ihre konkreten Erfahrungen und eigenen moralischen Maßstäbe.

> „Mir scheint […] die Alltagswelt eine moralische Welt zu sein, und wir täten besser daran, die ihr immanenten Regeln, Maximen, Konventionen und Ideale zu analysieren, als uns, in dem wir nach einem universalen und transzendentalen Standpunkt suchen, vom Leibe zu halten" (Walzer 1997: 7).

Ideen, wie Freiheit oder Gleichheit, die als Maßstab kritischer Interventionen gelten, verstehen Individuen laut Walzer nur in und durch deren kulturelle Einbettung in soziale Praktiken. Um die gemeinsame Welt zu verstehen, die Maßstäbe des Urteils zu finden und diese in ihrer konkreten Anwendung auszulegen, müssen die Kritisierenden Walzer zufolge interpretierend vorgehen. Denn die normativen Maßstäbe liegen nicht immer offen zu Tage oder sind eindeutig formuliert. Das ist sicherlich mühsam. Der Vorteil der Interpretation liegt jedoch darin, den kritisierten Gegenstand an seinen eigenen Maßstäben zu messen. Zudem ermöglicht die Interpretation eine praxisrelevante Kritik zu formulieren, da sie nicht von konkreten Erfahrungen einer Gemeinschaft abstrahiere. „Kritik ist dann am mächtigsten, wenn sie den gemeinsamen Klagen der Menschen Stimme verleiht oder die Werte erhellt, die jenen Klagen zugrunde liegen" (Walzer 1997: 30).

In seinen kritischen Schriften, die Antworten auf politische Probleme suchen, bezieht sich Walzer daher auf Traditionsbestände, die er, wie er selbst sagt, hermeneutisch zu entschlüsseln versucht. So argumentiert er zumeist anhand konkreter politischer Beispiele und mit Bezugnahme auf historische Erfahrungen, die sich in Narrativen niederschlagen. In „Exodus und Revolution" (Walzer 1990) widmet sich Walzer der Geschichte der Israeliten, die von Moses aus der ägyptischen Unterdrückung in das „gelobte Land" geführt werden. Sein Interesse gilt nicht der historischen Überprüfung narrativ tradierter Ereignisse. Die Auswahl des Exodus-Narrativs begründet Walzer mit dessen Erfahrungsgehalten, die zu einem Muster politischen Handelns geworden sind, das danach strebt, von Unterdrückung und Zwang befreit zu werden (vgl. Krause/Malowitz 1998: 88). Dieses Muster ist Walzer zufolge nicht universell, sondern Teil des kollektiven Bewusstseins der jüdisch-christlichen Tradition. Entgegen der substantialistischen Annahme einer einheitlichen Kultur erklärt Walzer diesen Sachverhalt durch das Prinzip des „wiederholenden Universalismus" (Walzer 1996: 144). Durch die empirische Wiedererzählung der Topoi der Unterdrückung und der Befreiung, so Walzer, vergegenwärtigen die jeweiligen Individuen die darin reflektierten spezifischen Erfahrungen kommunikativ und machen sie zum Gegenstand politischen Handelns. In dessen Vollzug werden die erzählten Erfahrungen die eigenen.

Wie Benjamin betont Walzer den destruierenden und zugleich konstruktiven Charakter der hermeneutischen Interpretation. Denn sicherlich existieren, so Walzer, etliche Narrative. Doch zur kritischen Reflexion eignen sich nur spezifische Elemente, die sich aufeinander beziehen und in eine Konstellation bringen lassen. Was an einer Erzählung bedeutungslos geworden ist, entscheidet der/die Interpretierende (vgl. Straßenberger 2005: 22). Ihm/ihr obliegt die Aufgabe, derart zu interpretieren, dass eine für die Gegenwart angemessene Bedeutung kenntlich wird. Das Ziel ist die „Neuschöpfung der Vergangenheit um der Gegenwart willen" (Walzer 1995: 8).

6.2.2 Öffentlichkeit, Interpretation und Kritik

Eine eigene Sprache, Tradition und Geschichte sowie kollektiv geteilte Werte sind Walzer zufolge in einer politischen Gemeinschaft derart eng verbunden, dass sie ein kollektives Bewusstsein erzeugen, von Walzer als „Welt gemeinsamer Bedeutungen" (Walzer 2006: 61) gefasst. Zu dieser finde die Gemeinschaft durch die Interpretation von Narrativen einen Zugang. In einer wechselseitigen Beziehung schließen Geschichten und deren Interpretation an eine bestehende politische Kultur an und konstituieren sie zugleich durch wiederholte Interpretationen. Jedoch ist die Interpretation keine Tätigkeit, die exklusiv dem/der Theoretiker/

in obliegt. In Walzers Konzeption ist es allen Bürgern/innen einer politischen Gemeinschaft möglich, am öffentlichen Diskurs teilzunehmen. In diesem lernen die Einzelnen, sich in deren Verschiedenheit zu erfahren und anzuerkennen.

> „[Die] Interpretation einer moralischen Kultur zielt auf alle Männer und Frauen, die an dieser Kultur teilhaben – die Mitglieder einer ‚Erfahrungsgemeinschaft', wie wir sie nennen können" (Walzer 1990: 115).

Öffentlichkeit begreift Walzer als einen demokratisch und plural verfassten Raum, in dem Individuen ihre politischen Konflikte im leidenschaftlichen Wettstreit um die angemessenere Interpretation ihrer normativen Grundlagen austragen. Das antike Moment der Agonalität politischer Praxis sowie die emotionale Komponente der Leidenschaft des republikanischen Diskurses werden hier von Walzer im Kontext einer modernen, ausdifferenzierten Sozialstruktur, die divergierende Interessen mit sich bringt, in das Konzept der Öffentlichkeit aufgenommen. Verankert ist die Öffentlichkeit laut Walzer in den Strukturen zivilgesellschaftlicher Gemeinschaft (vgl. Buchstein/Schmalz-Bruns 1992: 377f.).[10] In diesem Verständnis Walzers stellen die soziomoralischen Grundlagen ein reflexives Gut dar, das in einen demokratischen Prozess einbezogen und zum Gegenstand der Kritik werden kann. Die Praktiken der Kritik sind die Interpretation, die Erzählung von Überlieferungen, aber auch schlicht der kommunikative Streit über und unter Meinungen.

Der egalitäre Charakter der hermeneutischen Interpretation ist durch deren Verankerung in einem öffentlichen Dialog, an welchem die Mitglieder der Gemeinschaft rechtlich-institutionell verbürgt gleichberechtigt und -wertig partizipieren können, gewährleistet. Das Verfahren der Interpretation ist also nicht indifferent gegenüber Formen der politischen Herrschaft, in welcher es eingesetzt wird. Nur die Demokratie fungiert strukturell als Bedingung der Möglichkeit der Interpretation. Mit der Verankerung der Interpretation im öffentlichen Raum gehen die Abwertung von Theoretikern/innen sowie die Aufwertung der Gemeinschaftsmitglieder hinsichtlich ihrer Funktion für eine Kritik der Gesellschaft einher. „Kritik ist eine Tätigkeit der Vielen" (Walzer 1996: 73) – der/die kritische Theoretiker/in wird zu einem/r unter vielen. Beliebig werden Interpretationen dadurch nicht. Eine gelingende Interpretation ist „von besserer Qualität: sie erhellt uns das Gedicht auf schlagende und überzeugende Weise" (Walzer 1990: 40).

---

[10]Alle jenen, die in einem jeweiligen Territorium leben, arbeiten, sich engagieren und unter lokalem Recht stehen, sollen als Mitglieder der Gemeinschaft gelten und dadurch die Möglichkeit zur Partizipation haben (vgl. Forst 1996: 230, Walzer 2006: 65f.).

Auch sich selbst begreift Walzer als kritisch intervenierenden Interpreten, der im Rahmen eines öffentlichen Wettstreits Themen aufgreift und diskutiert – seine Interpretation findet im Wettstreit mit anderen Interpretationen statt. Die Art seiner Darstellung ist beachtenswert. Entgegen einer systematischen Darstellung argumentiert Walzer an Einzelfällen. Seine Sprache ist in deren erzählenden Mustern mehr literarisch als akademisch. Auf diesem Wege konzipiert Walzer sein eigenes politisches Handeln als dramaturgischen Akt, der neben rationalen Aspekten zudem Emotionen fokussiert, um „in machtvoller und plausibler Weise die Grundwerte seines Publikums“ (Walzer 1990: 103) anzusprechen (vgl. Straßenberger 2005: 183). Diesem Selbstverständnis folgend, veröffentlicht Walzer seine Schrift über den Exodus im Zeitraum der Präsidentschaft Ronald Reagans, in der die armen und reichen Bevölkerungsschichten der USA zunehmend auseinander driften. Walzer zielt mit seiner Interpretation der Exodus-Geschichte im Kontext der Präsidentschaft Reagans auf die Motivierung der Betroffenen, den Israeliten/innen folgend gemeinsam gegen Verhältnisse, unter denen sie leiden, zu agieren. In Zeiten der auf Kapitalsteigerung fixierten Politik, interpretiert Walzer im Exodus die Motive der Unterdrückung, des Auszugs und der Befreiung und streitet für ein spezifisches Verständnis politischer Freiheit und ein Verständnis von Politik, dass sich nicht auf administrative Maßnahmen reduzieren lässt (vgl. Krause/Malowitz 1998: 103).

Als konservativ kann die Methode der hermeneutischen Interpretation auch im Kontext der Theorie Walzers nicht gelten. Die Interpretierenden beziehen sich zwar in ihrer Argumentation auf vorhandene Erfahrungen und normative Standards, jedoch werden im Verfahren der kritischen Interpretation nicht einfach Konventionen rekonstruiert. Der Inhalt der Interpretation beziehe sich immer auf einen konkreten Kontext, mit dem jede Auslegung variiert. Interpretationen weisen über Bestehendes hinaus, weil sie Vorgefundenes neu ordnen. „Es ist die Praxis, nicht die Botschaft, die wiederholt werden würde. Leser können lernen, Gesellschaftskritiker zu sein; die Kritik wäre jedoch ihre eigene“ (Walzer 1990: 106, vgl. Iser 2008: 82). Unterschiedliche Kritiker/innen werfen Walzer vor, ein affirmatives Modell von Kritik und damit kein Kritikmodell im eigentlichen Sinne zu formulieren, da sein Modell auf Maßstäbe zurückgreife, die es gerade infrage zu stellen gelte (vgl. exemplarisch Honneth 1994a: 76). Walzer erwidert, dass seine Diskussionspartner/inne Kritik fundamentalistisch missverstehen. Denn sie gehen davon aus, dass es nur eine richtige Kritik gebe und vor jeder tatsächlich formulierten Kritik die Maßstäbe festgelegt werden können, anhand derer die eine richtige Kritik identifizierbar sei. Diesem Missverständnis hält Walzer entgegen, dass es eine Pluralität an Kritiken gibt, über deren Plausibilität nicht vorab, sondern erst in einer öffentlichen Diskussion entschieden werden kann (vgl. Walzer 1997: 31-35)).

Anhand der bisher rekonstruierten Gedanken Walzers wird der Stellenwert kultureller Überlieferungen sowie der Interpretation für eine Kritische Theorie erkenntlich. Die kulturellen Narrative stellen literarisch tradierte Reflexionen historischer Leiderfahrungen dar. Durch die interpretierende „kommunikative Aneignung und Übersetzung in andere Kontexte" (Bluhm 1993: 1054) fungieren diese Erfahrungen als exemplarische Deutungsmuster einer anderen Situation. Durch die öffentlich geteilte, somit im Wettstreit mit anderen begründungspflichtige Interpretation und eine möglicherweise folgende Praxis werden diese Erfahrungen Bestandteil einer geteilten Normativität. Die Überlieferung stellt dabei den Rahmen dar, in dem spezifische Momente hermeneutisch erschlossen und geordnet werden können, sodass sie den Adressierten einen Erfahrungshorizont erhellen, in dessen Lichte sich soziale Phänomene sowie die geteilten soziomoralischen Grundlagen bewerten lassen. Unklar ist im Rahmen der vorliegenden Arbeit jedoch noch, welche Formen des Leidens es gibt und wie sich die hermeneutische Interpretation zu den unterschiedlichen Formen verhält. Eine genauere Betrachtung dieser Frage ermöglicht, das Verhältnis von Interpretation, Gesellschaftstheorie und Leiden genauer skizzieren zu können.

6.3 Interpretation und Leiden

Gesellschaften lassen sich als Gefüge von Institutionen und Praktiken, in denen sich Normen und Vorstellungen des Richtigen und Guten ausdrücken, beschreiben (vgl. auch Honneth 2011: 18ff.). So kann beispielsweise der Markt als Institution verstanden werden, in der sich der normative Anspruch ausdrückt, entsprechend seiner Fähigkeiten und erbrachten Leistungen entlohnt zu werden. Die Normen einer Gesellschaft lassen sich nicht als einheitliches Schema darstellen, weil die normative Struktur einer Gesellschaft etliche Brüche und Lücken aufweist, sodass die einzelnen Normen durchaus im Widerspruch stehen können – statt einer Struktur gleicht das Bild der Normativität eher einem vielschichtigen Gewebe. Die hermeneutische Interpretation bezieht sich nicht allein auf die Erschließung der jeweiligen normativen Struktur einer Gesellschaft, sondern ebenso auf das Leiden von Individuen innerhalb dieser Gesellschaft.[11] Leiden

[11]Auch Lorenzer weist das Ziel, das Leiden von Subjekten aufzuheben, als Motiv der hermeneutischen Interpretation aus (vgl. Lorenzer 1973: 142-146). Daher integriert er diese Methode in den Rahmen seiner materialistischen Psychoanalyse. Jedoch gleicht sein Verständnis der Hermeneutik der hier in Kapitel 3 diskutierten Tiefenhermeneutik (vgl. Lorenzer 1986) und unterscheidet sich somit von der hier entwickelten kritischen hermeneutischen Interpretation, die grundlegend als intersubjektiver, öffentlicher Vollzug begriffen wird und daher den Ballast der Annahme eines Gattungssubjekts hinter sich gelassen hat.

stellt keine bloße Reaktion auf Schmerz dar, also keine rein physische Reaktion, sondern eine moralisch relevante Artikulation aufgrund einer erfahrenen Missachtung normativer Ansprüche.[12] Im Leiden drückt sich der Anspruch auf die Einhaltung normativer Standards aus, die in den jeweiligen Institutionen und Praktiken eingeschrieben sind. Der Sinn verschiedener, von einer kritischen Interpretation fokussierter Handlungen, sprachlicher oder körperlicher Äußerungen besteht somit in der Artikulation von Leid. Das Aufspüren der Spuren des Leidens ist das Ziel der hermeneutisch geschulten Interpretation im Kontext kritischer Gesellschaftsanalysen.

Ein solcher Zugang zur sozialen Realität versteht Handlungen oder Äußerungen nicht als Reaktionen auf äußerliche Reize, wie es der Behaviorismus unternimmt, oder als rein physische Reaktionen auf materielle Umstände, sondern als normative Artikulationen. Die hermeneutisch vorgehende Interpretation deutet Hunger nicht als körperliches Symptom oder als Resultat materieller Versorgungsnöte, sondern als Resultat ungerechter gesellschaftlicher Verteilungsmechanismen. Der Sinn des Bettelns um Brot besteht in diesem Kontext dann nicht allein in der Stillung des Hungers, sondern darin, das Leiden daran zu artikulieren, in gesellschaftlichen Verhältnissen zu leben, die Individuen nötigen, zu betteln. Damit obliegt der hermeneutischen Interpretation eine nicht zu unterschätzende Aufgabe. Denn sicherlich gibt es Artikulationen, die ihr Leiden direkt als eine normative Missachtung thematisieren und somit der kritischen Gesellschaftstheorie offensichtlich einen normativen Bezugspunkt an die Hand geben. Doch ebenso sind Leidartikulationen möglich, zu denen ein unmittelbarer Zugang verstellt ist. Drei davon sind zu unterscheiden. In allen drei Fällen stellt die kritische Gesellschaftstheorie eine unersetzliche Informationsquelle für die hermeneutische Interpretation dar.

6.3.1 Drei Fälle des Leidens

1) Es ist möglich, dass sich Individuen über die Ursachen ihres Leidens täuschen, sodass die hermeneutische Interpretation zwar das Leiden unmittelbar wahrnimmt, aber den eigentlich zu kritisierenden Ursachen selbst nachspüren muss. Dieser Fall liegt beispielsweise vor, wenn Individuen aufgrund ökonomischer Prozesse und politisch gesteuerter Umverteilungen an materieller Armut leiden oder einen sozialen Abstieg befürchten, ihre Angst aber auf Geflüchtete proji-

[12] So auch Geuss 2005 in seiner Interpretation Adornos.

zieren und diese als Ursache ihres Leidens missverstehen (vgl. Schmitt et al. 2016). Wie die Individuen selbst stehen die hermeneutisch Interpretierenden vor der schwierigen Aufgabe, sich innerhalb einer komplexen Gesellschaft zu orientieren und Wirkungszusammenhänge ausfindig zu machen. Hier ist eine Theorie der Gesellschaft enorm hilfreich, um zwischen vermeintlichen und tatsächlichen Ursachen unterscheiden zu können und diese Unterscheidung mit stichhaltigen Argumenten zu plausibilisieren. Denn insbesondere Gesellschaftstheorien widmen sich den Zusammenhängen von sozialer Ordnung und deren Genese, sozialen Handeln und gesellschaftlichem Wandel. Sie stellen empirisch informierte Theorien dar, die als Rahmen der Beantwortung politischer oder moralischer Fragen dienen können (vgl. Joas/Knöbl 2004a: 36f.).

Die Zusammenführung von hermeneutischer Interpretation und Gesellschaftstheorie widerspricht Walzers eigener Haltung. Ihm zufolge bedarf der/die Kritisierende der persönlichen Tugenden des Mutes, Mitleids und eines guten Auges (vgl. Walzer 2000), aber nicht zwingend einer Theorie der Gesellschaft, um Kritik an sozialen Phänomenen zu üben. Eine Theorie kann, so Walzer, lediglich hinreichend für eine gelungene Kritik sein. Notwendig ist sie nicht. Seine Position unterlegt Walzer mit Beispielen, bei denen ein intuitiver Zugang zum Gegenstand genügt, um zu urteilen. Dass eine Gesellschaftstheorie eine enorm aufklärendes Erklärungspotential für diejenigen Fälle bietet, in denen sich die Individuen – wie im gerade beschriebenen Fall des Hasses auf Immigranten/innen – über Ursachen und Wirkungen täuschen können, thematisiert Walzer eher skeptisch im Kontext seiner Kritik der Ideologiekritik (vgl. Walzer 2009: 601f.). Die Haltung der marxistischen Ideologiekritik, Individuen fast ausnahmslos unter den Verdacht des sich täuschenden Bewusstseins zu stellen, erachtet Walzer als elitäre Haltung, die zu dem paternalistischen Zug neigt, Entscheidungen gegen den Willen der Betroffenen durchzusetzen, da diese sich aufgrund gesellschaftlicher Verhältnisse irren müssen. Sicherlich ist es problematisch, Individuen unter Ideologieverdacht zu stellen. Jedoch ist dieser Verdacht nicht zwingend ein Moment von Gesellschaftstheorien, die schlicht über soziale Zusammenhänge und Wirkungsmechanismen zu informieren versuchen. Die hermeneutische Interpretation greift auf Gesellschaftstheorien nicht zurück, um anderen ihr Urteil aufzuzwingen, sondern um das eigene Urteil besser begründen zu können.[13] So ist auch Walzers Vorgehen in Teilen seines Werkes selbst theoriegeleitet. Gesellschaftstheoretische Elemente finden sich beispielsweise in den Reflexionen der „Sphären der Gerechtigkeit" (Walzer 2006), die verschiedene Sphären anhand der für diese Sphären konstituti-

[13]In der Diskussion des dritten Falls wird der Paternalismusvorwurf hier erneut aufgegriffen.

ven Güter zu unterscheiden. Welche Güter (Grundrechte, Bildung oder Leistungsgerechtigkeit) besonderen Wert für Individuen haben und welchen Institutionen dieser Wert konstitutiv eingeschrieben ist, sind gesellschaftstheoretische Fragestellungen (vgl. Honneth 2008: 22, Honneth 2011: 18ff.).

2) Für die leidenden Individuen sind die sozialen Ursachen ihrer normativen Artikulationen nicht zwingend als solche erkennbar. Das Individuum erkennt in diesem Falle die gesellschaftliche Ursache seiner Artikulation nicht oder versteht sein Leiden als Ausdruck eigener Verfehlungen und deswegen als private Angelegenheit. Solche Fälle liegen vor, wenn ein individuell nicht erreichter sozialer Aufstieg als eigenes Versagen verstanden wird. Die hermeneutische Interpretation steht dann vor der Aufgabe, das Leiden als gesellschaftlich hervorgerufenes Problem darzustellen, das öffentlich kritisiert werden kann. Im gerade genannten Falle ist dies möglich, indem der angestrebte, jedoch verwehrte Aufstieg auf gesellschaftliche Voraussetzungen – wie die ungleiche, zu den eigenen Ungunsten ausfallende Verteilung des ökonomischen, kulturellen und sozialen Kapitals (vgl. Bourdieu 1983) – zurückgeführt wird. So kann das individuelle Leiden ent-privatisiert und als normativer Bezugspunkt einer kritischen Gesellschaftstheorie ausgewiesen werden. Ein weiteres, aktuelles Beispiel stellt die Praxis der Filmindustrie in Hollywood dar, Rollen oder Preise zu vergeben: Auffallend oft sind ausschließlich weiße Darsteller/innen für einen Oscar nominiert. Sogar Rollen, die der Darstellung nicht-weißer Charaktere dienen, werden an weiße Darsteller/innen vergeben. So wurde der Film „Gods of Egypt" ausschließlich von Weißen besetzt (vgl. Pitzke 2016). In der Perspektive der zahlreichen nicht-weißen Schauspieler/innen lässt sich dies als individuelles Versagen, nicht gut genug für die Rolle vorgesprochen oder zu schlecht für eine Oscar-Nominierung gespielt zu haben, begreifen. Das Vorgehen der hermeneutischen Interpretation ist es jedoch, die Besetzungs- und Preisvergabepraktiken als Diskriminierung darzustellen, die die Darsteller/innen allein aufgrund ihrer Hautfarbe beurteilt.

Wie dieses Beispiel zeigt, kann es durchaus notwendig sein, nicht ein einzelnes Individuum, sondern eine ganze Gruppe an Darstellenden, Produzierenden und Regieführenden über ihre verzerrten Wahrnehmungs- und Beurteilungsweisen aufzuklären (vgl. Honneth 2007: 224f.). Die Gesellschaftstheorie übernimmt hier die Aufgabe, eine erfahrene Situation und die dieser Situation zugrundliegenden diskriminierenden Wahrnehmungsweisen plausibel als einen zu kritisierenden sozialen Zusammenhang darzustellen. Entsprechend dieser konzeptionellen Verschränkung der hermeneutischen Interpretation und der gesellschaftstheoretischen Verortung individuellen Leidens innerhalb sozialer Strukturen ist Habermas' Reformulierung des Ideologiebegriffs zu verstehen (vgl. hier Kapitel 5). Wie dargestellt, versucht Habermas Erfahrungen des Sinnverlusts, der Anomie oder psychopathologische Störungen auf gesellschaftliche Prozesse zu beziehen und zugleich durch die Kritik einer Kultur der Experten/innen zu erklären, wieso es den Individuen so schwer möglich ist, ihr eigenes Leiden in den komplexen gesellschaftlichen Zusammenhängen, in denen es entsteht, zu reflektieren.[14] Der Begriff, auf den er dieses Problem bringt, ist der des fragmentierten Bewusstseins. Diese Haltung, ebenfalls die Differenz zwischen individueller Wahrnehmung und gesellschaftstheoretischer Diagnose zu erklären, führt zur dritten Schwierigkeit des Vorhabens einer hermeneutischen Interpretation, Leiden als Sinn von sozialen Praktiken zu erschließen.

3) In verschiedenen Handlungen und Ausdrucksformen eines Individuums kann sich ein Leiden kundtun, das von ihm selbst nicht als solches thematisiert wird. Das Individuum leidet dann aufgrund gesellschaftlicher Bedingungen nicht privat, sondern scheinbar gar nicht. Bude beschreibt in seiner Schrift „Die Ausgeschlossenen“ ein solches Leiden mit Blick auf milieuspezifische Ernährungsgewohnheiten (vgl. Bude 2008: 106-112). Die von Bude beschriebenen Individuen essen fettig, bereiten ihr Essen kaum selbst zu, sondern greifen auf Fertigprodukte zurück oder geben ihren Kindern Chips statt Butterbrote mit in die Schule. Sie selbst empfinden dies jedoch nicht als Ausdruck eines Leidens. Bude problematisiert diesen Umgang mit dem eigenen Körper (und dem der Kinder) nicht lediglich, indem er die physischen und psychischen Folgen einer solchen Ernährung herausstellt, sondern benennt zugleich in einer gesellschaftstheoretischen Perspektive deren Ursachen. Die ungleiche Verteilung von ökonomischem Kapital ist nicht der einzige Grund, auf minderwertige Nahrung zurückzugreifen. Auch die ungleiche Verteilung an kulturellem Kapital – wie den Kompetenzen, sich gesund zu ernähren und, grundlegender, das Wissen um gesunde Ernährungsweisen – stellt eine Ursache dieser Ernährungsweisen dar. Auf diesem Wege erschließt Bude ein individuell nicht bemerktes, gesellschaftlich bedingtes Leiden, das sich in Ernährungsgewohnheiten artikuliert.

Auch in diesem dritten Fall bildet die Gesellschaftstheorie den Hintergrund, vor dem die hermeneutische Interpretation Leiden erschließt, indem sie soziale Praktiken auf ungerechte gesellschaftliche Verhältnisse zurückführt. Sie muss jedoch noch weitere Aufgaben übernehmen. Zum einen liefert sie Erklärungen dafür, dass die betroffenen Individuen ihr Leiden nicht als solches erfahren. Die Gesellschaftstheorie erklärt die Entstehung der Differenzen zwischen individuel-

[14]Das Problem der Theorie des kommunikativen Handelns besteht nicht darin, ein fragmentiertes Bewusstsein anzunehmen, sondern zugleich keine Akteure/innen oder Möglichkeiten einer emanzipativen Praxis zu benennen.

ler Selbstwahrnehmung und theoretischer Darstellung (vgl. Honneth 2007: 229f., Iser 2002: 587ff.). Diese Haltung, ein Problem besser als die Betroffenen selbst zu erkennen und zu verstehen, mag zunächst anmaßend erscheinen. Bedenkt man jedoch das Umfeld derer, die prominent und öffentlichkeitswirksam ihre Kritiken formulieren, lässt sich zumindest ein struktureller Vorteil der Erkenntnisgewinnung gegenüber anderen plausibel machen. Kritisch interpretierende Gesellschaftstheoretiker/innen haben oftmals bezahlte universitäre Anstellungen, die es ihnen erlauben, sich beruflich mit ihrem Forschungsgegenstand zu beschäftigen. In höheren Positionen steht ihnen ein Team aus Forschenden zur Seite, die ihnen empirische Teilergebnisse aus verschiedenen Forschungsgebieten zukommen lassen oder sie mit theoretischen Modellen vertraut machen. Nicht anders arbeitet Habermas und sein Team am Starnberger Max-Planck-Institut. Aufgrund ihrer Ausbildung und der finanziellen Ausstattung ihrer Institute, verfügen sie über statistische Programme, um Theorien empirisch zu überprüfen. Ihre Zwischenergebnisse, ihre Aufsätze und Paper werden von anderen Experten/innen vor der Veröffentlichung gelesen oder im Rahmen von Kolloquien diskutiert. Ihr Umfeld ist eine wissenschaftliche Community, in der Erkenntnisse institutionalisiert einer wechselseitigen Überprüfung ausgesetzt sind.

Dieser strukturelle, in der arbeitsteiligen Organisation der Gesellschaft gründende Vorteil hinsichtlich der wissenschaftlichen Erforschung der Gesellschaft darf nicht in der paternalistischen Haltung der Theoretiker/innen münden, es von vorn herein besser als ihre Adressaten/innen zu wissen. Die hermeneutisch interpretierende Kritische Theorie der Gesellschaft stellt keine einzig gültige Wahrheit, sondern ein sorgsam formuliertes, gut begründetes Diskussionsangebot dar. Im Raum der Öffentlichkeit ist sie eine von vielen Diskussionsteilnehmenden, die ihre Betrachtungen der Gesellschaft argumentativ zu plausibilisieren und ihre Adressierten zu erreichen versucht. Der von der hermeneutischen Interpretation formulierte, zunächst womöglich idiosynkratrisch wirkende Einwand gegen gesellschaftliche Strukturen lässt sich mittel der gesellschaftstheoretischen Erklärung dem Alltagsbewusstsein überzeugend vermitteln (vgl. Iser 2008: 67f.).

Zudem muss die hermeneutische Interpretation in diesem dritten Fall – in dem das Individuum sein Leiden als solches nicht wahrnimmt – nicht allein das Leiden erschließen und zugleich eine Erklärung für die Differenz zwischen der Selbstwahrnehmung der Individuen und der Wahrnehmung der Theorie liefern. Ihr obliegt ebenso die Aufgabe, einen sprachlichen Ausdruck für dieses bisher nicht artikulierte Leiden in der Weise zu finden, dass das Leiden als ein gesellschaftliches Problem dargestellt wird. Die hermeneutische Interpretation bedarf somit nicht nur eines begrifflich operierenden, gesellschaftstheoretischen Rahmens, der den Zusammenhang von individueller und kollektiver Situation herstellt, sondern zudem ein „gestalterisches Vermögen“ (Honneth 2007: 231), „theoretisch spröde Erklärungen rhetorisch mit Suggestionskraft auszustatten“ (ebd.), um die jeweilige Situation so ins Licht zu rücken, dass sie als Problem wahrgenommen werden kann. Honneth zufolge sei eine nüchterne Beschreibung der Genese moderner Institutionen und Praktiken durchaus angemessen. Jedoch müsse sich die Beschreibung des zu kritisierenden Gesellschaftszustandes durch eine lebensweltliche Nähe und rhetorische Eleganz auszeichnen, mit eingängigen Kurzformeln oder Übertreibungen arbeiten statt mit abstrakter Sprödigkeit (vgl. ebd.). „[D]urch die rhetorischen Mittel der Verdichtung oder Verschiebung sollen neue Tatsachen an der sozialen Wirklichkeit sichtbar werden“ (Honneth 2000b: 83).

Der kreative Charakter dieses Vorgangs ist nicht zu leugnen und wird in Debatten zum Konzept der Welterschließung ausführlich erörtert. Welterschließungen lassen sich dahingehend unterscheiden, ob sie ein Vorverständnis schärfen oder etwas Implizites explizieren, es stärker hervortreten lassen; oder ob sie – wie in dem hier skizzierten Verständnis der kritischen hermeneutischen Interpretation – von gewohnten Wahrnehmungen abweichen und neue Flexibilität generieren (vgl. Kompridis 1993b: 536f., Kompridis 1993a). Hermeneutische Interpretationen lassen sich als Form der Welterschließung begreifen, in der zunächst Situationen, Institutionen oder soziale Praktiken, die als unproblematisch gelten, in ein anderes Licht gerückt werden, in dem sie kritikwürdig erscheinen (vgl. Bohman 1993, Seel 1993a: 522). Jedoch ist die Wirkung der hermeneutischen Interpretation verglichen mit weiteren Formen der Welterschließung gering. Weder erschließt die hermeneutische Interpretation neue religiöse oder metaphysische Weltbilder, noch treibt sie wissenschaftliche Revolutionen voran (vgl. Kompridis 1993b: 536f.). Sie kreiert schlicht neue Sichtweisen –entsprechend einer Kunstkritik, die das Verständnis eines Werkes durch das Zusammentragen plausibler Argumente (zum Stil oder zum historischen Hintergrund) verändert. Honneth interpretiert die Dialektik der Aufklärung als solch eine Form welterschließender Kritik. Diese Kritik zeichnet sich nicht primär durch eine rein rationale Begründung von Urteilen aus, sondern durch eine Neubeschreibung der sozialen Realität in einer Art und Weise, die die vertrauten Lebenszusammenhänge als Pathologien erscheinen lässt. Hauptsächlich gelingt die in der Dialektik der Aufklärung vollzogene Form der welterschließenden Kritik durch sprachlich-ästhetische Mittel, durch rhetorische Figuren, durch Verdichtungen und Verschiebungen von Bedeutungen, die bislang kaum wahrgenommene Tatsachen der sozialen Realität akzentuieren. Honneth selbst nennt den Chiasmus der Kulturindustrie als eine solche rhetorische Figur, bei zwei hinsichtlich ihrer Bedeutung entgegengesetzte Satzglieder oder Wörter – Industrie und Kultur – zusammengeführt werden, um einen neue

Bedeutungskontext zu evozieren. Honneth zufolge lassen sich die gegenwärtigen Qualitätsbestimmungen der öffentlich-rechtlichen Radio- und Fernsehsender als Reaktion auf die Kritik der Kulturindustrie verstehen (vgl. Honneth 2000b: 70-87). Für die vorliegende Arbeit ist festzuhalten, dass die sprachlichen Mittel der hermeneutischen Interpretation mit den begrifflichen Mitteln der Gesellschaftstheorie zur Artikulation eines vorher nicht wahrgenommenen Leidens verschmelzen. Aufgrund dieser semantischen Verdichtung und einer darstellerischen Kraft kann diese Form der Kritik an individuelle wie kollektive Erfahrungen anschließen (vgl. Honneth 1994b: 262), Honneth 2007: 230). Für das hier oben genannte Beispiel aus Budes „Die Ausgeschlossenen" bedeutet die Verknüpfung von hermeneutischer Interpretation und Gesellschaftstheorie, spezifische Ernährungsgewohnheiten a) als Ausdruck eines Leidens in der Art darzustellen, dass b) die gesellschaftlichen Ursachen erkenntlich werden und somit c) sich einzelne Individuen als Gruppe, die unter diesen Ursachen leidet, angesprochen fühlen.

6.3.2 Hermeneutische Interpretation und Theorie des kommunikativen Handelns

Nach der Diskussion der drei Fälle des Leidens ist nun zu klären, inwiefern und welches Leiden im Falle der vorliegenden Arbeit als normativer Bezugspunkt der Kritik dienen kann. Auch hier ist der Dialog von Interpretation und Gesellschaftstheorie wesentlich. Während die hermeneutische Interpretation normative Artikulationen aufspürt, stellt letztere den formalen Rahmen dar, in dem diese eingeordnet werden können. Die Theorie des kommunikativen Handelns übernimmt trotz der hier vorgenommenen methodischen Korrektur weiterhin die Aufgabe, etablierte Rationalitätsniveaus auszuweisen. Als rational gilt die Entbindung des kommunikativen Potentials, also die historisch etablierte Möglichkeit, abseits einer Autorität der Tradition und innerhalb menschlicher Kommunikation zu einer begründeten Verständigung über theoretische, moralische, politische oder ästhetische Fragen zu gelangen. Jedoch ändert sich der Charakter der Darstellung der Theorie des kommunikativen Handelns. Denn durch die Einführung des Begriffs des sozialen Kampfes um Anerkennung lassen sich rationale Strukturen als historische Forderung und als Resultat sozialer Kämpfe ausweisen, mit denen sich die Adressierten identifizieren können. In diesem Sinne ist Leiden als eine Reaktion auf die Einschränkung, Verzerrung oder den Verlust von rationaler Kommunikation und ein Zurücktreten hinter bereits erreichte Rationalitätsniveaus zu verstehen. So deutet ebenfalls Honneth die Kritische Theorie von Horkheimer bis zu Habermas als Explikation eines Leidens an dem Verlust rationaler Fähigkeiten (vgl. Honneth 2007: 52). Die hermeneutische Interpretation verhält sich kritisch, indem sie normative Artikulationen aufspürt, die ein Leiden an dem Verlust kommunikativer Rationalität – deren Genese und Entwicklungsstand die Gesellschaftstheorie umfassend rekonstruiert – ausdrücken. Die Nähe ihrer Sprache zum Alltagserleben der Individuen ermöglicht der Interpretation, das Leiden erfahrungsgesättigt darzustellen. Daher bedarf es der hermeneutischen Interpretation zum einen, den Sinn von Artikulationen – verstanden als Ausdruck von Leiden – zu erschließen. Zum anderen kann sie die erschlossenen Leiderfahrungen den Adressierten erfahrungsnah vermitteln und so die Lücke schließen, die zwischen Alltagssprache und der Sprache der rationalen Rekonstruktion sowie der Theorie sozialer Evolution klafft.

Das hier dargestellte Verständnis einer Zusammenarbeit von hermeneutischer Interpretation und der Theorie des kommunikativen Handelns schließt jedoch nicht andere Formen der Kritik grundlegend aus. Entgegen eines Anspruchs, die einzig legitime Kritik zu formulieren, ist sich die vorliegende Arbeit eines Pluralismus der Kritikformen bewusst, die diejenigen Leiderfahrungen abbilden, die sich nicht in den theoretischen Rahmen der hier vorgestellten Gesellschaftstheorie fügen lassen. Schlecht beraten wäre eine Kritische Theorie der Gesellschaft, würde sie sich vorab gegen solche von ihr nicht abgebildeten Leiderfahrungen verschließen. Sie wäre unkritisch, weil sie ihre eigene Normativität nicht selbstreflexiv durch diese Leidartikulationen befragen könnte. In Kapitel 4 dieser Arbeit wurde gezeigt, dass insbesondere das Ästhetische das Medium darstellt, in dem die Theorie des kommunikativen Handelns ihre veranschlagte Form der Rationalität als normative Verengung reflektieren kann. Die hermeneutische Interpretation dient der Theorie des kommunikativen Handelns als Übersetzerin ästhetischer Gehalte – der Bezug auf das Ästhetische ist der hier entwickelten Methode der hermeneutischen Interpretation konstitutiv eingeschrieben (vgl. hier oben). Sie erschließt nicht allein sprachlich verfasste literarische Texte, sondern ebenso abstrakte wie figurative Bilder oder verschiedene Formen der Musik. Das folgende Kapitel skizziert die Form ästhetischer Rationalität sowie ihre Beziehung zur begrifflich und methodisch erweiterten Theorie des kommunikativen Handelns genauer. Es schließt mit materialen Analysen ästhetischer Artefakte, sodass die hermeneutische Interpretation in ihrem konkreten Vollzug dargestellt werden kann.

Das Ästhetische

7

Zum kritischen Gehalt ästhetischer Reflexionsformen

… kühl wie der Wind
einer kommenden Frühe
Walter Benjamin

Komm! ins Offene
Friedrich Hölderlin

In dem gesellschaftstheoretischen Schema der Theorie des kommunikativen Handelns lassen sich diejenigen Leiderfahrungen, die im Medium des Ästhetischen artikuliert werden, innerhalb der Wertsphäre der Kunst verorten. Obwohl Habermas somit der Ästhetik ihre gesellschaftliche Relevanz nicht abspricht, ihr gerade die Autonomie in einem ausdifferenzierten Gesellschaftsbereich sichern will, marginalisiert er zugleich ihren Stellenwert für eine kritische Gesellschaftstheorie. Denn seine rationalitätstheoretischen Unterscheidungen bilden eine spezifische Skepsis gegenüber dem Ästhetischen genau ab: Die mit illokutionären Sprechakten erhobenen Geltungsansprüche der Wahrheit und Richtigkeit lassen sich in Argumentationen rational begründen oder infrage stellen. Diskussionen über die Wahrhaftigkeit von Aussagen und Fragen zur Ästhetik erreichen innerhalb der Differenzierungen Habermas' nicht den Grad an Rationalität, den seine Theorie zum normativen Maßstab diskursiver Verständigung erhebt. Trotz Habermas' Einsicht, dass das Ästhetische die Reflexionsform problematischer Beziehungen zur inneren Natur und zur eigenen Subjektivität darstellt, sind ästhetische Belange letztendlich nicht Gegenstand seiner kritischen Gesellschaftstheorie, weil alles Ästhetische sich ihm zufolge nicht rational erörtern lässt (vgl. hier Kapitel 4). Von außen betrachtet muten Habermas' Erörterungen nicht als ein Vorhaben an, das Ästhetische und dessen Rationalität zu verstehen, sondern als Versuch, es auf den Boden theoretischer und moralisch-praktischer Diskurse zu zwingen, um es von dort aus als irrational zu delegitimieren.

M. Baum, *Zu einer Kritischen Gesellschaftstheorie der Kommunikation,* https://doi.org/10.1007/978-3-658-20694-9_7

Kapitel 6 dieser Arbeit entwickelt eine Methode der hermeneutischen Interpretation, die sich nicht allein auf diejenigen historischen Leidartikulationen richtet, die einen kritischen Einwand gegenüber etablierten gesellschaftlichen Praktiken und Institutionen erheben. Insbesondere ist diese Methode in der Lage, die im Ästhetischen artikulierten Leiderfahrungen in den Kontext einer kritischen Gesellschaftstheorie zu übersetzen. Durch die Einführung der kritischen hermeneutischen Interpretation in das methodische Ensemble der Theorie des kommunikativen Handelns kann diese Theorie grundlegend in einen Dialog mit dem Ästhetischen treten. Um in dem folgenden, letzten Kapitel der vorliegenden Arbeit einen Begriff des Ästhetischen und seines Gegenstandsbereiches zu bestimmen, bedarf es zunächst der – zumindest in groben Zügen geleisteten – Rekonstruktion der Geschichte der Ästhetik (als philosophische Disziplin). Anschließend wird dargelegt, inwiefern ästhetische Artefakte als Empirie der gesellschaftstheoretischen Forschung gelten können. In einem weiteren Schritt werden zeitgenössische Positionen der Ästhetik diskutiert, um die zuvor eher angedeutete Rationalität des Ästhetischen deutlich zu rekonstruieren und auf diesem Wege den Stellenwert des Ästhetischen innerhalb einer kritischen Gesellschaftstheorie der Kommunikation erkenntlich zu machen.[1] Die hier bestimmte Rationalität des Ästhetischen kann in aktuellen sozialwissenschaftlichen Debatten als Kriterium dienen, zwischen normativ gehaltvollen Ästhetisierungen des Sozialen und solchen, die das Ästhetische für außer-ästhetische Zwecke instrumentalisieren, zu unterscheiden. Zur Veranschaulichung des Erkenntnisgewinns, der durch die vorliegende Arbeit ermöglicht wird, endet das Kapitel mit exemplarischen Durchführungen kritisch-hermeneutischer Interpretationen ästhetischer Artefakte.

7.1 Zur Theorie der Ästhetik

Die Vorläufer der zeitgenössischen Betrachtungen der Ästhetik reichen zurück bis in die griechische Antike. So bestimmt Platon – der sich eigentlich zunächst selbst als Dichter versteht und er später den Weg zur Philosophie nimmt (vgl.

[1]Einen ähnlichen Versuch, das Ästhetische in die Theorie des kommunikativen Handelns zu überführen, unternimmt Duvenage (vgl. Duvenage 2003), der das Werke Habermas' in eine frühe und eine späte Phase einteilt, um die wechselnden Haltungen Habermas' zum Ästhetischen entlang dieser Unterscheidung zu rekonstruieren. Im Gegensatz zur vorliegenden Arbeit legt Duvenage den Fokus nicht auf methodische Probleme der Theorie des kommunikativen Handelns, sondern generell auf die unterschiedlichen, von Habermas bestimmten Formen der Rationalität, die Duvenage in der Perspektive Adornos und jener der Debatten zur Welterschließung kritisiert.

Heinrich 1993: 113, 228f.) – die Kunst als bloße Nachahmung sinnlicher Erscheinung einer Idee des Schönen. Daher gilt ihm die Kunst als mindere Form einer eigentlich übersinnlichen Idee (vgl. Barck et al. 2000: 317). In seinen Dialogen – im Ion und der Politeia – lässt Platon die ästhetische Erfahrung von Sokrates als Entgrenzung des Individuums beschreiben, das in einen Rausch gerät, weil es in dieser Erfahrung mit dem Göttlichen in Kontakt gerät. Diese Formen der Transgression beziehungsweise das Potential der Kunst, Individuen in Rausch zu versetzen, stellt der Figur Sokrates zufolge eine Gefahr für die politische Ordnung dar, sodass er vorschlägt, insbesondere die Dichter aus dem Gemeinwesen zu verbannen (vgl. Plato 2007a: 530b-535a, Plato 2007b: 377b-398b). Als philosophische Disziplin etabliert sich die Ästhetik – ungeachtet der Heterogenität der Positionen – jedoch erst in der Neuzeit. Sie ist als Vorhaben zu verstehen, das sinnliche Erkennen und Beurteilen gegenüber einer rationalistischen Skepsis am Sinnlichen zu verteidigen (vgl. Menke 2002: 19f.). Descartes, ein zentraler Vertreter des Rationalismus, grenzt in der zweiten seiner „Meditationes de prima philosophia" (Descartes 2008) das Sinnliche von dem mathematischen Verstand ab. Dieser erkennt Descartes zufolge kausale Zusammenhänge, verfährt deduktiv und ist in der Lage, die Welt in einer systematischen Ordnung zu erfassen. Er dringt zum inneren Kern der Dinge und begreift ihre innere Konstitution. Das Sinnliche hingegen verbleibt beim äußeren Schein, der Hülle, die nur vom mathematischen Verstand durchdrungen werden kann. Auf die Hülle der Objekte projiziert das sinnliche Subjekt laut Spinoza - ebenfalls ein Vertreter des Rationalismus – nur seine eigenen subjektiven Vorstellungen. Das Sinnliche orientiert sich, so lässt sich zusammenfassen, am Subjektiven, die rationale Vernunft an der Wahrheit, zu der es mittels einer allgemeinen, regelgeleiteten Methode vordringt (vgl. Menke 2002: 21f.). Ebenfalls Kant grenzt die theoretische sowie die praktisch-moralische Erkenntnis von sinnlicher Erkenntnis ab. Kategorial unterscheidet er zwischen dem theoretischem und praktisch-moralischem Vermögen der Vernunft und des Verstandes sowie dem Sinnlichen, das er mit dem Affektiven identifiziert. Die durch Sinnliches hervorgerufenen Einstellungen und Urteile sind für ihn minderer Art, denn sie folgen weder den Regeln einer unverzerrten Erkenntnis, noch richten sie sich wie moralische Handlungen nach einem rationalen Gesetz, welches den Handlungen vorausgeht und sich auf einen Begriff bringen lässt (vgl. Barck et al. 2000: 330, 334f.). Zwar weiß Kant um die affektiv-sinnliche Seite des Menschen. In seinem Theoriemodell findet sie jedoch keinen Platz. Für die Philosophie und Wissenschaft ist diese Seite des Menschen irrelevant und wird von Kant in den Bereich des Ästhetischen, in Märchen und Mythen sowie die Lyrik gesperrt (vgl. Heinrich 1993: 76-80). Sicherlich lässt sich die Kritik der Urteilskraft (Kant 1968) als Gegenargument gegen diese Rekonstruktion der Position

Kants anführen, weil sie als Versuch verstanden werden kann, der Kunst und dem Schönen einen systematischen Platz innerhalb der kritischen Philosophie zuzuweisen. Jedoch, so ließe sich auf diese Replik erwidern, steht das Konzept der Urteilskraft – das zwischen Sinnlichem, Verstand und Vernunft vermitteln soll – in der rationalistischen Tradition, weil die Kunst und das Sinnliche entweder unter eine allgemeinen Regel subsumiert (bestimmende Urteilskraft), oder aber eine allgemeine Regel zu den sinnlichen Eindrücken konzipiert (reflektierende Urteilskraft) werden soll. Das Sinnliche und die Kunst werden weiterhin in der Perspektive rationaler Regeln betrachtet, aber nicht in der Perspektive der ihnen eigenen Rationalität. Da in der Denktradition des neuzeitlichen Rationalismus zwischen dem Sinnlichen und dem rational-begrifflich operierenden Denken kategorisch unterschieden wird, lässt sich Habermas' Haltung zum Ästhetischen (vgl. hier Kapitel 4) innerhalb dieser Tradition verorten – er kann als Erbe der rationalistischen Skepsis gegenüber der Ästhetik gelten. Während das Denken sich nach Gründen richtet, so der Tenor dieser Tradition, ist die sinnliche Wahrnehmung den Eindrücken, die sie aufnimmt, unterworfen und kann nicht die Position eines sinnvollen, rationalen Urteilens einnehmen. Die sinnlichen Vermögen sind der Vernunft nicht fähig. Einzig das Denken ist vernünftig, jedoch nur, weil es als frei von Eindrücken der sinnlichen Wahrnehmung vorgestellt wird (vgl. Honneth 2001b: 378).[2]

Während sich im deutschsprachigen Raum die Ästhetik als Replik auf die Kritik des Rationalismus am Sinnlichen formiert, sind die Voraussetzungen im angelsächsischen Raum zu solch einer Disziplinbildung nicht gegeben. In Deutschland dominiert der Rationalismus die theoretische Landschaft, sodass sich nur dort die Ästhetik innerhalb des theoretischen Desiderats entwickeln kann. Ihre Themen und Fragestellungen werden hingegen in England bereits vom Sensualismus behandelt, ein etabliertes Paradigma, in dessen Rahmen die sinnliche Wahrnehmung in der Erkenntnistheorie ernst genommen wird (vgl. Barck et al. 2000: 319). Grundlegend für die gesamte Disziplin der Ästhetik ist Baumgartens Versuch, die sinnlichen gegenüber den theoretischen Vermögen aufzuwerten und ihre eigenständige Funktion für die Erkenntnis nachzuweisen (vgl. Mattenklott 2004: V). Baumgarten – Gründer und Namensgeber der Ästhetik – bestimmt die Ästhetik

[2]An dieser Stelle und mit Blick auf die Kritik Heinrichs an den Vertretern einer rationalistischen Philosophie wird deutlich, dass Habermasderen Versuche, alles Konflikthafte und Beunruhigenden innerhalb der begrifflichen Systemen zu verdrängen (vgl. Heinrich 1993): Habermas drängt alles, was sein rationalistisches System gefährden würde aus der Theorie des kommunikativen Handelns (Abwehrreaktion)

als Wissenschaft sinnlicher Erkenntnis, die sich generell auf das sinnliche Erfassen, aber insbesondere auf das der Kunst spezialisiert (vgl. Menke 2004: 23). Die genuin eigene Erkenntnisleistung der Ästhetik, ihre kognitive Komponente, gründet in der Erkenntnis dessen, was sich der verallgemeinernden Rationalität entzieht. Statt zu abstrahieren, richtet sie sich auf das Besondere der Dinge.

> „Das sinnliche Erfassen und Beurteilen unterliegt eigenen Kriterien oder Standards der Richtigkeit, und diese Kriterien oder Standards der Richtigkeit gewinnen ihren Sinn aus der Erschließung einer Gegenstandsdimension, die dem methodisch prozedierenden Erkennen aus dem Geist der Geometrie grundsätzlich verschlossen ist" (Menke 2002: 25, vgl. Menke 2002: 23ff.).

Um die Ästhetik nicht dem Verdacht der Willkür auszusetzen, führt Baumgarten einen spezifischen Begriff des Subjekts ein. Entgegen dem Rationalismus, demzufolge das Subjekt ein Träger von Eigenschaften und Prädikaten ist, versteht Baumgart das Subjekt als tätiges Wesen mit ihm eigenen Vermögen. Durch diese Vermögen ist es in der Lage, so Baumgarten, sinnliche Erkenntnis angemessen, das heißt nicht willkürlich durch häufiges Üben zu verwirklichen – der Begriff der Übung ersetzt den der rationalistischen Methode, ohne jedoch in die Beliebigkeit zu führen (vgl. Menke 2001: 162f., Menke 2002: 27f.). Gegeben ist dem Subjekt die Möglichkeit einer angemessenen Erkenntnis, die es bereits vollziehen kann, deren Gelingen aber nicht umfassend gewährleistet ist. Weil das Gelingen nicht vollständig gewährleistet ist, muss das Subjekt üben.[3]

Menke deutet Baumgartens ästhetische Theorie als Ausweitung des rationalistischen Projekts, da das sinnliche Erfassen nach dem Muster der rationalen Erkenntnis geformt und das Sinnliche rein kognitivistisch verstanden wird (vgl. Menke 2002: 29). Weiter unten wird ein anderes Verständnis des Ästhetischen entfaltet, das es nicht unter die rationalistischen Kategorien der Wahrheit oder Richtigkeit subsumiert. Zunächst wird der Gegenstandsbereich des Ästhetischen genauer betrachtet.

7.1.1 Ein- und Entgrenzung des Ästhetischen

Baumgarten entwirft eine aisthetische – das heißt: wahrnehmungsbezogene – Konzeption des Ästhetischen, deren primärer Gegenstand die sinnliche Erkenntnis ist.

[3] Fußballer/innen können Elfmeter schießen, müssen sie aber üben, da niemals sicher ist, dass jeder relevante Elfmeter verwandelt wird.

Während Sinneseindrücke aller Art im Rahmen der Ästhetik Baumgartens reflektiert werden können, unternimmt insbesondere der deutsche Idealismus eine Eingrenzung des Ästhetischen auf den Bereich der sogenannten schönen Künste (vgl. Barck et al. 2000: 336f.). Diese werden mit dem Begriff des Werks reflektiert (vgl. exemplarisch Hegel 1970b: 11-64). Dieser Perspektivwechsel vom Subjekt, von dessen Wahrnehmung und Tätigkeit zum Kunstwerk, das nun den ausgewiesenen Gegenstand der Reflexion darstellt, gründet in dem Motiv des Idealismus, eine spezifische Autonomie des Subjekts zu begründen. So zieht Kant alle sinnlichen Prozesse und das, was Baumgarten als Kräfte bezeichnet, vom Subjekt ab und fasst es unter dem Begriff des Kunstwerks. Auf der einen Seite bleibt ein rationalistisches, frei von sinnlichen Eindrücken verstandenes Subjekt. Auf der anderen Seite entsteht ein Werksbegriff, in dem sich ästhetische Kräfte und sinnliche Eindrücke bündeln (vgl. Menke 2001: 168f.). Werke lassen den Akt und die Kräfte des Darstellens hervortreten – erst in der Betrachtung der Werke werden diese Kräfte reflexiv wahrgenommen. Sie sind jedoch nicht integrales Moment des Subjektbegriffs. Entsprechend zu Schleiermacher lässt sich die Ästhetik bei Kant als das Verhältnis zweier Seiten auffassen: das der Produktion und das der autonomen Rezeption (vgl. Barck et al. 2000: 369f.).

In kritischer Reaktion auf Kant verschiebt Nietzsche den Fokus von einer Ästhetik des Werkes und der autonomen Rezeption zur Ästhetik des/der Künstlers/in und einer „Physiologie der Ästhetik" (Nietzsche 1999a: 355), der zufolge alle „aesthetischen Werthe auf biologischen Werthen ruhen" (Nietzsche 1999b: 511). Laut Nietzsche folgt die Rezeption des Ästhetisch nicht einem interesselosen Wohlgefallen am Schönen, wie Kant annimmt. Im Schönen drückt sich vielmehr der affektbesetzte Wunsch der Kunstschaffenden aus, eigene innere Leiderfahrungen zu bewältigen (vgl. Barck et al. 2000: 388f.). Mit dieser Perspektivverschiebung ebnet Nietzsche den Weg (zurück) zu einer weiter gefassten Ästhetik, die nicht allein Werke und das Schöne betrachtet, sondern ebenfalls das Individuum, seine Trieb- und Leidensstruktur.

Auch für die vorliegende Arbeit ist der Gedanke zentral, dass sich das Ästhetische nicht allein auf Kunstwerke bezieht. Gestützt wird diese Position von zeitgenössischen Debatten, die von zwei Seiten (implizit oder explizit) gegen die idealistische Eingrenzung der Ästhetik argumentieren. Bereits Adorno denkt in „Die Kunst und die Künste" (Adorno 2003d: 432-453) über die Zersetzung des Werksbegriffs durch neue Kunstformen nach. Unter dem Topos der Entgrenzung der Künste werden zurzeit Prozesse reflektiert, die die Annahme eines geschlossenen Werkes unhaltbar werden lassen. Gegenwärtige Formen ästhetischer Artefakte stellen „Entgrenzung[en] der Künste in immer neue intermedial-hybride Bereiche" (Rebentisch 2003: 15, vgl. Rebentisch 2006, Rebentisch 2014) dar. Das Werk, das vom Idealismus als geschlossene darstellerische Form bestimmt wird, sieht sich multimedial gestalteten Installation oder punktuellen, die Zuschauer/innen einbindenden Performances gegenüber, die das vom Idealismus fokussierte Werk als historisch überholte Form erscheinen lassen. Ebenfalls lassen sich viele zeitgenössische Formen der Kunst nicht mehr als geschlossener Sinnzusammenhang begreifen. Vielerorts basieren Kunstformen auf sogenannten Tracks, das heißt auf einzelnen, wiederholten Versatzstücken, die keine umfassenden Narration, sondern serielle Muster bilden (vgl. Bernays 2014). Sicherlich werden unter dem Topos der Entgrenzung der Künste intermediale Tendenzen der Kunst zusammengefasst, die seit jeher ein genuines Moment der Kunst darstellen, nun jedoch bewusst reflektiert werden. Die Literatur übernimmt früh Montage- und Schnitttechniken des sich erst entwickelnden Films. Akustische Inszenierungen übersetzen bildliche oder literarische Darstellungen in Klangwelten (vgl. Seel 2004: 79). Die architektonische Gestaltung musealer Räume orientiert sich an der mit Wiederholungen und Verschiebungen arbeitenden orchestralen Musik.

Aus einer anderen Richtung wird gegen die idealistische Eingrenzung mit dem Hinweis argumentiert, dass sich das Ästhetische nicht allein auf Gegenstände in einem ausdifferenzierten Bereich – der mit Habermas als der Bereich der Kunst bezeichnet werden kann – beziehen lässt. Im Zuge einer bis in die Gegenwart reichenden Entgrenzung wird der Begriff der Ästhetik auf weitere Felder und Phänomene ausgeweitet: Wissen, Politik oder Ökonomie werden in der Perspektive der Ästhetik und hinsichtlich ihrer sinnlichen Momente betrachtet. Diese Hinwendung zur Ästhetik vermeintlich nicht-ästhetischer Bereiche wird als Ästhetisierung bezeichnet. In einem als grundlegend geltenden Texten zur Ästhetisierung der Gesellschaft bezeichnet Welsch das Ästhetische als eine der zentralen Kategorien unterschiedlicher Forschungsdisziplinen und unterscheidet zwischen Oberflächen- und der für ihn wichtigeren Tiefenästhetisierung (Welsch 1993). Obwohl der Begriff der Ästhetisierung in unterschiedlichen Kontexten variierende Aspekte fokussiert, versteht Welsch zunächst allgemein die Transformation von nicht-ästhetischen in ästhetische Bereiche als Ästhetisierung. Als Oberflächenästhetisierung begreift er die „Ausstattung der Wirklichkeit mit ästhetischen Elementen" (Welsch 1993: 8), die der Verschönerung der sinnlich wahrnehmbaren Umwelt dient. Im Rahmen dieser Prozesse wird die Welt als Erlebnisraum verstanden, der ansprechend gestaltet werden muss. Die Grundlage dieses Prozesses stellt eine Kultur dar, deren Leitmotive Erlebnis, Lust und Entertainment lauten.[4]

[4]Innerhalb dieser vielfach zitierten, von Schulze so bezeichneten „Erlebnisgesellschaft" (Schulze 1993) stellt sich jedoch die Enttäuschung ein, dass die ästhetische Ausstattung der Wirklichkeit keine endgültige Befriedigung hedonistischer Bedürfnisse mit sich bringt. Die Reaktion auf diese Enttäuschung sind weitere Versuche der Ästhetisierung des Sozialen.

Ökonomische Strategien docken an die hedonistischen Haltungen an, indem sie spezifisch verzierte Produkte als Lifestyle-Angebot inszenieren.

Von der Kunst wird jedoch nur das verzierende, schmückende Moment in die Umwelt verlegt. Daher findet keine tatsächliche Entgrenzung des Ästhetischen im Sinne einer Ausweitung des Begriffs statt. Erst im Rahmen der Tiefenästhetisierung werden Welsch zufolge nicht-ästhetische Bereiche grundlegend ästhetisiert. Neue Technologien ermöglichen nicht allein die Visualisierung und Simulation materieller Gegenstände, sondern zudem die Modellierbarkeit ihrer Mikrostruktur. Diese Möglichkeiten wirken sich auf das Bewusstsein aus: Individuen erfahren und verstehen die materielle Wirklichkeit als ästhetisch – ästhetische bedeutet hier: mach-, gestalt- und formbar. Die Zunahme der medialen Repräsentation von Wirklichkeit erzeugt zudem eine „Derealisierung des Realen" (Welsch 1993: 11). Aufgrund der wahrgenommenen Pluralisierung der Lebensformen tritt im Bewusstsein der Individuen die Orientierung an ästhetischen Standards an die Stelle verbindlicher moralischer Standards. Nicht allein der materiellen, sogar der epistemologisch erfassten Wirklichkeit wird, so Welsch, eine ästhetische Dimension zugesprochen. Die Wirklichkeit, Objekt theoretischer Erkenntnis, wird als Gegenstand der Konstruktion begriffen, an dem das Ästhetische beteiligt ist (vgl. Barck et al. 2000: 316).[5] Die Wirklichkeit kann zudem nicht als unabhängige, feste Größe, die es richtig zu erkennen gilt, verstanden werden. Vielmehr stellt sie sich aus verschiedenen Blickwinkeln anders dar und muss in jeder spezifischen Perspektive anders beschrieben werden (vgl. Rorty 1989: 99, Rorty 1994: 409). In diese Beschreibung gehen laut Welsch mehr konstruierte als rekonstruierte Momente ein. Selbst der Wissenschaft geht im Rahmen erkenntniskritischer Diskurse ihr Kriterium der Wahrheit verloren. Bereits Nietzsche bestimmt Wahrheit als ein „bewegliches Heer von Metaphern, Metonymien, Anthropomorphismen kurz eine Summe von menschlichen Relationen, die, poetisch und rhetorisch gesteigert, übertragen, geschmückt wurden" (Nietzsche et al. 1999: 880), und somit als ästhetisch erzeugt. In der Studie „Schiffbruch mit Zuschauer" (Blumenberg 1997) beschreibt Blumenberg „Schiffbruch" als Schlüsselmetapher des Denkens und vollzieht an der gewandelten Interpretation der Metapher nach, wie die Vorstellung eines sicheren Ufers, von dem aus beobachtet werden kann, sukzessive verloren geht. Die Beobachtenden beginnen, sich nicht mehr als distanzierte

[5]Dengel argumentiert beispielsweise ausgehend von der Ästhetisierung der Lebenswelt dafür, Mode als semantisch beladenes ästhetisches Artefakt zu verstehen, das an der Konstruktion der symbolisch strukturierten Lebenswelt grundlegend beteiligt ist (vgl. Dengel 2015: 3-10).

Außenstehende – die ein sinkendes Schiff beobachten –, sondern als Individuen zu begreifen, die in ihre Beobachtung aktiv eingreifen. Der Gegenstand der Beobachtung wird, so lässt sich hier festhalten, als Gegenstand ästhetischer Konstruktion begriffen.

Offensichtlich ist, dass Habermas diesen Betrachtungen der Ästhetisierung vehement widersprechen würde. Hier geht es jedoch nicht darum, die Ästhetisierung oder ihre Beschreibungen kritisch zu beurteilen. Die summarische Darstellung dieser Prozesse soll primär die Entgrenzung des Ästhetischen sowie die erweiterte Perspektive der Ästhetik aufzeigen, die davon Abstand nimmt, allein Kunstwerke zu reflektieren. Innerhalb der Ästhetik führt der ausgeweitete Fokus zu einer weiteren Verschiebung der Perspektive. Statt der Formgesetze und Strukturen von Kunst rückt zunehmend die Betrachtung ästhetischer Erfahrung ins Zentrum der Ästhetik. Ästhetische Erfahrung ist nicht mehr nur ein Gegenstandsbereich unter vielen, sondern stellt nun einen Grundbegriff der Disziplin dar. Die Hinwendung zur ästhetischen Erfahrung setzt eine Dynamik in Gang, die die Grenzen der Ästhetischen Theorie verändert: Nicht mehr allein Kunst(werke), sondern ebenfalls auch nicht-künstlerische Gegenstände können Auslöser dieser Erfahrung sein. Die Betrachtung der Kunst wird zur „Kunst der Betrachtung".[6] Denn die Aufmerksamkeit der Ästhetik richtet sich nicht allein auf die Kunst, sondern auf unterschiedliche Objekte, die aufgrund der „Konstellationen ihres Erscheinens" (Seel 2002: 342) ästhetische Erfahrungen auslösen (vgl. Küpper/Menke 2003, Seel 2002: 334f.). Auch wenn gerade im Feld der analytischen Philosophie, bei Goodman oder besonders bei Danto (Danto 1991, Goodman 1997) an der Identifikation von Ästhetik und Kunstwerken festgehalten wird, so eröffnet sich der Ästhetischen Theorie ihr Gegenstandsbereich zunehmend von einem ästhetischen Zugang zur Welt aus, der durch spezifische Objektkonstellationen motiviert wird. Auf die Frage, inwiefern diese Konstellationen Aussagen über die Verfasstheit der Gesellschaft ermöglichen, gibt es unterschiedliche Antworten.

7.1.2 Ästhetische Selbstbeschreibungen der Gesellschaft – Ästhetische Artefakte als Empirie

Generell steht die gesellschaftstheoretische Auseinandersetzung mit ästhetischen Artefakten nicht hoch im Kurs der Soziologie (vgl. Eßbach 2001). Durkheim oder

[6] So der – für diesen Kontext angeeignete – Titel einer Sammlung von Aufsätzen und Vorträgen Jacob Burckhardts (Burckhardt 1984).

Weber, beide als Gründerväter der Soziologie betrachtet, zeigen sich alles andere als offen gegenüber der Möglichkeit, gesellschaftstheoretisch und -diagnostisch relevante Fragen anhand künstlerisch-literarischer Erzeugnisse zu diskutieren. Um die junge Disziplin im akademischen Bereich überhaupt erst zu etablieren, vermeiden beide die Auseinandersetzung mit der Ästhetik und fokussieren gesellschaftliche Bereiche, über die sich, so nehmen beide an, objektive Aussagen treffen lassen (vgl. Honneth 2016: 79). Somit unterscheiden auch Durkheim und Weber das Ästhetische als Bereich des Subjektiven und des Geschmacks sowie die Wissenschaft und deren Objektivitäts- und Allgemeinheitsanspruch. Eine historisch frühe Ausnahme stellt Simmel dar. Ihm gelten ästhetische Artefakte als Medien, durch die er seine theoretischen Annahmen empirisch begründen kann. Etliche Studien zu ästhetischen Gegenständen zeugen von Simmels Haltung (vgl. die Texte in Simmel 2008), dass „sich gerade in den künstlerischen Produkten einer Epoche – in Gemälden ebenso wie in literarischen Texten – häufig die genauesten, feinkörnigsten Schilderungen der Umbrüche einer Zeit finden ließen" (Honneth 2016: 79). Gegen eine „Verbannung der Kunst aus dem Hoheitsgebiet der Sozialforschung" (ebd.) argumentiert nicht nur Simmel und – später, bei allein inhaltlichen Differenzen – Benjamin und Adorno, sowie Löwenthal (Löwenthal 1990) und Gehlen (Gehlen 1965), sondern jüngst ebenso eine Ausgabe der Zeitschrift WestEnd, die anhand der literarischen Figur des Stoner – die John Williams in seinem gleichnamigen Roman entwirft – Paradoxien des gegenwärtigen Kapitalismus zu entschlüsseln versucht (vgl. Institut für Sozialforschung 2015).

Ebenso betont Boltanski den Stellenwert ästhetischer Artefakte für die Erkenntnis über die Verfasstheit der Gesellschaft. Seine methodischen Überlegungen gehen der Frage nach, wieso er sich in Anbetracht soziologischer Analysen gerade mit fiktionalen Texten, nämlich der Kriminal- und Spionageliteratur des neunzehnten und zwanzigsten Jahrhunderts beschäftigt (vgl. Boltanski 2013: 16f.). Boltanski zufolge fungieren literarische Texte als Mittler, über die sich eine latente gesellschaftliche Haltung (zu spezifisch politischen Themen) oder bestimmte emotionale Zustände (wie Verunsicherungen oder Ängste) öffentlich artikulieren können. Entsprechend dieser Aufwertung literarischer Texte verortet er seine Soziologie im Kontext von Untersuchungen, die ihren Zugang zu gesellschaftspolitischen Fragestellungen über die Auseinandersetzung mit symbolischen Formen finden. Boltanski steht mit dieser Haltung nicht allein. So wird in Folge der Überlegungen Foucaults Literatur zum Gegenstand der Diskursanalyse. Diskurse begreift Foucault als „Praktiken […], die systematisch die Gegenstände bilden, von denen sie sprechen" (Foucault 1981: 74). Soziale Entitäten existieren nicht abseits von Diskursen, sondern werden durch sie erst hervorgebracht, in dem sie zum Gegenstand des Sprechens gemacht werden. Dabei legen Diskurse aufgrund innerer Strukturprinzipien fest, wie über etwas gesprochen werden kann. Der Diskurs gibt den thematisierten Gegenständen eine regelhafte Ordnung, die ihnen Sinn verleiht. Man muss den „Diskurs als eine Gewalt begreifen, die wir den Dingen antun; jedenfalls als eine Praxis, die wir ihnen aufzwingen. In dieser Praxis finden die Ereignisse des Diskurses das Prinzip ihrer Regelhaftigkeit“ (Foucault 1989: 34f). Die zentrale Annahme des an Foucault anschließenden diskurstheoretischen Zugangs zur Literatur ist, dass Literatur in diskursive Praktiken eingebunden ist, die sich in Form und Inhalt der Literatur abbilden. Was in der Literatur und wie etwas in der Literatur gesagt wird, obliegt nicht einer individuellen Autorität, sondern entzieht sich dieser gerade. Form und Inhalt sind Resultat umfassender gesellschaftlicher Diskurse.[7] All diesen Positionen ist die Annahme gemeinsam, dass ästhetische Artefakte, Musik, Literatur, Film oder bildenden Künste „Einsichten bereithalten, die der soziologischen Erkenntnis von sozialen oder kulturellen Veränderungen in nichts nachstehen müssen, ja, sie gelegentlich an diagnostischer Tiefenschärfe und Genauigkeit sogar übertreffen“ (Honneth 2016: 79).

Während die gerade genannten Positionen den Fokus auf den gesellschaftlichen Gehalt in ästhetischen Artefakten richten, betonen andere deren Wirkung innerhalb der Gesellschaft. So wird im Rahmen der Diskussion der Ästhetik argumentiert, dass dem Medium des Ästhetischen eine herausragende Rolle bei der Erschließung normativer Potentiale oder von Möglichkeiten zukommt. Möllers begreift ästhetische Artefakte als Teil der sozialen Normativität, die in das Ästhetische als Form von positiv bewerteten Möglichkeiten eingeht. Weil Möllers zufolge innerhalb der ästhetischen Darstellung von Erfahrungen ebenso subjektive Einstellungen, Wünsche oder Bedürfnisse – etwas, das nicht von sozialer Normativität durchdrungen ist und nicht in der sozialen, intersubjektiv anerkannten Welt aufgeht – zum Ausdruck kommen, muss diese Darstellung im Medium des Ästhetischen ebenso auf eine fiktive Normativität zurückgreifen. Auf diesem Wege eröffnen ästhetische Artefakte einen Horizont an Möglichkeiten, die bisher nicht Teil der sozialen Normativität sind (vgl. Möllers 2015: 242ff.). Auch der Schriftsteller Kundera versteht das Ästhetische als Medium, indem die Frage verhandelt wird: „Welche Möglichkeiten hat der Mensch in der Falle, zu der unsere Welt geworden ist“ (Kundera 1989: 58)? Zur Literatur schreibt er:

[7] In früheren Schriften argumentiert Foucault hingegen autonomieästhetisch und beschreibt die Literatur als Gegendiskurs, der sich aufgrund der Selbstbezüglichkeit seiner Ausdrucksformen gesellschaftlichen Diskursen entzieht (vgl. Geisenhanslüke 2004: 127f.).

> „In den Augen des Dichters kommt der Geschichte, seltsam genug, eine Funktion zu, die seiner eigenen entspricht: Sie erfindet nicht, sie entdeckt. Durch die Situationen, die noch nicht dagewesen sind, enthüllt sie, was der Mensch ist, was ‚undenkliche Zeiten' in ihm ruht, enthüllt seine Möglichkeiten. Wenn das ‚Gedicht' schon da ist, wäre es unlogisch, dem Dichter Fähigkeiten des Vorhersehens zuzuschreiben; nein, er ‚entdeckt nur' eine menschliche Möglichkeit" (Kundera 1989: 125, ebenso Celan 1988: 21f., 40-62).

Diese möglichen Welten, diese ästhetischen Fiktionen sind dennoch Teil der sozialen Wirklichkeit (vgl. Goodman 1990: 129ff.) – weil Gesellschaft in sie eingeht, sie innerhalb der Gesellschaft existieren und sie in der Gesellschaft wirken.

Insbesondere Rancière untersucht gegenwärtig diese Weise des Wirkens des Ästhetischen. Dessen Qualität bemisst er an dem Potential, unbekannte Sinngehalte zu erschließen.[8] Kunst ist Rancière zufolge weder ein autonomes und selbstgenügsames, von jeglicher politischer Relevanz entbundenes Ausdrucksmedium, wie es das L'art pour l'art Flauberts oder Lyotards Ästhetik des Erhabenen (Lyotard 1994) postulieren.[9] Noch ist Kunst ein verlängerter Arm politischer Intention, wie im Surrealismus oder Agitprop. Diesen beiden Strömungen liegt die irrtümliche Annahme zugrunde, dass die Intention der Künstler/innen mit der durch die Kunstwerke erzielten Wirkung bei den Rezipierenden identisch ist, dass also ein Kontinuum zwischen der Produktion und der Wahrnehmung von Kunstwerken besteht. Im Gegensatz dazu begreift Rancière Kunstwerke als eigenständige Medien, in denen die Intentionen der Künstler/innen gebrochen werden, sodass im Prozess der Rezeption den ursprünglichen Absichten ein neuer Inhalt gegeben wird. Kunstwerke können unbekannte Perspektiven eröffnen, die einen Dissens zwischen einer neuen und einer gewohnten Wahrnehmungsweise sozialer Beziehungen stiften.

> „Die Bilder der Kunst […] tragen dazu bei, neue Gestaltungen des Sichtbaren, des Sagbaren und des Denkbaren zu entwerfen, und eben dadurch eine neue Landschaft des Möglichen. Aber sie können das nur, wenn sie weder ihre Bedeutung noch ihre Wirkung vorwegnehmen […]. Die Bilder verändern unseren Blick und die Landschaft

[8] Die folgenden beiden Absätze zu Rancière sind wörtlich einer eigenen, dreiseitigen Besprechung (vgl. Baum 2011b) entnommen.

[9] Früchtl kritisiert, dass Rancière in einer Haltung der Romantik die Autonomie der Kunst unterwandere, weil Rancière Kunst und Politik zu stark aufeinander beziehen (vgl. Früchtl 2007: 213ff.). Die folgenden Überlegungen dieses Kapitels werden zeigen, dass Rancières Position nicht vollständig aufgegeben werden muss, bringt man sie in einen Dialog mit weiteren zeitgenössischen Ästhetischen Theorien.

des Möglichen, wenn sie nicht von ihrer Bedeutung vorweggenommen werden und wenn sie nicht ihre Wirkung vorwegnehmen“ (Rancière 2009: 121ff.).

Die Möglichkeit, neue Perspektiven zu eröffnen, gründet Rancière zufolge in der Tätigkeit der Rezipierenden, die er entgegen den Annahmen Debords oder Artauds nicht als unwissende, beeinflussbare Individuen begreift (Rancière 2009: 14ff.). Vielmehr betont er, dass die Rezipierenden im Zuge der Interpretation selbstständig auswählen, welche Momente der Werke sie beurteilend mit ihren bisherigen Erlebnissen verbinden, mit dem, „was sie gesehen und gesagt, gemacht und geträumt haben“ (Rancière 2009: 28).[10]

In Benjamins und Adornos Überlegungen zur Ästhetik wird sowohl der gesellschaftliche Gehalt im Ästhetischen, als auch die Ästhetik in der Gesellschaft reflektiert. Benjamins Studien zu Baudelaire, die aus den beiden Aufsätzen „Das Paris des Second Empire bei Baudelaire“ und „Über einige Motive bei Baudelaire“ sowie den fragmentarischen Aphorismen namens „Zentralpark“ bestehen (gesammelt in Benjamin 1991a: 509-690), liegt ein gesellschaftstheoretisch reflektiertes Verständnis des Ästhetischen zugrunde. Benjamin vollzieht in der Poetik Baudelaires und anhand ihrer literarischen Figuren (wie dem Flaneur) einen Wandel in der Struktur der menschlichen Wahrnehmung nach: Die Akkumulation flüchtiger Eindrücke, auf die das Bewusstsein von Individuen aktiv und diese Eindrücke zersetzend reagiert, löst eine langförmige Erfahrung ab, die sich einer eher passiven, sich treiben lassenden Haltung und einer sich in

[10]Im Aufzeigen neuer »Landschaften des Möglichen« (Rancière 2009: 121) erkennt Rancière die der Kunst eigene politische Praxis. Diese zielt auf eine neue „Aufteilung des Sinnlichen“ (Rancière 2008), auf eine neue Wahrnehmung der Welt, die im Dissens zur gewohnten steht. In dieser Bestimmung der „ästhetischen Wirksamkeit“ (Rancière 2009: 69), die in der Erfahrung des Dissenses darüber gründet, was wahrgenommen wird, was denkbar ist und als machbar angesehen wird, drückt sich ein bereits in „Das Unvernehmen“ (Rancière 2002) formuliertes konfliktuöses Verständnis von Politik aus. Politik, so Rancière, finde statt, sobald ein Dissens über die Wahrnehmung und Beurteilung der sozialen Realität entsteht, wenn faktischen Gegebenheiten der Schein der Natürlichkeit genommen wird, wenn zuvor stumme, ausgeschlossene Individuen eine Stimme erhalten. Rancières Begriff der Politik bezieht sich zum einen auf Subjektivierungsprozesse, in denen Subjekte als solche erst hervorgebracht werden. Weil er mit dem Begriff der Politik zum anderen den Fokus auf das Moment des sinnlich Wahrnehmbaren richtet, spricht er der Kunst einen eigenen politischen Charakter zu: Während Politik neue kollektive Subjekte hervorbringt, stiftet die Kunst neue Wahrnehmungsweisen der Welt, in der sich politische Subjekte formieren können: „Kunst und Politik hängen miteinander als Formen des Dissenses zusammen“ (Rancière 2009: 78).

die Erinnerung einspeisenden Wahrnehmung der Umgebung verdankt (vgl. Benjamin 1991a: 543-546, 608f.). In seiner Rezeption des Textes „Die Großstädte und das Geistesleben" von Simmel (Simmel 2006) führt Benjamin das Versiegen von Erfahrung (zugunsten flüchtiger Eindrücke) auf das städtische Leben und die Massengesellschaft der industriellen Moderne zurück und rahmt seine Darstellung durch die Aneignung der Ausführungen Freuds zum Reizschutz des Bewusstseins (vgl. Schmider/Werner 2006: 572-575, Schöttker 2000: 281-286, Weber 2000: 238f.).

Ästhetische Artefakte dienen Benjamin somit als Zeugnis sozialer Prozesse. Jedoch versteht er das Medium des Ästhetischen nicht allein als Seismograf gesellschaftlichen Wandelns.[11] Benjamins nie vollendetes Passagen-Werk (Benjamin 1991e) ist ein groß angelegter Versuch, die kleinen, nebensächlichen, sinnlich wahrnehmbaren Dinge eines bereits historisch vergangenen Alltags so darzustellen, dass die in ihnen verborgenen normativen Ansprüche artikuliert werden können. Dieser Intention folgend montiert Benjamin gesammelte Fundstücke aus den Pariser Passagen, die in Schaufenstern dekorierten Gegenstände oder die künstlerisch verzierten Werbetafeln, die sich ihm als „raumgewordene Vergangenheit" (Benjamin 1991e: 1041) zeigen. Sie sind der Ort, an dem paradigmatisch die Konstruktion sozialer Wirklichkeit, die über die in den Passagen ausgestellte Warenwelt vermittelt wird, nachvollzogen werden kann – eine Wirklichkeit, die Benjamin als Phantasmagorie bezeichnet und in deren Bildern das Vergangene mit dem Neuen eine Verbindung eingeht. Die erkenntniskritische Auseinandersetzung mit diesen Bildern hat die Förderung eines „noch nicht bewußten Wissens vom Gewesenen" (Benjamin 1991e: 1014) zum Ziel. Ins Bewusstsein sollen die nicht abgegoltenen normativen Potentiale der Vergangenheit, die in den traumhaften Bildern der Passagen ruhen, gehoben werden. Die intendierte historische Erkenntnis des neunzehnten Jahrhunderts ist ein Prozess des Erwachens aus dem phantasmagorischen Schlummer: An die Stelle einer unbewussten Konservierung nicht eingelöster Versprechen tritt die bewusste Aneignung und praktische Erfüllung dieser.

Auch Adorno betont, dass in ästhetische Erzeugnisse Gesellschaftliches eingegangen ist (vgl. Schneider 1996: 198f.). Ähnlich wie diskursanalytische Positionen der Literaturwissenschaft argumentiert er, dass in der Formsprache und dem Inhalt ästhetischer Artefakten ein Gehalt steckt, der über die Intentionen derer, die sie erschaffen, hinausreicht. Daher versuchen seine Interpretationen ästhetischer

[11]Der folgende Absatz ist wörtlich einer eigenen, online erschienenen Analyse (vgl. Baum 2015) entnommen. Vgl. zudem die Ausführungen zur rettenden Kritik hier in Kapitel 3 und Kapitel 6.

Artefakte nicht die Intentionen des/der kreativ Schaffenden freizulegen. In seinen Auszeichnungen zu Kafka geht Adorno sogar soweit, dass er selbst die Deutung der literarischen Schriften nicht dem Künstler überlässt, ihm sogar abspricht, sich selbst zu verstehen.

> „Der Künstler ist nicht gehalten, das eigene Werk zu verstehen, und man hat besonderen Grund zum Zweifel, ob Kafka es vermochte. Jedenfalls reichen seine Aphorismen kaum an die enigmatischsten Stücke und Episoden heran, wie die ‚Sorge des Hausvaters' oder den ‚Kübelreiter'" (Adorno 2003d: 256).

Im Unterschied zur Diskursanalyse erschließt Adorno die gesellschaftlichen Gehalte nicht mittels des Diskurs-Begriffs, sondern mit dem der Erfahrung. Er untersucht nicht die diskursiven Bedingungen der Möglichkeit, Inhalte auf eine spezifische Weise sinnvoll auszudrücken, sondern deutet Form und Inhalt als geschichtlich sedimentierte Erfahrungen (vgl. Adorno 2003a: 16f., Adorno 2003h: 11). Gelungen ist eine Interpretation ästhetischer Artefakte, wenn sie sich tief in ihren Gegenstand versenkt und die Elemente des Gegenstandes auf spezifische gesellschaftliche Konstellation, auf Konflikte und Pathologien stringent beziehen kann (vgl. Müller-Doohm 2006: 43f.).

Trotz der Überzeugung, dass in Kunstwerke gesellschaftliche Erfahrungen eingegangen sind, hält Adorno an dem „Doppelcharakter der Kunst als autonom und als fait social" (Adorno 2003a: 16) fest. Jedoch deutet er die Autonomie der Kunst nicht als eine Freiheit von gesellschaftlichen Inhalten. Autonom ist Kunst Adorno zufolge aufgrund ihrer Funktionslosigkeit für gesellschaftliche Verwertungszusammenhänge. Die Kunst produziert keinen Mehrwert oder lässt sich für Zwecke des politischen Systems in Anspruch nehmen. Daher verdichten und intensivieren sich Adornos Arbeiten zur nicht vollenden Schrift „Ästhetische Theorie" zuzeiten der Studierendenrevolten der neunzehnhundertsechziger Jahre, in denen oftmals Versuche unternommen werden, nicht nur die Kritische Theorie, sondern ebenfalls die Kunst vor den Karren gesellschaftlicher Zwecke zu spannen (vgl. Wiggershaus 2006: 81). – So liegt Marcuses Studie „Über den affirmativen Charakter der Kultur" (Marcuse 1965: 56-101) die Intention zugrunde, die normativen Gehalte der Kunst, ihr utopisches Versprechen unmittelbar in der Gesellschaft aufzuheben, sprich zu verwirklichen. Gegenüber Haltungen dieser Art beharrt Adorno darauf, dass Kunst funktionslos ist – aber nicht sinnlos. Denn selbst wenn sich Kunst nicht für Zwecke instrumentalisieren lässt, so steht sie Adorno zufolge doch in einer komplexen Beziehung zur Gesellschaft und deren Kritik. In den von ihm als avanciert ausgewiesenen Kunstwerken drückt sich in Form und Inhalt der Charakter einer Gesellschaft aus, die von Leiderfahrungen gezeichnet ist. Insbesondere in seinen Auseinandersetzungen mit der Zwölftonmusik Schönbergs

(Adorno 2003d: 152-180) und den „Dissonanzen“ der „Musik in der verwalteten Welt“ – so der Titel des ersten Teiles der gesammelten musiksoziologischen Studien Adornos (Adorno 2003b) – reflektiert Adorno die Formen des Ausdrucks gesellschaftlicher Herrschaft innerhalb der sogenannten neuen Musik. In deren Disharmonien, ihren sich dem gemeinen Hörempfinden sperrenden Tonfolgen und ihre zunächst als unrhythmisch empfundenen Dynamik spiegelt sich eine Gesellschaft wieder, die, metaphorisch gesprochen, aus dem Takt geraten ist. Indem jedoch Musik, generell Kunst das Grauen ausstellt, verweist sie, so Adorno weiter, auf einen besseren, emanzipierten Zustand – jedoch in negativer Form und ohne diesen Zustand positiv zu bestimmen.

> „Dissonanz, Signum aller Moderne, gewährt, auch in ihren optischen Äquivalenten, dem lockend Sinnlichen Einlaß, indem sie es in seine Antithese, den Schmerz transfiguriert“ (Adorno 2003a: 29, vgl. Adorno 2003a: 103).

> „Versöhnung als Verhaltensweise des Kunstwerks wird heute gerade dort geübt, wo die Kunst der Idee von Versöhnung absagt, in Werken, deren Form ihnen Unerbittlichkeit diktiert“ (Adorno 2003a: 202).

Oftmals spricht Adorno von den Rätseln, die die Kunst aufgibt, oder ihren Chiffren, in denen sich ein gutes und gerechtes Leben in seiner negativen Form andeutet. Gerade das innerhalb der Tradition der Ästhetischen Theorie vielerorts reflektierte Naturschöne[12], dem sich die nicht begrifflich operierende Kunst mimetisch anschmiegt, gilt Adorno – der hier am Leitmotiv der „Dialektik der Aufklärung“ festhält – als Chiffre der Versöhnung mit der inneren und äußeren Natur.

> „Wie die Kunsterfahrung ist die ästhetische von der Natur eine von Bildern. Natur als erscheinendes Schönes wird nicht als Aktionsobjekt wahrgenommen. Die Lossage von den Zwecken der Selbsterhaltung, emphatisch in der Kunst, ist gleichermaßen in der ästhetischen Naturerfahrung vollzogen“ (Adorno 2003a: 103), „Das Naturschöne ist die Spur des Nichtidentischen an den Dingen im Bann universaler Identität“ (Adorno 2003a: 114).[13]

[12]– das die idealistische Ästhetik aufgrund ihrer Vorstellung eines autonomen, von Natur gesetzten befreiten Subjekts aus der Ästhetik tilgt (vgl. Adorno 2003a: 98-122).

[13]Adornos Schriften zur Ästhetik lassen sich nicht auf einen kunstsoziologischen Zugang, der nach dem gesellschaftlichen Gehalt in den Werken oder dem gesellschaftlichen Stellenwert von Werken für eine Kritik fragt, reduzieren. Verknüpft sind diese Fragen immer mit denen nach einer normativen Ästhetik schlechthin, also einer Ästhetik, die beurteilt, wann ein Werk als gelungen gelten kann. Zu den sich daraus ergebenen Problemen, die Kriterien nicht dogmatisch einem Kanon zu entnehmen, zugleich aber nicht einer willkürlichen Beurteilung zu verfallen vgl. Wellmer 2005.

Die unvollendet gebliebene Ästhetische Theorie gilt neben der Negativen Dialektik und einem geplanten Buch zur Moral als das, was Adorno eigner Aussage zufolge „in die Waagschale zu werfen" (Adorno 2003a: 538) habe. Ein gängiger Versuch, das Innere der Waagschale zu sortieren, spricht der Ästhetik einen Vorrang gegenüber der Philosophie im Werke Adornos zu. Adorno widme sich primär der Ästhetischen Theorie und den ästhetischen Betrachtungen avancierter künstlerischer Erzeugnisse, da nur in ihnen die Utopie in spezifischer, negativer Form aufscheint, so der Tenor einer bestimmten Rezeption. Die Ästhetische Theorie stelle einen Raum dar, in den sich Adorno am Ende seines Lebens aus der Philosophie zurückzieht, da der Augenblick der Verwirklichung von Philosophie in einer revolutionären, von Herrschaft befreienden Praxis versäumt wurde, wie direkt zu Beginn der Negativen Dialektik betont (vgl. Adorno 2003g: 15) – so auch Habermas' in seinem Urteil über die Theorie Adornos (vgl. hier Kapitel 2). Einzig Kunst ermögliche es noch, herrschaftsfrei über das begriffliche Denken der Philosophie hinauszugelangen und nichtbegriffliche Erfahrungsgehalte zu erschließen.

Entgegen dieser Annahme, der zufolge Philosophie und Ästhetik zwei getrennte, zu hierarchisierende Bereiche im Denken Adornos darstellen, zeigt sich in seinen Überlegungen ein Verständnis von Ästhetik, das über das enge Bezugsfeld Kunst hinaus- und in den Bereich der philosophischen Erfahrung hineinreicht. Auch wenn Adorno nicht beabsichtigt, Philosophie in Kunst zu überführen, zeugen die ästhetischen Motive Adornos – in seine Gedanken zur Kunst ebenso wie in jenen zu Philosophie, Literatur und Musik – von einem internen Zusammenhang von Philosophie und Ästhetik. Während sich dieser Zusammenhang in der Perspektive der Ästhetik als geschichtlich-philosophischer Gehalt ästhetischer Erzeugnisse ausdrückt, so bildet er sich in der Perspektive der Philosophie (in der Kritik des Ästhetischen an der Gesellschaft sowie) in den ästhetischen Darstellungsmitteln der philosophischen Reflexion ab. In ihrem Kern ist die Philosophie Adornos ästhetisch wie seine ästhetischen Gedanken philosophisch sind.

In seinen Schriften und Vorträgen „Der Essay als Form" und „Thesen über die Sprache des Philosophen" (beide in Adorno 2003i) entwickelt Adorno das Motiv kritischen Denkens, das dem Besonderen individuellen Leidens gerecht zu werden versucht. Unabdingbar ist für diese Form der Kritik ihr ästhetischer Ausdruck. In diesen fließt Adorno zufolge das Subjektive der Erfahrungen ein (vgl. Adorno 2003e: 77f. und hier Kapitel 5). Für die Beurteilung, ob Kritik gelingt, ist der ästhetische Gehalt von Formulierungen zentral. Das „Kriterium" (Adorno 2003i: 370) dafür, inwieweit die verwendete Sprache zu einer überzeugenden, angemessenen Kritik fähig ist, „ist wesentlich die ästhetische Dignität" (ebd.). Das „sprachliche Kunstwerk" (Adorno 2003i: 369f.) allein bewahrt die Einheit von Wort und Sachverhalt und stellt sich gegen die durchweg rationalisierte Sprache der Wissenschaft, weil Adorno zufolge sich das Besondere, das von einer rein diskursiv-begrifflich verfahrenden Kritik übergangen wird, einzig im Medium des Ästhetischen bewahren lässt. Daher bedarf die Kritik an der unversöhnten Gesellschaft der Ästhetik ebenso wie der Philosophie.[14] Adornos Analysen der Gesellschaft können als konkrete Durchführung dieser Bestimmung verstanden werden. Die Minima Moralia vollziehen eine begriffliche Kritik, ohne das Moment des Ausdrucks negieren zu wollen. Generell zeichnen sich seine Schriften nicht durch eine deduktiv verfahrende Argumentation aus, sondern durch eine Form der lockeren Verbindung einzelner Passagen, in denen die Motive und Begriffe seines Denkens unterschiedlich variiert und akzentuiert werden – wie es eigentlich für sogenannte klassische Musik typisch ist.

Auch wenn verschiedene gesellschaftstheoretische Prämissen der Kritischen Theorie Adornos nicht haltbar sind (vgl. hier Kapitel 2), ist das kritische Potential des Verhältnisses von Ästhetik und Philosophie für eine gegenwärtige Kritik der Gesellschaft zu verteidigen. So lässt sich mit Adorno das Ästhetische als Medium bestimmen, in dem sich das jeweils Besondere von Erfahrungen artikuliert. Für ein zeitgemäßes Verständnis müssen Adornos Annahmen jedoch aus dem geschichtsphilosophischen Rahmen der Ästhetischen Theorie gelöst werden. Denn in diesem kann einzig einer Kunstform ein kritisches Potential zugesprochen werden, deren ästhetische Formgesetzte – entsprechend dem Entwicklungsstand der Produktivkräfte – ausschließlich mit den innovativsten Materialen und Stilmitteln vollzogen werden. Obwohl das Ästhetische in Adornos Überlegungen nicht allein auf Artefakte, sondern ebenfalls auf die Sprache der Theorie bezogen wird, lässt seine Theorie aufgrund der geschichtsphilosophischen Grundierung nur bestimmte Formen des Ästhetischen in den Blick einer an Emanzipation interessierten Gesellschaftstheorie geraten. Benjamins Analyse weitet den Blick auf diejenigen ästhetischen Artefakte aus, die nicht in einen bildungsbürgerlichen Kanon Einzug erhalten haben. Sicherlich lässt sich argumentieren, dass gerade diejenigen Artefakte, die den größten gesellschaftlichen Anklang finden und die im besonderen Maße rezipiert werden, die geeignetsten Seismografen gesellschaftlicher Krisen oder Pathologien darstellen. So plausibel diese Annahme

[14]Sicherlich lässt sich argumentieren dass keine Kritik frei von Ästhetischem ist, weil jeder Form sprachlicher Artikulation rhetorische Momente eigen sind. Gerade Denker, die dies vehement ablehnen, zeigen sich in ihrer Ablehnung als große Ästheten. Hobbes Rhetorik, die eigentlich für eine exakt-wissenschaftliche Darstellung der Legitimation des Staates plädiert, ist unbestreitbar. Platons dialogische Form der Darstellung ist – auch, aber nicht ausschließlich – Literatur, obwohl er selbst die Figur Sokrates der Dichtung vorwerfen lässt, sie verderbe die Mitglieder des politischen Gemeinwesens.

zunächst scheint, so lässt sich ihr doch entgegen halten, dass die sich in ästhetischen Artefakten artikulierenden Ansprüche gerade dann als verschüttet, verdrängt oder unterdrückt verstanden gelten können, wenn das Material, in dem sie überdauern, nicht bereits ein Moment eines Kanon ist. Zugleich entbindet Benjamin das Ästhetische von dem Bezug auf Verhältnisse zur inneren und äußeren Natur. Statt wie Adorno das Ästhetische als Reflexionsform von Naturverhältnissen zu deuten, die sich in der Gesellschaft niederschlagen, kann das Ästhetische mit Benjamin als Artikulationsraum von Leiderfahrungen gefasst werden, in dem sich auch, aber nicht ausschließlich Naturverhältnisse reflektieren lassen.

Eine Antwort auf die Frage, wieso gerade im Ästhetischen normative Potentiale erschlossen werden können, gibt Freud in seinen Vorlesungen zur Einführung in die Psychoanalyse 1916-1917. Dort führt er aus, dass gesellschaftlich etablierte Normen zur Verdrängung derjenigen Wünsche führen, die diesen Normen nicht entsprechen. In rudimentärer, verzerrter und gebrochener Form treten die Wünsche der Individuen aus dem Unbewussten beispielsweise als Tagträume wieder in Erscheinung. Den Kunstschaffenden spricht Freud jedoch die Fähigkeit zu, die untersagten Wünsche zu sublimieren (vgl. Freud 1974b: 390f.). Sublimation ist der Vorgang, nicht abgeführte Triebenergie in lustvoller, jedoch andere als der ursprünglich gewünschten Weise in eine höhere, das heißt verfeinerte Form zu überführen. Diese Form ist die Kunst. Als Kunst verlieren die Wünsche Freud zufolge ihre individuellen Besonderheiten. Die Kunst verdeckt ihre eigentliche Quelle und wird, in der Perspektive der Betrachtenden, zum Medium und zur allgemeinen Projektionsfläche von Wünschen.

Um sich diese Ausführungen Freuds anzueignen, müssen sie aus ihrem psychoanalytischen Kontext entbunden werden, weil sonst die Gefahr besteht, gesellschaftliche Formen der Unterdrückung analog zur individuellen Triebunterdrückung zu verstehen und somit Gesellschaft als einheitliches Makrosubjekt zu begreifen. Wünsche werden im Kontext der vorliegenden Arbeit nicht als Ausdruck individueller Triebe gedeutet, sondern in einen gesellschaftlichen Kontext überführt und begrifflich als normative Ansprüche von Individuen oder Gruppen gefasst. Die Ansprüche adressieren die Gestaltung sozialer Institutionen oder Praktiken. Die historischen Forderungen weiblicher Individuen auf das Recht zu wählen, stellen normative Ansprüche auf die Reformierung der Institution des Wahlrechts dar. Verdrängung bedeutet im gesellschaftlichen Kontext dann, dass diese Ansprüche nicht gehört oder anerkannt werden oder sogar gewaltsam niedergeschlagen, also unterdrückt. Auf diesem Wege lassen sich die Intentionen Freuds, Kunst als Ausdruck des Unterdrückten zu verstehen, für eine kritische Gesellschaftstheorie nutzbar machen. Boltanski und Rancière, aber insbesondere Adorno und Benjamin gelten als Gewährsmänner für die Anstrengung, mit den

Mitteln der Interpretation normative Ansprüche in den ästhetischen Artefakten zu erschließen. Deutlich wird jedoch auch, dass die Diskursanalyse kein dafür geeignetes Instrumentarium bereithält. Denn sie basiert auf der Annahme, dass das, was nicht Ausdrückbar ist, gar nicht eingeholt werden kann. Es gibt kein Außerhalb des Diskurses, auf das sie Zugriff hätte. Selbst in Foucaults späteren machttheoretischen Schriften, in denen neben den diskursiven auch nicht-diskursive Praktiken im Begriff des Dispositivs reflektiert werden (vgl. Foucault 1978: 119f.), steht die Frage im Zentrum, wie und was die Dispositive der Macht erzeugen, nicht jedoch, was sie ausschließen. Einen methodischen Zugang zum Verdrängten, Ausgeschlossenen findet man in Foucaults Überlegungen nicht.

Nachdem hier die Ästhetik als Disziplin rekonstruiert wurde, die sich nicht allein mit der Kunst, sondern darüber hinaus mit ästhetischen Erfahrungen befasst, und das Ästhetische als Medium der Artikulation gesellschaftlicher Leiderfahrungen bestimmt wurde, wird im Folgenden die Rationalität des Ästhetischen und ihr Zusammenhang mit der von Habermas' ausgewiesenen kommunikativen Rationalität diskutiert.

7.2 Die Rationalität des Ästhetischen

Seit rund zweihundertfünfzig Jahren kämpft die Ästhetik gegen die Auffassung an, das Ästhetische stelle einen Bereich der Reglosigkeit dar. Statt Wahrheit, Vernunft und Ordnung herrsche, so der rationalistische Tenor, im Ästhetischen der subjektive Geschmack und die Beliebigkeit (vgl. Rebentisch 2012: 10). Aufgrund dieses Rufs sprechen etliche Positionen der soziologischen Gesellschaftstheorie dem Ästhetischen eine Relevanz für soziale Ordnungen ab. Ihr Urteil lautet, dass das Ästhetische für den Bestand der Gesellschaft unwesentlich sei (vgl. Reckwitz 2015: 13). Zugleich etabliert sich eine Gegenposition, die das Ästhetische nicht allein verteidigt, sondern es gar als Speerspitze der Kritik versteht (vgl. dazu Eagleton 1994). Zeitgenössische, um den Versuch der Vermittlung bemühte Ansätze begreifen das Ästhetische als Mittler zwischen verschiedenen Formen der Wahrnehmung, Erfahrung, Empfindung und Erkenntnis (vgl. Barck et al. 2000: 311). Im folgenden Unterkapitel werden mehrere Fragen verfolgt: Kann das Ästhetische als Medium gelten, anhand dessen sich Erfahrungen der Kolonialisierung – denn das ist der Bezugspunkt des Leidens im Kontext der Theorie des kommunikativen Handelns – besser ablesen lassen als durch eine alleinige Beobachtung des Alltagsgeschehens? Lässt sich am ästhetischen Material eine genuin eigene Erkenntnis gewinnen, oder dient das Material nur der Illustration und hat für die eigentliche Erkenntnis einen sekundären Stellenwert? In welcher

Beziehung steht das Ästhetische zu den von Habermas rekonstruierten moralisch-praktischen Diskursen, in denen sich mit der Richtigkeit von Normen auseinandergesetzt wird (vgl. hier Kapitel 4)?

Innerhalb der modernen – und, wenn man so will, der postmodernen – Ästhetischen Theorie lassen sich zwei Positionen unterscheiden (vgl. Ingram 1991: 89ff., Menke 1991b: 191f., Seel 1986: 63ff., Seel 2002: 331f.): Die eine Position versteht das Ästhetische als ausdifferenzierten gesellschaftlichen Bereich, der begrifflich zumeist als Kunst gefasst wird. Autonom ist dieser Bereich, weil das Ästhetische keinen anderen gesellschaftlichen Zwecken, keinen höfisch-religiösen oder politischen Vorgaben verpflichtet ist. Aufgrund der Eigengesetzlichkeit dieses Bereiches, so die weitere Annahme, sind die dem Ästhetischen eigenen Ausdrucksweisen inkompatibel mit Argumentationsformen in anderen gesellschaftlichen Bereichen, ja sogar mit Argumentationen generell. Zwar lässt sich über das Ästhetische sprechen. Jedoch lassen sich keine Argumente für oder gegen eine bestimmte sinnliche Darstellung von Erfahrungen anführen. Da das Ästhetische dieser Position zufolge ein Bereich subjektiver, sinnlicher Erfahrungen ist, die sich jedem Versuch, sie in rationale Diskurse zu übersetzen, entziehen, stellt das Ästhetische einen Raum dar, der kategorial von Moral und Wissenschaft zu unterscheiden ist. Habermas' Charakterisierung des Ästhetischen lässt sich dieser Position zurechnen (vgl. hier Kapitel 4). Die zweite Position deutet das Ästhetische als Form der Souveränität. Das Ästhetische, so die Annahme, untergräbt die Differenzierung diskursiver Logiken und drückt eine allumfassende, höhere Wahrheit aus, die sich in keiner gesellschaftlichen Wertsphäre, weder in Wissenschaft noch in Recht- oder Moraltheorie abbilden lässt. Der privilegierte Zugang zu dieser Wahrheit erfolgt ausschließlich über das Medium des Ästhetischen. Heideggers Bestimmungen der Kunst (Heidegger 1986), in der sich laut Heidegger die Wahrheit des Seienden kundtut, oder Batailles souveränitätstheoretische Bestimmung der Kunst (Bataille 1978: 73-86), die ihm zufolge Formen gesellschaftlicher Herrschaft unterwandert, sind zu dieser zweiten Position zu zählen.

7.2.1 Rebentischs Apologie der Ästhetisierung

Gegenwärtig sind verschiedene zeitgenössische Theoretiker/innen um eine Vermittlung dieser beiden hier kurz beschriebenen Positionen bemüht. Weder begreifen sie das Ästhetische als Form der jegliche Differenzierung unterwandernden Souveränität, noch als eigenständigen gesellschaftlichen Bereich, der in keiner wechselseitigen Beziehung zu anderen Bereichen steht. So rekonstruiert Rebentisch eine von der antiken Praktischen Philosophie bis zu zeitgenössischen Gegenwartsdiagnosen tradierte Unterscheidung, der zufolge das Politische der Bereich der Ordnung, die Ästhetik der des regellosen Spektakels und der Unordnung sei.[15] Politik und Ethik beschäftigen sich mit der wahren Erkenntnis des Guten, die Ästhetik mit dem schönen Schein. Der Stabilität sozialer Bindungen stehe die für die Erlebnisgesellschaft spezifische individualistische Fixierung auf Ästhetisches, auf Genuss und Spaß entgegen. Entsprechend dieser Vorstellungen beschreiben die von Rebentisch der Ästhetisierungskritik zugeordneten Positionen die Ästhetisierung von Politik und Ethik als Krisenphänomen. Entgegen der mit diesen Unterscheidungen einhergehenden Befürchtung, dass ein Eindringen des Ästhetischen in Regierungs- und Lebensformen eine Gefahr für demokratisch verfasste Gemeinwesen darstelle, antwortet Rebentisch mit einer Apologie der Ästhetisierung. Was der Ästhetisierungskritik zwar Plausibilität verleiht, welche normativen Potentiale der Ästhetik jedoch verloren gehen, verbannt man sie aus Ethik und Politik, ist Gegenstand der Untersuchungen Rebentischs.

Die normativen Potentiale des Ästhetischen erschließt Rebentisch durch den Nachweis, dass eine Ästhetisierung des Politischen und Ethischen nicht deren Erosion zur Folge hat, wie es deren Kritiker/innen befürchten. Zwar ist für den Phänomenbereich des Ästhetischen eine Distanzierung von sozialen Praktiken und Rollen sowie die Erfahrung eines „Mit-sich-uneins-sein(s)" (Rebentisch 2012: 373) charakteristisch. Jedoch führt die Distanzierung Rebentisch zufolge nicht zu einem Verlust sozialer Bindungen und einem gestörten Selbstbezug, sondern zur Umgestaltung von Ordnung und Selbstverhältnissen und trägt auf diesem Wege zu deren Revitalisierung bei. Das Ästhetische gilt ihr daher als „produktives Moment des praktischen Lebensvollzuges" (Rebentisch 2012: 20), das der normativen Reproduktion von Gemeinschaft und Selbstverhältnissen dienlich ist. Diese von Rebentisch vorgenommene Reformulierung des Ästhetikbegriffs lässt ein in der Theoriegeschichte vernachlässigtes Freiheitspotential erkenntlich werden. Denn in Rebentischs Charakterisierungen ermöglicht das Ästhetische Gemeinschaften und Individuen, frei zu sein im Sinne einer „Selbstbestimmung" (Rebentisch 2012: 55), die sich an einer Realisierung des Guten orientiert. Da dessen Charakter historisch ist, das Gute sich wandelt, bedarf jede Selbstbestimmung einer Neubestimmung. Notwendig für diese Neubestimmung ist die im Medium des Ästhetischen stattfindende Distanzierung von sozialen Praktiken und Selbstverständnissen. Unter der Freiheit zur Selbstbestimmung

[15]Die folgenden beiden Absätze sind wörtlich einer eigenen, zweiseitigen Besprechung (vgl. Baum 2012b) entnommen.

fasst Rebentisch nicht lediglich Verfahren und politische Institutionen, sondern eine Form der demokratischen Existenz. Deren Kunst der Freiheit – so der Titel ihrer zusammengestellten Schriften – besteht darin, sich frei vom Überkommenen zu machen und sich offen für neue Regierungs- und Lebensformen zu zeigen.

Mit ihren Ausführungen hebt Rebentisch ein Moment des Ästhetischen hervor, dessen normative Qualität in der Distanzierung von gewohnten oder überkommenen Vorstellungen des Guten besteht. Ihr Blick, der von außen auf die Beziehung zwischen Ästhetischem sowie politischen Ordnungen und Selbstbeziehungen schaut, bedarf jedoch einer weiteren Perspektive, in der die innere Struktur des Ästhetischen genauer dargestellt werden kann.

7.2.2 Menkes Reflexion der Ästhetisierung

In seinen Studien zur Ästhetischen Anthropologie untersucht Menke in genealogischer Perspektive die Wurzeln von Subjektivität. Den Fokus seiner Ausführungen richtet er auf die sogenannten dunklen Kräfte, die er zugleich als Grund von Subjektivität sowie als Ursache ihrer Zersetzung bestimmt (vgl. hier Kapitel 4): Individuen subjektivieren sich durch die Umformung der Kräfte in Vermögen. Durch Übung und Disziplin richten die Individuen ihre Kräfte auf bestimmten Ideen des Gelingens derjenigen Praktiken aus, an denen sie partizipieren, und werden zu Subjekten. Individuen, die kommunizieren, haben geübt, sich zu verständigen, weil Verständigung das Ziel von Kommunikation ist. Jedoch können die umgeformten Kräfte die ausgebildeten Vermögen ebenso unterwandern. In diesem Falle werden soziale Praktiken derart vollzogen, dass sich keine Idee ihres Gelingens ausfindig machen lässt. Menkes Deutung dieses Prozesses, den er als Ästhetisierung bezeichnet, betont das kritische Potential, die Normativität derjenigen sozialen Praktiken zu unterwandern, die die Subjekte als heteronom erfahren.

In seinem 2013 erschienenen Band zur Kraft der Kunst (Menke 2013b) fokussiert Menke nicht mehr die subjektiven Vermögen. Seine Studien richten sich nun auf die Struktur der Kunst, des Schönen und der Ästhetisierung. Die Kunst bestimmt Menke als die Differenz von Kraft und Vermögen. Vermögen sind die Möglichkeit, etwas, ein Bild, ein Gedicht oder eine Darstellung gelingen lassen zu können. Kraft ist das noch ungerichtete subjektive Potential, Vermögen auszubilden. In der Kunst, so Menke, werden Kräfte zu Vermögen und Vermögen zugleich zu Kräften. Die Kunst, so Menke in einer für ihn typisch paradoxen Formulierung, besteht in dem Können (Vermögen), etwas nicht zu können (Kraft) (vgl. Menke 2013b: 14). Kunstwerke, so lässt sich Menke paraphrasieren, sind nicht im gewöhnlichen Sinne gemacht: Sie sind nicht das Resultat einer regelgeleiteten

Praxis und gründen nicht in Vermögen, die an einer spezifischen Idee des Gelingens orientiert sind. Mit dieser komplexen Beziehung von Vermögen und Kraft setzt sich die Ästhetische Theorie Menkes auseinander. Während die Philosophie Bedingungen der Möglichkeit des Gelingens für Wissenschaft und Moral reflektiert, stellt die Ästhetische Theorie das Misslingen dar. Sie reflektiert, das ästhetische Werke nicht gelingen können, weil sich keine Bedingungen der Möglichkeit des Gelingens angeben lassen (vgl. Menke 2013b: 21-26). Somit stellt die Ästhetik die Frage der Möglichkeit – in der Formulierung „Bedingung der Möglichkeit" - neu, weil sie Gelingen nicht auf Vermögen, auf praktische Vollzüge und deren Gelingen reduziert (vgl. Menke 2013b: 39). Diese Überlegungen Menkes lassen sich erneut auf die Theorie des kommunikativen Handelns beziehen. Habermas untersucht die Bedingung der Möglichkeit diskursiver Verständigung innerhalb der Wertsphären von Wissenschaft sowie von Recht- und Moraltheorie. Seine Analyse rekonstruiert die in der Sprache angelegte kommunikative Rationalität und weist sie als den Maßstab der Kritischen Theorie aus. Die Ästhetik hingegen reflektiert diesen Maßstab als eine spezifische Form der Rationalität, die sich denjenigen gegenüber, die an sozialen Praktiken der Kommunikation teilnehmen, als heteronom erweisen kann – wenn bestimmte Formen der Artikulation von der Diskussion ausgeschlossen, nicht gehört oder akzeptiert werden. Das Ästhetische stellt das Medium dar, in dem Kommunikation abseits einer spezifischen Vorstellung des Gelingens oder spezifischer Rationalitätsannahmen reflektiert wird.[16]

Die Prozesse der Ästhetisierung finden Menke zufolge zwar in der Kunst statt, wirken jedoch auf das Soziale zurück. In der Ideengeschichte wird die Ästhetisierung des Sozialen zunächst bei Platon und Nietzsche als Theatrokratie, als Herrschaft der sinnlichen Eindrücke, der Gefühle und der Empfindungen kritisch thematisiert. Dieser Diskursstrang reicht bis zur Kritik der Kulturindustrie von Horkheimer und Adorno (vgl. hier Kapitel 2) und Debords Kritik des Spektakels (Debord 1996, vgl. Menke 2013b: 112f.). All den Kritiken der Ästhetisierung ist gemeinsam, dass sie die Unterminierung reflexiver Urteile durch eine regellose Sinnlichkeit befürchten. Auch hier deutet Menke Ästhetisierung entgegen dieser Befürchtungen im Sinne einer Infragestellung der Normativität sozialer Praktiken (vgl. Menke 2013b: 115).

> „Das Ästhetische ist keine stabile, begrenzte Eigenschaft, schon gar kein stabiler, begrenzte Bereich, sondern ein Prozeß und daher eine Tendenz, ein Trieb, eine

[16]In den hier unten folgenden konkreten Durchführungen der hermeneutischen Interpretation wird gezeigt, wie sich eine solche Reflexion des Misslingens im Medium des Ästhetischen darstellt.

> Kraft, die sich gegen die Grenzziehungen richtet, auf denen die normativen Ordnungen [...] beruhen. Das Ästhetische gibt es nur als oder im Prozeß der Ästhetisierung – der Auflösung der normativen Ordnungen, die ihm begrenzend gegenübertreten" (Menke 2013b: 117).

In der Auseinandersetzung mit Nietzsche arbeitet Menke heraus, dass die Folgen der Ästhetisierung nicht rein negativer Art sind. Zwar werden alte Ordnungen destruiert. Aber mit dieser Destruierung geht untrennbar eine Revitalisierung, eine „Erneuerung" (Menke 2013b: 119) von Ordnungen und sozialen Praktiken einher. Die Überlegungen Rancières zur Ästhetisierung lassen sich als Bestätigung Menkens heranziehen. Ästhetisierung, so Rancière, „erfasst die implizierten Begriffe in ihrem Verhältnis zu den alten Gegenständen, die sie [die Begriffe, M.B.] neu zu denken versuchen, und zu den Schemata, die sie zu diesem Zwecke errichten oder verändern" (Rancière 2013: 14). Menke darf hier jedoch nicht funktionalistisch verstanden werden: Die Erneuerung geschieht nicht um den Willen einer stabileren Ordnung. Sie hat den Sinn, die Grenzen der Normativität zu reflektieren. „Die Ästhetisierung ist ein neues Denken von Entscheidungen, Erkenntnis und Glauben. Genauer: Die Ästhetisierung erneuert sie, indem sie sie *zum Denken* bringt" (Menke 2013b: 120). „Denn", so Rancière ebenfalls zum ästhetisierten Denken, „das Denken ist immer zuerst ein Nachdenken über das Denkbare, ein Denken, das das Denkbarer verändert, indem es aufnimmt, was undenkbar gewesen ist" (Rancière 2013: 14). Da er Ästhetisierung als ein Reflexivwerden des Denkens über seine eigenen Grenzziehungen begreift, vollzieht Menke seine Betrachtung der Ästhetisierung auf einer normativen Folie. Anhand dieser Überlegungen wird deutlich, dass dem Ästhetischen keine Art der Rationalität abzugewinnen ist, die im Zusammenhang mit Regeln, Gesetzen oder festen Formen steht. Die Rationalität des Ästhetischen ist im Zwischenraum von Ästhetischem und Nicht-Ästhetischem zu verorten. Sie besteht in der Distanzierung (Rebentisch) und Unterwanderung (Menke) von einer vorgegebenen Normativität. Ihr Sinn ist die Öffnung zu neuen Formen.

Auch hier liegt der Bezug zu Habermas auf der Hand. Die von dieser Arbeit entwickelte hermeneutische Auseinandersetzung der Theorie des kommunikativen Handelns mit dem Medium des Ästhetischen ermöglicht der Theorie, ihre eigene Normativität kritisch zu reflektieren. Sie kann prüfen, ob ihre rationalitätstheoretischen Unterscheidungen einer Erneuerung bedürfen, weil der normative Maßstab der Theorie spezifische Formen der Kommunikation ausschließt. „Das ästhetische Denken *erneuert* die Rede" (Menke 2013b: 128). Da aber die Reflexion der Ästhetisierung zunächst an Kommunikation – sprich: an praktische Vollzüge, die gelingen können – gebunden ist, will die Reflexion sich gegenüber anderen verständlich machen, kann sie nicht im Unbestimmten verbleiben.

Menke selbst spricht davon, dass sich Ästhetisierung innerhalb der Sprache nur als Bericht von der Ästhetisierung thematisieren lässt (vgl. Menke 2013b: 124f.). Die in Kapitel 6 entwickelte Methode der hermeneutischen Interpretation hat den Sinn, solch einen Bericht zu ermöglichen, da sie zwischen dem Ästhetischen und der gewohnten Sprache und Darstellungsform pendelt, um die erschlossenen, noch fremden Gehalte verständlich zu machen – jedoch derart, dass sich die eingespielten Kommunikationspraktiken und deren Normativität selbst für neue Formen öffnen können. Die Überlegungen Wellmers zum Zusammenspiel von Ästhetischem und Diskurs erhellen den öffentlichen Charakter dieses Prozesses und ermöglichen die Herstellung eines Bezugs zur hermeneutischen Interpretation.

7.2.3 Wellmers Vermittlung von Ästhetik und Diskurs

Die theoretischen Anstrengungen Wellmers, einst Assistent Habermas', verfolgen das Motiv, das kritische Potential des Ästhetischen insbesondere gegenüber Habermas zu verteidigen. Zugleich stellen seine Ausführungen zum Ästhetischen eine kritische Lektüre Adornos Ästhetischer Theorie dar, deren Grundzügen Wellmer zufolge dem bewusstseinsphilosophischen Paradigma verhaftet bleiben.[17] Weil Wellmers Auseinandersetzung mit Adornos Ästhetischer Theorie darauf zielt, diejenigen (implizit) mitgeführten Momente der Theorie offenzulegen, die den Übergang in das intersubjektivistische Paradigma bereits vollzogen haben, bürstet sie dessen Ästhetische Theorie gegen den Strich. Der Begriff des Kunstwerkes stellt den Zugang zur intersubjektivistischen Ebene der Ästhetischen Theorie Adornos bereit. Kunstwerke, so Adorno, müssen mehr als Prozess denn als statisches Objekt verstanden werden (vgl. Adorno 2003a: 288ff.). Denn ihr Gehalt und ihre Bedeutung werden sukzessive im Rahmen von Interpretationen und Kritiken weitergebildet. In Kunstwerken sedimentiert sich nicht allein geschichtliche Erfahrung, sondern auch die Geschichte ihrer Kritiken, die das, was das Werk bedeutet, erst durchsichtig macht. „Kunst erwartet ihr eigene Explikation" (Adorno 2003a: 250, vgl. Wellmer 2005: 249f., 255). Adornos Auffassung, dass die verschiedenen Auslegungen in den Kern der Kunstwerke eingehen, stellt für Wellmer das Einfallstor der Intersubjektivität dar. Denn Kritiken werden, so Wellmer, im Medium der Öffentlichkeit sowie vor und mit anderen vollzogen.

[17]Ebenso gründet in den grundbegrifflichen Entscheidungen die negativistische, in künstlerische Aporien führende Haltung der Theorie sowie Adornos Hang zum ästhetischen Traditionalismus, dessen Urteil sich einzig auf kanonische Werke richtet (vgl. Wellmer 1985: 9).

Da die Öffentlichkeit der Raum der vielen ist, folgert Wellmer, dass die Kritik von Kunstwerken nicht mehr allein der Philosophie obliegt, die einen geschichtsphilosophisch reflektierten Wahrheitsgehalt zu bergen sucht. An die Stelle einer monologischen philosophischen Auslegung im Spannungsfeld von Wirklichkeit, Kunst und Utopie – einer Auslegung, die nicht auf die Kommunikation der Auslegung selbst angewiesen ist, weil jede Kommunikation zwischen Individuen die nichtdiskursive Wahrheit verstellt – tritt eine Auslegung im Verhältnis von Wirklichkeit, Kunst und intersubjektiver Rezeption (vgl. Wellmer 1985: 30).

Die öffentlichen Auslegungen von Kunstwerken zielen nicht auf ein exklusiv philosophisches Wissen, sondern thematisieren Selbst- und Weltverhältnisse, die sich aus einem komplexen Zusammenhang von Interpretationen, Gefühlen und Wertungen, Einstellungen und Wissen ergeben. Aufgrund der plural verfassten Öffentlichkeit stehen verschiedene Kritiken in einem argumentativen Wettstreit um die bessere Auslegung. Der Begriff der Kritik umfasst hier Deutungen und Erklärungen, Interpretationen und Kommentare, aber auch Aufführungen und Reproduktionen „in einem öffentlichen Raum zwischen ästhetisch erfahrenden Subjekten" (Wellmer 2009: 134, vgl. Wellmer 1985: 65). Nicht allein dieses Verständnis öffentlicher Auslegungen stellt die Beziehung zur hermeneutischen Interpretation, wie sie im vorherigen Kapitel entwickelt wurde, von selbst her. Zudem betont Wellmer, das dem Wettstreit der Auslegungen eine konstitutive Rolle für die Bedeutung von Werken zukommt. Die „Ansiedlung eines Wissens in den Kunstwerken" (Wellmer 1985: 68, 95) versteht er als einen wechselseitigen und reflexiven Akt, da die Interpretierende eigene Erfahrungen bei der Auslegung ins Spiel bringen, die wiederum von den Werken selbst erhellt werden (vgl. Wellmer 1985: 35).[18] Deswegen bündeln sich in Auslegungen kognitive, affektive, moralisch-praktische und ästhetische Aspekte (vgl. Wellmer 1985: 30), sodass sich ästhetische Debatten nicht – wie Habermas annimmt – auf die Erörterung des Geltungsanspruchs der Wahrhaftigkeit der Darstellung reduzieren lassen. In ästhetischen Debatten verschlingen sich (metaphorisch gesprochen) Wahrheit, Richtigkeit und Wahrhaftigkeit, weil in ihnen Erfahrungen reflektiert werden, in denen diese Dimensionen real verschlungen sind (vgl. Wellmer 1985: 36). Deswegen unterwandern ästhetische Erfahrungen die von Habermas differenzierten Dimensionen der Rationalität – ästhetische Erfahrungen lassen sich innerhalb

[18]Wellmers Bestimmungen der Wirkung von Kunst werden durch Ausführungen Menkes gestützt. Zum einen, so Menke, stellen die ästhetischen Darstellungen Produkte des kommunikativen Gebrauchs, der ihre Bedeutung hervorbringt, dar; zum anderen produzieren sie Bedeutung durch die Konstellation ihrer Materialien. Das Kunstwerk ist als Verhältnis aus ästhetischer Praxis und nicht-ästhetischer Kommunikation zu begreifen (vgl. Menke 2001: 172ff.).

Habermas' rationalitätstheoretischer Differenzierung nicht abbilden (vgl. Honneth 2007: 209).

Als normativen Kern ästhetischer Erfahrungen, die sich im Prozess der öffentlichen Auslegungen (in all ihren Facetten) einstellen, weißt Wellmer ein wechselseitiges Einverständnis aus. „Verstehen als Teil einer gelingenden ästhetischen Erfahrung" (Wellmer 1985: 64) bedeutet Wellmer zufolge – der hier Adornos Vorstellung von Mimesis aufgreift – „ein zwangloses Beisammensein des Vielen" (Wellmer 1985: 21).[19] Jedoch löst Wellmer den Begriff der Mimesis aus ihrem geschichtsphilosophischen Kontext und dem bewusstseinsphilosophischen Paradigma und deutet ihn als einen Zustand intersubjektiver Verständigung zwischen Individuen über ihre unterschiedlichen ästhetischen Erfahrungen. Im Unterschied zu Adorno begreift Wellmer Verdinglichung daher nicht als konstitutiven Zug der Verwendung allgemeiner Begriffe, sondern als einen spezifischen Gebrauch bestimmter Begriffe, die als Moment einer hegemonialen Auslegung fungieren und Kommunikation verzerren. Kommunikation über Kunst ist somit für Wellmer kein Akt, der die Wahrheit der Kunst zerstört, im Gegenteil. Gerade die Verweigerung der Kommunikation über Kunst zerstört Kunst und ihre nur kommunikativ generierte Bedeutung und stellt zugleich eine Verletzung der Integrität derer da, die bereit zur kommunikativen Auslegung sind (vgl. Wellmer 1985: 88f., 93). Verstümmelt sind Kunst und Individuen nicht aufgrund von, sondern wegen eines Mangels an diskursiver Rationalität.

Entsprechend Wellmers intersubjektivistischer Reformulierung der Ästhetischen Theorie Adornos sind ästhetische Werke als Sinnzusammenhänge zu verstehen. Im Prozess ihrer intersubjektiven Auslegungen entfalten sie eine normative Kraft, die in einem kommunikativen Einverständnis über Selbst- und Weltverhältnisse – die nicht auf einen spezifischen Diskurs reduzierbar sind – münden können. In einem weiteren Schritt zielt Wellmer auf eine pragmatische Erweiterung der Ästhetischen Theorie Adornos. Für dieses Vorhaben vermittelt er Adornos auf eine geschichtliche Bedeutung zielende Ästhetik mit der Wirkungsästhetik Lyotards.[20] Durch diese Vermittlung begreift Wellmer zum einen die sich

[19]Diese Idee der Einheit in Differenz korrespondiert mit der oben thematisierten Entgrenzung der Kunst, in deren zeitgenössischer Ausprägung sich unterschiedliche Stilmittel, Materialien und Medien verknüpfen.

[20]Beide Theoretiker ergänzen sich wechselseitig. Denn aufgrund ihrer sprachphilosophischen Annahmen können Adorno und Lyotard nicht erklären, wie der Gehalt von Kunstwerken auf eine gesellschaftliche Wirklichkeit bezogen ist. Sie bestimmen den Gehalt ästhetischer Werke als eine Form des Absoluten, das sie als das Andere begrifflichen Denkens (Adorno) oder als das Nicht-Darstellbare (Lyotard) begreifen (vgl. Wellmer 1985: 60-63).

wechselseitig verstehenden Auslegungen als Bedingung der Möglichkeit der Wirkung eines Werkes. Zum anderen werden nur diejenigen Werke zum Gegenstand eines öffentlichen Deutungsprozesses, die unser Denk-, Wahrnehmungs- und Rezeptionsweisen verändernd affizieren (vgl. Wellmer 1985: 65). Ihre Wirkung entfalten diese Werke in unterschiedlicher Weise. Kunst deckt bisher nicht Wahrgenommenes auf, verändert aber auch Bekanntes. Indem gesellschaftliche Situationen durch Kunst anders betrachtet werden können, erweitert sie die Grenzen des gemeinhin Sag- und Darstellbaren. Ebenfalls wirkt sie auf Selbst- und Weltverhältnisse zurück, da sich die Werke in die symbolisch strukturiere Lebenswelt, in die Syntax und Grammatik der Sprache einschreiben, mit der Individuen sich selbst und ihre Umgebung zu verstehen versuchen (vgl. Wellmer 1985: 34, 66, 88f.). Diese „Erweiterung des Sprachvermögens" (Wellmer 1985: 89) führt das bisher Nicht-Sag- und -Ausdrückbare einer kollektiven Semantik zu und gibt stummen individuellen und kollektiven Erfahrung eine Stimme. Der ästhetische Ausdruck wird im Zuge der öffentlichen Auslegung zur geteilten Wirklichkeit.

> „Die Kunst ist nicht das Andere der Vernunft oder des Sinns und sie ist auch nicht schlackenlos reiner Sinn oder die Vernunft in ihrer wahren Gestalt; Kunst ist eher verdichteter, in Bewegung gebrachter, mit neuen oder mit verschütteten Energien aufgeladener Sinn. Es ist nicht der Terror der Zeichen, Bedeutungen, des repräsentierenden Denkens oder der Wahrheit, gegen den sie sich polemisch richtet, sondern der Terror des jeweils etablierten und erstarrten Sinns: nur aus dessen Perspektive erscheint sie als Un-Sinn" (Wellmer 1985: 69).

Deutlich zeigt sich bei Wellmer an dieser Stelle der Zusammenhang von Ästhetik und moralisch-praktischen Diskursen: Die kollektiven Vermögen der Sprache und Darstellung stellen die Möglichkeiten der Interpretation sozialer Beziehungen sowie von Selbst- und Weltverhältnissen bereit. In den Worten Menkes:

> „Ich kann (‚faktisch') nur bestimmte Verbindungen herstellen und bestimmte Bestimmungen vornehmen – diejenigen nämlich, die ich herzustellen und vorzunehmen vermag, indem ich die Potentiale einer Kultur oder Sprache aufnehme; verwende und verwandle. Und das gilt auch für das sinnliche Erfassen im engen Sinn sinnlichen Wahrnehmens. Wenn alles sinnliche Wahrnehmen (mit Gadamers Metapher) als das ‚Lesen' oder ‚Artikulieren' eines Gegenstandes gefaßt werden kann, dann ist, was ich dabei lese, nicht minder vom Gelesenen als vom Leser und seiner Sprache bestimmt; ich kann nur lesen, das heißt: sehen oder wahrnehmen, was ich in meiner Sprache ausdrücken kann" (Menke 2002: 36).

Da im Medium des Ästhetischen diese Vermögen erweitert werden und, wie hier oben dargestellt, Verzerrungen innerhalb der Vermögen angezeigt werden, hat das

Ästhetische eine Relevanz für moralisch-praktische Diskurse, in denen solche Verzerrungen ebenfalls zum Thema gemacht werden (vgl. Wellmer 1985: 90). Da Wellmer die Kunst aber nicht aufheben will, ihr keinen utopischen Wahrheitsgehalt zuspricht, wird die diskursive Rationalität nicht von der Kunst verdrängt. Die Kunst ist nicht das Ganze der Rationalität. Die kommunikative Rationalität bedarf jedoch der Zufuhr ästhetischer Erfahrungen, in denen sich irrationale Momente der Gesellschaft ausdrücken. Ohne das subversive Potential ästhetischer Erfahrung bleiben die moralisch-praktischen Diskurse Habermas' blind, weil nicht deutlich wird, über welche kritisierbaren Erfahrungen diskutiert werden soll.[21] Die

> „ethisch-praktische Vernunft bleibt auch und erst recht, will sie nicht blind urteilen, auf […] Kunst angewiesen: auf ihre überbietende und öffentliche Stimme der Betroffenheit, die, als Betroffene, Bedürfnisse- und Wertperspektiven innovatorisch aussagt und aufschließt" (Koppe 1993: 210, vgl. ebenso Wellmer 1985: 43).

Obwohl Wellmers und Menkes Deutung der Ästhetik Adornos differieren, gelangt Menke zu demselben Verständnis des Zusammenhangs von Ästhetik und Diskurs. In seiner Schrift „Die Souveränität der Kunst" kritisiert Menke Habermas dafür, dass dieser Adornos Ästhetik romantisch deutet (vgl. im Folgenden Menke 1991a: 286-293). Von einem romantischen Verständnis von Kunst, dem zufolge innerhalb der ästhetischen Darstellung die Lösung moderner Probleme vollzogen wird, grenzt Menke Adornos Ästhetik strikt ab. Denn Adornos Ästhetik zeichnet sich Menke zufolge gerade dadurch aus, die Ausdifferenzierung der Rationalitätsformen anzuerkennen, statt sie wie die Romantik zurückzunehmen und der Kunst die oberste Problemlösungskompetenz zuzusprechen. Obwohl die Kunst keine Problemlösungen feilbietet, ist sie dennoch als Indikator für Krisen zu verstehen, so Menke in seiner Interpretation Adornos. Die Kunst ist ein differenzierter Bereich, stellt aber zugleich ein Medium dar, in dem sich die Probleme der Differenzierung – in den Begriffen Habermas': Verrechtlichung, Kommerzialisierung – artikulieren. In Menkes wie in Wellmers Verständnis der Kunst büßt das Ästhetische seine Autonomie nicht ein, weil es nicht auf die Funktion des Krisenindikators reduzierbar ist. Denn die Krisen werden beiden zufolge in den Form- und Stilmitteln

[21]Seel reflektiert das Zusammenspiel unterschiedlicher Formen der Rationalität, indem er über einen Begriff der Vernunft nachdenkt, der alle Formen der Rationalität in Differenz zu vereinigen vermag (vgl. grundlegend Seel 1997).

Während in der vorliegenden Arbeit der Fokus auf dem Verhältnis von moralisch-praktischen Diskursen und Ästhetischem liegt, wird in einem jüngst erschienenen Band mit dem Titel „anderes wissen" (Busch 2016) die hier nicht berücksichtigte epistemologische Differenz zwischen theoretischen Diskursen und Ästhetischem untersucht.

des Ästhetischen und somit nicht rein diskursiv ausgedrückt. Ähnlich argumentiert Wellbery gegen die systemtheoretische Annahme, die Kunst sei ein funktional differenziertes, operational geschlossenes autonomes System, das in keiner Beziehung zu anderen Systemen steht. Er merkt an,

> „daß Reflexivität [des Systems, sprich: die Formen und Stilmittel des Ästhetischen, M.B.] eine höherstufige Organisationsform von präreflexiven Kräften ist, die allerdings nur in der reflexiven Wiederherstellung zugänglich werden. Das Moderne moderner Kunst bestünde demgemäß nicht bloß im systemimmanenten Selbstbewußtsein ihrer autonomen Reproduktion, sondern ebenfalls in ihrer ständigen Bezugnahme auf einen Existenzgrund, der sich der Reflexivität nachträglich eröffnet. Die Beschreibung der ästhetischen Moderne, die die Systemtheorie liefert, müsste daher durch ein genealogisches Konzept ergänzt werden, nicht weil dieses wahrer wäre, sondern weil es die andere Seite moderner ästhetischer Erfahrung artikuliert. Sähe man von dieser Seite – der Seite der Genese – ab, setzte man alles auf Autonomie, Reflexivität, Selbstbestimmung, dann fiele nicht nur eine reichhaltige Tradition ästhetischer Theorie der Vergessenheit anheim; man verfehlte auch einen wesentlichen Aspekt moderner Erfahrung“ (Wellbery 1999: 26).

Diese Erfahrung ist die Erfahrung der Krisen und Pathologien der Moderne, in denen die Reflexivität der Kunst, ihre Formen und Stilmittel Wellbery zufolge (auch) gründet.

Letztendlich zeigt sich Habermas von diesen Argumenten (Wellmers) überzeugt und gesteht zu, dass dem Ästhetischen eine herausragende Rolle bei der Deutung problematischer gesellschaftlicher Zusammenhänge zukommt.

> „Albrecht Wellmer hat mich darauf aufmerksam gemacht, wie eine ästhetische Erfahrung, die nicht primär in Geschmacksurteile umgesetzt wird, ihren Stellenwert ändert: Sobald sie explorativ für die Aufhellung einer lebensgeschichtlichen Situation genutzt, auf Lebensprobleme bezogen wird, tritt sie in ein Sprachspiel ein, das nicht mehr das der ästhetischen Kritik ist. Die ästhetische Erfahrung erneuert dann nicht nur die Interpretationen der Bedürfnisse, in deren Licht wir die Welt wahrnehmen; sie greift gleichzeitig in die kognitiven Deutungen und die normativen Erwartungen ein und verändert die Art, wie alle diese Momente auf einander verweisen“ (Habermas 1981a: 461, vgl. Habermas 1985: 202).

Es ist verwunderlich, dass sich Habermas' theoretisches Schaffen dennoch nicht gegenüber dem Ästhetischen öffnet. Seine (hier in Kapitel 4) rekonstruierte Ablehnung kann in Anbetracht der Argumente Wellmers und Menkes als Ausdruck einer Haltung gelten, die (wie in Kapitel 5 ausgeführt) unsensibel auf Krisen und Pathologien reagiert und sich unkritisch gegenüber hegemonialen Bedürfnisstrukturen sowie Selbst- und Weltverhältnissen zeigt. Die sich in der ästhetischen Erfahrung einstellende Sensibilität und kritische Haltung lassen sich durch Seels Überlegungen zur Ästhetik genauer charakterisieren.

7.2.4 Das Erscheinen des Erscheinens (Seel)

Grundlegend zielen Seels Auseinandersetzungen mit der Ästhetik auf eine Kritik der (hier oben skizzierten) souveränitäts- und der autonomietheoretischen Positionen. Beide Positionen, so Seel, nehmen eine Abwertung der phänomenalen Oberfläche ästhetischer Artefakte und des Hier und Jetzt ihres Erscheinens vor. Denn sie beziehen das Ästhetische entweder auf eine Wahrheit, die über den Moment des Erscheinens hinausweißt (Souveränität), oder auf tradierte Eigengesetzlichkeiten von Form und Stil (Autonomie). Entgegen dieser Positionen begreift Seel die ästhetische Haltung als eine spezifische Art, die Gegenwart zu betrachten. Die ästhetische Anschauung richtet sich im Moment der Erscheinung auf diejenigen Aspekte des Erscheinenden, die von anderen Zugängen zur Welt nicht wahrgenommen werden (vgl. Seel 2002: 331). Den Aspekt, den die ästhetische Wahrnehmung fokussiert, bezeichnet Seel als das „Erscheinen von Erscheinendem" (Seel 2004: 74, vgl. insgesamt Seel 2003). Die ästhetische Wahrnehmung richtet ihre Aufmerksamkeit auf das Erscheinen von etwas in einer spezifischen Konstellation. Sie reagiert sensibel darauf, wie etwas in einem Hier und Jetzt und in seiner sinnlichen Ganzheit anwesend ist. Sie ist jedoch nicht beschränkt auf Kunst oder ästhetische Artefakte. Die ästhetische Wahrnehmung ist eine Haltung, in der die Welt und die phänomenale Individualität des Erscheinenden grundlegend betrachtet werden können. Zur Illustration dieser Wahrnehmung zieht Seel den Film „American Beauty" heran, in dem ein vom Wind umher gewehter Plastikbeutel in der Art seines Erscheinens, das heißt ästhetisch betrachtet wird (vgl. Seel 2002: 334-339). – Rancière arbeitet heraus, dass erst mit der Etablierung des von ihm so bezeichneten ästhetischen Regimes (vgl. Rancière 2008: 23) die gesellschaftlichen Voraussetzungen der von Seel beschriebenen ästhetischen Wahrnehmung gegeben sind. In einer seiner wichtigsten Schriften zur Ästhetik mit dem Titel „Aisthesis" untersucht Rancière die Genese dieser Wahrnehmungsform durch die Analyse zentraler Momente der neuzeitlichen Kunstgeschichte. Er gelangt zu dem Schluss, dass die ästhetische Wahrnehmung ein besonderer, erst zwei Jahrhunderte alter Modus der Empfindung und Betrachtung ist, ein Modus, in dessen Rahmen Objekte unterschiedlicher Art, „ein Farbglanz, die Beschleunigung eines Rhythmus, eine Stille zwischen Wörtern, eine Bewegung oder ein Flackern auf eine Oberfläche" (Rancière 2013: 12) in einem einzigen Zusammenhang betrachtet werden, der gemeinhin als Kunst bezeichnet wird.

Das Ästhetische wird somit von Seel und Rancière nicht über spezifische Objekte, sondern über den Zugang zur Welt bestimmt. Die ästhetische Wahrnehmung unterwandert vielmehr die Grenze zwischen gemeinhin als Kunst bezeichneten Gegenständen und der Gesamtheit lebensweltlicher Erfahrungen (vgl. Rancière 2013: 16). Besonders in den Unter- und Obertönen der Ausführungen Seels hallen Adornos Charakterisierungen eines mimetischen Zugangs zur Welt nach. Denn Seel betont, dass in der ästhetischen Wahrnehmung davon abgesehen wird, das Betrachtete Versuchen der Fremdbestimmung auszusetzen. „[T] rotz aller Möglichkeiten der Bestimmung und Beherrschung" (Seel 2004: 74) versenkt sich die ästhetische Wahrnehmung in das Angeschaute und versucht, es von dessen eigenen Qualitäten her zu verstehen. Auf der Folie der Dialektik der Aufklärung drückt sich in Seels Verständnis des Ästhetischen die Rücknahme von Subjektivität, ein Vorsichtiger Umgang mit eigenen Begriffen, Kategorien und Maßstäben aus. Bezogen auf die Theorie des kommunikativen Handelns lässt sich das Ästhetische als Haltung verstehen, unterschiedliche Artikulationsformen und -weisen nicht direkt auf den Maßstab kommunikativer Rationalität zu beziehen, im Gegenteil. Die ästhetische Wahrnehmung respektiert und akzeptiert die Möglichkeit einer anderen Form des Sprechens, der Kommunikation und der Argumentation – sie hält sich offen für das andere einer spezifischen Vorstellung von Rationalität. Diese Offenheit zeigt sich insbesondere in Seels Überlegungen zur ästhetischen Erfahrung. Die ästhetische Erfahrung bestimmt Seel als Steigerung der ästhetischen Wahrnehmung. Diese Erfahrung „läßt am Bestimmten das Unbestimmte, am Realisierten das Unrealisierte, am Faßlichen das Unfaßliche kenntlich werden und stellt darin ein Bewußtsein der Offenheit von Gegenwart her" (Seel 2004: 81). Ästhetische Erfahrungen stellen sich ein, wenn die ästhetische Wahrnehmung zu einem Ereignis wird. Zu einem Ereignis wird diese Form der Wahrnehmung in den Momenten, in denen das Angeschaute auf eine bestimmte Weise bedeutsam wird und die gewohnte Wahrnehmung verändert: Die Bedeutsamkeit gründet – hier treffen sich Seel und Rancière – in der Veränderung der Wahrnehmung.

> „Ereignisse in diesem Sinn sind Unterbrechungen des Kontinuums der biographischen und historischen Zeit. Sie sind Vorgänge, die nicht eingeordnet, aber ebenso wenig ignoriert werden können; sie erzeugen Risse in der gedeuteten Welt. Sie machen sich bemerkbar, indem sie zugleich das Bemerken verändern. Sie sind Vorgänge, die in der Zeit ihres Geschehens nicht zu fassen sind. Indem sie etwas plötzlich und unausweichlich in den Mittelpunkt der Aufmerksamkeit rücken, sind sie ein Aufstand der Gegenwart gegen die übrige Zeit" (Seel 2004: 75).

Neben der ästhetischen Wahrnehmung, ihrer Offenheit für die Besonderheiten des Betrachteten, lässt sich auch die ästhetische Erfahrung auf das Thema der vorliegenden Arbeit beziehen. Denn Seel zufolge ist oftmals „ein unübersetzbares Artikulationspotential" (Seel 2004: 77) der Auslöser dafür, dass der Raum des Möglichen auf unerwartete Weise überschritten wird. Von diesem Artikulationspotential aus nehmen die ästhetische Erfahrung und die „Veränderung sowohl des Bemerkens als auch des Bemerkten" (ebd.) ihren Ausgang. In ihrer Fokussierung, die keine Details unter Gewohntes subsumiert, stößt die ästhetische Wahrnehmung auf Aspekte lebensweltlicher Artikulationen, die sie als Irritation erfährt. Aufgrund ihrer Haltung, Betrachtetes nicht direkt unter Gewohntes zu subsumieren, widmet sie sich den ungewöhnlichen Besonderheiten der Artikulationen und ist deswegen in der Lage, spezifische Artikulationen des Leidens überhaupt als solche zu erkennen (vgl. hier Kapitel 6). In Situationen, in denen soziale Praktiken, Verhaltens- und Umgangsweisen der Betrachtung zunächst unauffällig erscheinen, ist die ästhetische Anschauung in der Lage, die Situation als Ereignis wahrzunehmen. Im Rahmen einer Kritischen Theorie kommt der hermeneutischen Interpretation die Aufgabe zu, die ästhetischen Erfahrungen mit den Begriffen und Kategorien der Gesellschaftstheorie zu vermitteln. Denn was „ein gelingendes Leben ist, läßt sich in ästhetischen Begriffen nicht hinreichend erläutern" (Seel 1993b: 33). Auf diesem Wege der Vermittlung behält das Ästhetische zugleich seinen autonomen Status. Seine Darstellungs- und Ausdrucksformen, seine Stilmittel und Materialien werden nicht einer „Ästhetik der Existenz" (Foucault 2007) geopfert und unmittelbar in eine Kunst des guten Lebens überführt.

Zwar stellen sich ästhetische Erfahrung und Wahrnehmung nicht ausschließlich in Anbetracht ästhetischer Artefakte ein. Jedoch stehen sie in einer besonderen Beziehung zur Kunst. Denn Kunst hat Seel zufolge den genuinen Sinn, ästhetische Erfahrungen auszulösen. Kunstwerke zielen auf ästhetische Erfahrungen, indem sie über die Selbstpräsentation des Werkes eine ungewohnte Weltpräsentation ermöglichen. Diese Möglichkeit gründet in der Autonomie der Kunst, abseits gewohnter Darstellungs- und Ausdrucksweisen spezifische Materialien, unterschiedliche Perspektiven und Konfigurationen von Stilmitteln zu verknüpfen. Da sich im Medium des Ästhetischen „Konstellationen des Möglichen und Unmöglichen" (Seel 2004: 78) herstellen lassen, kann die Theorie des kommunikativen Handelns ihren normativen Maßstab innerhalb des Ästhetischen kritisch reflektieren. Denn im Ästhetischen lassen sich die Rationalität kommunikativer Verständigung und der von Habermas selbst benannte „der zwanglose Zwang des besseren […] Argumentes" (Habermas 2009f: 144) in spezifischen Konstellationen ihrer Heteronomie überführen. So ist es durchaus möglich, dass bestimmte Formen des Denkens und der Argumentation auf den Boden diskursiver Rationalität gezwungen werden, weil ihnen ihr eigenständiger, reflexiver Charakter schlicht aberkannt wird.[22] Die anthropologischen und ethnologischen Studien Lévi-Strauss (Lévi-Strauss 1973) können als Zeugnis gelten, dass es andere Formen des Denkens und Urteils gibt, die nicht minderrational oder weniger komplex sind als die argumentativen Schlüsse diskursiver Verständigung. Sie sind schlicht anders. Jedoch erweist sich der Maßstab der kommunikativen Rationalität ihnen gegenüber als Heteronomie. Obwohl andere sinnvolle Formen der Verständigung für Habermas unmöglich scheinen, kann das Ästhetische den Weg zu ihnen bahnen. Das bereits in Antwerpen, Bern oder Wien gezeigte Ausstellungsprojekt „Animismus – Moderne hinter den Spiegeln" stellt eine ästhetische Aufarbeitung spezifisch moderner Annahmen über den Charakter der Rationalität dar, um diese Annahmen zugleich in Konstellationen mit dem vermeintlich anderen der Rationalität zu setzen. Die Ausstellung zeigt nicht allein, dass das andere der Rationalität Produkt der Rationalität selbst ist – Aufklärung ist Mythos, Mythos ist Aufklärung –, sondern weist ebenso zu Wegen der Kommunikation, die im gegenwärtigen Möglichen als unmöglich gelten. Diese Charakterisierung der Kunst beantwortet zugleich die – für eine ästhetisch orientierte Soziologie interessante – Frage, ob sich am ästhetischen Material eine genuin eigene Erkenntnis gewinnen lässt, oder ob dieses bestimmte Material nur der Illustration dient und für die eigentliche Erkenntnis einen sekundären Stellenwert hat: Ästhetische Erfahrungen, in denen Situationen zu Ereignissen werden, sind zwar nicht auf die Kunst beschränkt. Jedoch ist die Kunst dazu prädestiniert, ästhetische Erfahrungen hervorzurufen, weil in der Kunst nicht lediglich etwas ausgestellt wird. Mit jeder Ausstellung von etwas werden zugleich die Darstellungspraktiken selbst zur offenen Frage. In diesem Sinne sind Duchamps *Objets trouvé* nicht lediglich als Ausstellungsstücke zu verstehen. Durch die Art ihrer Ausstellung stellen sie zugleich Befragungen des Begriffs der Kunst dar, unter dem beispielsweise ein Pissoirbecken bislang nicht gefasst wurde.[23]

---

[22]Auch Brombach et al. 2010 begreifen die Ästhetisierung gewohnter normativer Begriffe als deren kritische Infragestellung.

[23]Die Künstlerin Joëlle Tuerlinckx macht diese von der Kunst vollzogenen Befragungen selbst zum Thema ihrer Ausstellungen. Insbesondere ihre 2013 im Münchner Haus der Kunst organisierte Ausstellung „World(k) in Progress" legt deutlich die Mechanismen, die Gegenstände erst als Kunst klassifizieren, offen. Der simpelste Mechanismus besteht sicher darin, ein Objekt in die Vitrine eines Museums zu legen. Auf diesem Wege kann sogar ein von Besuchenden selbst platzierter alter Einkaufszettel zum Faszinosum für andere Besuchende werden.

7.2.5 Das Ästhetische

Nach der Diskussion unterschiedlicher, für die Ästhetische Theorie relevanter Positionen lässt sich für die vorliegende Arbeit ein Begriff des Ästhetischen bestimmen, der sich in das intersubjektivistische Konzept der Theorie des kommunikativen Handelns einfügt. Das Ästhetische ist im doppelten Sinne ein Moment der Gesellschaft. In ihm drücken sich gesellschaftliche Erfahrungen – beispielsweise Krisen als Dissonanzen der Musik – aus. Zugleich wirkt das Ästhetische durch seine spezifische Darstellung – in Form unbekannter Wahrnehmungsweisen – in die Gesellschaft zurück. Mit Kunstwerken ist das Ästhetische nicht identisch. Zwar besteht der genuine Sinn der Kunst in dem Hervorrufen ästhetischer Erfahrungen. Jedoch können sich diese Erfahrungen auch in Anbetracht spezifischer Konstellationen von Gegenständen, Themen oder normativen Artikulationen einstellen – nämlich dann, wenn das Wahrgenommene als Ereignis, das das Gewohnte sprengt, betrachtet wird. Insbesondere im Medium des Ästhetischen ist diese Möglichkeit der Erfahrung gegeben, da sich die ästhetische Wahrnehmung in das Besondere des Wahrgenommenen versenkt, ohne es unter tradierte Kategorien, Begriffen und Theorien subsumieren zu wollen. Für eine Kritische Theorie der Gesellschaft sowie die moralisch-praktischen Diskurse ist das Ästhetische ein unerlässliches Medium, weil sich in ihm Erfahrungen der Herrschaft, der Heteronomie und der verzerrten Wahrnehmungs- und Kommunikationsformen – wie die Kommerzialisierung und Verrechtlichung der Lebenswelt – ausdrücken. Ohne die Reflexion dieser Leid verursachenden strukturellen Momente einer Gesellschaft bleiben die Instrumente, die Begriffe und Kategorien der Kritischen Theorie stumpf, weil sie unfähig sind, auf diejenigen gesellschaftlichen Erfahrungen zu reagieren, die sich nicht in hegemonialen Wahrnehmungsweisen und Konzepten abbilden lassen. In diesem Sinn kann das Ästhetische als Kritik nicht-ästhetischer Praktiken – zu denen theoretische und moralisch-praktische Diskurse ebenso zählen wie das Philosophieren – und Institutionen verstanden werden. Deren Normativität wird ästhetisiert, wenn die Praktiken und Institutionen im Medium des Ästhetischen derart reflexiv betrachtet werden, dass eine Distanzierung oder gar Unterwanderung der Normativität vollzogen wird. Diese Öffnung zu anderen Formen des Normativen ist die Rationalität des Ästhetischen. Dass diese Öffnung nicht im Rahmen monologischer Denkoperationen vollzogen wird, gründet in dem öffentlichen Charakter des Ästhetischen. Die ästhetischen Wahrnehmungen und Erfahrungen werden öffentlich vor und mit anderen interpretiert. Im Wettstreit um die bessere Interpretation des Erfahrenen schreiben sich die spezifischen Erfahrungen in das Wahrgenommene ein. Im engeren Bezugsfeld der Kunst wird die Bedeutung ästhetischer Artefakte in

Form von Kritiken und Deutungen, Ausstellungen und Inszenierungen öffentlich, sprich wechselseitig generiert. Daher ist die Geschichte der Rezeption ästhetischer Artefakte ein integrales Moment der Bedeutung diese Artefakte. In diesem öffentlichen Vollzug gleicht die Auseinandersetzung mit dem Ästhetischen der hermeneutischen Interpretation, die im vorherigen Kapitel als wichtiger Schlüssel zur Übersetzung ästhetischer Erfahrungsgehalte in theoretische Konzepte ausgewiesen wurde. Denn ebenfalls die hermeneutische Interpretation findet im öffentlichen Wettstreit um die besseren Deutungen statt – Deutungen, die sich in den Gegenstand der Deutung einschreiben.

Der hier bestimmte Begriff des Ästhetischen stellt nicht allein eine sinnvolle Ergänzung der Theorie des kommunikativen Handelns dar. Ebenso kann er in zeitgenössischen Debatten, in denen das Verhältnis von Ästhetik und Kapitalismus reflektiert wird, eine Perspektive eröffnen, in der eine normative Ebene sichtbar wird, von der aus dieses Verhältnis kritisiert werden kann.

7.2.6 „Ästhetischer" Kapitalismus

Die hier oben mit Welsch beschriebenen Prozesse der Ästhetisierung werden gegenwärtig vielerorts alarmierend mit dem Hinweis aufgegriffen, dass das Ästhetische als Mittel zum Zweck – der Steigerung des Absatzes durch geschmackvolleres Design oder durch die Verzierung sogenannter Erlebnisoasen – instrumentalisiert werde (vgl. Menke 2013b: 11). Verschiedene soziologische Theorien versuchen diesen oftmals pauschal formulierten Einwänden, die unklar lassen, was das Ästhetische eigentlich ist, eine differenzierte Form zu verleihen. Eine der prominentesten Analysen zur gegenwärtigen ästhetischen Verfassung des Kapitalismus stellt Boltanskis und Chiapellos Studie zum „neue Geist des Kapitalismus" (Boltanski/Chiapello 2003) dar. Beide zeichnen einen Wandel der Kritik des Kapitalismus nach und unterscheiden zwischen einer früheren sozialen Kritik des Kapitalismus und einer späteren „Künstlerkritik" (Boltanski/Chiapello 2012: 29). Während die Sozialkritik auf die Etablierung einer allgemeinen, durch den Staat garantierte Daseinsvorsorge, auf eine soziale Absicherung und materiellen Wohlstand zielt, orientiert sich die ästhetische Kritik an eigenverantwortlichem Arbeiten, an flachen Hierarchien und der Möglichkeit, sich im Beruf kreativ zu entfalten. Eigenverantwortung statt Unterwerfung, Kreativität statt Disziplin, sind die Losungen der „Künstlerkritik".

Die Folgen dieser Forderungen, die Boltanski und Chiapello zufolge in neuen Formen der Arbeitsorganisation münden, rückt Reckwitz in seiner materialreichen Studie „Zum Prozess gesellschaftlicher Ästhetisierung" (Reckwitz 2012a) minutiös in den Blick. Bei der Suche nach Formen der Ästhetisierung beobachtet er nicht primär den Bereich der Kunst. Vielmehr stellen Reckwitz' Analysen eine Genealogie sozialer Praktiken dar (vgl. Reckwitz 2015: 14). Diese Praktiken werden ihm zufolge zunehmend ästhetisch: In unterschiedlichen Bereichen wie der Ökonomie, der Architektur oder der individuellen Lebensgestaltung richten sich die diese Bereiche konstituierenden Praktiken an dem Ideal des Ästhetischen aus. Den Begriff des Ästhetischen identifiziert Reckwitz mit dem der Kreativität. Maßgeblich für das Ästhetische sind ihm zufolge das Streben, von Gewohntem abzuweichen, Normen zu durchbrechen und experimentierend Innovationen hervorzubringen. Kreativität wird jedoch nicht als kontingenter Glücksfall verstanden, sondern als dauerhaftes Potential, innovative Neuerungen zu generieren – Innovation in Permanenz (vgl. Reckwitz 2012a: 10f.). So ist gegenwärtig die Vorstellung von Individualität dominant, der zufolge es für ein Individuum maßgeblich ist, sich in einem schöpferischen Selbstentwurf immer wieder neu selbst zu erfinden. So lautet eine typische Floskel, mit der oftmals Stars umschrieben werden. 2007 wirbt das Modeunternehmen H&M in einer Anzeige: „Madonna erfindet sich stets neu". Spätestens in den neunzehnhundertachtziger Jahren ist Reckwitz zufolge ein „Kreativitätsdispositiv" (Reckwitz 2012a: 15) fest etabliert, in dessen Rahmen das subjektive Begehren, ästhetisch zu agieren, und die entsprechenden sozialen Erwartungen (in den wesentlichen gesellschaftlichen Bereiche) miteinander vernetzt auftreten.[24] Dieser Nexus von Erwartung und Begehren drückt sich in mittlerweile geläufigen Bezeichnungen wie *creative industries*

[24]Hans Namuths Kurzfilm „Jackson Pollock" dient Reckwitz zur Illustration derjenigen Prozesse, die innerhalb der Kunst zur gesellschaftlichen Verallgemeinerung kreativer sozialer Praktiken beitragen (vgl. Reckwitz 2012b). Reckwitz zufolge stellt der Film ein besonderes Dokument dar, in dem sich verschiedene, teils heterogene Momente des Ästhetisierungsprozesses zeigen. Denn der Film fokussiert im Gegensatz zu gewöhnlichen Darstellung von Künstlern/innen nicht die Figur, sondern die Prozesse des Herstellens, die in der Regel verdeckt gehalten und auf diesem Wege zum Mysterium werden. Zwar wird zunächst der klassische Künstlerdiskurs zitiert, indem das kreative Selbst als originelles Genie im Zustand gesellschaftlicher Entfremdung dargestellt wird: Pollock wird als einsame, antiurbane, monologische, expressive und antibürgerliche Figur gezeigt, als Synthese von Introversion und Extroversion. Gleichzeitig dekonstruiert der Film diese Figur und führt zur Normalisierung künstlerischer Praktiken, da sie in den Kontext einer methodisch-systematischen Gestaltung, zu der jedes Individuum letztendlich fähig ist, eingebettet werden: Der Künstler wird zum Arrangeur gegebener Gegenstände, die er auf einer Glasplatte anordnet. Ebenfalls tritt durch Pollocks Technik des sogenannten *drip painting* das Moment des Zufalls in den Vordergrund. Da der Produktionsprozess zu einer Performance, zum *action painting* wird, verschwindet die Figur des Genies, das jede Form der Kreativität aus seiner besonderen Subjektivität schöpft.

oder *creative economy* aus. Obwohl in ihrer Ausgangsfrage verschieden, rücken die Studien Ehrenbergs diesen Prozess kritisch in den Blick. Ehrenberg zufolge sind gesellschaftliche Institutionen – in den Worten Reckwitz' – ästhetisiert: In ihnen drückt sich die normative Vorstellung aus, sich kreativ entfalten zu können. Jedoch, so Ehrenberg, schlägt diese Freiheit in den von den Individuen empfundenen Zwang um, jede Möglichkeit nutzen zu müssen und überall kreativ zu agieren. Die Zunahme depressiver Störungen führt Ehrenberg auf diesen Zwang zurück (vgl. Ehrenberg 2004). Deleuze bring diese Gesellschaftsformation auf den Begriff der Kontrollgesellschaft, in der niemand „mit irgend etwas fertig wird: Unternehmen, Weiterbildung, Dienstleistung" (Deleuze 2012: 13), alle gehalten sind, rastlos weiter zu performen.

Gernot Böhme kritisiert diesen Prozess der Ästhetisierung besonders scharf. Im Rahmen seiner Analysen des Ästhetischen Kapitalismus, die das „Wirtschaftssystem vonseiten des Konsums" (Böhme 2016: 9) betrachten, dienen ihm Fotos zeitgenössischer Gestaltungen von Einkaufszentren ebenso als empirisches Material wie selbst geführte Interviews mit Städteplanenden und Geschäftsführern/innen von Firmen, die Konsumgüter herstellen. Böhme zufolge stehen die Ziele, eine sinnliche Atmosphäre, in der sich alle gern aufhalten, und expressive Lebensstile zu entwerfen, im Zentrum zeitgenössischer kapitalistischer Kalküle. Da laut Böhme die grundlegenden Bedürfnisse der Konsumierenden im gegenwärtigen Kapitalismus weitestgehend von den bereits existierenden Konsumgütern abgedeckt werden, müssen neue Formen der Bedürfnisse (mittels Werbetechniken) kreiert werden, sodass ein „Wandel von Bedürfnissen in Begehrnisse" (Böhme 2016: 10f.) stattfindet. Während Bedürfnisse durch Konsum gestillt werden können, zeichnet sich Begehrnisse dadurch aus, dass sie durch den Konsum gesteigert werden. Das von Böhme oft genannte Beispiel einer Bierwerbung, die den Slogan „Durch Bier wird der Durst erst schön" zitiert, illustriert diesen Wandeln der Bedürfnisstruktur. Der Konsum des Getränks zielt hier nicht darauf, den Durst zu beseitigen, sondern auf die Verschönerung und Steigerung des Konsums. Die sozialen pathologischen Auswirkungen der zunehmenden Dominanz von Begehrnissen charakterisiert Böhme als Unbehagen und Leere sowie als Stressempfinden, immer weiter konsumieren zu müssen, ohne jedoch eine Befriedigung zu erlangen.[25]

---

[25]Als Ausweg aus dieser Lage schlägt Böhme vor, eine andere Form der Bedürfnisökonomie, deren Fokus auf der Selbstsorge liegt, in Bildungsinstitutionen zu lehren und die Hauswirtschaft, in deren Rahmen Bedürfnisse abseits ökonomischer Kalküle befriedigt werden können, als vierten Wirtschaftsbereich anzuerkennen (vgl. Böhme 2016: 16-20).

Entsprechend dieser hier dargestellten Analysen konstatieren Menke und Rebentisch in dem Band „Kreation und Depression", dass das romantische Ideal der expressiven Selbstverwirklichung, des Ausdrucks eigener Fähigkeiten und Bedürfnisse innerhalb gesellschaftlicher Institutionen und Praktiken ebenso hegemonial geworden ist wie die Ästhetisierung des Kapitalismus (vgl. Menke/Rebentisch 2012: 7f.). An diese Diagnose schließen sie mit der Frage an, ob das normative Potential des Ästhetischen damit verbraucht ist: Gibt es im Ästhetischen einen normativen Bezugspunkt, der nicht vom Kapitalismus in Beschlag genommen ist oder sich in sozialen Institutionen als Zwang ausdrückt? Reckwitz antwortet auf diese Frage mit dem Hinweis, dass das Ästhetische aus dem falschen Korsett des Kapitalismus gelöst werden muss. Das Ästhetische muss, so Reckwitz, weiter verallgemeinert, ausgedehnt werden (vgl. Reckwitz 2012a: 355-358). Problematisch sind Reckwitz' Vorschläge, weil sie zum einen die Autonomie des Ästhetischen nicht reflektieren und es für gesellschaftlich-ethische Zwecke unmittelbar in Beschlag nehmen. Zum anderen kann Reckwitz kein Moment des Ästhetischen benennen, das sich von denjenigen Momenten, die sich bereits institutionalisiert als Zwang äußern, unterscheiden lässt. Mittels des in dieser Arbeit entwickelten Begriffs des Ästhetischen lässt sich die von Menke und Rebentisch gestellte Frage anders beantworten. Nicht der Grad der Ausweitung der Ästhetisierung wird kritisch befragt, sondern wie das Ästhetische gesellschaftlich angeeignet wird. Der hier entwickelte Begriff des Ästhetischen differenziert a) zwischen einer Schein-Ästhetisierung, in deren Rahmen die kreative Abweichung vom Gewohnten mit dem Ziel der Profitsteigerung oder um den Willen einer endlosen, Depressionen verursachenden Neukreation des Selbst oder eigenen Lebensentwürfe vollzogen wird; und b) einer normativ gehaltvollen Ästhetisierung, in deren Rahmen soziale Institutionen und Praktiken als Heteronomie, als Zwang zur kreativen Selbstoptimierung oder zur ständigen Hervorbringung von Innovationen erfahren werden. Auf der Folie der Theorie des kommunikativen Handelns stellen diese Zwänge eine Ökonomisierung kreativer Potentiale sowie eine Entkopplung dieser Potentiale von kommunikativen Strukturen dar. Das Kreativitätsdispositiv als selbstbezügliches Regime darzustellen, das sich von den kommunikativen Strukturen der Lebenswelt, den individuellen Bedürfnissen und Kompetenzen abgelöst hat, bedeutet innerhalb der vorliegenden Arbeit, das Kreativitätsdispositiv im Medium des Ästhetischen zu betrachten: es zu ästhetisieren.

7.3 Exemplarische Durchführungen

In einem letzten Schritt wird nun an ausgewählten Beispielen demonstriert, wie sich ästhetische Artefakte hermeneutisch so interpretieren lassen, dass ein kritischer Gehalt zutage gefördert wird. Die Erfahrungen der Kolonialisierung lebensweltlicher Strukturen werden nun im Medium des Ästhetischen reflektiert. Zunächst liegt der Fokus auf dem Motiv der Rettung, daraufhin auf dem der Einforderung umfassend kommunikativer Rationalität.

7.3.1 Materialisierte Hoffnungen[26]

In seinem Roman „Der Hase mit den Bernsteinaugen" (Waal 2011) erkundet Edmund de Waal die von Verlusten geprägte Geschichte seiner Familie sowie Erinnerungen, die fast dem Vergessen anheimgefallen sind. Der 1964 geborene de Waal ist ein britischer Künstler und Professor der Keramik. Er gehört der jüdischen, aus Odessa stammenden Familie Ephrussi an, die im neunzehnten Jahrhundert durch Getreidehandel zu einer Bankiersdynastie aufstieg. Als Edmunds Großonkel Ignaz 1994 in Tokio stirbt, erbt er 264 geschnitzte japanische Figuren aus Holz und Elfenbein, die sich seit mehreren Generationen im Besitz seiner Familie befinden, die sogenannten Netsuke. Fasziniert von diesen winzigen Gegenständen überkommen Edmund Fragen danach, in welchen Räumen die Figuren einmal standen, und welche Beziehungen seine Verwandten zu ihnen unterhielten. Mit den Schnitzereien als Zeugen des Vergangenen im Gepäck, durchwandert er Europa, immer auf der Suche nach den Spuren seiner Familie in der Historie des Kontinents, des kulturellen und des politischen Raums.

Auf seiner Reise nimmt de Waal den Leser mit in das Paris der Belle Époque, in dem sein Urgroßonkel Charles Ephrussi zu einem bekannten Kunstsammler und Essayisten aufstieg. Regelmäßig verkehrt er mit Marcel Proust, dessen Swann an Charles angelehnt ist, oder mit Pierre-Auguste Renoir, auf dessen Gemälde „Das Frühstück der Ruderer" er im Hintergrund mit schwarzem Hut gekleidet auftaucht (Abb. 7.2). Dass Charles 1887 die Netsuke erwirbt, fällt in den Geist der Epoche.

Denn das vom Impressionismus bestimmte Klima zeichnete sich durch einen interessierten Blick in das ferne Japan aus. Als Hochzeitsgeschenk wandern die Figuren 1899 ins Wien des Fin de siècle zu Charles' Cousin Viktor Ephrussi und dessen Frau Emmy – und mit ihnen Edmund. Dort angekommen, beschreibt er das Wien seines Urgroßvaters, von Sigmund Freud und Arthur Schnitzler als eine mit ornamentalem Prunk überladene Stadt. Etliche Parvenüs debattieren in Kaffeehäusern über Kunst und Literatur und werden zugleich von dem Gefühl

[26]Die folgende Durchführung ist größtenteils wörtlich bereit in einer online Besprechung (vgl. Baum 2011a) erschienen.

Abb. 7.1 *Ignaz vor der Netsuke-Sammlung, 1960 (Homepage Edmund de Waal)*

heimgesucht, den Halt in der Gesellschaft verloren zu haben. Hinein in diese eigenartig übersättigt wirkende Zeit wird 1906 Edmunds Großonkel Ignaz (Abb. 7.1) geboren, über den die Netsuke letztendlich zu ihm gelangten.

Da de Waal seine intensiven Studien historischer Quellen und privater Notizen im Roman thematisiert und einige Fotografien abgebildet werden, erhält das von ihm abgelegte Zeugnis geschichtlicher Momente einen authentischen Charakter. Die Lesenden werden in die spezifischen Stimmungen der Zeit versetzt. So ist das Entsetzen über das Ausmaß der Vernichtung im Ersten Weltkrieg und die Abneigung gegenüber den von Osten her nach Österreich ziehenden Juden fast am eigenen Leib spürbar. Mittels seiner zwei besonders geschulten Vermögen,

Abb. 7.2 *Pierre-Auguste Renoir, Das Frühstück der Ruderer, zwischen 1880 und 1881 Öl auf Leinwand 51 1/4 x 69 1/8 in.; 130.2 x 175.6 cm. The Phillips Collection, Washington, DC. Acquired 1923*

dem visuellen und dem haptischen, nimmt er detailliert die vielfältigen Eindrücke auf. In den ehemaligen Wohnsitzen der Familie unterzieht de Waal die kleinsten Gegenstände wie die imposantesten Fassaden und Innenausstattungen der genauesten Betrachtung. Ausgestattet mit einem mikroskopischen Blick entschlüsselt er die Chiffren der Vergangenheit, die sich in den bewohnten Räumen zeigen. Durch seine Fähigkeit, Formen und Materialien durch Berührungen zum Sprechen zu bringen, entlockt er den Gegenständen ihre Geheimnisse und lässt den Leser nachvollziehen, wie elementar sie für die narrativ gestrickten Identitäten sind. „Es ist ein diskret-sinnlicher Akt der Enthüllung, ihre Sammlerstücke öffentlich gemeinsam zu zeigen. Und die Zusammenstellung der Lackarbeiten berichtet auch von ihren Verabredungen: Die Sammlung protokolliert ihre Liebesgeschichte" (Waal 2011: 63).

In dieser von de Waal so bezeichneten „Literatur der Berührung" (Waal 2011: 56) übernehmen die beschauten und befühlten Dinge die Rolle eines Mediums. Blitzartig erscheinen durch sie unterschiedliche Erinnerungsbilder in kristallisierter

Form, die die Beziehungen der Individuen erkennbar werden lassen: „Und die Netsuke passen vollendet in Charles' Salonleben", zur abschweifenden Konversation und Zerstreuung. Sie fügen Charles' Lebensart und dem Bilde davon „etwas ganz Eigentümliches hinzu. Sie sind die ersten Objekte, die eine Beziehung [...] zu einem exotischen Alltagsleben" (Waal 2011: 75) haben. Da de Waals zwei Jahrhunderte umfassender Roman literatur-, kunst- und architekturgeschichtliche Momente sowie den politischen Wandel in die Handlung aufnimmt, wird die individuelle Familienerzählung in kollektive Erinnerungen eingebettet. Die Montage von zeitgenössischen Stellungnahmen bekannter Politiker und Literaten wird derart mit dem Schicksal der Ephrussis verwoben, dass sich darin dasjenige Europas zeigt. Im Zuge der Dreyfus-Affäre wird die liberale jüdische Familie Opfer des französischen Antisemitismus. Beladen mit Ressentiments distanzieren sich selbst befreundete Maler wie Renoir von Charles. Der Ausbruch des Ersten Weltkriegs verwandelt unterschiedliche Familienmitglieder aufgrund verschiedener Nationalitäten in Gegner auf einem Schlachtfeld. Kriegsbegeistert ist in Wien nicht nur der sehr junge Ignaz, sondern auch Literaten wie Thomas Mann und Rainer Maria Rilke. Viktor dagegen bleibt reserviert gegenüber der Euphorie. 1918 verliert er einen Großteil seines Eigentums, ein Verlust, den de Waal über den veränderten Status der gesammelten Dinge charakterisiert: Waren sie einst lebendiges Zeichen eines erfüllten, öffentlichen Lebens, stellen sie nun eine belastete Erinnerung an verlorene Möglichkeiten dar.

De Waals Roman fasziniert aufgrund der präzisen Quellenarbeit und weil er eine in jeglicher Hinsicht detailreiche Erzählung über Europas Geschichte ist, die die Lesenden teilhaben lässt an der Atmosphäre des neunzehnten und zwanzigsten Jahrhunderts. Zugleich überführt der Roman die Hoffnungen derer, für die es keine Hoffnung mehr gibt, in die Gegenwart – „Nur um der Hoffnungslosen willen ist uns die Hoffnung gegeben" (Benjamin 1991a: 201). Denn er rettete nicht allein die normativen Artikulationen der Ephrussis, sondern auch aller anderen jüdischen Menschen, die zur selben Zeit dem antisemitischen Wahn zum Opfer fallen. „Jede einzelne dieser Netuske ist [...] ein Widerstand gegen das Unterminieren der Erinnerung. Jedes [...] ist Widerstand gegen das Neuste vom Tag, eine ins Gedächtnis gerufene Geschichte, eine Zukunft, an der man festhält" (Waal 2011: 280). „[D]och das Gefühl einer Zukunft, in der vieles möglich war, hatten sie verloren" (Waal 2011: 214). Die vergangene Zukunft, die der Roman eröffnet, kann als Einspruch gegen gegenwärtige weiterhin grassierende antisemitische Grundhaltungen (vgl. Faber et al. 2006) und als Anspruch auf ein gutes und gerechtes Leben verstanden werden. Zwar ist der Roman nur eine spezifische Erzählung in der Perspektive einer enorm gut situierten, bürgerlichen jüdischen Familie. Daher mag die von de Waal beschriebene Welt zunächst fern und fremd erscheinen. Eine genaue Betrachtung aber zeigt, dass diese Welt in den uns umgebenden, den an uns weitergegebenen Dingen fortlebt. Der Roman verlangt, mit diesem Erbe verantwortungsvoll umzugehen.[27]

7.3.2 Wider das Verstummen kollektiver Erfahrungen[28]

Geschichten müssen erzählt werden, sollen sie nicht dem Vergessen anheimfallen. Diese Einsicht ist so trivial, wie die Aufgabe, zu einer angemessenen Form der Erzählung zu gelangen, anspruchsvoll. Julia Otsuka gelingt dieses Vorhaben in ihrem Roman „Wovon wir träumten" (Otsuka 2012). Ihr Trauer- und Klagegesang erinnert an die kollektiven Erfahrungen junger Japanerinnen, die nach 1919 in der bitter enttäuschten Annahme, glücklich mit einem Mann verheiratet zu werden, ins US-amerikanische Kalifornien gebracht wurden.

Das Grundgerüst des Romans bilden etliche, aus historischen Quellen stammende Originalzitate, die in eine poetische Form überführt werden. Die unterschiedlichen Erlebnisse der Japanerinnen werden zu kurzen Sequenzen verdichtet und in einer Wir-Form verknüpft, in der der Roman facettenreich und detailliert erzählend eine Einheit der Vielfalt stiftet. Otsuka komponiert derart eine Polyphonie aus der Hoffnung auf ein besseres Leben, aus Angst und dem Mut, den es braucht, um eine Reise ins Unbekannte anzutreten, sowie unzähligen Enttäuschungen: Jedes Kapitel berichtet von immigrations- und geschlechtsspezifischen Anstrengungen und Anforderungen, von der Überfahrt, der ersten Nacht mit dem neuen Mann, der Schwangerschaft und Geburt der Kinder, dem Assimilationsdruck und der Deportation japanischer Menschen im Zweiten Weltkrieg.

---

[27]De Waal erzählt keine nostalgische Familiensage. Vielmehr drückt sich in seiner Thematisierung der eigenen Haltung zu den einzelnen Charakteren ein bedachter Umgang mit der Familiengeschichte aus. So beschreibt er den Drang der Familie, sich zugunsten einer vollständigen Assimilation von den sogenannten Ostjuden abzugrenzen. Er verschweigt nicht, dass der Kauf von Kunstwerken der Sicherung einer sozialen Position dienlich ist, spricht aber auch nie der leidenschaftlichen Hingabe zur Kunst und dem Essayistisch-Schriftstellerischen ihre Aufrichtigkeit ab. Da die Lebensläufe seiner Familie „durch Bücher gebrochen sind", achtet de Waal behutsam darauf, dass sein Wien nicht „zum Wien anderer Leute ausgedünnt" (Waal 2011: 158) wird, also darauf, seinen Zugang zur Vergangenheit nicht unterschiedlichen Stereotypen und Gemeinplätzen preiszugeben.

[28]Die folgende Durchführung ist größtenteils wörtlich bereit in einer online Besprechung (vgl. Baum 2012a) erschienen.

Bereits nach ihrer Ankunft bemerken die Frauen, dass ihr Zukünftiger nicht dem Bild entspricht, das sie vor der Überfahrt von ihm erhalten haben. Statt eines gutaussehenden, wohl situierten Mannes stehen zerlumpte Hilfsarbeiter vor ihnen, die noch in der ersten Nacht mehr oder minder unsanft über sie herfallen, sie sogar vergewaltigen. In der Folge zerrinnt ihr Leben zwischen harter Arbeit und unwirtlichen Wohnbedingungen. „Zuhause war ein Bett aus Stroh […]. Zuhause war ein Eckchen im Waschhaus […]. Zuhause war ein Stockbett […]. Zuhause war ein Hühnerstall […]. Zuhause war ein Heubett […]. Zuhause war ein Fleck auf dem Boden" (Otsuka 2012: 34). Als Folge der ersten Nacht werden viele der Japanerinnen schwanger – was einige nicht überleben. Der „Kopf des Babys war zu groß, und nach drei Tagen Pressen blickten wir zu unserem Mann auf […] und starben" (Otsuka 2012: 76). Die Kinder anderer finden früh den Tod, ertranken in einem „Wasserbottich, den wir über Nacht nicht hätten draußen lassen dürfen" (Otsuka 2012: 87), oder mussten in jüngsten Jahren der Mutter aufs Feld folgen, wo es „an manchen Morgen… so kalt [war], dass ihre Ohren bluteten" (Otsuka 2012: 77).

Neben Geschlecht und Klasse ist Ethnie die dritte Achse, entlang derer sich die Bürden des Immigrantinnenlebens aufzwingen. Einem enormen Assimilationsdruck ausgesetzt, verlieren die Japanerinnen ihr kulturelle Identität und falteten ihre „Kimonos und legten sie in unseren Schrankkoffer und nahmen sie jahrelang nicht mehr heraus" (Otsuka 2012: 70). Die Kinder folgen diesem Druck mit dem Willen, vollends in die US-amerikanische Kultur integriert zu werden. Die Kehrseite dieser Bemühung ist ein abfälliges Verhalten gegenüber dem Brauchtum, dem Akzent und der Sprache der Eltern – die Kinder wenden sich ab und „taten so, als würden sie kein Wort von dem verstehen, was wir sagten" (Otsuka 2012: 93). Mit jedem „Tag der verging, entglitten sie uns ein wenig mehr" (Otsuka 2012: 94). Eindringlich beschreibt Otsuka den Verlust der inneren Heimat, die einzig nach dem Verlust der äußeren noch geblieben ist. Der Zerrüttung der Innerlichkeit folgt das Schwinden der Wünsche. Die Japanerinnen „entwickelten eine innere Kälte, die bis heute nicht gewichen ist […]. Wir hörten auf, unseren Müttern zu Hause zu schreiben […]. Wir hörten auf zu träumen" (Otsuka 2012: 49).

Die literarische Darstellung historischer Faktizität birgt ein ethisches Moment: die Aufarbeitung vergessener Verbrechen. „Wovon wir träumten" erinnert an die rassistische Ablehnung gegenüber der japanischen Community und die in der US-amerikanischen Geschichtsschreibung zumeist verdrängte Deportation japanischer Menschen. Die Schuld für den Angriff Japans auf Pearl Harbor, der den Eintritt der USA in den zweiten Weltkrieg markiert, bürgen zahlreiche US-Amerikaner/innen ihren japanischen Mitmenschen auf. Der Kollaboration mit dem Feind verdächtigt, werden die japanischen Menschen enteignet und in Ghettos interniert. Die Ungläubigkeit der Japanerinnen weicht schnell der Gewissheit und dem permanenten Erwarten, als nächstes an der Reihe zu sein – bis sie „mitten in der Nacht abgeholt worden waren“ (Otsuka 2012: 99), „bis unsere Spuren restlos verschwunden waren“ (Otsuka 2012: 127). Die zunächst übrig Gebliebenen befragen sich immerfort selbst, ob ihre Vergangenheit sie denunzieren kann. Panisch vernichten sie alles, was als japanisch gilt, verbrennen die Bilder ihrer Familien und sehen zu, wie „sich das Gesicht meines Bruders in Asche verwandelte und in den Himmel entschwebte“ (Otsuka 2012: 104). Der Roman endet mit einem Perspektivenwechsel. Das zuletzt sprechende Wir der US-Amerikaner/innen ist erleichtert, die vermeintlichen Feinde beseitigt zu haben. Jedoch kehrt die zunächst verdrängte eigene Schuld an der Deportation in Form der Trauer und des schlechten Gewissens zurück.

> „Die Regale sind leer. Die Böden sauber gewischt. Die Japaner sind weg“ (Otsuka 2012: 141). Sie „haben uns verlassen, und wir haben keine Ahnung, wo sie sind“ (Otsuka 2012: 155). „Wir beginnen unsere alten Nachbarn zu vermissen, die stillen Japaner“ (Otsuka 2012: 153).

Statt einer möglichst objektiven Beschreibung historischer Geschehnisse interessiert Otsuka die phänomenologisch genaue Erfassung individuell-kollektiver Erfahrung. Geeigneter als die wissenschaftliche Historiografie ist für dieses Vorhaben die literarische Form des Romans, der einen Raum der konzentrierten Erinnerung öffnet. „Wovon wir träumten“ gibt den Vergessenen, die nie aus ihrem Alptraum erwachten, ihre Stimme zurück. Diese ethisch motivierte Bewegung des Erinnerns – die die historischen Ansprüche der Betroffenen auf eine gelingende intime Beziehung, auf Glück und Erfüllung – zu bewahren sucht, fördert zugleich eine geschichtliche Erkenntnis zu Tage. Denn in der gewohnten Perspektive Westeuropas, in der dem zweiten Weltkrieg und den Menschheitsverbrechen dieser Zeit gedacht wird, nehmen die Plätze von Täter/in und Opfer die Deutschen und Juden ein. Der Roman stellt diesem Gedächtnis ein anderes zur Seite und weist den Begriffen von Enteignung, Deportation und Internierung weitere Gruppen zu. Die Verschiedenheit der Erinnerungen und deren Koexistenz werden zu zentralen Lektüreerfahrungen.

7.3.3 Verrechtlichung der Familie

Die Durchsetzung der Grundrechte innerhalb der Familie dient dem Schutz von Kind und Frau vor unterschiedlichen Formen der Gewalt. In diesem Sinn stellt die Verrechtlichung familiärer Strukturen eine historische Errungenschaft dar.

Zugleich werden jedoch kommunikative Strukturen für rechtliche Verfahrensweisen geöffnet. (Potentielle) Kommunikationspartner/innen werden zu (potentiellen) Rechtssubjekten. Kaum ein Film illustriert die Verrechtlichung familiärer Strukturen gelungener als das Drama „Kramer gegen Kramer“ von Robert Benton aus dem Jahre 1979. Zudem lässt sich anhand des Filmes, der auf dem 1977 erschienenen Roman „Kramer vs. Kramer“ von Avery Corman basiert, zeigen, inwiefern die Theorie des kommunikativen Handelns normative Potentiale einbüßt, verweigert sie sich der Auseinandersetzung mit ästhetischen Artefakten.

Die Handlung des Films ist schnell erzählt: Ted Kramer arbeitet enorm erfolgreich in einer Werbeagentur. Weniger aufmerksam als seinen Auftraggebenden gegenüber zeigt er sich im Umgang mit seiner Frau Joanna und dem gemeinsamen Sohn Billy. Joanna verlässt daher nicht nur ihren Ehemann, sondern aufgrund einer psychologischen Krise, die in den familiären Missachtungserfahrungen gründet, ebenfalls ihren Sohn. Nach einer Psychotherapie kehrt sie jedoch nach New York City zurück, um das Sorgerecht für ihren Sohn zu erstreiten. Ted, der sich in der Zwischenzeit zunehmend überfordert von seiner doppelten Aufgabe der Erziehung und Arbeit zeigt, verliert seinen Job und hat daher wenig Aussicht darauf, einen Sorgerechtsstreit zu gewinnen.

Die Szenen der Gerichtsverhandlung verdeutlichen, dass das Medium Recht die lebensweltliche Situation überformt. Das Besondere des Ehestreits wird in der Perspektive des Richters als ein allgemeiner Fall, der juristisch entschieden werden kann, betrachtet. Die umfassenden kommunikativen Kompetenzen Joannas und Teds werden in den Momenten beschnitten, in denen die Anwälte ihren/r jeweilige/n Klienten/in auffordert, keine Emotionen zu zeigen, nur kurze, dafür aber exakte und präzise Antworten zu geben – Aufforderungen zu Arten von Antworten, die eher an die Taktung von Maschinen als an menschliche Regungen erinnern. Relevant für ein tieferes Verständnis der kolonialisierenden Effekte der Verrechtlichung ist dieser Film insbesondere wegen der Szene, in der Joanna vor Gericht verhört wird. Jegliche ihr gestellte Frage zielt auf zu quantifizierende Äußerungen und klare Ja- oder Nein-Antworten, die eine eindeutige, einseitige Schuldzuweisung, wer für das Scheitern der Ehe verantwortlich ist, ermöglichen soll. Die Jahre der Ehe werden ebenso abgefragt wie spezifische Anstellungs- und Einkommensverhältnisse Joannas vor, während und nach der Ehe mit Ted, um Teds einschränkenden Einfluss in harten Fakten darstellen zu können. Ohne jegliche soziale, psychologisch-emotionale Einbettung werden die Themen der Misshandlung, des Alkoholismus, der Treue und der Anzahl der Verhältnisse nach der Ehe auf Zahlen und Tatsachen, die nachweisbar sind oder nicht, verkürzt. Dabei sind – was in der rechtlich strukturierten Situation völlig unbeachtet bleibt – Formen der psychischen wie physischen Misshandlungen ebenso vielfältig wie die Arten des (Quartals-, Pegel- oder Problem-)Alkoholismus und können nicht auf eine Ja-Nein-Unterscheidung reduziert und einzelnen Individuen abseits ihres sozialen Kontextes zugewiesen werden. Anwälte und Richter stellen Ted und Joanna zwar Fragen, doch um eine kommunikative Situation handelt es sich dennoch nicht. Vielmehr werden die beiden Protagonisten/innen zu Streiparteien ent-individualisiert. Sie werden wie Objekte behandelt, auf die mittels gezielter Fragen zugriffen werden kann, Objekte, die entsprechend der Fragen nach dem Reiz-Reaktions-Schema mechanisch antworten.

Interessant sind diese Szenen im Gericht nun nicht allein wegen der Illustration der Verrechtlichung. Ebenso lässt sich an jenen Momenten, in denen Ted und Joanna versuchen, die kolonialisierenden Effekte zu durchbrechen, zeigen, dass Habermas' Theorie methodische Leerstellen aufweist. Denn zur Rekonstruktion der Formen der Durchbrechung bedarf es keiner rationalen Rekonstruktion sprachlichen Regelwissens, sondern einer hermeneutisch geschulten Interpretation von Mimik, Gestik und sich über das Sprachliche hinaus artikulierenden Haltungen. Wenn Joanna sich den Raum nimmt, ausführlicher auf die Fragen zu antworten und dabei die – in juristischer Sprache formuliert: – Gegenpartei zunächst beim eigentlichen Namen, also Ted nennt, drückt sich darin ein emotionales Ringen um die Wiedergewinnung einer kommunikativen Situation aus, die sich nicht verbal in propositionalen Gehalten, sondern in expressiven Gesten äußert. Ted und Joanna leiden an dem Verlust ihrer Fähigkeit zur rationalen Kommunikation. Hier erweist sich die hermeneutische Interpretation als sensible Methode, diese Leidartikulationen auch in ihrer expressiven Ausformungen sinnhaft zu deuten. Die einzelnen Regungen, Teile des Ganzen, lassen sich zum zentralen Motiv der Kritik der Aussetzung beziehungsweise Verrechtlichung kommunikativer Praktiken verdichten. Umgekehrt gibt der Titel des Filmes durch seine juristische Terminologie die Perspektive vor, in der die einzelnen Szenen und Momente, sprachliche und physische Regungen diese Bedeutung erhalten.

Von den Begriffen der Theorie kommunikativen Handelns werden dieses expressiven Gehalte zwar zur Kenntnis genommenen, aber stiefmütterlich behandelt: Sinnliches, Emotional-Expressives oder Ästhetisches werden (wie in Kapitel 4 dargestellt) als minder-rationale Formen von Äußerungen begriffen, die nicht an die Ebene rationaler Kritik heranreichen. Joannas körperliches Zittern, ihre Tränen und die Klangfarbe ihrer Stimme – Artikulationen, die eher auf der sinnlichen als sprachlichen Ebene stattfinden – bleiben der Kolonialisierungskritik Habermas' daher genauso unzugänglich wie der Film – verstanden als ästhetisch-sinnliches, zu interpretierendes Medium – an sich. Verschlossen bleiben der Theorie des kommunikativen Handelns Teds Reaktionen auf Joannas Antworten, die sich als Hinweis auf den Wunsch nach kommunikativer Verständigung interpretieren lassen. Seine sich berührt zeigende Gestik, der sich nachdenklich senkende, sich erinnernde Blick, der ins Leere zu starren scheint, verweist auf das Fehlen kommunikativer Verständigung. Auf die Fragen seines Anwalts an Joanna und auf deren knappe Antworten im juristischen Sprachspiel[29] reagiert Ted hingegen meist gereizt und agonal durch zornige, Joanne fixierende Blick und mit einem nervösen Rutschen auf dem Stuhl. Die Theorie Habermas' kann dies alles nicht als Einspruch gegen Verrechtlichung verstehen – sie kann dies alles nicht einmal als Kommunikation verstehen, weil ihr Kommunikationsbegriff zu rationalistisch gefasst ist. Problematisch ist das für die Theorie, weil sie den normativen Bezugspunkt ihrer Kritik nicht umfassend ausweisen kann. Zwar gelingt es in ihrem Rahmen, zum einen sprachliches Regelwissen darzustellen, zum anderen sprachliche Artikulationen im Kontext einer Handlungstheorie zu thematisieren oder das in der Sprache angelegte Potential zur diskursiven Verständigung zu erschließen. Die Theorie erweist sich jedoch als blind gegenüber den lebensweltlichen Reaktionsbildungen, auf die sie rekurrieren muss, sollen ihr die Adressaten/innen der Kritik nicht abhandenkommen.

Zugespitzt formuliert, gehen der Theorie Habermas' die normativen Ansprüche der Individuen verloren. In ihrer Wahrnehmung muss die Theorie einsam und allein für unverzerrte Kommunikation plädieren, ohne zu wissen, wer mit ihr für dieses Ziel streitet, weil sie die Formen, in denen der Streit vollzogen wird, nicht wahrnimmt. Dabei ist es nebensächlich, ob die kritischen Inventionen im gemeinen Sinne realer Art sind oder im Medium des Ästhetischen vollzogen werden – ob Joannas Reaktionen in einem realen Gericht oder im Film stattfinden, ist irrelevant für die Frage nach dem normativen Bezugspunkt von Kritik, da auch Filme wie ästhetische Artefakte generell als lebensweltliche Artikulationen zu verstehen sind. Die Frage, ob die weinende Mutter sich in einem realen Gerichtssaal oder einem Film der kolonialisierenden Verrechtlichung erwehrt, ist für die kritische Erschließung normativer Ansprüche zweitranging. Zentral ist für die Kritik hingegen, dass Ästhetische ernst zu nehmen.

7.3.4 Kommunikative Architektur

Das 1982 in Mönchengladbach eröffnete Museum Abteiberg wurde von dem Künstler und Architekten Hans Hollein entworfen. Als Kunst lassen sich nicht

[29] Eine originelle, an Wittgenstein orientierte Sprachkritik nimmt Peter Handke in „Lebensbeschreibung" (in Handke 1974) vor. Er beschreibt dort die Geschichte Jesu in der juristischen Fachsprache, die sich eher an Knappheit und Präzision des Ausdrucks orientiert als an der Vermittlung eines Sinngehaltes. Die vielen einzelnen Teilmomente des biblischen Narrativs werden dem übergeordneten Zusammenhang entrissen und isoliert betrachtet, sodass jeder Satz als einzelner Tatbestand identifiziert werden kann.

allein die dort ausgestellten modernen bis postmodernen sowie zeitgenössischen Stücke begreifen, sondern ebenfalls das Gebäude. Denn es zählt zu den wichtigsten Bauten der internationalen postmodernen Kunst. Ästhetisch betrachten lässt sich das Museum nicht allein aufgrund seiner komplexen Konstruktion, die sich über einen Hang erstreckt und unterschiedliche Baustile zitiert, oder aufgrund des (erst zwanzig Jahre später eröffneten) Skulpturengartens, dessen Hänge an viktorianische Gärten erinnern. Ebenfalls der Grundriss des Innenraums ist beachtenswert und lässt sich von anderen Museen deutlich unterscheiden.[30] Gewöhnlich geben Museen eine klare Raumführung vor. Die Besuchenden werden derart entlang der Ausstellungsstücke geführt, dass diese Stücke als kunstgeschichtliche Entwicklung dargestellt werden. Gradlinig wandern sie von Raum zu Raum, von Epoche zu Epoche. Möglichkeiten, eigene Wege entlang der Stücke zu finden und damit zu einer selbstgewählten Auseinandersetzung mit Kunst, Geschichte und Werken zu gelangen, sind in der Regel nicht von der musealen Architektur vorgesehen. Die einzelnen Etagen werden durch Treppen oder Aufzüge verbunden. Während in den unteren Etagen historisch frühe Objekte betrachtet werden können, lassen sich zeitgenössische Formen in den oberen Etagen entdecken. Die klare hierarchische Trennung der Etagen legt die Assoziation einer Kunstgeschichte nah, die sich sukzessive und fortschreitend zu einem Telos hin entfaltet – vom Erdgeschoss in den Himmel.

Durch das Museum Abteiberg wird diese gewöhnliche museale Kommunikationsstruktur kritisch infrage gestellt. Der Grundriss des Museums entspricht der Form eines Kleeblattes (Abb. 7.4).

Die daraus resultierende offene Raumstruktur formuliert keine didaktischen Raumführungsvorgaben, sodass etliche verschiedene Wege entlang der Stücke gleichberechtigt nebeneinander existieren (Abb. 7.3). Da die einzelnen Räume sich stark zur Mitte des Museums hin öffnen, können die Besuchenden weitere Blinkwinkel durch den Raum einnehmen, in denen nicht klar zwischen verschiedenen Epochen unterschieden werden kann. Im Zusammenspiel mit unterschiedlichen Wegen ermöglichen die weiteren Blickwinkel häufige Perspektivenwechsel auf die einzelnen Räume und Stücke, die in immer wieder veränderten Konstellationen wahrnehmbar sind. Unterschiedliche Betrachtungsweisen von Kunst, Geschichte und Werken stehen in einer dialogischen Beziehung. Statt mittels Treppen sind die einzelnen Ebenen durch fließende

[30] Vgl. die vier Beiträge zu Hollein und dem Museum Abteiberg in Chatzoudis 2016, die die Forschung der Architekturwissenschaftlerin Branscome in Form der filmischen Dokumentation darstellen.

Abb. 7.3 *Innenraum Museum Abteiberg, 2012 (privat)*

Übergänge verbunden. Hierarchien zwischen den Epochen werden auf diesem Wege vermieden oder zumindest sehr flach gehalten.

Aufgrund dieser architektonischen Grundstruktur kann das Museum Abteiberg als Kritik fehlender Kommunikation – zwischen vermeintlichen Epochen und zwischen Betrachtenden und Stücken – innerhalb der Sphäre der Kunst gelten. Entgegen tradierter Epocheneinteilungen und überkommener Auffassung einer fortschrittlichen Entwicklung der Kunst zeigt es unterschiedliche Vermittlungen von Vergangenheit und Gegenwart sowie verschiedener Stile. Es fördert die selbstständige Aneignung und den dialogischen Umgang mit Kunst und ermächtig Individuen zu einem eigenen Zugang zum Medium des Ästhetischen.

7.3.5 „Fremde" Sprachen der Ungerechtigkeit

Ibsens „Nora oder ein Puppenheim" (Ibsen 2008) ist nicht lediglich ein Stück über den sozialen Kampf weiblicher Akteurinnen um Anerkennung. Es thematisiert

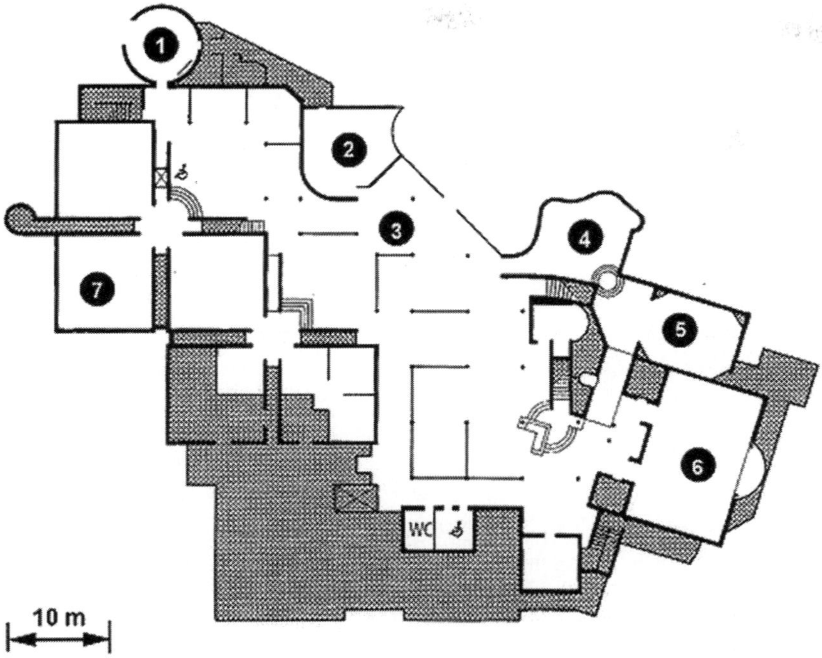

Abb. 7.4 *Grundriss Gartenebene Museum Abteiberg (Homepage Museum Abteiberg)*

zugleich die Schwierigkeit, sich gegenüber hegemonialen Kommunikationsformen Gehör zu verschaffen.

Nora und Torvald sind seit acht Jahren verheiratet und führen ein bürgerliches Leben in ihrer eigenen nicht gerade opulent ausgestatten, aber dennoch gehoben eingerichteten Wohnung. Während des Stückes wird ersichtlich, dass der vermeintliche Wohlstand der beiden auf Krediten, sprich Schulden beruht, die Nora während einer notwendigen Erholungskur Torvalds aufnimmt. Im Rahmen der sich zunehmend einstellenden Verstrickung Noras in weitere Heimlichkeiten kämpft sie zugleich dafür, als eigenständig handelnde Person von ihrem Mann anerkannt zu werden. Torvald wiederum verweigert ihr eine auf gleicher Augenhöhe geführte Kommunikation. Er objektiviert sie durch Bezeichnungen wie „mein Eigentum" und spricht sie mit den Kosenamen „Singvögelchen" oder „kleine Lerche" an. Diese Identifizierung – oder zumindest der Vergleich – von Nora mit Tieren bestreitet Noras Status als rationales Individuum. Denn eine grundlegende, bis in die griechische Antike zurückreichende Unterscheidung der philosophischen Anthropologie ist die zwischen Mensch, Logos und Vernunft auf der einen und sowie Tier, Stimme und natürlichen Bestimmungen auf der anderen Seite (vgl. Aristoteles 1995: 1253a). Sicherlich ist diese Unterscheidung gradueller Art. Der Mensch wird von Aristoteles als höher entwickelte Lebensform der Natur betrachtet, nicht als das anderer der Natur. Die altgriechischen (zoon logikon) und lateinischen (animal rationale) Bestimmungen des typisch Menschlichen bewahren den Bezug zum Reich der Natur und Tierwelt. Dennoch ist die Fähigkeit zur Vernunft das entscheidende Kriterium zur Unterscheidung von Mensch und Tier. In Torvalds Anrede wird Nora mit der Seite der Tiere identifiziert.[31] Zur Missachtung Noras rationaler Fähigkeiten trägt ebenfalls maßgeblich bei, dass Torvald sie als „Norachen" verniedlicht und zu ihr oftmals in einer süßlichen Stimme spricht[32], wie es gemeinhin mit Kindern oder generell Menschen getan wird, denen man die Form rationaler Argumentation (noch) nicht zutraut.

Ibsens Stück greift die politische, von weiblichen Akteurinnen angestoßene Emanzipationsbewegung und entsprechende Gegenbewegungen der damaligen Zeit auf.[33] Darüber hinaus stellt es eindringlich die Schwierigkeiten der Frauen dar, deren zunehmende Forderung nach Selbstbestimmung nicht als rationale Forderung anerkannt wird. Das Stück stellt die Frage: „What if there is a cry of justice that expresses a sense not of having lost out in an unequal yet fair struggle, but of having from the start been left out" (Cavell 1990: xxxviii in seiner Analyse des Stücks). Das Ästhetische ist jedoch nicht allein das Medium, in dem sich diese Konflikte um die Frage, wer überhaupt eine kämpfende Akteurin ist, ausdrücken. Vielmehr noch können die verschiedenen moralischen Sprachen in ihrer Differenz und ihren Besonderheiten im Medium des Ästhetischen verstanden werden. Torvald gilt als Vertreter einer Gruppe, deren eigene moralische Standards offen zu Tage liegen, weil sie zur Zeit Ibsens gesellschaftlich dominant sind. Noras Empfinden hingegen ist Bestandteil einer moralischen Grammatik weiblicher Individuen, die bislang in Widerspruch zu den dominierenden moralischen Konzepten stehen. Daher werden ihre normativen Artikulationen und

---

[31]Sicherlich ist nicht jeder tierische Kosename zugleich als Missachtung rationaler Fähigkeiten zu verstehen. In anderen Kontexten kann die Betonung des Natürlichen im Menschen durchaus einen emanzipativen Charakter haben. So jedenfalls lässt sich Adornos (privater) Umgang mit Tieren und entsprechenden Kosenamen als Versuch verstehen, die kategoriale Unterscheidung von Rationalität und Natur zu unterwandern, Menschliches und Natürliches harmonisch vermittelt zu betrachten (vgl. Scholze 2003).

[32]– ein Moment des Stücks, das natürlich primär in Inszenierungen wahrgenommen werden kann.

[33]Vgl. dazu den vierten Band der hervorragenden Studien „Geschichte der Frauen" (Duby et al. 1994) im neunzehnten Jahrhundert.

das, was mit ihnen gesagt wird, zwar nicht gesamtgesellschaftlich als rationale Forderung wahrgenommen, jedoch im Medium des Ästhetischen als verständlicher Ausdruck einer Ungerechtigkeit dargestellt. Auf diesem Wege werden Torvalds Rationalitäts- und Moralkonzept als Grund der verzerrten, misslingenden Form der Kommunikation erkenntlich. Zugleich werden im Ästhetischen die als irrational abgetanen Äußerungen in ihrem besonderen Erscheinen wahrgenommen, akzeptiert und in eine Konstellation überführt, in der sie den hegemonialen Strukturen trotzen können. Denn das Stück endet mit Noras Auszug. Sie verlässt Torvald als subjektiviertes Individuum, als rationale und kämpfende Akteurin, die sich von ihrem Mann und abseits seiner verzerrten Form moralischer Kommunikation emanzipiert hat.

8 Auf dem Weg zu einer Kritischen Gesellschaftstheorie der Kommunikation

Das Ziel dieser Arbeit ist es, die Theorie des kommunikativen Handelns über ihre begrifflichen und methodischen Probleme aufzuklären. Die vorliegende Arbeit vollzieht die Aufklärung der Theorie des kommunikativen Handelns in Form der immanenten Kritik. Die immanente Kritik greift die von Habermas liegen gelassenen Intentionen und Motive der älteren Kritischen Theorie auf und weist nach, dass die Theorie des kommunikativen Handelns auf das Verfolgen dieser Intentionen und Motive angewiesen ist, wenn sie ihrem eigenen Anspruch gerecht werden will. Grundlegend zielt die ältere Kritische Theorie darauf, Theorie und Praxis durch eine bewusstmachende Kritik gesellschaftlicher Herrschaftsverhältnisse und eine rettende Kritik normativer historischer Artikulationen zu vermitteln. Da die Theorie des kommunikativen Handelns dieses Ziel aufgrund einer enorm abstrakten Theoriesprache und einer zu formalistisch verfahrenden Methode nicht erreicht, argumentiert die vorliegende Arbeit dafür, die Theorie Habermas' um die Methode der kritischen hermeneutischen Interpretation sowie um den Begriff des Ästhetischen und den Begriff des sozialen Kampfes um Anerkennung zu erweitern.

Diese Erweiterung soll den Weg zu einer Kritischen Gesellschaftstheorie der Kommunikation ebenen. Innerhalb einer solchen Gesellschaftstheorie bestimmt die rationale Rekonstruktion weiterhin das Rationalitätsniveau kommunikativen Handelns. Der hermeneutischen Interpretation obliegt es sodann, normative Artikulationen aufzuspüren, die aufgrund von inhaltlich bestimmbaren Missachtungserfahrungen rational-kommunikative Situationen einfordern. Durch den Begriff der Anerkennung kann die Kritische Gesellschaftstheorie der Kommunikation diese Missachtungserfahrungen den Adressierten der Theorie als ein Moment ihres sozialen Kampfes begreiflich machen. Das Medium des Ästhetischen bildet nicht lediglich solche Kämpfe um Anerkennung hochgradig reflektiert ab,

M. Baum, *Zu einer Kritischen Gesellschaftstheorie der Kommunikation,* https://doi.org/10.1007/978-3-658-20694-9_8

sondern zeigt sich darüber hinaus sensibel gegenüber heteronomen Zügen des von der Theorie ausgewiesenen normativen Maßstabs. In diesem Sinne kann der Titel der vorliegenden Arbeit als Genitivus subjectivus und als Genitivus objectivus verstanden werden. Die kommunikative Rationalität ist Maßstab der Kritik und möglicher Gegenstand der Kritik zugleich. Daher steht die Kritische Gesellschaftstheorie der Kommunikation nicht allein einer Öffentlichkeit als Medium der Reflexion gesellschaftlicher Krisen und Pathologien zur Verfügung. Die Theorie kann sich ebenfalls durch die Spiegelung ihrer Normativität im Ästhetischen über sich selbst aufklären – und vollends kritisch werden.

Wie der Titel jedoch ebenfalls zu verstehen gibt, kann diese Arbeit nur als Vorarbeit zu einer solchen Kritischen Gesellschaftstheorie der Kommunikation verstanden werden – die Arbeit ist nicht die angestrebte Theorie selbst. Gemessen am Maßstab, den diese Arbeit an die Theorie des kommunikativen Handelns anlegt, gilt sie selbst als erfahrungsarm. Aufgrund ihrer immanenten Kritik an der Theorie des kommunikativen Handelns bleibt die Sprache dieser Arbeit nah am Gegenstand. Durch diese Nähe versucht sie, den Abstraktionsgrad der von Habermas verwendeten Sprache in der Lektüre erfahrbar zu machen und zugleich Perspektiven zu öffnen, in denen sich andere Arten des Sprechens als legitim erweisen. Doch nicht allein durch die sprachliche Form, sondern ebenfalls in ihrem Gegenstand unterscheidet sich diese Arbeit von einer Kritischen Gesellschaftstheorie der Kommunikation. Während hier vornehmlich eine theoretische Auseinandersetzung geführt wird, ästhetische Materialien erst am Ende interpretiert werden, rückt die Kritische Gesellschaftstheorie der Kommunikation das Ästhetische in den Fokus ihres Blicks. Dienen hier die ästhetischen Artefakte primär zur Veranschaulichung der zuvor ausgeführten theoretischen Überlegungen, so stehen sie in einer Kritischen Gesellschaftstheorie der Kommunikation im Zentrum. Das Ästhetische gilt ihr nicht als Medium des Exemplarischen, nicht als Bereich, indem sich die Pathologien und Krisen der Rationalisierung *auch* zeigen, sondern als Medium, indem die sublimen Verletzungen und verstümmelten Formen von Subjektivität *insbesondere* und auf eine genuin eigene Art artikuliert werden. Durch die Reflexion im Medium des Ästhetischen gewährleistet die hier skizzierte Kritische Gesellschaftstheorie ihre Nähe zu den gesellschaftlichen Erfahrungen, die sie in ihre sprachliche Darstellung aufnimmt.

Sicherlich erfindet diese Arbeit das Rad nicht neu. Sie führt jedoch auf anderen Wegen dorthin. Viele Studien aus unterschiedlichen Disziplinen widmen sich bereits intensiv der Auseinandersetzung mit ästhetischen Materialen – davon legt diese Arbeit in ihren Kapiteln Zeugnis ab. Im Umkreis einer Kritischen Gesellschaftstheorie der Kommunikation bewegt sich Schlögels breit angelegte Studie „Terror und Traum“ (Schlögel 2016). Darin beschreibt Schlögel die Situation in

Moskau im Jahre 1937 in einer faszinierend eigenständigen Weise. Weil Beschreiben und geschichtliches Erzählen an eine zeitliche Form gebunden sind, eine historische Tatsache nach einer anderen dargestellt wird, erweckt die übliche Darstellung der Geschichtsschreibung, so Schlögel, den Eindruck einer Chronologie von Ereignissen. Problematisch ist die Linearität von Schreiben und Sprechen für Schlögel, da er mit seiner Studie darauf zielt, eine bestimmte Situation, deren Stimmung und Atmosphäre genau in den Blick zu rücken und die Gleichzeitigkeit von Terror und Traum, von Angst und Hoffnung, von den ersten Wahlen zum obersten Sowjet und den massenhaften Verhaftungen und Tötungen 1937 wiederzugeben (vgl. Schlögel 2016: 28). In Abgrenzung zur gewohnten Form linearen Erzählens entwickelt Schlögel daher eine Form der Darstellung, die nicht dem Primat der Zeit, sondern dem Primat des Raumes folgt. Die Simultanität der Ereignisse in verschiedenen städtischen Räumen zu erzählen, ist Schlögel zufolge nirgends gelingender umgesetzt worden als in Bulgakows Roman „Der Meister und Margarita". Sicherlich drückt der Roman die Erfahrungen des Jahres 1937 umfassend aus, er zeigt die „Exekutionsorte, aber auch die Rückzugsorte individuellen Glücks" (Schlögel 2016: 59) und kann als Raum der Dissonanzen ebenso verstanden werden wie als jener der ins Private gedrängten, nicht öffentlich artikulierten normativen Ansprüche. Wichtiger ist für Schlögel jedoch das spezifisch Ästhetische von „Der Meister und Margarita". Die literarische, „kompositorische Arbeit" (Schlögel 2011: 594) Bulgakows – insbesondere nachvollziehbar in dem phantastischen Flug Margaritas über Moskau – resultiert in einer „stereoskopisch-panoramatischen Übersicht" (Schlögel 2011: 586), in einer geographischen Karte, die die Gleichzeitigkeit von Ereignissen abbildet (vgl. Schlögel 2016: 27).

Nun ist Schlögels Studie trotz ihrer Reflexion ästhetischer Darstellungsformen und Materialien in erster Linie der Geschichtswissenschaft verpflichtet: das Ästhetische dient einem anderen Zugang zur Darstellung gleichzeitiger historischer Ereignisse und Umbrüche. Die normative Struktur von Schlögels Studie bleibt jedoch implizit, weil sein Vorhaben nicht in dem Entwurf einer Kritischen Theorie der Gesellschaft besteht. Eine explizit kritische Hinwendung zu ästhetischen Materialien vollzieht hingegen Heinrich in seinen Vorlesungen, die unter dem Titel „Arbeiten mit Ödipus" (Heinrich 1993) veröffentlich sind. Zu Beginn der Vorlesungen diskutiert Heinrich Vertreter der rationalistischen Philosophie, vornehmlich Habermas und Kant, sowie Hegel und insbesondere und sehr intensiv Heidegger. All deren philosophische Überlegungen durchlaufen Heinrich zufolge einen Prozess der Verdrängung: In ihren Begriffen und theoretischen Systemen werden – teils sukzessiv, teils von vorn herein – realhistorisch-gesellschaftliche Konflikte ausgeschlossen. Weil innerhalb ihrer Überlegungen diese Konflikte keinen Platz finden, begreift Heinrich die genannten Philosophien als

Abwehrreaktion von all dem, was sich mittels theoretischer Überlegungen nicht in den (Be)Griff bekommen, nicht in ein kohärentes System integrieren lässt (vgl. Heinrich 1993: 55-59). Mythen und die antiken Epen stellen für Heinrich das Gegenmodell zur rationalistischen, idealistischen und seinsontologischen Philosophie dar. Statt sie als Literatur abzutun, nimmt Heinrich die Mythen und Epen ernst. Es sind gerade diese ästhetischen Materialien, die Heinrich als „Formen der Selbstvergewisserung, als große Stationen des kollektiven Selbstverständnisses der menschlichen Gesellschaft zu bestimmten Zeiten in bestimmten Konflikten" (Heinrich 1993: 31) begreift. Durch die „Fixierung derartiger Konflikte" (ebd.) bringen Mythen Heinrich zufolge fundamentale gesellschaftliche Leiderfahrungen zum Ausdruck. Gerade, weil in der hegemonialen philosophischen Tradition gesellschaftliche Konflikte einen geringgeschätzten Nebenschauplatz darstellen, schiebt Heinrich sie nicht beiseite, sondern ins Zentrum seiner materialen, psychoanalytisch geschulten Stoffanalysen griechischer Mythen. Denn das vermeintlich Nebensächliche, so Heinrich mit Freud, ist der eigentliche Boden menschlicher Zivilisation. Auf diesem Wege zeigt Heinrich deutlich, wie insbesondere Geschlechterspannungen und Formen des Geschlechts, die innerhalb der binären Logik von männlich/weiblich keinen Platz finden, zum Gegenstand der „Wiederholung", der „Aufarbeitung" und „Umarbeitung" (Heinrich 1993: 223) gemacht werden. Mittels der Psychoanalyse kann Heinrich das wiederholte Auftauchen spezifischer Konfliktkonstellationen als Versuch deuten, sich von diesen Konflikten zu emanzipieren. Daher wird in Heinrichs Zugang zum Mythos dieser zum „Bundesgenossen [...] für das, was ich mit einem Stichwort nennen will: aufklärende Philosophie" (ebd.).

Die Bezeichnung als Bundesgenosse zeigt an, dass Heinrichs Interpretationen für sich genommen nicht das Ganze einer Kritischen Theorie der Gesellschaft bilden. Er befindet sich vielmehr durch seinen spezifischen Zugang zu Mythen auf dem Weg zu einer kritischen Gesellschaftstheorie (vgl. König 2016: 343), die darauf zielt, leidende Individuen als kreatürliche Wesen mit natürlichen Bedürfnissen sprechen zu lassen (vgl. Heinrich 1993: 256ff.). Der Sinn der Interpretationen Heinrichs ist die Kommunikation mit dem bisher nicht Gehörten. Somit teilt die vorliegende Arbeit Heinrichs Intentionen. Im Unterschied zu dieser Arbeit nähert sich Heinrich der Kritischen Theorie der Gesellschaft jedoch von einer anderen Seite, nämlich aus dem ästhetischen Material heraus an: Was im Rahmen dieser Arbeit erst spät, am Ende und exemplarisch betrachtet wird, ist der Ausgangspunkt des Weges von Heinrich. Die Gedanken und Ausführungen dieser Arbeit stehen daher in einem arbeitsteiligen Verhältnis zu Heinrichs Hermeneutik antiker Mythen. Zusammen mit Schlögels Reflexionen ästhetischer Darstellung treffen sich Heinrichs Interpretationen und die hier geleistete Rehabilitation von Hermeneutik und Ästhetik an dem Ziel einer Kritischen Gesellschaftstheorie der Kommunikation. Gemeinsam unterlaufen sie die Unterscheidung der Gattungen der Literatur und der Wissenschaft, von subjektiver Involviertheit und objektiver Distanz. Sie führen zu einem Ort, an dem die Differenzierung von Transzendenz und Immanenz gegenstandlos wird, weil der Maßstab der Kritik durch die Interpretation innerweltlicher ästhetischer Artefakten erschlossen und in spezifisch-literarischer Form dargestellt wird. Gerade auf diesem Wege kann der Maßstab nicht allein von wenigen, sondern grundlegend und allgemein anerkannt werden kann. Denn das Zusammenspiel aus Ästhetik, hermeneutischer Interpretation und philosophischer Argumentation erzeugt im Rahmen einer Kritischen Gesellschaftstheorie der Kommunikation einen kommunikativen Resonanzraum, in dem sich die Polyphonie der Welt selbst hören und ihren Ausdruck des Leidens verstehen kann.

Literatur

Adorno, Theodor W. (2003a): Ästhetische Theorie. Gesammelte Schriften. Band 7, hrsg. v. Rolf Tiedemann. Frankfurt am Main: Suhrkamp.

Adorno, Theodor W. (2003b): Dissonanzen. Einleitung in die Musiksoziologie. Gesammelte Schriften. Band 10, hrsg. v. Rolf Tiedemann. Frankfurt am Main: Suhrkamp.

Adorno, Theodor W. (2003c): Einleitung in die Soziologie (1968), hrsg. v. Christoph Gödde. Frankfurt am Main: Suhrkamp.

Adorno, Theodor W. (2003d): Kulturkritik und Gesellschaft. Gesammelte Schriften. Band 10, hrsg. v. Rolf Tiedemann. Frankfurt am Main: Suhrkamp.

Adorno, Theodor W. (2003e): Minima Moralia. Reflexionen aus dem beschädigten Leben. Gesammelte Schriften. Band 4, hrsg. v. Rolf Tiedemann. Frankfurt am Main: Suhrkamp.

Adorno, Theodor W. (2003f): Musikalische Schriften 4. Gesammelte Schriften. Band 17, hrsg. v. Rolf Tiedemann. Frankfurt am Main: Suhrkamp.

Adorno, Theodor W. (2003g): Negative Dialektik. Gesammelte Schriften. Band 6, hrsg. v. Rolf Tiedemann. Frankfurt am Main: Suhrkamp.

Adorno, Theodor W. (2003h): Noten zur Literatur. Gesammelte Schriften. Band 11, hrsg. v. Rolf Tiedemann. Frankfurt am Main: Suhrkamp.

Adorno, Theodor W. (2003i): Philosophische Frühschriften. Gesammelte Schriften. Band 1, hrsg. v. Rolf Tiedemann. Frankfurt am Main: Suhrkamp.

Adorno, Theodor W. (2003j): Vermischte Schriften. Gesammelte Schriften. Band 20, hrsg. v. Rolf Tiedemann. Frankfurt am Main: Suhrkamp.

Adorno, Theodor W. (2009): Ästhetik (1958/59), hrsg. v. Eberhard Ortland. Frankfurt am Main: Suhrkamp.

Adorno, Theodor W. (2010): Probleme der Moralphilosophie, hrsg. v. Rolf Tiedemann. Berlin: Suhrkamp.

Allen, Amy (2016): Psychoanalysis and the Methodology of Critique, S. 244-254 in: Constellations, 23(2).

Amery, Carl (1963): Die Kapitulation oder Deutscher Katholizismus heute. Reinbek: Rowohlt.

Apel, Karl-Otto (1984): Das Problem einer philosophischen Theorie der Rationalitätstypen, S. 15-31 in: Schnädelbach, Herbert (Hrsg.): Rationalität. Philosophische Beiträge. Frankfurt am Main: Suhrkamp.

M. Baum, *Zu einer Kritischen Gesellschaftstheorie der Kommunikation,* https://doi.org/10.1007/978-3-658-20694-9

Arendt, Hannah (1994): Zwischen Vergangenheit und Zukunft. Übungen im politischen Denken, hrsg. v. Ursula Ludz. München: Piper.

Arendt, Hannah (1996): Eichmann in Jerusalem. Ein Bericht von der Banalität des Bösen, 6. Auflage. München: Piper.

Arendt, Hannah (2001): Menschen in finsteren Zeiten. München, Zürich: Piper.

Arendt, Hannah (2006): Denken ohne Geländer. Texte und Briefe. hrsg. v. Heidi Bohnet und Klaus Stadler. Bonn: Bundeszentrale für politische Bildung.

Aristoteles (1995): Politik. Philosophische Schriften in sechs Bänden. Band 4, übersetzt von Eugen Rolfes. Darmstadt: WBG.

Assmann, Aleida (1999): Zeit und Tradition. Kulturelle Strategien der Dauer. Köln: Böhlau.

Bachmann, Ulrich (2016): Soziale Differenzierung, S. 215-226 in: Soziologische Revue, 29(2).

Barck, Karlheinz; Kliche, Dieter; Heininger, Jörg (2000): Ästhetik/ästhetisch, S. 308-400 in: Barck, Karlheinz et al. (Hrsg.): Ästhetische Grundbegriffe. Historisches Wörterbuch in sieben Bänden. Band 1. Stuttgart/Weimar: Metzler.

Barthes, Roland (2003): Mythen des Alltags. Frankfurt am Main: Suhrkamp.

Bataille, Georges (1978): Die psychologische Struktur des Faschismus – Die Souveränität, hrsg. v. Elisabeth Lenk. München: Matthes & Seitz.

Baum, Markus (2011a): Die Vergangenheit kleinster Dinge. Literaturkritik.de, online: http://literaturkritik.de/public/rezension.php?rez_id=16055, zuletzt eingesehen am 03.08.2016.

Baum, Markus (2011b): Jacques Rancière: Der emanzipierte Zuschauer, S. 603-605 in: Das Argument, 53(4).

Baum, Markus (2012a): In dem Wunsch, zu erwachen. Literaturkritik.de, online: http://literaturkritik.de/public/rezension.php?rez_id=17427, zuletzt eingesehen am 03.08.2016.

Baum, Markus (2012b): Juliane Rebentisch: Die Kunst der Freiheit. Zur Dialektik demokratischer Existenz, S. 349-351 in: Neue Politische Literatur, 54(3).

Baum, Markus (2015): ‚Methode dieser Arbeit: literarische Montage' – Walter Benjamins Leben und Denken, S. 141-145 in: Redaktionsteam Theorieblog (Hrsg.): Theorieblog Jahrbuch 2010-2015. Berlin: epubli GmbH, online: http://www.theorieblog.de/index.php/2013/02/walter-benjamin-dokumentiert.

Baum, Markus; Dumke, Matthias (2012): „Heißt das noch Verantwortung?" Über die unscharfe Grenze zwischen soziologischer und sozialer Praxis, S. 107-127 in: Binner, Kristina et al. (Hrsg.): Soziologie im Dialog. Kritische Denkanstösse von Nachwuchswissenschaftler_innen. Berlin: Lit.

Baum, Markus; Weirauch, Sebastian; Weißpflug, Maike (2016): Soziale Kämpfe und politische Normativität in Axel Honneths »Das Recht der Freiheit«, S. 313-331 in: Haus, Michael; De La Rosa, Sybille (Hrsg.): Politische Theorie und Gesellschaftstheorie. Zwischen Erneuerung und Ernüchterung. Baden-Baden: Nomos.

Beckert, Jens (2007): Die soziale Ordnung von Märkten, S. 43-62 in: Beckert, Jens et al. (Hrsg.): Märkte als soziale Strukturen. Frankfurt am Main/New York: Campus.

Beckert, Jens (2012): Die sittliche Einbettung der Wirtschaft. Von der Effizienz- und Differenzierungstheorie zu einer Theorie wirtschaftlicher Felder, S. 247-266 in: Berliner Journal für Soziologie, 22(2).

Bell, Daniel (1985): Die nachindustrielle Gesellschaft. Frankfurt am Main/New York: Campus.

Bell, Daniel (1996): The cultural contradictions of capitalism, 20th anniversary edition. New York: Basic Books.

Benhabib, Seyla (2011): Arendt und Adorno. Die Flüchtigkeit des Partikularen und das Benjaminsche Moment, S. 655-678 in: Deutsche Zeitschrift für Philosophie, 59(5).
Benjamin, Walter (1991a): Gesammelte Schriften. Band I: Abhandlungen, hrsg. v. Rolf Tiedemann und Hermann Schweppenhäuser. Frankfurt am Main: Suhrkamp.
Benjamin, Walter (1991b): Gesammelte Schriften. Band II: Aufsätze, Essays, Vorträge, hrsg. v. Rolf Tiedemann und Hermann Schweppenhäuser. Frankfurt: Suhrkamp.
Benjamin, Walter (1991c): Gesammelte Schriften. Band III: Kritiken und Rezensionen, hrsg. v. Rolf Tiedemann. Frankfurt am Main: Suhrkamp.
Benjamin, Walter (1991d): Gesammelte Schriften. Band IV: Kleine Prosa. Baudelaire-Übertragungen, hrsg. v. Tillman Rexroth. Frankfurt: Suhrkamp.
Benjamin, Walter (1991e): Gesammelte Schriften. Band V: Das Passagen-Werk, hrsg. v. Rolf Tiedemann. Frankfurt am Main: Suhrkamp.
Berger, Peter L.; Luckmann, Thomas (2004): Die gesellschaftliche Konstruktion der Wirklichkeit. Eine Theorie der Wissenssoziologie, 20. Auflage. Frankfurt am Main: Fischer.
Bernays, Ueli (2014): Die Ästhetik des Tracks. Das Ende der Schlüsse. Neue Zürcher Zeitung online, online: http://www.nzz.ch/feuilleton/musik/das-ende-der-schluesse-1.18252874, zuletzt eingesehen am 28.04.2016.
Bluhm, Harald (1993): Erhellende Gegensätze – Michael Walzers und Leo Strauss' Rückgriff auf die Antike, S. 1049-1057 in: Deutsche Zeitschrift für Philosophie, 41(4).
Blumenberg, Hans (1997): Schiffbruch mit Zuschauer. Paradigma einer Daseinsmetapher. Frankfurt am Main: Suhrkamp.
Bohman, James (1993): Welterschließung und radikale Kritik, S. 563-574 in: Deutsche Zeitschrift für Philosophie, 41(3).
Böhme, Gernot (2016): Ästhetischer Kapitalismus. Berlin: Suhrkamp.
Boltanski, Luc (2013): Rätsel und Komplotte. Kriminalliteratur, Paranoia, moderne Gesellschaft. Berlin: Suhrkamp.
Boltanski, Luc; Chiapello, Ève (2003): Der neue Geist des Kapitalismus. Konstanz: UVK.
Boltanski, Luc; Chiapello, Ève (2012): Die Arbeit der Kritik und der normative Wandel, S. 18-37 in: Menke, Christoph; Rebentisch, Juliane (Hrsg.): Kreation und Depression. Freiheit im gegenwärtigen Kapitalismus. Berlin: Kadmos.
Boltanski, Luc; Thévenot, Laurent (2007): Über die Rechtfertigung. Eine Soziologie der kritischen Urteilskraft, aus dem Französischen von Andreas Pfeuffer. Hamburg: Verlag Hamburger Edition.
Bonß, Wolfgang (1983): Empirie und Dechiffrierung von Wirklichkeit. Zur Methodologie bei Adornos, S. 201-225 in: Friedeburg, Ludwig von; Habermas, Jürgen (Hrsg.): Adorno-Konferenz 1983. Frankfurt am Main: Suhrkamp.
Bourdieu, Pierre (1983): Ökonomisches Kapital - Kulturelles Kapital - Soziales Kapital, S. 183-198 in: Kreckel, Reinhard (Hrsg.): Soziale Ungleichheiten. Soziale Welt. Sonderband 2. Göttingen: Schwartz.
Brand, Ulrich (2001): Nichtregierungsorganisationen und postfordistische Politik, S. 73-94 in: Brunnengräber, Achim et al. (Hrsg.): NGOs als Legitimationsressource. Zivilgesellschaftliche Partizipationsformen im Globalisierungsprozess. Opladen: Leske + Budrich.
Brombach, Ilka; Setton, Dirk; Temesvári, Cornelia (2010): Einleitung, S. 7-14 in: Brombach, Ilka et al. (Hrsg.): „Ästhetisierung". Der Streit um das Ästhetische in Politik, Religion und Erkenntnis. Zürich: Diaphanes.

Buchstein, Hubertus; Schmalz-Bruns, Rainer (1992): Gerechtigkeit als Demokratie – Zur politischen Philosophie von Michael Walzer, S. Politische Vierteljahreszeitschrift in: Politische Vierteljahreszeitschrift, 33(3).

Bude, Heinz (2008): Die Ausgeschlossenen. Das Ende vom Traum einer gerechten Gesellschaft. München: Hanser.

Bühler, Axel (2002): Nutzen und methodische Eigenheiten rationaler Rekonstruktionen im Rahmen ideengeschichtlicher Untersuchungen, S. 117-126 in: Internationale Zeitschrift für Philosophie, 11(1).

Burckhardt, Jacob (1984): Die Kunst der Betrachtung. Aufsätze und Vorträge, hrsg. v. Henning Ritter. Köln: DuMont.

Bürger, Peter (1980): Theorie der Avantgarde, 2. Auflage. Frankfurt am Main: Suhrkamp.

Busch, Kathrin (Hrsg.) (2016): Anderes Wissen. Kunstformen der Theorie. München: Wilhelm Fink.

Cavell, Stanley (1990): Conditions handsome and unhandsome. The constitution of Emersonian perfectionism. Chicago: University of Chicago Press.

Celan, Paul (1988): Der Meridian und andere Prosa. Frankfurt am Main: Suhrkamp.

Celikates, Robin (2008): Von der Soziologie der Kritik zur kritischen Theorie, S. 120-132 in: WestEnd. Neue Zeitschrift für Sozialforschung, 5(2).

Celikates, Robin; Jaeggi, Rahel (2009): Technik und Verdinglichung, S. 155-164 in: Brunkhorst, Hauke et al. (Hrsg.): Habermas-Handbuch. Stuttgart: Metzler.

Chatzoudis, Georgios (2016): Das Museum Abteiberg. L.I.S.A. - Das Wissenschaftsportal der Gerda Henkel Stiftung, online: http://www.lisa.gerda-henkel-stiftung.de/alles_ist_architektur?nav_id=6320, zuletzt eingesehen am 20.6.2016.

Condorcet, Marquis de (1973): Entwurf einer historischen Darstellung der Fortschritte des menschlichen Geistes, hrsg. v. Wilhelm Alff. Frankfurt am Main: Suhrkamp.

Crouch, Colin (2008): Postdemokratie. Bonn: Bundeszentrale für politische Bildung.

Damasio, Antonio R. (2005): Der Spinoza-Effekt. Wie Gefühle unser Leben bestimmen. Berlin: List.

Danto, Arthur C. (1991): Die Verklärung des Gewöhnlichen. Eine Philosophie der Kunst. Frankfurt am Main: Suhrkamp.

Debord, Guy (1996): Die Gesellschaft des Spektakels. Berlin: Tiamat.

Deleuze, Gilles (2012): Postskriptum über die Kontrollgesellschaften, S. 11-17 in: Menke, Christoph; Rebentisch, Juliane (Hrsg.): Kreation und Depression. Freiheit im gegenwärtigen Kapitalismus. Berlin: Kadmos.

Demmerling, Christoph (2016): An den Grenzen der Sprache?, S. 1-19 in: Deutsche Zeitschrift für Philosophie, 64(1).

Dengel, Sabine (2015): Mode. Ein Thema für die politische Bildung, S. 3-10 in: APuZ. Aus Politik und Zeitgeschichte, 65(1).

Descartes, René (2008): Meditationes de prima philosophia, hrsg. v. Christian Wohlers. Hamburg: Meiner.

Dilthey, Wilhelm (1970): Der Aufbau der geschichtlichen Welt in den Geisteswissenschaften. Frankfurt am Main: Suhrkamp.

Dörre, Klaus (2009): Die neue Landnahme. Dynamiken und Grenzen des Finanzmarktkapitalismus, S. 21-86 in: Dörre, Klaus et al. (Hrsg.): Soziologie - Kapitalismus - Kritik. Eine Debatte, Originalausg. Frankfurt am Main: Suhrkamp.

Dubiel, Helmut (1978): Wissenschaftsorganisation und politische Erfahrung. Studien zur frühen Kritischen Theorie. Frankfurt am Main: Suhrkamp.

Dubiel, Helmut; Söllner, Alfons (Hrsg.) (1981): Wirtschaft, Recht und Staat in Nationalsozialismus. Analysen des Institut für Sozialforschung: 1939-1942. Frankfurt am Main: Europäische Verlagsanstalt.

Duby, Georges; Fraisse, Geneviève; Perrot, Michelle (Hrsg.) (1994): 19. Jahrhundert. Geschichte der Frauen. Band 4. Frankfurt am main: Fischer.

Durkheim, Émile (1988): Über soziale Arbeitsteilung. Studie über die Organisation höherer Gesellschaften, 2. Auflage. Frankfurt am Main: Suhrkamp.

Dürrenmatt, Friedrich (1986): Der Richter und sein Henker. Kriminalroman. Zürich: Diogenes.

Duvenage, Pieter (2003): Habermas and aesthetics. The limits of communicative reason. Cambridge: Polity press.

Eagleton, Terry (1994): Ästhetik. Die Geschichte ihrer Ideologie. Stuttgart: Metzler.

Eco, Umberto (2014): Gesten der Zurückweisung. Über den Neuen Realismus, S. 33-51 in: Gabriel, Markus (Hrsg.): Der neue Realismus. Berlin: Suhrkamp.

Eder, Klaus (2009): Evolutionstheorie, S. 65-68 in: Brunkhorst, Hauke et al. (Hrsg.): Habermas-Handbuch. Stuttgart: Metzler.

Ehrenberg, Alain (2004): Das erschöpfte Selbst. Depression und Gesellschaft in der Gegenwart. Frankfurt am Main/New York: Campus.

Eisenstadt, Shmuel N. (2000): Multiple Modernities, S. 1-29 in: Daedalus, 129(1).

Elbe, Ingo (2014): Habermas' Kritik des Produktionsparadigmas, S. 123-150 in: Rapic, Smail (Hrsg.): Habermas und der historische Materialismus. Freiburg: Karl Alber, online: http://www.rote-ruhr-uni.com/cms/IMG/pdf/Habermas.pdf, zuletzt eingesehen am 11.03.2016.

Eßbach, Wolfgang (2001): Antitechnische und antiästhetische Haltungen in der soziologischen Theorie, S. 123-136 in: Lösch, Andreas et al. (Hrsg.): Technologien als Diskurse. Konstruktionen von Wissen, Medien und Körpern. Heidelberg: Synchron.

Faber, Klaus; Schoeps, Julius H.; Stawski, Sacha (Hrsg.) (2006): Neu-alter Judenhass. Antisemitismus, arabisch-israelischer Konflikt und europäische Politik. Berlin: Verlag für Berlin-Brandenburg.

Forst, Rainer (1996): Kontexte der Gerechtigkeit. Politische Philosophie jenseits von Liberalismus und Kommunitarismus. Frankfurt am Main: Suhrkamp.

Forst, Rainer (2010): Kritik der Rechtfertigungsverhältnisse. Perspektiven einer kritischen Theorie der Politik. Frankfurt am Main: Suhrkamp.

Forst, Rainer (2015): Normativität und Macht. Zur Analyse sozialer Rechtfertigungsordnungen, Originalausgabe, erste Auflage. Berlin: Suhrkamp.

Foucault, Michel (1977): Überwachen und Strafen. Die Geburt des Gefängnisses, übersetzt von Walter Seitter. Frankfurt am Main: Suhrkamp.

Foucault, Michel (1978): Dispositive der Macht. Über Sexualität, Wissen und Wahrheit. Berlin: Merve.

Foucault, Michel (1981): Archäologie des Wissens. Frankfurt am Main: Suhrkamp.

Foucault, Michel (1989): Die Ordnung der Dinge, 10. Auflage. Frankfurt am Main: Suhrkamp.

Foucault, Michel (2007): Ästhetik der Existenz. Schriften zur Lebenskunst, hrsg. v. Daniel Defert und François Ewald. Frankfurt am Main: Suhrkamp.

Fraser, Nancy (2009): Theorie der Öffentlichkeit, S. 148-155 in: Brunkhorst, Hauke et al. (Hrsg.): Habermas-Handbuch. Stuttgart: Metzler.

Fraser, Nancy; Honneth, Axel (2003): Umverteilung oder Anerkennung? Eine politisch-philosophische Kontroverse. Frankfurt am Main: Suhrkamp.

Freud, Sigmund (1974a): Gesammelte Werke. Band 10. Werke aus den Jahren 1913-1917, 4. Auflage. Frankfurt am Main: Fischer.

Freud, Sigmund (1974b): Gesammelte Werke. Band 11. Vorlesungen zur Einführung in die Psychoanalyse, 4. Auflage. Frankfurt am Main: Fischer.

Freud, Sigmund (1974c): Gesammelte Werke. Band 12. Werke aus den Jahren 1917-1920, 4. Auflage. Frankfurt am Main: Fischer.

Fromm, Erich (1980): Arbeiter und Angestellte am Vorabend des dritten Reiches. Eine sozialpsychologische Untersuchung. Stuttgart: DVA.

Früchtl, Josef (2007): Auf ein Neues: Ästhetik und Politik. Und dazwischen das Spiel. Angestoßen durch Jacques Rancière, S. 209-219 in: Deutsche Zeitschrift für Philosophie, 55(2).

Gadamer, Hans-Georg (1975): Wahrheit und Methode. Grundzüge einer philosophischen Hermeneutik, 4. Auflage. Tübingen: Mohr Siebeck.

García Düttmann, Alexander (1991): Das Gedächtnis des Denkens. Versuch über Heidegger und Adorno. Frankfurt am Main: Suhrkamp.

García Düttmann, Alexander (2004): So ist es. Ein philosophischer Kommentar zu Adornos Minima Moralia. Frankfurt am Main: Suhrkamp.

Gehlen, Arnold (1965): Zeit-Bilder. Zur Soziologie und Ästhetik der modernen Malerei. Frankfurt am Main/Bonn: Athenäum.

Geisenhanslüke, Achim (2004): Einführung in die Literaturtheorie. Von der Hermeneutik zur Medienwissenschaft. Darmstadt: WBG.

Geißler, Rainer (2003): Multikulturalismus in Kanada - Modell für Deutschland? Bundeszentrale für politische Bildung, online: http://www.bpb.de/apuz/27564/multikulturalismus-in-kanada-modell-fuer-deutschland?p=all, zuletzt eingesehen am 24.12.2015.

Geuss, Raymond (2005): Leiden und Erkennen (bei Adorno), S. 41-52 in: Honneth, Axel (Hrsg.): Dialektik der Freiheit. Frankfurter Adorno-Konferenz 2003. Frankfurt am Main: Suhrkamp.

Gombrich, Ernst H. (1996): Die Geschichte der Kunst, erweiterte, überarbeitete und neugestaltete 16. Auflage. Frankfurt: Fischer.

Goodman, Nelson (1990): Weisen der Welterzeugung. Frankfurt am Main: Suhrkamp.

Goodman, Nelson (1997): Sprachen der Kunst. Entwurf einer Symboltheorie. Frankfurt am main: Suhrkamp.

Gramsci, Antonio (1996a): Gefängnishefte. Band 3, hrsg. v. Klaus Bochmann und Wolfgang Fritz Haug. Hamburg: Argument.

Gramsci, Antonio (1996b): Gefängnishefte. Band 4, hrsg. v. Klaus Bochmann und Wolfgang Fritz Haug. Hamburg: Argument.

Gramsci, Antonio (1996c): Gefängnishefte. Band 8, hrsg. v. Klaus Bochmann und Wolfgang Fritz Haug. Hamburg: Argument.

Greely, Henry; Sahakian, Barbara; Harris, John; Kessler, Ronald C.; Gazzaniga, Michael; Campbell, Philip; Farah, Martha J. (2008): Towards responsible use of cognitive-enhancing drugs by the healthy, S. 702-705 in: Nature, 456(7).

Groeben, Norbert; Pahlke, A. Florian (2016): Was kann und soll Rationale Rekonstruktion hermeneutischer Interpretationsansätze (nicht) leisten?, S. 83-109 in: Journal of Literary Theory, 10(1).

Habermas, Jürgen (1954): Die Dialektik der Rationalisierung. Vom Pauperismus in Produktion und Konsum, S. 701-724 in: Merkur. Deutsch Zeitschrift für europäisches Denken, 8(8).
Habermas, Jürgen (1968): Technik und Wissenschaft als „Ideologie". Frankfurt am Main: Suhrkamp.
Habermas, Jürgen (1971): Der Universalitätsanspruch der Hermeneutik, S. 120-159 in: Apel, Karl-Otto (Hrsg.): Hermeneutik und Ideologiekritik. Frankfurt am Main: Suhrkamp.
Habermas, Jürgen (1972): Bewusstmachende oder rettende Kritik – die Aktualität Walter Benjamins, S. 173-223 in: Unseld, Siegfried (Hrsg.): Zur Aktualität Walter Benjamins. Aus Anlaß des 80. Geburtstags von Walter Benjamin. Frankfurt am Main: Suhrkamp.
Habermas, Jürgen (1973a): Erkenntnis und Interesse. Frankfurt am Main: Suhrkamp.
Habermas, Jürgen (1973b): Legitimationsprobleme im Spätkapitalismus. Frankfurt (am Main): Suhrkamp.
Habermas, Jürgen (1973c): Zur Logik der Sozialwissenschaften, erweiterte Auflage. Frankfurt am Main: Suhrkamp.
Habermas, Jürgen (1976): Zur Rekonstruktion des historischen Materialismus. Frankfurt am Main: Suhrkamp.
Habermas, Jürgen (1981a): Kleine politische Schriften. Frankfurt am Main: Suhrkamp.
Habermas, Jürgen (1981b): Theorie des kommunikativen Handelns. Band 1. Handlungsrationalität und gesellschaftliche Rationalisierung. Frankfurt am Main: Suhrkamp.
Habermas, Jürgen (1981c): Theorie des kommunikativen Handelns. Band 2. Zur Kritik der funktionalistischen Vernunft. Frankfurt am Main: Suhrkamp.
Habermas, Jürgen (1983): Moralbewusstsein und kommunikatives Handeln. Frankfurt am Main: Suhrkamp.
Habermas, Jürgen (1984): Vorstudien und Ergänzungen zur Theorie des kommunikativen Handelns. Frankfurt am Main: Suhrkamp.
Habermas, Jürgen (1985): Questions and Counterquestions, S. 192-216 in: Bernstein, Richard J. (Hrsg.): Habermas and modernity. Cambridge: MIT Press.
Habermas, Jürgen (1986): Entgegnung, S. 327-405 in: Honneth, Axel; Joas, Hans (Hrsg.): Kommunikatives Handeln. Beiträge zu Jürgen Habermas' „Theorie des kommunikativen Handelns". Frankfurt am Main: Suhrkamp.
Habermas, Jürgen (1987): Philosophisch-politisch Profile, erweiterte Ausgabe. Frankfurt am Main: Suhrkamp.
Habermas, Jürgen (1988): Der philosophische Diskurs der Moderne. Zwölf Vorlesungen. Frankfurt am Main: Suhrkamp.
Habermas, Jürgen (1990): Strukturwandel der Öffentlichkeit. Untersuchungen zu einer Kategorie der bürgerlichen Gesellschaft. Frankfurt am Main: Suhrkamp.
Habermas, Jürgen (1991): Erläuterungen zur Diskursethik. Frankfurt am Main: Suhrkamp.
Habermas, Jürgen (1992a): Faktizität und Geltung. Beiträge zur Diskurstheorie des Rechts und des demokratischen Rechtsstaats. Frankfurt am Main: Suhrkamp.
Habermas, Jürgen (1992b): Nachmetaphysisches Denken. Philosophische Aufsätze. Frankfurt am Main: Suhrkamp.
Habermas, Jürgen (1999): Die Einbeziehung des Anderen. Studien zur politischen Theorie. Frankfurt am Main: Suhrkamp.
Habermas, Jürgen (2000): Nach dreißig Jahren: Bemerkungen zu „Erkenntnis und Interesse", S. 12-20 in: Müller-Doohm, Stefan (Hrsg.): Das Interesse der Vernunft. Rückblicke auf das Werk von Jürgen Habermas seit „Erkenntnis und Interesse". Frankfurt: Suhrkamp.

Habermas, Jürgen (2004a): Öffentlicher Raum und politische Öffentlichkeit. Lebensgeschichtliche Wurzeln zweier Gedankenmotive. Neue Zürcher Zeitung online, online: http://www.nzz.ch/article9Z0Q0-1.346787, zuletzt eingesehen am 09.12.2015.

Habermas, Jürgen (2004b): Wahrheit und Rechtfertigung. Philosophische Aufsätze, erweiterte Auflage. Frankfurt am Main: Suhrkamp.

Habermas, Jürgen (2005): Die Zukunft der menschlichen Natur. Auf dem Weg zu einer liberalen Eugenik? Frankfurt am Main: Suhrkamp.

Habermas, Jürgen (2009a): Arbeit, Liebe, Anerkennung. Die ZEIT online, 18.07.2009, online: http://pdf.zeit.de/2009/30/Philosoph-Honneth.pdf, zuletzt eingesehen am 05.09.2013.

Habermas, Jürgen (2009b): Diskursethik. Philosophische Texte. Band 3. Frankfurt am Main: Suhrkamp.

Habermas, Jürgen (2009c): Kritik der Vernunft. Philosophische Texte. Band 5. Frankfurt am Main: Suhrkamp.

Habermas, Jürgen (2009d): Politiche Theorie. Philosophische Texte. Band 4. Philosophische Texte. Band 4. Frankfurt am Main: Suhrkamp.

Habermas, Jürgen (2009e): Rationalitäts- und Sprachtheorie. Philosophische Texte. Band 2. Frankfurt am Main: Suhrkamp.

Habermas, Jürgen (2009f): Sprachtheoretische Grundlegung der Soziologie. Philosophische Texte. Band 1. Frankfurt am Main: Suhrkamp.

Handke, Peter (1974): Prosa, Gedichte, Theaterstücke, Hörspiel, Aufsätze. Frankfurt am Main: Suhrkamp.

Hartmann, Martin (2009): Vorstellungskraft, Mitgefühl und Kritik. Überlegungen im Anschluss an Adam Smith, S. 506-527 in: Forst, Rainer et al. (Hrsg.): Sozialphilosophie und Kritik. Frankfurt am Main: Suhrkamp.

Hardering, Friedericke (2015): Meaningful work: Sinnvolle Arbeit zwischen Subjektivität, Arbeitsgestaltung und gesellschaftlichem Nutzen, S. 391-410 in: Österreichische Zeitschrift für Soziologie, 40(4).

Hegel, Georg Wilhelm Friedrich (1970a): Phänomenologie des Geistes. Werke in zwanzig Bänden. Band 3, auf der Grundlage der Werke von 1832-1845 neu editierte Ausgabe, Redaktion Eva Moldenhauer und Karl Markus Michel, 1. Aufl. Frankfurt am Main: Suhrkamp.

Hegel, Georg Wilhelm Friedrich (1970b): Vorlesungen über die Ästhetik. Werke in zwanzig Bänden. Band 12, auf der Grundlage der Werke von 1832-1845 neu editierte Ausgabe, Redaktion Eva Moldenhauer und Karl Markus Michel. Frankfurt am Main: Suhrkamp.

Hegel, Georg Wilhelm Friedrich (1970c): Vorlesungen über die Philosophie der Geschichte. Werke in zwanzig Bänden. Band 12, auf der Grundlage der Werke von 1832-1845 neu editierte Ausgabe, Redaktion Eva Moldenhauer und Karl Markus Michel. Frankfurt am Main: Suhrkamp.

Heidegger, Martin (1986): Der Ursprung des Kunstwerkes. Stuttgart: Reclam.

Heidegger, Martin (1988): Ontologie. Hermeneutik der Faktizität, hrsg. v. Käte Bröcker-Oltmanns. Frankfurt am Main: Vittorio Klostermann.

Heinrich, Klaus (1993): Arbeiten mit Ödipus. Begriff der Verdrängung in der Religionswissenschaft. Basel: Stroemfeld/Roter Stern.

Henrich, Daniel C. (2007): Jürgen Habermas: Philosoph ohne metaphysische Rückendeckung?, S. 389-402 in: Deutsche Zeitschrift für Philosophie, 55(3).

Hirsch, Alfred (2006): ‚Die Aufgabe des Übersetzers', S. 609-625 in: Lindner, Burkhardt (Hrsg.): Benjamin-Handbuch. Leben, Werk, Wirkung. Stuttgart: Metzler.

Honneth, Axel (1979a): Adorno und Habermas. Zur kommunikationstheoretischen Wende, S. 648-665 in: Merkur. Deutsch Zeitschrift für europäisches Denken, 33(7).
Honneth, Axel (1979b): Adorno und Habermas. Zur Wende kritischer Sozialphilosophie, S. 648-665 in: Merkur. Deutsch Zeitschrift für europäisches Denken, 33(7).
Honneth, Axel (1986): Diskursethik und implizites Gerechtigkeitskonzept. Eine Diskussionsbemerkung, S. 183-193 in: Kuhlmann, Wolfgang (Hrsg.): Moralität und Sittlichkeit. Das Problem Hegels und die Diskursethik. Frankfurt am Main: Suhrkamp.
Honneth, Axel (1989a): Kritik der Macht. Reflexionsstufen einer kritischen Gesellschaftstheorie. Frankfurt am Main: Suhrkamp.
Honneth, Axel (1989b): Moralische Entwicklung und sozialer Kampf. Sozialphilosophische Lehren aus dem Frühwerk Hegel in: Honneth, Axel et al. (Hrsg.): Zwischenbetrachtungen: Im Prozess der Aufklärung. Jürgen Habermas zum 60. Geburtstag. Frankfurt am Main: Suhrkamp.
Honneth, Axel (1994a): Desintegration. Bruchstücke einer soziologischen Zeitdiagnose. Frankfurt am Main: Fischer.
Honneth, Axel (1994b): Kampf um Anerkennung. Zur moralischen Grammatik sozialer Konflikte, erweitere Ausgabe. Frankfurt am Main: Suhrkamp.
Honneth, Axel (2000a): Anerkennungsbeziehungen und Moral. Eine Diskussionsbemerkung zur anthropologischen Erweiterung der Diskursethik, S. 101-111 in: Fahrenbach, Helmut et al. (Hrsg.): Anthropologie, Ethik und Gesellschaft. Für Helmut Fahrenbach. Frankfurt am Main/New York: Campus.
Honneth, Axel (2000b): Das Andere der Gerechtigkeit. Aufsätze zur praktischen Philosophie. Frankfurt am Main: Suhrkamp.
Honneth, Axel (2001a): Leiden an Unbestimmtheit. Eine Reaktualisierung der Hegelschen Rechtsphilosophie. Stuttgart: Reclam.
Honneth, Axel (2001b): Zwischen Hermeneutik und Hegelianismus. John McDowell und die Herausforderung des moralischen Realismus, S. 372-402 in: Wingert, Lutz; Günther, Klaus (Hrsg.): Die Öffentlichkeit der Vernunft und die Vernunft der Öffentlichkeit. Festschrift für Jürgen Habermas. Frankfurt am Main: Suhrkamp.
Honneth, Axel (2003): Unsichtbarkeit. Stationen einer Theorie der Intersubjektivität. Frankfurt am Main: Suhrkamp.
Honneth, Axel (2006): Einleitung. Zum Begriff der Philosophie, S. 11-27 in: Honneth, Axel; Menke, Christoph (Hrsg.): Theodor W. Adorno: Negative Dialektik. Berlin: Akademie Verlag.
Honneth, Axel (2007): Pathologien der Vernunft. Geschichte und Gegenwart der kritischen Theorie. Frankfurt am Main: Suhrkamp.
Honneth, Axel (2008): Gerechtigkeitstheorie als Gesellschaftsanalyse. Überlegungen in Anschluss an Hegel, S. 11-29 in: Menke, Christoph; Rebentisch, Juliane (Hrsg.): Axel Honneth. Gerechtigkeit und Gesellschaft. Potsdamer Seminar. Berlin: Berliner Wissenschafts-Verlag.
Honneth, Axel (2009a): Frankfurter Schule, S. 17-20 in: Brunkhorst, Hauke et al. (Hrsg.): Habermas-Handbuch. Stuttgart: Metzler.
Honneth, Axel (2009b): Geschichtsphilosophie, Anthropologie und Marxismus, S. 15-17 in: Brunkhorst, Hauke et al. (Hrsg.): Habermas-Handbuch. Stuttgart: Metzler.
Honneth, Axel (2010): Das Ich im Wir. Studien zur Anerkennungstheorie. Berlin: Suhrkamp.
Honneth, Axel (2011): Das Recht der Freiheit. Grundriß einer demokratischen Sittlichkeit. Berlin: Suhrkamp.

Honneth, Axel (2016): Stichwort: Stoner – Ambivalenzen einer literarischen Sozialfigur, S. 79-81 in: WestEnd. Neue Zeitschrift für Sozialforschung, 12(2).

Honneth, Axel; Joas, Hans (1980): Soziales Handeln und menschliche Natur. Anthropologische Grundlagen der Sozialwissenschaften. Frankfurt am Main/New York: Campus.

Honneth, Axel; Joas, Hans (Hrsg.) (1986): Kommunikatives Handeln. Beiträge zu Jürgen Habermas' „Theorie des kommunikativen Handelns". Frankfurt am Main: Suhrkamp.

Honneth, Axel; Menke, Christoph (2006): Zur Einführung, S. 1-9 in: Honneth, Axel; Menke, Christoph (Hrsg.): Theodor W. Adorno: Negative Dialektik. Berlin: Akademie Verlag.

Honneth, Axel; Rössler, Beate (2008): Einleitung. Von Person zu Person. Zur Moralität persönlicher Beziehungen, S. 9-25 in: Honneth, Axel; Rössler, Beate (Hrsg.): Von Person zu Person. Zur Moralität persönlicher Beziehungen. Frankfurt am Main: Suhrkamp.

Horkheimer, Max (1967): Zur Kritik der instrumentellen Vernunft: Aus den Vorträgen und Aufzeichnungen seit Kriegsende. Frankfurt am Main: Fischer.

Horkheimer, Max (1968): Kritischer Theorie. Eine Dokumentation, hrsg. v. Alfred Schmidt. Frankfurt am Main: Fischer.

Horkheimer, Max (1981): Autoritärer Staat, S. 55-79 in: Dubiel, Helmut; Söllner, Alfons (Hrsg.): Wirtschaft, Recht und Staat in Nationalsozialismus. Analysen des Institut für Sozialforschung: 1939-1942. Frankfurt am Main: Europäische Verlagsanstalt.

Horkheimer, Max (1988): Gesammelte Schriften. Band 3: Schriften 1931-1936. Frankfurt am Main: Fischer.

Horkheimer, Max; Adorno, Theodor W. (2004): Dialektik der Aufklärung. Philosophische Fragmente, 15. Auflage. Frankfurt am Main: Fischer.

Hradil, Stefan; Schiener, Jürgen (2005): Soziale Ungleichheit in Deutschland, 8. Auflage. Wiesbaden: VS.

Ibsen, Henrik (2008): Nora oder ein Puppenheim, übersetzt von Marie von Boch und Emma Klingenfeld. Frankfurt, M: Fischer.

Inglehart, Ronald (1998): Modernisierung und Postmodernisierung. Kultureller, wirtschaftlicher und politischer Wandel in 43 Gesellschaften. Frankfurt am Main/New York: Campus.

Ingram, David (1991): Habermas on Aesthetics and Rationality: Completing the Project of Enlightenment, S. 67-103 in: New German Critique, 53(2).

Institut für Sozialforschung (Hrsg.) (2015): WestEnd 2015/02: Stoner - Ambivalenzen einer literarischen Sozialfigur. Frankfurt am Main: Campus.

Iser, Mattias (2002): Der Spiegel der Kritik. Michael Walzer und die Kritische Theorie, S. 581-599 in: Deutsche Zeitschrift für Philosophie, 50(4).

Iser, Mattias (2008): Empörung und Fortschritt. Grundlagen einer kritischen Theorie der Gesellschaft. Frankfurt am Main/New York.

Jaeggi, Rahel (2006): Dialektik der Aufklärung. Philosophische Fragemente, S. 249-253 in: Honneth, Axel (Hrsg.): Schlüsseltexte der kritischen Theorie. Wiesbaden: VS.

Jahoda, Marie; Lazarsfeld, Paul Felix; Zeisel, Hans (1975): Die Arbeitslosen von Marienthal. Ein soziographischer Versuch über die Wirkungen langandauernder Arbeitslosigkeit: Suhrkamp.

Joas, Hans (1986): Die unglückliche Ehe von Hermeneutik und Funktionalismus, S. 144-176 in: Honneth, Axel; Joas, Hans (Hrsg.): Kommunikatives Handeln. Beiträge zu Jürgen Habermas' „Theorie des kommunikativen Handelns". Frankfurt am Main: Suhrkamp.

Joas, Hans; Knöbl, Wolfgang (2004a): Sozialtheorie. Zwanzig einführende Vorlesungen. Frankfurt am Main: Suhrkamp.

Joas, Hans; Knöbl, Wolfgang (2004b): Sozialtheorie. Zwanzig einführende Vorlesungen. Frankfurt am Main: Suhrkamp.

Jörke, Dirk (2009): Historischer Materialismus, S. 320-323 in: Brunkhorst, Hauke et al. (Hrsg.): Habermas-Handbuch. Stuttgart: Metzler.

Jung, Thomas; Müller-Doohm, Stefan (Hrsg.) (1993): „Wirklichkeit" im Deutungsprozess. Verstehen und Methoden in den Kultur- und Sozialwissenschaften. Frankfurt am Main: Suhrkamp.

Kager, Reinhard (1988): Herrschaft und Versöhnung. Einführung in das Denken Theodor W. Adornos. Frankfurt am Main/New York: Campus.

Kant, Immanuel (1968): Werke in zwölf Bänden. Band IX. Kritik der Urteilskraft und Schrifte zur Naturphilosophie I, hrsg. v. Wilhelm Weischedel, Erste auflage. Frankfurt am Main: Suhrkamp.

Khazan, Olga (2012): Ai Weiwei sees hope for China in social media. The Washington Post online, online: https://www.washingtonpost.com/news/worldviews/wp/2012/11/02/ai-weiwei-sees-hope-for-china-in-social-media/, zuletzt eingesehen am 15.01.2016.

Kleimann, Bern (2001): Ästhetische Erkenntnis als Welterschließung, S. 41-52 in: Zeitschrift für Ästhetik und allgemeine Kulturwissenschaft, 46(1).

Kneer, Georg (1990): Die Pathologien der Moderne. Zur Zeitdiagnose in der 'Theorie des kommunikativen Handelns' von Jürgen Habermas. Wiesbaden: VS.

Knoll, Peter (2011): Staatliche Zensur des Internets greift um sich. PC Magazin, 15.01.2016, online: http://www.pc-magazin.de/ratgeber/staatliche-zensur-des-internets-greift-um-sich-1152897.html.

Kompridis, Nikolas (1993a): Schwerpunkt: Welterschließung und Kritik, S. 487-490 in: Deutsche Zeitschrift für Philosophie, 41(3).

Kompridis, Nikolas (1993b): Über Welterschließung: Heidegger, Habermas, Dewey, S. 525-538 in: Deutsche Zeitschrift für Philosophie, 41(3).

König, Helmut (2016): Elemente des Antisemitismus. Kommentare und Interpretationen zu einem Kapitel der Dialektik der Aufklärung von Max Horkheimer und Theodor W. Adorno, Erste Auflage. Weilerswist: Velbrück Wissenschaft.

Koppe, Franz (1993): Kunst als alternative Erfahrung, S. 193-210 in: Schneider, Hans Julius; Inhetveen, Rüdiger (Hrsg.): Enteignen uns die Wissenschaften? Zum Verhältnis zwischen Erfahrung und Empirie. München: Wilhelm Fink.

Koschorke, Albrecht (2015): Hegel und wir. Frankfurter Adorno-Vorlesungen 2013, Erste Auflage. Berlin: Suhrkamp.

Kracauer, Siegfried (1977): Das Ornament der Masse. Essays. Frankfurt am Main: Suhrkamp.

Krause, Skadi; Malowitz, Karsten (1998): Michael Walzer zur Einführung. Hamburg: Junius.

Kundera, Milan (1989): Die Kunst des Romans. Essay. Frankfurt am Main: Fischer.

Küpper, Joachim; Menke, Christoph (Hrsg.) (2003): Dimensionen ästhetischer Erfahrung. Frankfurt am Main: Suhrkamp.

Lafont, Cristina (2009a): Hermeneutik und linguistic turn, S. 29-34 in: Brunkhorst, Hauke et al. (Hrsg.): Habermas-Handbuch. Stuttgart: Metzler.

Lafont, Cristina (2009b): Kommunikative Vernunft, S. 176-187 in: Brunkhorst, Hauke et al. (Hrsg.): Habermas-Handbuch. Stuttgart: Metzler.

Lafont, Cristina (2009c): Kommunikatives Handeln, S. 332-336 in: Brunkhorst, Hauke et al. (Hrsg.): Habermas-Handbuch. Stuttgart: Metzler.

Latour, Bruno (1996): On Actor-network Theory. A few Clarifications, S. 369-382 in: Soziale Welt, 47(4).

Latour, Bruno (2004): Politics of nature. How to bring the sciences into democracy. Cambridge: Harvard University Press.

Lévi-Strauss, Claude (1973): Das wilde Denken. Frankfurt am Main: Suhrkamp.

Lindner, Burkhardt (2006): Zu Traditionskrise, Technik, Medien, S. 451-464 in: Lindner, Burkhardt (Hrsg.): Benjamin-Handbuch. Leben, Werk, Wirkung. Stuttgart: Metzler.

Lohmann, Georg (2009): Moral-Diskurse, S. 82-87 in: Brunkhorst, Hauke et al. (Hrsg.): Habermas-Handbuch. Stuttgart: Metzler.

Lorenzer, Alfred (1973): Über den Gegenstand der Psychoanalyse oder: Sprache und Interaktion. Frankfurt am Main: Suhrkamp.

Lorenzer, Alfred (1986): Tiefenhermeneutische Kulturanalyse, S. 11-98 in: König, Hans-Dieter; Lorenzer, Alfred (Hrsg.): Kultur-Analysen. Psychoanalytische Studien zur Kultur. Frankfurt am Main: Fischer.

Löwenthal, Leo (1990): Literatur und Massenkultur. Schriften in 5 Bänden. Band 1, hrsg. v. Helmut Dubiel. Frankfurt am Main: Suhrkamp.

Löwith, Karl (1967): Weltgeschichte und Heilsgeschehen. Die theologischen Voraussetzungen der Geschichtsphilosophie, 5. Auflage. Stuttgart: Kohlhammer.

Luhmann, Niklas (1992): Die Wissenschaft der Gesellschaft. Frankfurt am Main: Suhrkamp.

Luhmann, Niklas (1993): Gesellschaftsstruktur und Semantik. Studien zur Wissenssoziologie der modernen Gesellschaft. Band 1. Frankfurt am Main: Suhrkamp.

Lukács, György (1970): Geschichte und Klassenbewusstsein. Studien über marxist. Dialektik. Neuwied: Luchterhand.

Lyotard, Jean François (1994): Die Analytik des Erhabenen. Kant-Lektionen. München: Wilhelm Fink.

Malinowski, Bronislaw (2001): Argonauten des westlichen Pazifik. Ein Bericht über Unternehmungen und Abenteuer der Eingeborenen in den Inselwelten von Melanesisch-Neuguinea, 2., unveränderte Auflage. Eschborn: Klotz.

Marcuse, Herbert (1965): Kultur und Gesellschaft I. Frankfurt am Main: Suhrkamp.

Marx, Karl (2004): Zur Kritik der Hegelschen Rechtsphilosophie. Einleitung, S. 22-35 in: Iring Fetscher (Hrsg.): Karl Marx, Friedrich Engels: Studienausgabe in 5 Bänden. Band 1. Philosophie. Berlin: Aufbau.

Marx, Karl (2007): Das Kapital. Kritik der politischen Ökonomie. Erster Band, 38. Auflage. Berlin: Dietz.

Marx, Karl; Engels, Friedrich (1972): Manifest der Kommunistischen Partei. Grundsätze des Kommunismus. Stuttgart: Reclam.

Marx, Karl; Engels, Friedrich (1985): Marx-Engels-Werke. Band 40. Berlin: Dietz.

Mattenklott, Gert (2004): Vorwort, S. V-VIII in: Mattenklott, Gert (Hrsg.): Ästhetische Erfahrung im Zeichen der Entgrenzung der Künste. Epistemische, ästhetische und religiöse Formen von Erfahrung im Vergleich. Hamburg: Meiner.

Matthes, Joachim (1993): Über das Erfahren von Erfahrung. Von den Schwierigkeiten des erfahrungswissenschaftlich orientierten Soziologen, mit gesellschaftlicher Erfahrung umzugehen, S. 101-123 in: Schneider, Hans Julius; Inhetveen, Rüdiger (Hrsg.): Enteignen uns die Wissenschaften? Zum Verhältnis zwischen Erfahrung und Empirie. München: Wilhelm Fink.

Mauss, Marcel; Ritter, Henning (1990): Die Gabe. Form und Funktion des Austauschs in archaischen Gesellschaften. Frankfurt am Main, Germany: Suhrkamp.

Mayntz, Renate (2004): Governance im modernen Staat, S. 65-76 in: Benz, Arthur (Hrsg.): Governance - Regieren in komplexen Regelsystemen. Eine Einführung, 2004. Wiesbaden: VS.

Mayntz, Renate (2008): Von der Steuerungstheorie zu Global Governance, S. 43-61 in: Schuppert, Gunnar Folke; Zürn, Michael (Hrsg.): Governance in einer sich wandelnden Welt. Politische Vierteljahresschrift. Sonderheft 41. Wiesbaden: VS.

McCarthy, Thomas A. (1980): Kritik der Verständigungsverhältnisse. Zur Theorie von Jürgen Habermas. Frankfurt am Main: Suhrkamp.

McCarthy, Thomas A. (2009): Geschichte und Evolution, S. 199-205 in: Brunkhorst, Hauke et al. (Hrsg.): Habermas-Handbuch. Stuttgart: Metzler.

Mead, George Herbert (1980): Gesammelte Aufsätze. Frankfurt am Main.

Menke, Christoph (1991a): Die Souveränität der Kunst. Ästhetische Erfahrung nach Adorno und Derrida. Frankfurt am Main: Suhrkamp.

Menke, Christoph (1991b): Umrisse eine Ästhetik der Negativität, S. 191-216 in: Koppe, Franz (Hrsg.): Perspektiven der Kunstphilosophie. Texte und Diskussionen. Frankfurt am Main: Suhrkamp.

Menke, Christoph (2001): Die Reflexion im Ästhetischen, S. 161-174 in: Zeitschrift für Ästhetik und Allgemeine Kunstwissenschaft, 46(2).

Menke, Christoph (2002): Wahrnehmung, Tätigkeit, Selbstreflexion. Zu Genese und Dialektik der Ästhetik, S. 19-48 in: Kern, Andrea; Sonderegger, Ruth (Hrsg.): Falsche Gegensätze. Zeitgenössische Positionen zur philosophischen Ästhetik. Frankfurt am Main: Suhrkamp.

Menke, Christoph (2003): Die Disziplin der Ästhetik. Eine Lektüre von Überwachen und Strafen, S. 109-121 in: Koch, Gertrud (Hrsg.): Kunst als Strafe. Zur Ästhetik der Disziplinierung. München: Wilhelm Fink.

Menke, Christoph (2004): Die Dialektik der Ästhetik: Der neue Streit zwischen Kunst und Philosophie, S. 21-39 in: Huber, Jörg (Hrsg.): Ästhetik Erfahrung. Interventionen 13. Wien, New York: Springer VS.

Menke, Christoph (2008a): Kraft. Ein Grundbegriff ästhetischer Anthropologie. Frankfurt am Main: Suhrkamp.

Menke, Christoph (2008b): Subjektive Rechte: Zur Form der Differenz in: MenschenRechtsMagazin, 13(2).

Menke, Christoph (2008c): Subjektivität und Gelingen. Adorno – Derrida, S. 189-205 in: Waniek, Eva; Vogt, Erik Michael (Hrsg.): Derrida und Adorno. Zur Aktualität von Dekonstruktion und Frankfurter Schule. Wien: Turia + Kant.

Menke, Christoph (2009): Subjektive Rechte und Menschenwürde. Zur Einleitung. Trivium: revue franco-allemande de sciences humaines et sociales, online: https://trivium.revues.org/3296, zuletzt eingesehen am 04.01.22016.

Menke, Christoph (2010): Autonomie und Befreiung, S. 675-694 in: Deutsche Zeitschrift für Philosophie, 58(5).

Menke, Christoph (2011): Recht und Gewalt. Berlin: August Verlag.

Menke, Christoph (2013a): Die „andre Form" der Herrschaft. Marx' Kritik des Rechts, S. 273-295 in: Jaeggi, Rahel; Loick, Daniel (Hrsg.): Nach Marx. Philosophie, Kritik, Praxis. Berlin: Suhrkamp.

Menke, Christoph (2013b): Die Kraft der Kunst. Berlin: Suhrkamp.
Menke, Christoph (2013c): Hegels Theorie der Befreiung. Gesetz, Freiheit, Geschichte, Gesellschaft, S. 301-320 in: Hindrichs, Gunnar; Honneth, Axel (Hrsg.): Freiheit. Stuttgarter Hegel-Kongress 2011. Frankfurt am Main: Vittorio Klostermann.
Menke, Christoph (2014a): Das Wirken dunkler Kräfte: Baumgarten und Herder, S. 73-115 in: Campe, Rüdiger et al. (Hrsg.): Baumgarten-Studien. Zur Genealogie der Ästhetik. Köln: August Verlag.
Menke, Christoph (2014b): Die Möglichkeit eines anderen Rechts, S. 136-143 in: Deutsche Zeitschrift für Philosophie, 62(1).
Menke, Christoph (2015): Kritik der Rechte. Berlin: Suhrkamp.
Menke, Christoph; Rebentisch, Juliane (2012): Vorwort: Zum Stand ästhetischer Freiheit, S. 7-8 in: Menke, Christoph; Rebentisch, Juliane (Hrsg.): Kreation und Depression. Freiheit im gegenwärtigen Kapitalismus. Berlin: Kadmos.
Michels, Robert (1928): Die Verelendungstheorie. Studien und Untersuchungen zur internationalen Dogmengeschichte der Volkswirtschaft. Leipzig: Kröner.
Miller, David (2008): Grundsätze sozialer Gerechtigkeit. Frankfurt am Main/New York: Campus.
Moebius, Stephan (2008): Handlung und Praxis. Konturen einer poststrukturalistischen Praxistheorie, S. 58-74 in: Moebius, Stephan; Reckwitz, Andreas (Hrsg.): Poststrukturalistische Sozialwissenschaften. Frankfurt am Main: Suhrkamp.
Möllers, Christoph (2015): Die Möglichkeit der Normen. Über eine Praxis jenseits von Moralität und Kausalität. Berlin: Suhrkamp.
Möllers, Christoph (2016): Form der Rechte als Form des Rechts?, S. 307-312 in: Deutsche Zeitschrift für Philosophie, 64(2).
Müller-Doohm, Stefan (2006): Der Essay als Form, S. 43-45 in: Honneth, Axel (Hrsg.): Schlüsseltexte der kritischen Theorie. Wiesbaden: VS.
Müller-Jentsch, Walther (2012): Kunstkritik als literarische Gattung. Gesellschaftliche Bedingungen ihrer Entstehung, Entfaltung und Krise, S. 539-568 in: Berliner Journal für Soziologie, 22(4).
Neckel, Sighard (2005): Die Verwilderung der Selbsterhaltung. Adornos Soziologie: Veralten der Theorie – Erneuerung der Zeitdiagnose, S. 188-204 in: Honneth, Axel (Hrsg.): Dialektik der Freiheit. Frankfurter Adorno-Konferenz 2003. Frankfurt am Main: Suhrkamp.
Neckel, Sighard; Wagner, Greta (Hrsg.) (2013): Leistung und Erschöpfung. Burnout in der Wettbewerbsgesellschaft. Berlin: Suhrkamp.
Negt, Oskar; Kluge, Alexander (1976): Öffentlichkeit und Erfahrung. Zur Organisationsanalyse von bürgerlicher und proletarischer Öffentlichkeit, 4. Auflage. Frankfurt am Main: Suhrkamp.
Neves, Marcelo (2009a): Evolution, S. 315-317 in: Brunkhorst, Hauke et al. (Hrsg.): Habermas-Handbuch. Stuttgart: Metzler.
Neves, Marcelo (2009b): Systemtheorie, S. 61-64 in: Brunkhorst, Hauke et al. (Hrsg.): Habermas-Handbuch. Stuttgart: Metzler.
Nietzsche, Friedrich Wilhelm (1999a): Jenseits von Gut und Böse. Zur Genealogie der Moral. Kritische Studienbuchausgabe. Band 5, hrsg. v. Giorgio Colli und Mazzino Montinari. München: DTV.
Nietzsche, Friedrich Wilhelm (1999b): Nachlaß 1887-1889. Kritische Studienbuchausgabe. Band 13, hrsg. v. Giorgio Colli und Mazzino Montinari. München: DTV.

Nietzsche, Friedrich Wilhelm; Colli, Giorgio; Montinari, Mazzino (1999): Die Geburt der Tragödie. Unzeitgemäße Betrachtungen. I - IV. Nachgelassene Schriften 1870 - 1873. Kritische Studienbuchausgabe. Band 1, hrsg. v. Giorgio Colli und Mazzino Montinari, Neuausgabe. München, Berlin: DTV.

Nullmeier, Frank (2009): Spätkapitalismus und Legitimation, S. 188-199 in: Brunkhorst, Hauke et al. (Hrsg.): Habermas-Handbuch. Stuttgart: Metzler.

Nunner-Winkler, Gertrud (2009a): Kognitive Entwicklungspsychologie, S. 58-61 in: Brunkhorst, Hauke et al. (Hrsg.): Habermas-Handbuch. Stuttgart: Metzler.

Nunner-Winkler, Gertrud (2009b): Lernprozesse, S. 347-349 in: Brunkhorst, Hauke et al. (Hrsg.): Habermas-Handbuch. Stuttgart: Metzler.

Otsuka, Julie (2012): Wovon wir träumten. Roman, übersetzt aus dem Amerikanischen von Katja Scholtz. Hamburg: Mare.

Parmentier, Michael (2000): Ursprungsnähe und Zukunftsbezug, S. 99-106 in: Bilstein, Johannes et al. (Hrsg.): Mutter Kind Vater. Bilder aus Kunst und Wissenschaft. Köln: Oktagon.

Pedersen, Jørgen (2008): Habermas' Method: Rational Reconstruction, S. 457-485 in: Philosophy of the Social Sciences, 38(4).

Peirce, Charles S. (1958): Collected papers of Charles Sanders Peirce. Volumes VII and VIII, hrsg. v. Arthur W. Burks. Cambridge: Belknap Press.

Pitzke, Marc (2016): Oscars 2016: Talentiert, schwarz, unerwünscht. Spiegel online, online: http://www.spiegel.de/kultur/kino/oscars-rassismus-in-hollywood-talentiert-schwarz-unerwuenscht-a-1079497.html, zuletzt eingesehen am 29.02.2016.

Plato (2007a): Sämtliche Werke. Band 1, hrsg. v. Ursula Wolf, 30. Auflage. Reinbek bei Hamburg: Rowohlt.

Plato (2007b): Sämtliche Werke. Band 2, hrsg. v. Ursula Wolf, 30. Auflage. Reinbek bei Hamburg: Rowohlt.

Pollmann, Arnd (2006): Erkenntnis und Interesse, S. 176-179 in: Honneth, Axel (Hrsg.): Schlüsseltexte der kritischen Theorie. Wiesbaden: VS.

Pollock, Friedrich (1981a): Ist der Nationalsozialismus eine neue Ordnung?, S. 111-128 in: Dubiel, Helmut; Söllner, Alfons (Hrsg.): Wirtschaft, Recht und Staat in Nationalsozialismus. Analysen des Institut für Sozialforschung: 1939-1942. Frankfurt am Main: Europäische Verlagsanstalt.

Pollock, Friedrich (1981b): Staatskapitalismus, S. 81-109 in: Dubiel, Helmut; Söllner, Alfons (Hrsg.): Wirtschaft, Recht und Staat in Nationalsozialismus. Analysen des Institut für Sozialforschung: 1939-1942. Frankfurt am Main: Europäische Verlagsanstalt.

Preglau, Max (2001): Kritische Theorie: Jürgen Habermas, S. 240-264 in: Morel, Julius et al. (Hrsg.): Soziologische Theorie. Abriss der Ansätze ihrer Hauptvertreter, 7., bearbeitete und erweiterte Auflage. München: R. Oldenbourg.

Rancière, Jacques (2002): Das Unvernehmen. Politik und Philosophie. Frankfurt am Main: Suhrkamp.

Rancière, Jacques (2008): Die Aufteilung des Sinnlichen. Die Politik der Kunst und ihre Paradoxien. Berlin: B_books.

Rancière, Jacques (2009): Der emanzipierte Zuschauer, aus dem Französischen von Richard Steuer. Wien: Passagen.

Rancière, Jacques (2013): Aisthesis. Vierzehn Szenen, hrsg. v. Peter Engelmann, übersetzt von Richard Steurer-Boulard. Wien: Passagen.

Rebentisch, Juliane (2003): Ästhetik der Installation. Frankfurt am Main: Suhrkamp.
Rebentisch, Juliane (2006): Fortschritt nach seinem Ende. Adorno und die Kunst der Postmoderne, S. 229-241 in: Menke, Christoph; Rebentisch, Juliane (Hrsg.): Kunst, Fortschritt, Geschichte. Berlin: Kulturverlag Kadmos.
Rebentisch, Juliane (2012): Die Kunst der Freiheit. Zur Dialektik demokratischer Existenz. Berlin: Suhrkamp.
Rebentisch, Juliane (2014): Theorien der Gegenwartskunst zur Einführung, 3., korrigierte Auflage. Hamburg: Junius.
Reckwitz, Andreas (2003): Grundelemente einer Theorie sozialer Praktiken. Eine sozialtheoretische Perspektive, S. 282-301 in: Zeitschrift für Soziologie, 32(4).
Reckwitz, Andreas (2012a): Die Erfindung der Kreativität. Zum Prozess gesellschaftlicher Ästhetisierung. Berlin: Suhrkamp.
Reckwitz, Andreas (2012b): Vom Künstlermythos zur Normalisierung kreativer Prozesse. Der Beitrag des Kunstfeldes zur Genese des Kreativsubjekts, S. 98-117 in: Menke, Christoph; Rebentisch, Juliane (Hrsg.): Kreation und Depression. Freiheit im gegenwärtigen Kapitalismus. Berlin: Kadmos.
Reckwitz, Andreas (2015): Ästhetik und Gesellschaft – ein analytischer Bezugsrahmen, S. 13-53 in: Reckwitz, Andreas et al. (Hrsg.): Ästhetik und Gesellschaft. Grundlagentexte aus Soziologie und Kulturwissenschaften. Berlin: Suhrkamp.
Rehg, William (2009): Erkenntniskritik als Gesellschaftstheorie, S. 165-176 in: Brunkhorst, Hauke et al. (Hrsg.): Habermas-Handbuch. Stuttgart: Metzler.
Rorty, Richard (1989): Kontingenz, Ironie und Solidarität. Frankfurt am Main.
Rorty, Richard (1994): Der Spiegel der Natur: eine Kritik der Philosophie. Frankfurt am Main: Suhrkamp.
Rorty, Richard (2000): Wahrheit und Fortschritt. Frankfurt am Main: Suhrkamp.
Rosa, Hartmut (2009): Gesellschaft, S. 318-320 in: Brunkhorst, Hauke et al. (Hrsg.): Habermas-Handbuch. Stuttgart: Metzler.
Schaub, Mirjam (2001): Genealogie, S. 219-230 in: Haug, Wolfgang Fritz (Hrsg.): Historisch-kritisches Wörterbuch des Marxismus. Gegenöffentlichkeit bis Hegemonialapparat. Hamburg: Argument.
Schlögel, Karl (2011): Narrative der Gleichzeitigkeit oder Die Grenzen der Erzählbarkeit von Geschichte, S. 583-595 in: Merkur. Deutsch Zeitschrift für europäisches Denken, 65(7).
Schlögel, Karl (2016): Terror und Traum. Moskau 1937, 3. Auflage. Frankfurt am Main: Fischer-Taschenbuch-Verl.
Schmider, Christine; Werner, Michael (2006): Das Baudelaire-Buch, S. 567-584 in: Lindner, Burkhardt (Hrsg.): Benjamin-Handbuch. Leben, Werk, Wirkung. Stuttgart: Metzler.
Schmitt, Carl (1996): Politische Theologie. Vier Kapitel zur Lehre von der Souveränität, 7. Auflage. Berlin: Duncker & Humblot.
Schmitt, Jan; Miosga, Andrea; Zajonz, David (2016): Sozialer Sprengstoff: Wie die Bundesregierung die Kluft zwischen Arm und Reich vergrößert. WDR, online: http://www1.wdr.de/daserste/monitor/sendungen/sozialer-sprengstoff-100.html, zuletzt eingesehen am 26.2.2016.
Schnädelbach, Herbert (1986): Transformation der Kritischen Theorie, S. 15-34 in: Honneth, Axel; Joas, Hans (Hrsg.): Kommunikatives Handeln. Beiträge zu Jürgen Habermas' „Theorie des kommunikativen Handelns". Frankfurt am Main: Suhrkamp.
Schnädelbach, Herbert (2004): Analytische und postanalytische Philosophie. Vorträge und Abhandlungen 4. Frankfurt am Main: Suhrkamp.

Schneider, Norbert (1996): Geschichte der Ästhetik von der Aufklärung bis zur Postmoderne. Eine paradigmatische Einführung. Stuttgart: Reclam.

Schneider, Norbert F. (2012): Familie in Deutschland – Stabilität und Wandel. Bundeszentrale für politische Bildung, online: http://www.bpb.de/politik/grundfragen/deutsche-verhaeltnisse-eine-sozialkunde/138019/familie-in-deutschland?p=all, zuletzt eingesehen am 11.01.2016.

Scholze, Britta (2003): Der Schein des Glücks und das Erwachen der Fantasie. taz.de, online: http://www.taz.de/1/archiv/?dig=2003/08/11/a0168, zuletzt eingesehen am 05.08.2016.

Schöttker, Detlev (2000): Erinnern, S. 260-298 in: Opitz, Michael; Wizisla, Erdmut (Hrsg.): Benjamins Begriffe. Frankfurt am Main: Suhrkamp.

Schuler, Katharina (2015): Schluss mit dem Minutenzählen. Die ZEIT online, online: http://www.zeit.de/politik/deutschland/2015-08/pflegereform-gesundheitsministerium-kabinett-groehe, zuletzt eingesehen am 12.01.2016.

Schulze, Gerhard (1993): Die Erlebnisgesellschaft. Kultursoziologie der Gegenwart. Frankfurt am Main: Campus.

Schütz, Alfred; Luckmann, Thomas (2003): Strukturen der Lebenswelt. Konstanz: UVK.

Schweppenhäuser, Gerhard (2003): Theodor W. Adorno zur Einführung, 4., ergänzte Auflage. Hamburg: Junius.

Schwinn, Thomas (2009): Multiple Modernities: Konkurrierende Thesen und offene Fragen. Ein Literaturbericht in konstruktiver Absicht, S. 454-476 in: Zeitschrift für Soziologie, 38(6).

Seel, Martin (1986): Die zwei Bedeutungen ‚kommunikativer' Rationalität. Bemerkungen zu Habermas' Kritik der pluralen Vernunft, S. 53-72 in: Honneth, Axel; Joas, Hans (Hrsg.): Kommunikatives Handeln. Beiträge zu Jürgen Habermas' „Theorie des kommunikativen Handelns". Frankfurt am Main: Suhrkamp.

Seel, Martin (1991): Kunst, Wahrheit, Welterschließung, S. 36-80 in: Koppe, Franz (Hrsg.): Perspektiven der Kunstphilosophie. Texte und Diskussionen. Frankfurt am Main: Suhrkamp.

Seel, Martin (1993a): Über Richtigkeit und Wahrheit. Erläuterungen zum Begriff der Welterschließung, S. 509-524 in: Deutsche Zeitschrift für Philosophie, 41(3).

Seel, Martin (1993b): Zur ästhetischen Praxis der Kunst, S. 31-43 in: Deutsche Zeitschrift für Philosophie, 41(1).

Seel, Martin (1997): Die Kunst der Entzweiung. Zum Begriff der ästhetischen Rationalität. Frankfurt am Main: Suhrkamp.

Seel, Martin (2002): Ein Schritt in die Ästhetik, S. 330-343 in: Kern, Andrea; Sonderegger, Ruth (Hrsg.): Falsche Gegensätze. Zeitgenössische Positionen zur philosophischen Ästhetik. Frankfurt am Main: Suhrkamp.

Seel, Martin (2003): Ästhetik des Erscheinens. Frankfurt am Main: Suhrkamp.

Seel, Martin (2004): Über die Reichweite ästhetischer Erfahrung. Fünf Thesen, S. 73-81 in: Mattenklott, Gert (Hrsg.): Ästhetische Erfahrung im Zeichen der Entgrenzung der Künste. Epistemische, ästhetische und religiöse Formen von Erfahrung im Vergleich. Hamburg: Meiner.

Serres, Michel (1994): Der Naturvertrag. Frankfurt am Main: Suhrkamp.

Siep, Ludwig (1979): Anerkennung als Prinzip der praktischen Philosophie. Untersuchungen zu Hegels Jenaer Philosophie des Geistes. Freiburg: Karl Alber.

Siep, Ludwig (1992): Praktische Philosophie im Deutschen Idealismus. Frankfurt am Main: Suhrkamp.

Simmel, Georg (2006): Die Großstädte und das Geistesleben. Frankfurt am Main: Suhrkamp.

Simmel, Georg (2008): Philosophische Kultur. Frankfurt am Main: Zweitausendeins.

Sonderegger, Ruth (2011): Essay und System, S. 427-430 in: Klein, Richard et al. (Hrsg.): Adorno-Handbuch. Leben, Werk, Wirkung. Stuttgart: Metzler.

Spittler, Gerd (1980): Abstraktes Wissen als Herrschaftsbasis: zur Entstehungsgeschichte bürokratischer Herrschaft im Bauernstaat Preußen, S. 574-604 in: Kölner Zeitschrift für Soziologie und Sozialpsychologie, 32(3).

Steinkamp, Günther (2002): Sozialstruktur und Sozialisation, S. 251-277 in: Hurrelmann, Klaus; Ulich, Dieter (Hrsg.): Handbuch der Sozialisationsforschung, 6., unveränderte Auflage. Weinheim: Beltz.

Straßenberger, Grit (2005): Über das Narrative in der politischen Theorie. Berlin: Akademie Verlag.

Strecker, David (2009): Theorie der Gesellschaft, S. 220-233 in: Brunkhorst, Hauke et al. (Hrsg.): Habermas-Handbuch. Stuttgart: Metzler.

Streeck, Wolfgang (2013): Gekaufte Zeit. Die vertagte Krise des demokratischen Kapitalismus. Berlin: Suhrkamp.

Streik Soli-Bündnis Leipzig (2015): Konsument*innen-Streik bei Amazon! streiksoli.blogsport.de, online: http://streiksoli.blogsport.de/2013/10/24/flyer/, zuletzt eingesehen am 07.07.2016.

Strube, Werner (1991): Ästhetische Wertäußerungen. Eine sprechakttheoretische Analyse, S. 240-257 in: Koppe, Franz (Hrsg.): Perspektiven der Kunstphilosophie. Texte und Diskussionen. Frankfurt am Main: Suhrkamp.

Taylor, Charles (1986): Sprache und Gesellschaft, S. 35-52 in: Honneth, Axel; Joas, Hans (Hrsg.): Kommunikatives Handeln. Beiträge zu Jürgen Habermas' „Theorie des kommunikativen Handelns". Frankfurt am Main: Suhrkamp.

Thompson, E. P. (1980): Plebeische Kultur und moralische Ökonomie. Aufsätze zur englischen Sozialgeschichte des 18. und 19. Jahrhunderts, Deutsche Erstausg. Frankfurt am Main: Ullstein.

Tiedemann, Rolf (1991): Einleitung des Herausgebers, S. 9-41 in Benjamin, Walter (1991): Gesammelte Schriften. Band I: Abhandlungen, hrsg. v. Rolf Tiedemann und Hermann Schweppenhäuser. Frankfurt am Main: Suhrkamp.

van Reijen, Willem (1980): Adorno zur Einführung. Hannover: SOAK.

Waal, Edmund de (2011): Der Hase mit den Bernsteinaugen. Das verborgene Erbe der Familie Ephrussi, übersetzt aus dem Englischen von Brigitte Hilzensauer. Wien: Paul Zsolnay.

Walzer, Michael (1990): Kritik und Gemeinsinn. Drei Wege der Gesellschaftskritik. Berlin: Rotbuch.

Walzer, Michael (1995): Exodus und Revolution. Frankfurt am Main: Fischer.

Walzer, Michael (1996): Lokale Kritik - globale Standards. Zwei Formen moralischer Auseinandersetzung, hrsg. v. Otto Kallscheuer. Hamburg: Rotbuch.

Walzer, Michael (1997): Zweifel und Einmischung. Gesellschaftskritik im 20. Jahrhundert. Frankfurt am Main: Fischer.

Walzer, Michael (2000): Mut, Mitleid und ein gutes Auge. Tugenden der Sozialkritik und der Nutzen von Gesellschaftstheorie, S. 709-718 in: Deutsche Zeitschrift für Philosophie, 48(5).

Druck:
Canon Deutschland Business Services GmbH
im Auftrag der KNV-Gruppe
Ferdinand-Jühlke-Str. 7
99095 Erfurt

Walzer, Michael (2006): Sphären der Gerechtigkeit. Ein Plädoyer für Pluralität und Gleichheit. Frankfurt am Main: Campus.

Walzer, Michael (2009): Gesellschaftskritik und Gesellschaftstheorie, S. 588-607 in: Forst, Rainer et al. (Hrsg.): Sozialphilosophie und Kritik. Frankfurt am Main: Suhrkamp.

Weber, Max (1956): Wirtschaft und Gesellschaft. Grundriß der verstehenden Soziologie, 4., neu hrsg. Auflage, besorgt von Johannes Winckelmann. Tübingen: Mohr Siebeck.

Weber, Max (1988): Gesammelte Aufsätze zur Wissenschaftslehre. hrsg. v. Johannes Winckelmann, 7. Auflage. Tübingen: Mohr Siebeck.

Weber, Max (1991): Die Protestantische Ethik I. Eine Aufsatzsammlung, hrsg. v. Johannes Winckelmann, 8. Auflage: GTB/Siebenstern.

Weber, Max (2006): Die protestantische Ethik und der Geist des Kapitalismus, hrsg. v. Dirk Kaesler, 2. Auflage. München: Beck.

Weber, Thomas (2000): Erfahrung, S. 230-259 in: Opitz, Michael; Wizisla, Erdmut (Hrsg.): Benjamins Begriffe. Frankfurt am Main: Suhrkamp.

Weißpflug, Maike (2016): Welterschließende Kritik. Über Hannah Arendt, Literatur und die Kunst, politisch zu denken. Aachen: Phil. Diss.

Wellbery, David E. (1999): Die Ausblendung der Genese. Grenzen der systemtheoretischen Reform der Kulturwissenschaften, S. 19-27 in: Koschorke, Albert; Vismann, Cornelia (Hrsg.): Widerstände der Systemtheorie. Berlin: Akademie Verlag.

Wellmer, Albrecht (1985): Zur Dialektik von Moderne und Postmoderne. Vernunftkritik nach Adorno. Frankfurt am Main: Suhrkamp.

Wellmer, Albrecht (1986): Ethik und Dialog. Elemente des moralischen Urteils bei Kant und in der Diskursethik. Frankfurt am Main: Suhrkamp.

Wellmer, Albrecht (2005): Über Negativität und Autonomie der Kunst. Die Aktualität von Adornos Ästhetik und blinde Flecken seiner Musikphilosophie, S. 237-278 in: Honneth, Axel (Hrsg.): Dialektik der Freiheit. Frankfurter Adorno-Konferenz 2003. Frankfurt am Main: Suhrkamp.

Wellmer, Albrecht (2009): Versuch über Musik und Sprache. München: Hanser.

Welsch, Wolfang (1993): Ästhetisierungsprozesse. Phänomene, Unterscheidungen, Perspektiven, S. 7-29 in: Deutsche Zeitschrift für Philosophie, 41(1).

Whitebook, Joel (2009a): Der gefesselte Odysseus. Studien zur kritischen Theorie und Psychoanalyse. Frankfurt am Main: Campus.

Whitebook, Joel (2009b): Psychoanalyse, S. 39-43 in: Brunkhorst, Hauke et al. (Hrsg.): Habermas-Handbuch. Stuttgart: Metzler.

Wiggershaus, Rolf (2001): Die Frankfurter Schule. Geschichte, theoretische Entwicklung, politische Bedeutung. München: DTV.

Wiggershaus, Rolf (2006): Ästhetische Theorie, S. 81-84 in: Honneth, Axel (Hrsg.): Schlüsseltexte der kritischen Theorie. Wiesbaden: VS.

Wingert, Lutz; Günther, Klaus (Hrsg.) (2001): Die Öffentlichkeit der Vernunft und die Vernunft der Öffentlichkeit. Festschrift für Jürgen Habermas. Frankfurt am Main: Suhrkamp.

Wittgenstein, Ludwig (1984): Werkausgabe Band 1. Tractatus logico-philosophicus. Tagebücher 1914-1916. Philosophischer Untersuchungen. Frankfurt am Main: Suhrkamp.